Helge Stadelmann

EVANGELIKALES SCHRIFT-VERSTÄNDNIS

Die Bibel verstehen – der Bibel vertrauen
der Bibel folgen

Bibliografische Information Der Deutschen Bibliothek
Die Deutsche Bibliothek verzeichnet diese Publikation in der Deutschen Nationalbibliografie; detaillierte bibliografische Daten sind im Internet über http://dnb.ddb.de abrufbar

Das Titelfoto gibt einen Ausschnitt aus dem Gemälde des Lucas Cranach d.J., das er 1555 nach Plänen seines Vaters für die St. Peter und Paul Kirche in Weimar schuf. Vom Fürstenhaus für die dortige Stadtkirche gestiftetet, stellt der Ausschnitt des monumentalen Altarwerks die Gruppe mit Johannes dem Täufer, Lucas Cranach d.Ä. und Martin Luther dar.
Mit dem aufgeschlagenen Johannesevangelium gibt Luther zu erkennen, dass ohne dieses das wahre Verständnis des evangelischen Glaubens nicht möglich ist.
Johannes der Täufer deutet mit erhobenem Zeigefinger der rechten Hand auf den Gekreuzigten, und mit zwei Fingern der Linken auf das symbolische Lamm Gottes am Fuße des Kreuzes.
Im Hintergrund – im wahrsten Sinn des Wortes – verkündete Moses den Kindern Israel das Gesetz Gottes.

© 2005 jota Publikationen GmbH, 08269 Hammerbrücke

Gesamtherstellung: Seidel & Seidel GbR, Satz- und Digitaldruckzentrum
08269 Hammerbrücke
Titelbild: Altar der Kirche St.Peter und Paul, Weimar
Freigabe der Veröffentlichungsrechte durch Kirchengemeinde
Fotografie: Michael Miltzow, www.bildwerk-weimar.de

ISBN 3-935707-27-4
Best.-Nr.: 449.527

Der nächsten Generation:

*Thilo, Heiko, Maike, Gunnar
in Liebe.*

**Meinen Studenten und Studentinnen
an der Freien Theologischen Akademie Gießen
sowie den Doktoranden an der
Evangelischen Theologischen Fakultät Leuven
mit Hoffnung.**

*„Was Du von mir gehört hast mit vielen Zeugen,
das vertraue treuen Menschen an,
die tüchtig sein werden, auch andere zu lehren"
- 2Tim 2,2 -*

INHALTSVERZEICHNIS

Zu diesem Buch   7

I. Bekenntnis zur Bibel
1. Evangelikales Bibelbekenntnis und die evangelische Bekenntnistradition   9
2. Zeugnisse zur Unfehlbarkeit und Irrtumslosigkeit der Bibel: Alte Kirche, Reformation, Pietismus – und die Evangelikalen   27

II. Bibelkritik kontra Bibeltreue
3. Bibelkritik gestern und heute: Grundentscheidungen und Ausprägungen   51
4. Gemäßigte Bibelkritik: Fehler mit Folgen   73
5. Eckdaten evangelikaler Hermeneutik   93

III. Bibeltreue und Geschichte
6. Ist die biblische Urgeschichte wahr? Weichenstellungen für eine heilsgeschichtliche Theologie   147
7. Geschichte und Heilsgeschichte: Hermeneutische Überlegungen   171
8. Biblische Apokalyptik und heilsgeschichtliches Denken   219
9. Grundanliegen bibeltreuer Auslegung: Zur Versuchungsgeschichte Jesu   237
10. Sind Paulus und Lukas geschichtlich zuverlässig? Testfall Galaterbrief   269

IV. Bibeltreue in der Bewährung
11. Die Bibel als Kraft und Norm im Gemeindebau   293
12. Die Frauenordination – ein Testfall für Bibeltreue?   327
13. Bibeltreue Ausbildung auf allen Ebenen   357

Zum Abschluss
14. Treu zur Bibel stehen: Was Bibeltreue meint   391

Quellenhinweise   394

ZU DIESEM BUCH

„Da zogen dreitausend Mann von Juda hinab und sprachen zu ihm: `Weißt du nicht, dass die Philister über uns herrschen?´" (Ri 15,11).

Dieses Bibelzitat hat Klaus Bockmühl im Jahr 1969 seinem aufrüttelnden Buch *Atheismus in der Christenheit – Anfechtung und Überwindung: Die Unwirklichkeit Gottes in Theologie und Kirche* (Aussaat Verlag) vorangestellt. Heute, 35 Jahre später, herrschen die `Philister´ noch immer. In der Theologie, in Landeskirchen, Freikirchen und Gemeinschaften kann diese Philisterherrschaft begegnen. Ihre Offensive beginnt immer wieder da, wo gegenüber Gottes Wort die uralte Frage erklingt: „Sollte Gott gesagt haben…?" Das fremde Joch der Bibelkritik macht den Kirchen der Reformation im Land Luthers seit 250 Jahren zu schaffen. Inzwischen ist diese Philisterherrschaft längst zu einem globalen Faktor geworden, vor der keine Kirche – gleich welcher Konfession – mehr sicher sein kann.

Dieses Buch will nicht nur Hintergründe dieser Fremdherrschaft über die Kirche aufzeigen. Es will vor allem begründet Mut machen zu dem, was den Kirchen gut tut: nämlich nah am Wort Gottes zu bleiben, mutig zu bekennen und das Bekannte in die Praxis umzusetzen.

Geplant war ursprünglich ein Sammelband verschiedener Veröffentlichungen des Autors zur Bibelfrage. Er sollte das inzwischen vergriffene Buch *Grundlinien eines bibeltreuen Schriftverständnisses* (Wuppertal ³1996) ersetzen. Daraus ist ein Buch entstanden, das im Wesentlichen neu geschrieben ist und nur teilweise und in überarbeiteter Form auf frühere Ausarbeitungen zurückgreift. Es spiegelt 25 Jahre der Beschäftigung des Verfassers mit dem wider, was `Evangelikales Schriftverständnis´ ausmacht.

Evangelikales Schriftverständnis ist jedoch kein Produkt des letzten Vierteljahrhunderts. Es knüpft am Schriftverständnis des Pietismus, der Reformation und der Alten Kirche an. Es möchte nicht weniger, als dem Selbstzeugnis der Heiligen Schrift unter den Bedingungen der Neuzeit Gehör verschaffen. Evangelikales Schriftverständnis hat damit keine andere Intention, als den ein für allemal den Heiligen überlieferten Glauben (Jud 3) in der eigenen Generation zu bekennen und zu verantworten. Das wird auch die Aufgabe der nächsten Generation sein. Die Widmung dieses Buches möchte dies zum Ausdruck bringen. Zuletzt: Pfr. Reinhard Fritsche danke ich herzlich für seine Hilfe beim Korrekturenlesen.

Gießen, den 24. Dezember 2004:
„Verbum caro factum est ... et vidimus gloriam eius", Joh 1,14

Helge Stadelmann

I. Bekenntnis zur Bibel

1

EVANGELIKALES BIBELBEKENNTNIS UND DIE EVANGELISCHE BEKENNTNISTRADITION

1529 dichtet Martin Luther das Reformationslied „Ein feste Burg ist unser Gott". Darin dann auch die abschließende vierte Strophe: „Das Wort sie sollen lassen stahn und kein´ Dank dazu haben; er ist bei uns wohl auf dem Plan mit seinem Geist und Gaben. Nehmen sie den Leib, Gut, Ehr, Kind und Weib: Lass fahren dahin, sie haben´s kein Gewinn, das Reich muss uns doch bleiben!". Es wird zum Bekenntnislied der evangelischen Bewegung. Egal was es kostet, man will bei dem bleiben, was man als Heil bringend erkannt hat: bei dem Wort Gottes, das weder außer Kraft gesetzt werden darf, noch unserer Empfehlung bedarf. Wo dieses Wort in Gültigkeit steht, ist Christus selbst auf dem Plan; ist er wirksam durch seinen Geist, um seine Kirche zu beschenken.

In dieser Tradition des Bekenntnisses zur Wahrheit und Gültigkeit der Heiligen Schrift steht heute sehr bewusst der Teil der evangelischen Christenheit, den man seit einigen Jahrzehnten `die Evangelikalen´ nennt.

1. Wer sind die Evangelikalen?
Im deutschsprachigen Raum spricht man seit den 1970er Jahren vom `Aufbruch der `Evangelikalen´.[1] In einer groß angelegten Stu-

---

[1] Fritz Laubach, *Aufbruch der Evangelikalen*, Wuppertal: R.Brockhaus, 1972. Er zeigt den angelsächsischen Hintergrund der Evangelikalen auf, ihr reformatorisches Erbe, das Aufleben der Bezeichnung in der großen anglo-amerikanischen Erweckungsbewegung, ihren Widerstand gegen den aufkommenden Liberalismus, ihren qualifizierten Einsatz für die Geltung der Fundamente des Glaubens, das Aufkommen eines zunächst noch theologisch konservativen Neo-Evangelikalismus nach dem 2.Weltkrieg als Reaktion auf fundamenta-

die hat Professor Mark Ellingsen Geschichte und Anliegen der evangelikalen Bewegung dokumentiert. Zur Geschichte der Evangelikalen[2] arbeitet er Folgendes heraus: Ihre Wurzeln reichen zurück zu Bewegungen wie dem radikalen Flügel der Reformation, dem Pietismus und Puritanismus sowie der Erweckungs- und Heiligungsbewegung. Unmittelbarer Vorläufer der evangelikalen Bewegung von heute ist der Fundamentalismus, wie er als Koalition konservativer Kräfte zu Anfang des 20. Jahrhunderts entstand. In dieser Koalition vereinten sich Christen mit unterschiedlichem theologischem Erbe: die führenden Köpfe der durch die Reformierte Theologie geprägten Princeton Universität und die von der Brüderbewegung und dem Dispensationalismus geprägte Bibelkonferenzbewegung sowie die stärker in wesleyanischer Tradition stehende Erweckungs- und Heiligungsbewegung. Im Gegensatz zum zeitgenössischen islamischen Fundamentalismus, der politische oder gar terroristische Züge trägt, war das Hauptanliegen dieses Fundamentalismus ein theologisches, nämlich der Einsatz für die uneingeschränkte Wahrheit der Heiligen Schrift sowie die Betonung der Wiedergeburt und des erneuerten Lebensstils, die den wahren Christen kennzeichnen. Angesichts eines zunehmenden Separatismus und stärkerer Militanz schlug 1942 die Geburtsstunde der so genannten 'Neo-Evangelikalen' mit der Gründung der amerikanischen 'National Association of Evangelicals'. Seither ist die evangelikale Bewegung breiter und theologisch unterschiedlicher geworden. In Deutschland weist die evangelikale Bewegung, so Ellingsen, eine eigengeprägte Entwicklung auf. Die Evangelikalen im deutschsprachigen Raum sind hier kein amerikanischer Importartikel. Ihre Herkunft ist gekennzeichnet durch Pietismus, Neupietismus (Erweckungs- und Gemeinschaftsbewegung), Heiligungs- und freikirchliche Restitutionsbewegung, Neuluthertum und Evangelische Allianz – wobei es in all diesen Phasen über drei

---

listischen Separatismus, sowie die Verbindung zwischen Nordamerika und evangelikalen Strömungen in Deutschland.
[2] Mark Ellingsen, *The Evangelical Movement: Growth, Impact, Controversy, Dialog*. Minneapolis: Augsburg, 1988, S.45-134. Vgl. die Rezension dazu von H.Stadelmann in *Theol.Literaturzeitung*, 115 / Nr.6, 1990, Sp.470f.

Jahrhunderte hinweg Querverbindungen zum angelsächsischen Raum gab.[3]

John Stott nennt in einem Vortrag als Hauptanliegen der Evangelikalen den Einsatz für die Bibel und das Evangelium.[4] Er schreibt: „Wir Evangelikale sind Bibelleute. Wir glauben, dass Gott voll und abschließend in seinem Sohn Jesus Christus gesprochen hat und in dem biblischen Zeugnis über Christus. Wir glauben, dass die Schrift präzise das geschriebene Reden Gottes ist, und weil sie Gottes Wort ist, hat sie höchste Autorität über die Kirche. Die Vorrangigkeit der Schrift war immer das erste Kennzeichen eines Evangelikalen und wird es immer sein."[5] 1988 hat Mark Ellingsen in seiner ausführlichen, für das Straßburger Institut für Ökumenische Forschungen verfassten Studie noch folgende Punkte als `typisch evangelikal´ festgehalten (wobei sich spätestens heute, mehr als eineinhalb Jahrzehnte danach, manche dieser Punkte zu relativieren scheinen): „Auf der Basis dessen, was Evangelikale selbst als ihre Glaubensüberzeugung äußern, scheint die Evangelikale Bewegung gekennzeichnet zu sein von: (1) einer kritischen Haltung gegenüber dem Römischen Katholizismus und der Ökumenischen Bewegung; (2) einem Eintreten dafür, dass Theologie im Gespräch mit dem Konzept der Irrtumslosigkeit der Schrift, oder zumindest ihrer Ganzinspiration, getrieben werden muss; (3) der Betonung, dass der Bibel eine ernst zu nehmende Bedeutung für das christliche Leben zukommt; (4) dem Vorrang der Erfahrungsdimensionen des Christwerdens und Christseins (Bekehrung und Heiligung) gegenüber den Sakramenten, dem Amt und kirchlichen Strukturen; (5) einem Schwerpunkt auf Evangelisation und Missionsarbeit; (6) einem eher gebots- als situationsorientierten Verständnis der christlichen Ethik; (7) einer Zurückhaltung Gemeinschaft mit solchen Personen oder Kirchen zu pflegen, die die ge-

---

[3] Die verschiedenen Strömungen, die im Evangelikalismus zusammenfließen, arbeitet auch gut heraus Hansjörg Kägi, „Evangelikalismus – Versuch eines Überblicks über Geschichte und Theologie", in: *Basileia. Festschrift fürEduard Buess*. Basel: Edition Mitenand, 1993, S.163-180. Lesenswert ist ebenfalls Eckhard J. Schnabel, *Sind Evangelikale Fundamentalisten?*, Wuppertal: R.Brockhaus, 1995.
[4] John Stott, *What is an Evangelical?*, London: Falcon Books, 1977.
[5] Ebd., S.6. (Übers. HSt).

nannten Punkte nicht teilen, aber einer gleichzeitigen Offenheit mit solchen Gemeinschaft zu pflegen, die dies tun – unabhängig von Lehrdifferenzen in anderen Punkten."[6]

2. Die `Glaubensbasis der Evangelischen Allianz´ zur Bibel.

Als Dachverband der Evangelikalen kann man die Evangelische Allianz ansehen.[7] In Deutschland repräsentiert sie ca. 1,2 Millionen Christen, weltweit etwa 450 Millionen. Die `Glaubensbasis der Evangelischen Allianz´ (1972) formuliert evangelikales Schriftverständnis in Artikel 2 so:

„*(Wir bekennen uns...) zur göttlichen Inspiration der Heiligen Schrift, ihrer völligen Zuverlässigkeit und höchsten Autorität in allen Fragen des Glaubens und der Lebensführung*".[8]

2.1 Die göttliche Inspiration der Bibel:
Ohne Einschränkung wird die Eingebung der ganzen Heiligen Schrift durch Gott bekannt. Damit werden Bibelaussagen wie die folgenden aufgegriffen: 2Tim 3,16 sagt, dass die ganze Schrift „von Gott gehaucht" ist. Wie das zuging, wird nicht näher gesagt. Gott hat „auf mancherlei Weise" geredet (Hebr 1,1). Aber dass die ganze Schrift – zunächst ist hier vom Alten Testament die Rede – in Gott ihren Ursprung hat, wird deutlich ausgesprochen. Männer Gottes haben geschrieben, „geführt

---

[6] Mark Ellingsen, *Evangelical Movement*, S.204 (Übers. H.Stadelmann).

[7] Anfang der 1990er Jahre unterschied Friedhelm Jung, *Die deutsche Evangelikale Bewegung: Grundlinien ihrer Geschichte und Theologie*, Frankfurt u.a.: P.Lang, 1992 [3.Aufl. Bonn: VKW, 2001], S.8, noch drei Gruppen: die in der Deutschen Evang. Allianz zusammengeschlossenen Allianzevangelikalen, die eher konfessionalistischen Bekenntnisevangelikalen und die zum pfingstlich-charismatischen Bereich gehörenden Pfingstevangelikalen. Seit 1995 wurden letztere in einem offiziellen `Schulterschluss´ in die Evang. Allianz einbezogen – was die `Bekenntnisevangelikalen´ zu eher kritischen Dialogen mit der Allianz veranlasste.

[8] Vgl. zum Folgenden H. Stadelmann, „Die Bibel – Gottes Wort", in: Fritz Laubach / Helge Stadelmann (Hrsg.), *Was Evangelikale glauben: Die Glaubensbasis der Evangelischen Allianz erklärt*, Wuppertal: R.Brockhaus, 1989, S.16-20.

vom Heiligen Geist" (2Petr 1,21). Dies wird in der Bibel selbst vielfältig bezeugt. In seinen letzten überlieferten Worten bekennt David als Psalmendichter: „Der Geist des Herrn redet in mir, und sein Wort ist auf meiner Zunge. Gesprochen hat der Gott Jakobs, zu mir geredet der Fels Israels" (2Sam 23,1-3; vgl. dazu Mk 12,36; Apg 1,16; Hebr 3,7). Und Paulus berichtet aus eigener Erfahrung: „Was kein Auge gesehen und kein Ohr gehört hat und in keines Menschen Herz aufgestiegen ist, hat uns Gott geoffenbart durch seinen Geist... Davon reden wir auch, nicht in Worten, die menschliche Weisheit lehrt, sondern in Worten, die durch den Heiligen Geist gelehrt sind" (1Kor 2,9-13). Vielleicht kann man das Geheimnis der Inspiration der Bibel so umschreiben: Gott hat schwache Menschen durch seinen Geist so geleitet, dass sie – unter Gebrauch ihrer Sprache, ihrer Persönlichkeit und zu konkreten Anlässen – sein göttliches Wort niederschrieben.

2.2 Gotteswort und Menschenwort:
Das Bekenntnis zur Inspiration der Bibel schließt daher das Bekenntnis in sich, dass die Bibel ganz Menschenwort und zugleich ganz Gotteswort ist – so wie Jesus zugleich wahrer Gott und wahrer Mensch war. Wie Jesus in dieser Hinsicht einzig war, so ist es auch die Bibel. Von keinem anderen Buch könnten wir das sagen. Es gibt in der Bibel keinen Vers, der nur Menschenwort und nicht Gottes Wort wäre; und es gibt auch kein Wort, das nicht durch Menschen in konkreten geschichtlichen Situationen und ganz normaler menschlicher Sprache gegeben wäre.

Die Bibel selbst bezeichnet ihre Aussagen als `Wort Gottes´ (Mt 15,6; Joh 10,35; Rö 3,2; Hebr 4,12). Bücher des Alten wie des Neuen Testaments sind heilige `Schrift´ (2Tim 3,16; 2Petr 1,20). Öfters lesen wir einfach den Ausdruck: „Die Schrift sagt" an Stellen, an denen wir „Gott sagt" erwarten würden (Rö 9,17; Gal 3,22; vgl. Rö 11,32). So wird deutlich: Was die Schrift sagt, sagt Gott. Was er aber sagt, das sagt er durch Mose, Paulus, Johannes, usw., und zwar in deren Sprache und Ausdrucksweise, in ganz bestimmte Situationen hinein und mit ganz bestimmten Absichten – und doch so, dass jedes Wort sein

Wort bleibt. Da wird die menschliche Persönlichkeit nicht ausgeschaltet – Lukas etwa hat fleißig geforscht, ehe er sein Evangelium schrieb (Lk 1,1ff); und doch ist das Ergebnis Gottes Wort – so der Anspruch von 1Tim 5,18, wo ein Zitat aus der Jesus-Überlieferung [Lk 10,7] zusammen mit einem Zitat aus dem Alten Testament als Heilige Schrift bezeichnet wird.

2.3 Völlige Zuverlässigkeit und höchste Autorität:

In allem, was die Bibel sagt, gilt nach der ʿGlaubensbasis der Evangelischen Allianzʾ der Anspruch „völliger Zuverlässigkeit". Der Ausdruck „in allen Fragen des Glaubens und der Lebensführung" will gerade nicht einschränken. Er umgreift das gesamte Spektrum biblischer Dogmatik und Ethik und zieht die Folgerung aus dem Bekenntnis dazu, dass die Heilige Schrift in ihrer Ganzheit göttlich inspiriert ist. Welche ihrer Aussagen sollte da unzuverlässig sein? Wenn Gott etwas sagt, kann man sich darauf verlassen, dass es stimmt und trägt. Auch wenn er es durch Menschen sagt. Und wenn Gott etwas sagt, ist das nicht nur ein Diskussionsbeitrag, sondern hat „höchste Autorität", nämlich göttliche Autorität. Nicht weniger will das Allianz-Bekenntnis sagen.

Weil die Bibel als inspirierte Schrift nicht nur menschliches Zeugnis von göttlicher Offenbarung ist, sondern selbst gottgegebenes Offenbarungswort und Offenbarungszeugnis ist, eignet ihr nicht nur menschliche Relativität. Sie beansprucht wahr, vertrauenswürdig und rein von allem zu sein, was nicht zu ihrem göttlichen Autor passt. David kann sagen: „Das Gesetz des Herrn ist vollkommen...; die Befehle des Herrn sind richtig...; die Gebote des Herrn sind lauter...; sie sind köstlicher als Gold und viel feines Gold" (Ps 19,8-11). Und: „Des Herrn Wort ist wahrhaftig, und was er zusagt, das hält er gewiss" (Ps 33,4). „Dein Wort ist nichts als Wahrheit" (Ps 119,160). Von der biblischen Weisheit wird gesagt: „Alle Reden meines Mundes sind gerecht, es ist nichts Verkehrtes noch Falsches darin" (Spr 8,8). Jesaja bezeugt: „Deine Ratschlüsse von alters her sind treu und wahrhaftig" (Jes 25,1b). Jesus selbst hat dem im Alten Testament geoffenbarten Gotteswort ganz vertraut und jeden selbstherrlichen Umgang damit im Ansatz abgelehnt (Mt

5,17ff; Mk 7,10ff). Er weist darauf hin: „…die Schrift kann nicht gebrochen werden" (Joh 10,35). Das Offenbarungswort, das er selbst von Gott her den Menschen bringt, bezeichnet er als „die Wahrheit" (Joh 17,6ff.17). Paulus bekräftigt, dass das, was er seinen Gemeinden weitergesagt hat, nicht Menschenwort, sondern wirksames Gotteswort ist (1Thess 2,13). Und hinsichtlich des Alten Testaments sagte er: „Ich glaube allem, was im Gesetz und in den Propheten geschrieben steht" (Apg 24,14). Für die Apostel war die Bibel das „Wort der Wahrheit" (Jak 1,18; 2Tim 2,15). Und sie wussten um Gottes Gericht, das jeden trifft, der sich an diesem Wort vergreift (2Petr 3,16; Offb 22,18f).

Mit ihrem Bekenntnis zur „völligen Zuverlässigkeit und höchsten Autorität" der Bibel „in allen Fragen des Glaubens und der Lebensführung" will die Allianz-Basis eine Bibelhaltung bekunden, die sich – mit Jesus und seinen Aposteln – der vollen Wahrheit und Gültigkeit der Heiligen Schrift verpflichtet weiß. Diese Wahrheit lässt sich nicht einschränken, etwa nur auf bestimmte Aussagen der Bibel, die unmittelbar unser Heil betreffen. In allen Aussagen, die von der Heiligen Schrift her zu glauben und zu tun sind, steht der Mensch vor einer völlig zuverlässigen Offenbarung Gottes in der Schrift. Entsprechend gibt es keine Norm, die da, wo die Bibel spricht, für unseren Glauben und unser Leben eine höhere Autorität darstellen könnte. Alle anderen Autoritäten (sei es der Zeitgeist, `die Wissenschaft´, Ideologien, oder das eigene Denken, Fühlen und Wollen) müssen sich der Autorität der Offenbarung Gottes unterstellen – ganz entsprechend der apostolischen Maßgabe, „jeden Gedanken gefangen zu nehmen unter den Gehorsam Christi" (2Kor 10,5).

Was die `Glaubensbasis der Evangelischen Allianz´ als die Bibelhaltung evangelikaler Christen formuliert, steht nun allerdings nicht isoliert da. Es korrespondiert mit dem, was Evangelikale international – zum Teil noch profilierter – als Bekenntnis ausgesagt haben. Und es fügt sich in die evangelische Bekenntnistradition von der Reformation her ein.

3. Das Bibelbekenntnis der `Lausanner Verpflichtung´ (1974) und die `Chicago-Erklärung´ (1978).

3.1 Lausanner Verpflichtung:
2700 Evangelikale aus 150 Nationen kamen im Juli 1974 in Lausanne zum `Internationalen Kongress für Weltevangelisation´ zusammen. Das Magazin TIME wertete den Kongress als ein „beachtliches Forum, höchstwahrscheinlich die umfassendste Versammlung von Christen, die es je gab".[9] Gemeinsam verabschiedete man eine Bekenntniserklärung, die `Lausanner Verpflichtung´, die seither als eines der Grunddokumente der weltweiten evangelikalen Bewegung gilt. In Absatz 2 wird folgende Aussage über die Heilige Schrift getroffen:
„Wir bekräftigen die göttliche Inspiration, die gewiss machende Wahrheit und Autorität der alt- und neutestamentlichen Schriften in ihrer Gesamtheit als das einzige geschriebene Wort Gottes. Es ist ohne Irrtum in allem, was es bekräftigt[10], und ist der einzige unfehlbare Maßstab des Glaubens und Lebens. Wir bekennen zugleich die Macht des Wortes Gottes, seinen Heilsplan zu verwirklichen. Die Botschaft der Bibel ist an die ganze

---

[9] Zitiert in *Lausanne geht weiter*, hrsg. Lausanner Komitee für Weltevangelisation, Neuhausen-Stuttgart: Hänssler, 1980, S.118f.

[10] Einige deutsche Übersetzungen übertragen das englische „*without error in all that it affirms*" leicht abschwächend mit „ohne Irrtum in allem, was es verkündigt" und beziehen diese Aussage zur Zuverlässigkeit der Schrift dann nur auf die Evangeliumsverkündigung. John Stott erklärt in seinem offiziellen Kommentar zur Lausanner Verpflichtung (*The Lausanne Covenant: An Exposition and Commentary*, Minneapolis: World Wide Publications, 1975, S.11): „Since Scripture is God´s Word written, it is of course true... And since it is true, it is *withouth error in all that it affirms*. Notice the careful qualification. For not everything contained in Scripture is affirmed by Scripture... It is important, therefore, in all our Bible Study to consider the intention of the author, and what is being asserted. It is this, whatever the subject of the assertion may be, which is true, true and inerrant." (Die deutsche Übersetzung dieses Kommentars schwächt das betonte und nachgestellte "true and inerrant" wieder ab und übersetzt mit "das Wahre und Unfehlbare"; *Lausanne geht weiter*, Neuhausen-Stuttgart, 1980, S.129).

Menschheit gerichtet, denn Gottes Offenbarung in Christus und in der Heiligen Schrift ist unwandelbar. Der Heilige Geist spricht noch heute durch diese Offenbarung. Er erleuchtet den Geist seines Volkes in allen Kulturen. So erkennen sie Seine Wahrheit immer neu mit ihren eigenen Augen. Der Heilige Geist enthüllt der ganzen Gemeinde mehr und mehr die vielfältige Weisheit Gottes."

Was hier als evangelikales Schriftbekenntnis formuliert wird, ist dies: Die Heilige Schrift ist göttlich inspiriert; sie ist deshalb wahr und irrtumslos in ihren Aussagen; als das geschriebene Wort Gottes hat sie höchste Autorität für alle Glaubens- und Lebensfragen; sie ist wirkkräftig um ihren Heilszweck zu erreichen, gilt allen Menschen zu allen Zeiten und vermag durch das erleuchtende Wirken des Heiligen Geistes Menschen in allen Kulturen anzusprechen; mehr noch: Je mehr sich die Heilige Schrift durch die Zeiten und in allen Kulturen der christlichen Kirche erschließt, desto umfassender wird der Schatz ihrer göttlichen Wahrheit verstanden. Die Lausanner Verpflichtung ist also nicht nur ein Bekenntnis zur uneingeschränkten Wahrheit und Wirkkräftigkeit der Bibel, sondern zugleich ein Eingeständnis der Begrenztheit menschlicher Erkenntnis, so dass die Fülle biblischer Wahrheit nie von einem Einzelnen ausgeschöpft werden kann, sondern sich nur der ganzen Gemeinde in der Ergänzung durch die Jahrhunderte und die gegenseitige Ergänzung der Glieder des weltweiten Leibes Christi ergibt. Damit ist ein wesentlicher Akzent gesetzt. Nicht der erkennende Mensch mit seiner Vernunft sitzt auf dem Thron, und die Heilige Schrift sitzt auf der Anklagebank oder nimmt die Aschenputtelrolle ein. Vielmehr sind die Gewichte hier ähnlich verteilt wie bei den Reformatoren. Der gleiche Martin Luther, der den religiösen Problemströmungen seiner Tage sein „Das Wort sie sollen lassen stahn!" entgegen hielt, schrieb am Vorabend seines Todes (1546): „Die heiligen Schriftsteller meine niemand genugsam geschmeckt zu haben, er habe denn hundert Jahre mit den Propheten die Kirchen gelenkt... Wir sind Bettler, das ist wahr!" (W.A. 48,241).

Nicht alle Evangelikalen teilen konsequent das Schriftverständnis, wie es die Glaubensbasis der Allianz intendiert, geschweige denn die deutlichen Aussagen der `Lausanner Verpflichtung´. Gerade unter deutschen Evangelikalen finden sich hier manche Abschwächungen und Uminterpretationen. Aber auch weltweit brachte der Neo-Evangelikalismus seit Beginn der 1950er Jahre nicht nur eine Überwindung der Separation und Militanz des regressiven Fundamentalismus, wie er sich seit dem zweiten Viertel des 20. Jahrhunderts darstellte. Die führenden Köpfe des Neo-Evangelikalismus hatten zunächst durchaus noch ein `fundamentalistisches´ Schriftverständnis, traten dafür aber nicht mehr abgrenzend ein. Im Bemühen um Kooperation mit Partnern anderer theologischer und konfessioneller Überzeugungen traten kontroverse Positionen zunehmend in den Hintergrund. Gemeinsamkeiten wurden betont. Auch der wissenschaftliche Fundamentalismus des frühen 20. Jahrhunderts hatte keine Berührungsängste, sondern vertrat sein Anliegen offensiv, begründet und differenziert. Letzteres war nun aber immer weniger angesagt, und in den 1960er Jahren war man dann (etwa am berühmten neo-evangelikalen Fuller Theological Seminary) auch in den U.S.A. so weit, dass man unter dem Einfluss der Theologie von Karl Barth bereit war, auch im Schriftverständnis eine Synthese zwischen evangelikalen und historisch-kritischen Überzeugungen einzugehen. In Europa gab es dieses Spektrum evangelikaler Positionen schon länger, auch in der Europäischen Evangelischen Allianz.[11] Der Grund war, dass hier auch pietistische und freikirchliche Theologen an den weithin bibelkriti-

---

[11] Schon 1951, als es in Woudschoten um die Gründung der World Evangelical Fellowship und das Zusammengehen mit der amerikanischen National Association of Evangelicals ging, gab es bei manchen europäischen und deutschen Delegierten Vorbehalte gegen das `fundamentalistische´ Schriftverständnis der amerikanischen Neo-Evangelikalen um Harold Ockenga. 1952 wurde dann in Siegen die Europäische Evangelische Allianz gegründet, um auch diejenigen wieder mit ins Boot zu holen, die ein Jahr zuvor der Weltweiten Evangelischen Allianz nicht beigetreten waren, weil ihnen deren Schriftverständnis und das der amerikanischen Neo-Evangelikalen zu konservativ schien und deren Abgrenzung gegenüber der Ökumene (noch) zu deutlich ausfiel. Vgl. St. Holthaus, *Fundamentalismus*, S.306-314.

schen Theologischen Fakultäten der Universitäten ausgebildet worden waren.

3.2 Chicago-Erklärung:
Die Diskussionen um das Schriftverständnis in evangelikalen Denominationen und Hochschulen führte schließlich 1977 zur Gründung des `Internationalen Rats für biblische Irrtumslosigkeit´ (International Council on Biblical Inerrancy, kurz ICBI), in dem sich konservative evangelikale Theologen aus den U.S.A. und aller Welt zusammenschlossen[12]. Der ICBI nahm sich ein Zehn-Jahres-Programm vor, um drei Erklärungen zur Heiligen Schrift zu erarbeiten und zu verabschieden (zur Irrtumslosigkeit der Bibel, 1978; zur Hermeneutik, 1982; und zur Anwendung der Heiligen Schrift, 1986), dazu Konferenzen zur Bibelfrage und die Veröffentlichung grundlegender Literatur zu einem biblisch-konservativen evangelikalen Schriftverständnis. 1988 war diese Arbeit dann abgeschlossen und der ICBI beendete sein Programm.

Bekannt wurde vor allem die `Chicago-Erklärung zur Irrtumslosigkeit der Bibel´ von 1978. In 24 Artikeln werden jeweils Facetten der uneingeschränkten Wahrheit der Schrift bekräftigt und abweichende Positionen verworfen. In einer zusammenfassenden `Kurzen Erklärung´, die vorangestellt wird, werden fünf zentrale Aspekte des Schriftverständnisses bezeugt:

1. Gott, der selbst die Wahrheit ist und nur die Wahrheit spricht, hat die Heilige Schrift inspiriert, um sich damit selbst der verlorenen Menschheit durch Jesus Christus als Schöpfer und Herr, Erlöser und Richter zu offenbaren. Die Heilige Schrift ist Gottes Zeugnis von seiner eigenen Person.

---

[12] Unter anderen gehörten zum Beirat des ICBI auch führende Neo-Evangelikale der 50er Jahre wie Harold Lindsell und Harold Ockenga; ebenso auch bekannte Evangelikale wie Jay Adams, Henri Blocher [Frankreich], W.A.Crisswell, Charles Feinberg, James Kennedy, Samuel Külling [Schweiz], John MacArthur, Josh Dowell, Roger Nicole, Luis Palau, Merrill Tenney und John Walvoord. Zum Rat selbst zählten Theologen wie Gleason Archer, James Boice, Norman Geisler, Harold Hoehner, Kenneth Kantzer, James I. Packer, J. Barton Payne, Robert Preus, Earl Radmacher, Francis Schaeffer und R.C. Sproul.

2. Die Heilige Schrift hat als Gottes eigenes Wort, das von Menschen geschrieben wurde, die vom Heiligen Geist zugerüstet und geleitet wurden, in allen Fragen, die sie anspricht, unfehlbare göttliche Autorität: Ihr muss als Gottes Unterweisung in allem geglaubt werden, was sie bekennt; ihr muss als Gottes Gebot gehorcht werden, in allem, was sie fordert; sie muss als Gottes Unterpfand in allem ergriffen werden, was sie verheißt.
3. Der Heilige Geist, der göttliche Autor der Schrift, beglaubigt sie sowohl durch sein inneres Zeugnis, als auch, indem er unseren Verstand erleuchtet, um ihre Bedeutung zu verstehen.
4. Da die Schrift vollständig und wörtlich von Gott gegeben wurde, ist sie in allem, was sie lehrt, ohne Irrtum oder Fehler. Dies gilt nicht weniger für das, was sie über Gottes Handeln in der Schöpfung, über die Ereignisse der Weltgeschichte und über ihre eigene literarische Herkunft unter Gott aussagt, als für ihr Zeugnis von Gottes rettender Gnade im Leben einzelner.
5. Die Autorität der Schrift wird unausweichlich beeinträchtigt, wenn diese völlige göttliche Inspiration in irgendeiner Weise begrenzt oder missachtet oder durch eine Sicht der Wahrheit, die der Sicht der Bibel von sich selbst widerspricht, relativiert wird. Solche Abweichungen führen zu ernsthaften Verlusten sowohl für den Einzelnen, wie auch für die Kirche.

Der letzte Punkt macht deutlich, dass die Chicago-Erklärung jegliche Relativierung der Inspiration und Wahrheit der Heiligen Schrift als schädlich ablehnt. Vor allem aber bezeugt sie die Heilsoffenbarung Gottes in der Schrift, ihre Inspiration und Autorität als Gottes durch Menschen geschriebenes Wort, ihre Beglaubigung und Erschließung durch den Heiligen Geist sowie ihre irrtumslose Wahrheit in jeder Hinsicht.

Manche europäischen Evangelikalen zeigten sich der 'Chicago-Erklärung zur biblischen Irrtumslosigkeit' gegenüber reserviert, weil sie ein amerikanisches Produkt sei. Sie übersahen dabei, dass es sich bei dem 'Internationalen Rat für biblische Irrtumslosigkeit' um ein internationales Gremium handelt. Sie übersahen auch, dass sich bereits die 'Lausanner Verpflichtung', die von einem denkbar breiten Gremium aus 150 Nationen verabschiedet wurde, zur Irrtumslosigkeit der Schrift bekannte. – Andere Evangelikale[13] haben die ʻChicago-Erklärungʼ abgelehnt weil sie meinten, der Wahrheitsanspruch der Bibel schließe nicht notwendig zugleich ihre sachliche Richtigkeit und Wirklichkeitskongruenz ein. Aber solch ein Konzept von Wahrheit ist der Bibel fremd (vgl. 1Kö 10,6; 22,16; Spr 8,7ff mit Ps 19,8ff; 119,160). Wenn Wahrheit (nicht nur, aber auch) als Übereinstimmung mit der Wirklichkeit und als Gegensatz zu Irrtum und Fälschung begriffen wird, ist dies kein philosophisch-rationalistisches Wahrheitsverständnis, sondern ganz in Übereinstimmung mit dem Wahrheitskonzept der Bibel. Und wenn zusätzlich behauptet wird, das Schriftverständnis der ʻChicago-Erklärungʼ stünde nicht im Einklang mit den Reformatoren, ist auch diese Behauptung zu hinterfragen. Denn Luther und der lutherische Pietismus – ganz zu schweigen von der lutherischen Orthodoxie – vertraten sehr wohl die Inspiration und Irrtumslosigkeit der Heiligen Schrift (wie im nächsten Kapitel ausführlicher belegt werden wird).[14] Luther war überzeugt – um nur eine einzige Aussage von ihm zu zitieren -, das Bibelwort sei „ein rein gewiss Wort, das nicht trüget und fehlet, wie Menschenworte tun" (W.A. 48,92). Und der führende Hermeneutiker des späteren lutherischen Pietismus, Johann Jacob Rambach, hielt angesichts der aufkommenden Aufklärung fest, die biblischen Autoren seien Leute gewesen, „welche nicht können convinciret werden, dass sie etwas falsches geschrieben. Denn ob gleich Spinoza und Hobbesius sich sehr bemühen, allerley discrepantien und contradictoria in der Schrift aufzusuchen und zu zeigen, so kann man doch alle ihre objectiones

---

[13] So Heinzpeter Hempelmann, *Gemeinsame Liebe: Wie Evangelikale die Autorität der Bibel bestimmen*, Bad Liebenzell: VLM, 2001, S.33.49.51.53.54.71ff.76ff.87ff.

[14] Zu diesen Argumenten siehe näher Helge Stadelmann, „Auf festem Fundament: Warum das Bekenntnis zur Biblischen Irrtumslosigkeit nicht von schlechten Eltern ist", in: ders. (Hrsg.), *Liebe zum Wort: Das Bekenntnis zur Biblischen Irrtumslosigkeit als Ausdruck eines bibeltreuen Schriftverständnisses. Zum Gespräch mit Heinzpeter Hempelmann*. Nürnberg: VTR, 2002, S.7-33.

und dubia leicht beantworten, und die scheinenden contradictiones conciliieren."[15]

Natürlich führen die Herausforderungen der Zeit immer wieder zu spezifischen Betonungen und Formulierungen im Bibelbekenntnis. So auch bei der Lausanner Verpflichtung, der es auf biblischer Basis vor allem um ein ganzheitliches (Evangelisation und soziale Verantwortung einschließendes) Missionsverständnis ging; und so auch bei den Chicago-Erklärungen von 1978, 1982 und 1986, deren Anliegen die differenzierte Repräsentation eines bibeltreuen Schriftverständnisses angesichts der Tendenz zu gemäßigt-kritischen Positionen im eigenen evangelikalen Bereich war. Es wird sich aber nur schwer bestreiten lassen, dass die Evangelikalen mit ihrem Schriftverständnis der Substanz nach in der Tradition der evangelischen Kirchen der Reformation stehen. Sie stehen damit zugleich den davon abweichenden Schriftauffassungen distanziert gegenüber, die sich in subjektiver Vielfalt innerhalb der protestantischen Kirche der Aufklärung entwickelt haben.

4. Zur evangelischen Bekenntnistradition.

Es kann im Rahmen dieses kurzen Beitrags nicht die Aufgabe sein, alle Bekenntnisse der Kirchen der Reformation seit dem 16.Jahrhundert zu analysieren. Es geht hier abschließend lediglich darum anhand von Beispielen zu zeigen, dass das Schriftverständnis der Evangelikalen im Einklang mit der Hochschätzung der Heiligen Schrift in der evangelischen Bekenntnistradition steht.

Im `Heidelberger Katechismus´ (1563) wird auf die Frage Nr.21: „Was ist wahrer Glaube?" geantwortet: *„Wahrer Glaube ist nicht nur eine feste Erkenntnis, durch die ich alles für wahr halte, was Gott in seinem Wort uns offenbart hat, sondern auch ein herzliches Vertrauen, welches der Heilige Geist durchs Evangelium in mir wirkt, dass nicht allein andern, sondern auch mir Vergebung der*

---

[15] J.J. Rambach, *Erläuterung über seine eigene Institutiones Hermeneuticae Sacrae*, hrsg. E.Fr. Neubauer, Bd. I, Giessen: Philipp Krieger, 1738, S.94f.

Sünden ...geschenkt ist...". Was hier bekannt wird, steht in Einklang mit evangelikalen Überzeugungen. Dass alles wahr ist, was Gott in seinem Wort offenbart hat – verstanden als Aussage über die ganze Bibel und nicht nur als Aussage über einen 'Kanon' im Kanon! – war ebenso Überzeugung der Väter des Heidelberger Katechismus, wie es Überzeugung all der Evangelikalen ist, die sich nicht dem historisch-kritischen Gedankengut geöffnet haben. Und dass rechter biblischer Glaube und rechte biblische Erkenntnis nicht nur eine menschliche Für-wahr-halte-Leistung ist, sondern ein geistgewirktes Vertrauen und Verstehen, klingt auch im Bibelbekenntnis der Lausanner Verpflichtung und in der Kurzen Erklärung der Chicago-Erklärung an.

Das die Hauptströmungen der Reformation zusammenfassende und abschließende 'Westminster Bekenntnis' von 1647 zählt zunächst alle 66 biblischen Bücher auf (unter Ausschluss der Apokryphen) und führt dann in Artikel 1.4+5 aus: *„Die Autorität der Heiligen Schrift, um deretwillen man ihr glauben und gehorsam sein muss, beruht nicht auf dem Zeugnis irgendeines Menschen oder einer Kirche, sondern völlig auf Gott, der die Wahrheit selbst ist, als ihrem Autor; und darum ist sie anzunehmen, weil sie das Wort Gottes ist. // Wir können zwar durch das Zeugnis der Kirche dazu bewogen und angeleitet werden, die Heilige Schrift hochzuschätzen und ehrerbietig zu betrachten; auch das himmlische Wesen des Inhalts, die Wirksamkeit der Lehre, die Erhabenheit der Redeweise, die Übereinstimmung aller ihrer Teile, der Gesamtzweck des Ganzen (der darin besteht, alle Ehre Gott zu geben), die von ihr gewährte völlige Enthüllung des einzigen Weges zum Heil für den Menschen, die vielen anderen unvergleichlichen Vorzüge, und ihre gänzliche Vollkommenheit darin, sind Gründe, durch die sie zum Überfluss beweist, dass sie das Wort Gottes ist. Aber trotzdem kommt unsere volle Überzeugung und Gewissheit von ihrer unfehlbaren Wahrheit und ihrer göttlichen Autorität aus dem inneren Wirken des Heiligen Geistes, der durch und mit dem Wort in unseren Herzen Zeugnis gibt."* Auch in diesen Aussagen ist das Bekenntnis zum göttlichen Ursprung der Schrift, ihrer Autorität, Wirksamkeit, Erhabenheit, inneren Übereinstimmung, Vollkommenheit und unfehlbaren Wahrheit ebenso deutlich, wie das Angewiesensein des Menschen auf die Erkenntnis dieses ihres Charakters durch das erleuchtende Wirken des Heiligen Geistes. Stellt man die Frage, ob diese Bekenntnisaussagen eher den Relativierungen und Zweifeln der modernen Bibelkritik näher stehen als dem Bezeugen der Inspiration, Autorität und uneingeschränkten Wahrheit der Bibel in der Allianz-Basis, der Lausanner Verpflichtung oder der Chicago-Erklärung, ist die Antwort klar.

Wir haben nun Luther und den lutherischen (Früh-)Pietismus zu Wort kommen lassen; haben mit dem Heidelberger Katechismus und dem Westminster Bekenntnis zwei reformierte Bekenntnisschriften verglichen. Fragen wir abschließend, wie sich die klassische baptistische Bibelposition[16] darstellt. Das baptistische Glaubensbekenntnis von 1689 stellt das Bekenntnis zur Bibel (Kap.1 `Über die Heilige Schrift´) betont an den Anfang und entfaltet dieses in 10 Artikeln: *„1. Die Heilige Schrift ist die einzig ausreichende, sichere und unfehlbare Richtlinie für alle zum Heil notwendige Erkenntnis...".* Nachdem in Art.2 die 66 kanonischen Bücher aufgezählt und in Art.3 die Apokryphen als menschliche Schriften eingestuft worden sind, folgt das Bekenntnis zur Autorität der Bibel: *„4. Die Autorität der Heiligen Schrift, derentwegen man ihr glauben und gehorchen soll, beruht nicht auf dem Zeugnis irgendeines Menschen oder einer Gemeinde, sondern vollständig auf Gott (der die Wahrheit selbst ist) als ihrem Autor. Sie muss also deshalb angenommen werden, weil sie das Wort Gottes ist."* Inspiration und Autorität der Bibel als Gottes Wort hängen also zusammen. Gegen die katholische Position, dass die Kirche Vergewisserung schenkt, dass die Bibel Gottes Wort ist, wird – mit dem Westminster Bekenntnis – bezeugt: *„5. Wir können zwar durch das Zeugnis der Gemeinde Gottes zu einer hohen und ehrerbietigen Wertschätzung der Heiligen Schrift bewegt und angeleitet*

---

[16] Vgl. dazu L. Russ Bush / Tom J. Nettles, *Baptists and the Bible: The Baptist doctrines of biblical inspiration and religious authority in historical perspective,* Chicago: Moody, 1980 [3.Aufl. 1983].

werden. Auch das himmlische Wesen ihres Inhalts, die Wirksamkeit ihrer Lehre, der würdige Stil, die Übereinstimmung aller Teile, der Zweck des Ganzen (der darin besteht, Gott alle Ehre zu geben), die vollständige Offenbarung des einzigen Heilswegs für den Menschen, viele andere unvergleichliche Vorzüge und ihre gänzliche Vollkommenheit sind Gründe, durch die sie selbst sehr deutlich beweist, dass sie das Wort Gottes ist. Trotzdem wird unsere volle Überzeugung und Gewissheit bezüglich der unfehlbaren Wahrheit und göttlichen Autorität derselben durch das innere Wirken des Heiligen Geistes hervorgebracht, der durch das Wort und mit dem Wort in unseren Herzen davon Zeugnis gibt." Die unfehlbare Wahrheit und göttliche Autorität bezeugt sich also beim Betrachten durch die wahrnehmbaren Eigenschaften der Schrift selbst, wird aber dadurch nicht schon zur Glaubensgewissheit, sondern erst durch das innere Zeugnis des Heiligen Geistes. Dieses Geisteszeugnis fügt dem Wort Gottes aber nichts hinzu, so wird in Art. 6 verdeutlicht, kann dies auch nicht, denn die Schrift ist selbst genugsam. Sie ist zudem klar, so dass alles, was notwendiger Weise zum Heil erkannt werden muss, beim Lesen der Schrift auch erkannt werden kann (Art.7). Daraufhin wird die göttliche Eingebung und Erhaltung der Heiligen Schrift bekannt: *„8. Das Alte Testament wurde in Hebräisch... und das Neue Testament in Griechisch... unmittelbar von Gott inspiriert und durch seine einzigartige Sorgfalt und Vorsehung zu allen Zeiten rein erhalten, weshalb sie authentisch sind, so dass sich die Gemeinde in allen religiösen Auseinandersetzungen letztlich auf sie berufen muss."* Schrift ist mit Schrift auszulegen (Art. 9); und alle menschlichen Lehrmeinungen, Konzilsbeschlüsse und Traditionen sind an der vom Heiligen Geist eingegebenen Schrift als höchster Urteilsinstanz zu prüfen (Art. 10). – Auch in diesem ausführlichen Bekenntnis sind evangelikale Glaubensüberzeugungen wie die von der göttlichen Inspiration, Autorität, vollkommenen Wahrheit und Maßgeblichkeit der Heiligen Schrift vorgebildet.

Mit ähnlicher Ehrerbietung spricht das Glaubensbekenntnis der deutschen Baptisten von 1847 (sowie seine beiden Vorformen von 1837 und 1843) von der Bibel: *„Wir glauben, dass die heiligen Schriften des Alten Testaments... [werden aufgezählt] so wie die heiligen Schriften des Neuen Testaments... [werden aufgezählt] wahrhaftig vom Heiligen Geiste eingegeben sind; so dass dies Bücher insgesamt die allein wahre göttliche Offenbarung an das Menschengeschlecht ausmachen[17] und die alleinige Regel und die Richtschnur des Glaubens und Lebenswandels sein müssen."* Wie in der späteren Glaubensbasis der Evangelischen Allianz ist hier die göttliche Inspiration und Maßgeblichkeit für Glauben und Leben der Bibel bekräftigt.

Evangelikales Schriftverständnis steht in einer langen Tradition evangelischen Bekennens. Evangelikales Schriftbekenntnis ist vor Auflösungserscheinungen und Uminterpretationen nicht geschützt. Bis heute hat das evangelikale Bekenntnis aber immer wieder die Kraft gehabt das zu bezeugen, wofür eine gute evangelische Bekenntnistradition steht: die uneingeschränkte göttliche Inspiration, Autorität und Wahrheit der Heiligen Schrift.

---

[17] Das Attribut „ausmachen" ist eine Verdeutlichung gegenüber den Vorformen dieses Bekenntnisses von 1837 und 1843, die von „enthalten" sprechen: Die Bibel 'enthält' nicht nur – hier und da – göttliche Offenbarung (im Sinne eines 'Kanon' im Kanon); sie macht als inspiriertes Gotteswort diese Offenbarung vielmehr in ihrer Ganzheit aus.

2

ZEUGNISSE ZUR UNFEHLBARKEIT UND IRRTUMSLOSIGKEIT DER BIBEL: ALTE KIRCHE, REFORMATION, PIETISMUS – UND DIE EVANGELIKALEN

Man schreibt das Jahr 431 n.Chr. In Ephesus findet eine große Synode statt. In würdiger Versammlung kommen die geistlichen Vertreter der Kirchen zusammen. Im Versammlungssaal steht ein Thron. Er ist für keinen Kirchenführer reserviert – für keinen Bischof, Metropoliten oder gar Papst. Auf dem Thron liegt ein aufgeschlagener Bibelkodex. Der Ehrenplatz in der Kirche gehört der Bibel, das will man ausdrücken. Die Gemeinden werden nicht von Menschen und ihren Meinungen regiert, sondern von Gottes Wort. Der erhöhte Herr selbst gibt durch sein göttliches Wort den Ton an in der Kirche. Er regiert durch sein Wort seine Kirche. Und das soll auch auf der Synode gelten. Da will man nicht zu demokratischen Mehrheitsentscheidungen kommen, sondern will gemeinsam erkennen, was Gottes Wort sagt – und das, was es sagt, dann in den Gemeinden glauben und tun.

Im Folgenden gehen wir anhand der Quellen der Frage nach, wie sich die klassische christliche Haltung zur Heiligen Schrift darstellt. Dabei wird sich zeigen, dass das Schriftverständnis der Evangelikalen, wie wir es oben in Kapitel 1 skizziert haben, an die Bibelhaltung anknüpft, die die christliche Kirche in ihren segensreichsten Zeiten geprägt hat.

1. Alte Kirche.
Vielfältig hat man schon früh in der Kirche auch zeichenhaft Hochachtung gegenüber der Heiligen Schrift ausgedrückt. In besonderer Schönschrift wurden Bibelteile sorgfältig abgeschrieben. Bibelkodices wurden mit Prachteinbänden ausgestattet. Teils wurde die Bibel in festlicher Prozession in die Kirche getragen, begleitet von Klerikern mit brennenden Kerzen. Symbolisch wurde die Bibel in der gottesdienstlichen Liturgie geküsst als Ausdruck der Liebe zu ihr. Warum? Hinter all den

Zeichen tiefer Verehrung stand die Überzeugung, dass *dieses* Buch nicht irgendein Buch, nicht einmal nur ein bedeutendes menschliches Buch, sondern Gottes Buch war. Und während philosophisch geschulte heidnische Christengegner wie Celsus, Porphyrius oder Julian die Bibel in Frage stellten, war die frühe Kirche tief überzeugt von der göttlichen Wahrheit und Autorität der Heiligen Schrift.

Schon der Kirchenvater *Irenäus* (ca. 140-200) bekennt, „dass die Schrift vollkommen ist, weil sie von Gottes Wort und seinem Geist gesprochen ist" (*Adv. Haer.* II. 28.). Für *Gregor von Nazianz* (+ 390) hat die Inspiration hermeneutische Bedeutung: „Die kleinsten Linien der Schrift stammen vom Heiligen Geist. Also haben wir die geringsten Schattierungen des Sinnes zu beachten" (*Orat.* 2,105). Nach *Augustin* (354-430) sind die biblischen Schriften von Gott „gesprochen" (*divinitus esse dictum*) und daher ohne Widerspruch; denn in ihnen liegt das Reden des Geistes Gottes durch Menschen vor (*per homines dixerit Die spiritus*; *DCD* XVIII,41; XX,1). Augustin zieht aus der Schriftinspiration die Folgerung, dass die biblischen Schriften „in sich übereinstimmen, so dass sie in nichts voneinander abweichen (*concordes inter se adque in nullo dissentientes; DCD* XVIII,41); und: „Die Heilige Schrift kann nicht irren bzw. trügen" (*sancta scriptura fallere non potest; Ad Cresc.* 1,39). Die Irrtumslosigkeit der Schrift vertritt Augustin auch mit folgenden Worten: „Nur jene Bücher der Schrift, die kanonisch genannt werden, lernte ich so zu achten und zu ehren, dass ich ganz gewiss glaube, dass kein Autor in diesen Büchern irgendeinen Fehler beim Schreiben machte... Andere Autoren (dagegen) lese ich nicht mit dem Gedanken, das, was sie lehrten oder schrieben sei wahr, nur weil sie Heiligkeit oder Bildung aufweisen" (*Epist.* 82,1.3). Und ganz ähnlich äußerte der große scholastische Theologe *Thomas von Aquin* im Mittelalter seine Glaubensüberzeugung hinsichtlich der Wahrheit der Schrift: „Es ist häretisch zu sagen, dass irgendwelche Unwahrheit in den Evangelien oder in irgendeiner kanonischen Schrift enthalten sei" (*Iob* 13,1). Es wundert von daher nicht, dass die *Katholische Kirche* die altkirchliche Tradition von der göttlichen Inspiration und Irrtumslosigkeit der Heiligen Schrift bis in die Texte des *Vaticanum I* (1870, `Konstitution über den katholischen Glauben', Kap.II+III) und des *Vaticanum II* (1965, 'Konstitution über die göttliche Offenbarung', Kap. III) übernommen hat.

2. Reformation.

Schaut man sich heute die Kirchen der Reformation (Landeskirchen sowie manche Freikirchen) an, so könnte man meinen, Bibelkritik und Relativierung der Heiligen Schrift gehöre zum Erbgut evangelischen Christseins. Weit gefehlt! Die Kirchen der Reformation haben einmal als 'Kirche des Wortes (Gottes)' begonnen. Das wird deutlich, gleich ob wir exemplarisch Johannes Calvin, Martin Luther oder Menno Simons betrachten.

2.1 Calvin:
Calvin (1509-1564) war von der Inspiration der Bibel überzeugt. In seinen *'Institutiones'* drückt er das unter anderem so aus: „So halten wir dafür …, dass die Schrift zwar durch den Dienst von Menschen, aber tatsächlich doch aus Gottes eigenem Munde uns zufließt" (*Inst.* I.7.5). Und in seiner Auslegung des 2.Timotheusbriefes: „Wir sind überzeugt, dass die Propheten nicht aus ihrem eigenen Sinn heraus gesprochen haben, sondern als Werkzeuge des Heiligen Geistes (*spiritus sancti organa*) weitergegeben haben, was ihnen vom Himmel aufgetragen war. Wer also von den Schriften Gewinn haben will, muss vor allem daran festhalten, dass er es … nicht mit einer aus menschlicher Willkür hervorgebrachten Lehre zu tun hat, sondern mit einer vom Geist diktierten" (*spiritu sancto dictatam, Kommentar zu 2Tim 3,16*). Die Inspiration macht den entscheidenden Unterschied zwischen den neutestamentlichen Schreibern und der kirchlichen Tradition aus: „Allerdings besteht … zwischen den Aposteln und ihren Nachfolgern der Unterschied, dass jene sichere und beglaubigte Schreiber (*certi et authentici amanuenses*) des Heiligen Geistes waren und ihre Schriften deshalb als Offenbarungsworte Gottes zu gelten haben, diese dagegen keine andere Aufgabe haben als zu lehren, was in der Heiligen Schrift überliefert und versiegelt ist… Hier kann auch niemand zweifeln, der recht erkannt hat, was Glaube ist; denn dieser muss sich doch auf einen so festen Grund stützen, dass er dadurch gegen den Satan und alle Listen der Hölle und gegen die

ganze Welt unüberwindlich standhält. Diesen festen Grund aber werden wir einzig und allein in Gottes Wort finden. Zudem besteht noch eine allgemeine Ursache, auf die man hier achten muss: Wenn Gott dem Menschen die Fähigkeit nimmt, (heute; H.St.) ein neues Dogma vorzubringen, so geschieht das dazu, dass er allein in der geistlichen Unterweisung unser Meister sei, wie ja er allein auch der Wahrhaftige ist, der nicht lügen noch trügen kann" (*Inst.* IV. 8.9). Dem fehlbaren Menschenwort wird hier das unfehlbare Gotteswort gegenüber gestellt. Für die Glaubwürdigkeit kann Calvin dann auch ausführlich argumentieren (*Inst.* I Kap.8). Er weiß aber zugleich, dass nicht allein menschliche Argumente, sondern nur der Heilige Geist die Unfehlbarkeit der Schrift zur Glaubensgewissheit werden lassen kann: „Dennoch ist es Torheit, wenn man meint, der Schrift auf dem Weg des Disputierens ihre Glaubwürdigkeit sichern zu können... (Das) Zeugnis des Heiligen Geistes ist besser als alle Beweise. Denn wie Gott selbst in seinem Wort der einzige vollgültige Zeuge von sich selber ist, so wird auch dies Wort nicht eher im Menschenherzen Glauben finden, als bis es vom inneren Zeugnis des Heiligen Geistes versiegelt worden ist" (*Inst.* I. 7.4). Calvin ist nicht der Anwalt eines bloßen Verstandesglaubens oder einer toten Orthodoxie. Er weiß um die Wechselwirkung von lebendiger Gotteserfahrung und gehorsamer Schrifthaltung. Mancher Bibelskeptiker heute, dessen eigene eher verkümmerte Spiritualität zu bestätigen scheint, dass man von der Schrift nicht allzu viel erwarten könne, sollte sich zu Herzen nehmen, wie der Genfer Reformator den Zusammenhang von Bibelhaltung und geistlicher Erfahrung akzentuiert: „Der Heilige Geist ist mit seiner Wahrheit, die er in der Schrift kundgemacht hat, derart verbunden, dass er erst dann seine Kraft äußert und erweist, wenn man sein Wort mit gebührender Ehrfurcht und Achtung vor seiner Würde aufnimmt" (*Inst.* I 9.3).

Wir halten fest: Nach reformatorischer Lehre, wie sie Calvin formuliert, ist die Heilige Schrift Wort für Wort von Gott inspiriert und deshalb völlig wahr. Für Letzteres ist der Reformator auch bereit zu argumentieren, aber er weiß, dass das nicht genug ist: Es geht am Ende um eine Glaubensüberzeugung, die nur der Geist Gottes wirken kann. Umgekehrt: Nur wer der Bibel vertraut und ihre Göttlichkeit achtet, wird auch ihre geistliche Kraft erfahren und Gewinn von der Beschäftigung mit der Schrift haben. – Heute würde man sagen, Calvin habe eine `konservative´ Schrifthaltung gehabt. Aber wie steht es vergleichsweise mit der Schrifthaltung von Martin Luther? Erweist er sich vielleicht als Stammvater des liberalen Protestantismus, wie wir ihn heute weithin kennen?

2.2 Luther.

Während die lutherischen Bekenntnisschriften erstaunlicher Weise kein ausdrückliches Bibelbekenntnis enthalten (es vielmehr voraussetzen)[18], hat sich der große Reformator Martin Luther (1483-1546) immer wieder und sehr betont zum Wesen und zur rechten Auslegung der Schrift geäußert.

Wie Armin Buchholz herausgearbeitet hat[19], war Luthers Grundsicht folgende: Die Heilige Schrift ist `Schrift Gottes´ und als sol-

---

[18] Während viele reformierte Bekenntnisse mit oft ausführlichen Artikeln zur Heiligen Schrift beginnen, sucht man nach solchen Artikeln in den lutherischen Bekenntnisschriften vergeblich. Vielleicht hat dieser Mangel dazu beigetragen, dass sich die lutherische `Kirche des Wortes´ mit der Aufklärung im 18.Jahrhundert so umfassend der Bibelkritik geöffnet hat.

[19] A. Buchholz, *Schrift Gottes im Lehrstreit: Luthers Schriftverständnis und Schriftauslegung in seinen drei großen Lehrstreitigkeiten der Jahre 1521-28,* Frankfurt: P.Lang, 1993. – Zum Schriftverständnis des Reformators und seinem Eintreten für die uneingeschränkte Wahrheit, Unfehlbarkeit und Irrtumslosigkeit der Bibel s. auch J.W. Montgomery, „Lessons from Luther on the Inerrancy of Holy Writ", in: ders., *God´s Inerrant Word,* Minneapolis 1974, S.63-94; R.D. Preus, „The View of the Bible held by the Church: The Early Church through Luther", in: N.L. Geisler (Hrsg.), *Inerrancy,* Grand Rapids 1980, S.357-382. Lesenswert sind auch W. Walther, *Das Erbe der Reformation,* Leipzig 1918; W. Bodamer, „Luthers Stellung zur Lehre von der Verbalinspiration", *Theol. Quartalschrift* (1936), S.240ff; P. Schempp, „Luthers Stellung zur Heiligen Schrift", in: ders., *Theologische Entwürfe,* München 1973 (1.Aufl. 1929), S.14ff; W.M. Oesch, „Luther zur Inspiration der Heiligen Schrift", *Lutherischer Rundblick,* 12/1964, S.58-79, und 13/1965, S.2-15. Wichtig ist auch E.F.A. Klug,

che ʼGeschöpf Gottesʼ (*Creatura Dei).* Zu unterscheiden – aber nicht zu scheiden – ist dabei ihr Charakter als ʼSchriftʼ (d.h. ihre geschöpfliche Seite) und als Schrift ʼGottesʼ (d.h. ihre göttliche Seite). Zunächst ist ihre geschöpflich-menschliche Seite als ʼSchriftʼ ernst zu nehmen. Aus ihr folgerte Luther – im Unterschied zu vielen seiner modernen Nachfolger – nicht ihre Irrtumsfähigkeit bzw. Irrtümlichkeit. Vielmehr betonte er ihre Sprachlichkeit und leitete daraus wichtige Auslegungsgrundsätze ab: Weil die Bibel in normaler menschlicher Sprache geschrieben ist, liegt ihr (göttlicher) Sinn in den Ausdrucksformen ganz normaler Grammatik vor. Das was Gott offenbaren will, erschließt sich daher im Literalsinn dessen, was da steht – nicht erst in ʼhöherenʼ Bedeutungsebenen (wie bei dem seit der Alten Kirche entwickelten ʼVierfachen Schriftsinnʼ), die nur die theologisch gebildeten Kleriker verstehen können. Hält man sich an den Literalsinn, liegen ihre heilsnotwendigen Inhalte in aller nötigen Klarheit zutage und können auch von den Laien verstanden werden. Deshalb lohnt es sich, die Bibel ins Deutsche zu übersetzen und in die Hand des Kirchenvolkes zu geben. – Zugleich ist aber auch die ʼgöttlicheʼ Seite der Bibel als Schrift bzw. Geschöpf *Gottes* ernst zu nehmen. Als Gottes Schrift ist sie inspiriertes Gotteswort, unterscheidet sich von allen menschlichen Worten, hat eine einzigartige Autorität und ist völlig wahr und frei von all den Irrtümern, die so typisch sind für Menschenworte und kirchliche Traditionen.

Für Luther ist die Bibel „des Heiligen Geists eigen, sonderlich Buch, Schrift und Wort" (*W.A.* 38,340.8; vgl. 54,3.31ff; 54,35; 54,474,4). Er kann geradezu definieren: „*Scriptura, hoc est Spiritus in scriptura*" („[Heilige] Schrift, das ist Geist in der Schrift", *W.A.* 2,512). Bis in Wortlaut und Ausdrucksweise hinein stammt für ihn die Schrift vom Heiligen Geist (*W.A.* 40,3.254, zu Ps 127,3). Als inspiriertes Gotteswort ist die Bibel „ein rein gewiss Wort, das nicht trügt noch fehlt, wie Menschenworte tun" (*W.A.* 48,92). Luther ist von der uneingeschränkten Wahrheit der Heiligen Schrift überzeugt: „Es ist unmöglich, dass die Schrift sich widerspricht; so

---

From Luther to Chemnitz: On Scripture and the Word (Diss. FU Amsterdam), Kampen 1971.

erscheint es nur den gedankenlosen und widerspenstigen Heuchlern" (*W.A.* 9,356; vgl. 15,1481; 40,1.420). Oder er schreibt: „Aber weil jedermann wohl weiß, dass sie [die Kirchenväter; H.St.] zuweilen geirrt haben als Menschen, will ich ihnen nicht weiter Glauben geben, denn sofern sie mir ihr Verständnis aus der Schrift beweisen, die noch nicht geirret hat" (*W.A.* 7,315; vgl. 15,1481). Zustimmend kann er sich in diesem Zusammenhang auf den Kirchenvater Augustin beziehen: „Desselben gleichen schreibt St.Augustin an St.Hieronymus: `Ich hab erlernt, allein den Büchern, die die Heilige Schrift heißen, die Ehre zu tun, dass ich festiglich glaube, keiner derselben Schreiber habe je geirrt; alle andern aber lese ich dermaßen, dass ich´s nicht für wahr hab, was sie sagen, sie beweisen mir´s denn mit der Heiligen Schrift oder öffentlicher Vernunft´." (*W.A.* 7,315). Deutlich ist hier, dass sich der Reformator (im Anschluss an die Alte Kirche) zur Irrtumslosigkeit der von Gott inspirierten Heiligen Schrift bekennt. Dieses Bekenntnis ist für das reformatorische Schriftprinzip geradezu konstitutiv, insofern das für Luther so zentrale `*sola scriptura!*´ / `Allein die Schrift!´ ganz wesentlich bedeutet, dass eben nicht irrtumsfähige Kirchenvälter oder Konzilien, sondern allein die irrtumslose Heilige Schrift gelten soll.

Weil der Reformator von der Inspiration, Autorität, Widerspruchs- und Irrtumslosigkeit der Schrift überzeugt ist, setzt er sich energisch für die Bibel als Gottes Wort ein. Ihre Anerkennung ist für ihn das Fundamentalprinzip allen Theologisierens: Wer es verneint, „dass der Evangelisten Schriften Gottes Wort seien…, mit dem will ich nicht ein Wort handeln. Denn mit dem soll man nicht disputieren, der da *prima principia* verwirft" (*Tischreden, Erlanger Ausgabe*, 57,34). Umgekehrt klagt er: „Wenn sie glaubten, dass es Gottes Worte wären, würden sie es nicht elende, arme Worte lügen, sondern auch einen Tittel aus Buchstaben größer achten denn die ganze Welt und davor zittern und fürchten als vor Gott selbst. Denn wer ein einzelnes Wort Gottes verachtet, der achtet auch freilich keines nicht groß" (*W.A.* 26,450.4). Luther erkennt deutlich, dass das In-Frage-Stellen der Bibel an einer einzigen Stelle einen Dammbruch nach sich zieht: „Denn gewiss ist´s, wer einen Artikel nicht recht glaubt oder nicht will (nachdem er vermahnt und unterrichtet ist), der glaubt gewisslich keinen mit Ernst und rechtem Glauben. Und wer so kühn ist, dass er wagt, Gott leugnen oder Lügen strafen in einem Wort, und tut solches mutwillig wider und gegen die Tatsache, dass er einmal oder zweimal vermahnt oder unterwiesen ist, der wagt auch (tut's auch gewiss) Gott in allen seinen Worten leugnen und Lügen strafen. Darum heißt's rund und rein, ganz und alles geglaubt, oder nichts geglaubt. Der Heilige Geist lässt sich nicht trennen noch teilen, dass er ein Stück sollte wahrhaftig, und das andere falsch lehren oder glauben lassen" (*W.A.* 54,158; vgl. 32,59; 50,269; 56,249). Für sich selbst beansprucht Luther dem gegenüber ein bedingungsloses Am-Wort-Hängen: „So sehr soll man am Wort hängen, dass ich, selbst wenn ich alle Engel sähe und hörte sie mich eines anderen bereden, mich dadurch nicht nur nicht bewegen lassen sollte, irgendeinem Wort der Schrift nicht zu glauben, ja sogar meine Augen und Ohren zutun müsste, weil ich sie keines Blicks noch Gehörs würdigen dürfte" (*Tischreden*, 2,288.11; Nr. 1987). Einen der Schrift übergeordneten Urteilsstandpunkt der Vernunft lehnt Luther ab: „Wie könnten wir Unbesonneneres und Vermesseneres tun, denn dass wir uns unterstehen, Gott und sein Wort zu richten, die wir von ihm sollten gerichtet werden? Darum soll man darauf schlicht stehen und beharren, dass, wenn wir hören, dass Gott etwas sagt, wir es glauben, und nicht darüber disputieren, sondern vielmehr unsere Vernunft gefangen nehmen unter den Gehorsam Christi..." (*W.A.* 42,118 [lat.], *Genesis-Vorlesung* zu 1Mo 3,4-5, deutsch *Walch²* 1,193).[20] In aller Schärfe kann er formulieren: „Der

---

[20] Zwei Beispiele können diese Unterwerfung der Vernunft unter die Schift illustrieren: Hinsichtlich der alttestamentlichen Erzählung von Elisas Fluch, auf den hin eine Knabenschar von Bären zerrissen wurde, kommentiert er dass dies „gewiss völlig absurd lautete, läse man es in irgendeiner Legende und würde es nicht durch eine solche Autorität wie die der Schrift gedeckt" (*W.A.* 4,639.24). Und vom unbegreiflichen Geheimnis der Dreieinigkeit schreibt er: „Nun es aber vom Himmel herabschallet, so will ich's glauben, was er mir sagt, dass zwei, ja alle drei Personen nur ein rechter Gott, nicht zween oder drei Götter sind. Das will ich ihm zu Ehren und zu Dienst tun, dem ich

Glaube sagt so: Ich glaube dem Gott, der da spricht. Was spricht er? Unmögliches, Verlogenes, Unsinniges, Unhaltbares, Verächtliches, Ketzerisches, Teuflisches – wenn Du die Vernunft befragst!" (*W.A.* 40 I, 361.1). Und ebenda (362,15): „Der Glaube opfert die Vernunft und tötet diese Bestie..., diese schärfste und heilloseste Feindin Gottes."

Das nach-aufklärerische Neu-Luthertum hat in Verkennung von Luthers tatsächlichem Schriftverständnis den Reformator zur Rechtfertigung einer theologischen Bibelkritik herangezogen. Wie Armin Buchholz in seiner Dissertation gut heraus gearbeitet hat, stellt sich aber tatsächlich die Alternative, entweder dem Luther der Quellen zu folgen oder der neu-lutherischen Position. Leider gibt es auch Evangelikale, die der neu-lutherischen Interpretation folgen. So schreibt Heinzpeter Hempelmann: „Ist Jesus Christus Mitte der Schrift, so muss die Bibel auf ihn hin gelesen und daran gemessen werden, ob und inwieweit sie auf ihn hinweist. Diese Einsicht kann bei dem großen Reformator zu recht massiver Kritik an einigen biblischen Aussagen führen. Das Luther andererseits energisch jedes Richten über das Wort Gottes verurteilt und eine demütige, sich unter das Wort Gottes stellende Haltung des Auslegers verlangt, stellt für ihn keinen Widerspruch zu seiner `Bibelkritik´ dar. Denn die Autorität der Bibel ist für ihn kein formales, an sich gültiges, totes Prinzip: Sie besteht gerade darin, dass in ihr das freimachende Zeugnis des Evangeliums zu finden ist."[21] Luthers tatsächliches Schriftverständnis ist damit im Sinne einer hermeneutischen `Kanon´-im-Kanon-Theorie völlig verzeichnet; sein Verständnis von `Schrift Gottes´ als im vorliegenden Wortlaut inspirierter, göttlich-autoritativer Wahrheit verkannt und als `formales, an sich gültiges, totes Prinzip´ fehlgedeutet. Tatsächlich weist nach

---

schuldig bin zu glauben, und mich so urteilen zu lassen, dass ich ein Narr sei, der nicht könne drei zählen, wie wohl ich doch gottlob kann drei zählen hinieden auf Erden... Dahin führt uns nun die Schrift und dieser Artikel" (*W.A.* 37.40.1).

[21] H. Hempelmann, *Grundfragen der Schriftauslegung*, Wuppertal 1983, S.12. – Mit dieser Luther-Interpretation, die im 19.Jhd. bereits Julius Köstlin aufbrachte, setzt sich u.a. J.W. Montgomery, *aaO.*, S.66-84, auseinander.

Luther die ganze kanonische Schrift – Gesetz wie Evangelium! – als Gottes Offenbarungswort auf Christus hin und trägt unantastbaren Wahrheitscharakter. Anders steht es mit seiner – gleich noch zu behandelnden – Kanonkritik, die sich auf Schriften bezieht, deren Kanonizität er bezweifelte.

Exkurs:
`Kritische´ Äußerungen Luthers zu biblischen Texten.

Grundsätzlich kann es sein, dass ein Vertreter bibeltreuer Theologie in der Praxis seinem eigenen theologischen Anspruch nicht voll gerecht wird. Mit dieser Möglichkeit ist auch bei Luther zu rechnen. Seine Selbsteinschätzung schließt dies nicht aus, wenn er schreibt: „Ich bin selbst auch ein Doktor und habe die Schrift gelesen, doch widerfährt es mir wohl täglich, wenn ich nicht recht in meiner Rüstung stehe und damit geharnischt bin, dass mir solche Gedanken einfallen, ich sollte Christus und das Evangelium verlieren, und muss mich doch immerdar an die Schrift halten, dass ich bestehen bleibe. Wie will denn ein Mensch tun, der gar ohne Schrift und nach lauter Vernunft fährt?" (*W.A.* 36,501). Tatsächlich scheint für den Betrachter zweierlei in einer gewissen Spannung zu Luthers erklärter Bibelhaltung zu stehen: zum einen sein Umgang mit einigen Problemstellen; zum andern seine bekannten kanonkritischen Aussagen.

Wie wir bereits sahen, ist Luther davon überzeugt, dass die Schrift sich nicht selbst widerspricht (*W.A.* 9,356; u.ö.) und auch nicht irrt (*W.A.* 7,315; u.ö.). Trotzdem bleiben für den menschlichen Betrachter angesichts der Begrenztheit seiner Erkenntnis einige Stellen dunkel, obwohl das Zentrum der Schrift, Christus, in völliger Klarheit offenbart ist. So gesteht Luther in seiner Abhandlung „*Vom unfreien Willen*" (1525) – trotz seiner Überzeugung von der Klarheit der Schrift – zu: „Das ist natürlich richtig, dass es in der Bibel viele dunkle und unverständliche Stellen gibt, aber nicht weil die Dinge zu hoch wären, sondern weil wir die Worte und die Grammatik nicht kennen, was indessen keineswegs hindert, alles in der Schrift wohl zu verstehen. Denn was könnte in der Schrift noch verborgen bleiben, nachdem die Siegel erbrochen, der Stein von des Grabes Tor gewälzt und das höchste Geheimnis verkündet ist...?" (Zitiert nach *Walch*[2] 18,1681; vgl. ähnlich auch Luthers Einleitung zur Habakuk-Auslegung, *W.A.* 19,350). Scheinbare Widersprüche in der Schrift lässt Gott dem Menschen als Übung zum genauen Lesen und zur Demut dienen: „Gott setzt darum solche Sprüche oft wider einander, dass er uns übe im Lesen, und dass wir nicht meinen, wir haben die ganze Schrift, wenn wir kaum einen Spruch haben" (*W.A.*10,3; 226.24; vgl. 8,239.16). Wie Klug in seiner Dissertation gezeigt hat, nimmt Luther die scheinbaren Widersprüche der Schrift in der Regel auch keineswegs leicht, sondern sucht dafür Lösungen zu finden – sei es durch historische Harmonisierungsvorschläge, sei es durch Beachten des jeweiligen Textskopus, der bei zwei schwer zu harmonisierenden Texten im einen Fall vielleicht auf die historische Angabe, im anderen Fall auf eine bestimmte theologische Aussage zielen mag.[22] Kann Luther keine Lösung finden, lässt er das Problem auch stehen, ohne dass es seine grundsätzliche Einstellung zur Schrift ändert.

In einigen Fällen kann er aber auch recht salopp über eine entsprechende Problematik hinweggehen. So in seiner Erklärung zu Joh 18,12ff (im Vergleich zu den synoptischen Evangelien): „Johannes allein macht hier Verwirrung, dass er sagt, Jesus sei aufs erste geführt zu Hannas, bald hernach habe Petrus den Herrn einmal verleugnet, danach habe Hannas Jesum gebunden gesandt zu Kaiphas; aber man fährt darum weder gen Himmel noch zur Hölle, ob man schon dafür hält, dass alle drei Verleugnungen in Kaiphas Haus geschrieben sind" (*W.A.* 28,269). Den Grund für solche für den Ausleger schwer zu harmonisierenden Problemstellen sieht er etwa in der Kürze der jeweiligen Angaben: „Die geschichtlichen Angaben der Schrift sind oft kurz und konfus, so dass man sie nicht leicht miteinander vereinbaren kann, wie die Verleugnungen des Petrus und die Passionsgeschichte Christi (etc.) ... Aber deswegen mühe ich mich nicht noch bekümmere mich viel um deren Übereinstimmung, sondern darauf nur bin ich hier bedacht, was die Absicht des Paulus ist und worauf er hinaus will" (so zu Gal 1,11f in seinem Galaterkommentar von 1535, *W.A.* 40,I,126). Ziemlich ungeschützt (und in fehlgeleiteter Anwendung einer von Paulus verwendeten Metapher) kann er sogar schreiben: „Ob aber den-

---

[22] Vgl. E.F.A. Klug, *aaO.,* S.109f, wo er besonders auf Luthers Behandlung der Spannungen zwischen Apg.7 und 1Mo 12 eingeht (*W.A.* 42,425f+331+460).

selben guten treuen Lehrern [den Propheten; H.St.] und Forschern der Schrift zuweilen auch mit unterfiel Heu, Stroh, Holz und nit eitel Silber, Gold und Edelgestein bauten, so bleibt doch der Grund da; das andere verzehrt das Feuer des Tages" (*W.A.* 53,3,38) – wobei nicht sicher ist, ob er das 'Heu, Stroh, Holz' auch auf ihre in der Bibel niedergeschriebenen Worte bezog. Dass Luther aber auch Letzteres gemeint haben könnte, legt sein bekannter Satz aus der Kirchenpostille nahe, der mit seinen grundsätzlichen Äußerungen zum Wesen der Heiligen Schrift kaum in Einklang zu bringen ist: „Denn auch alle Propheten des Alten Testaments damit den Namen haben allermeist, dass sie Propheten heißen, dass sie von Christo geweissagt haben…, vielmehr denn darum, dass sie zuweilen von den Königen und weltlichen Läuften etwas verkündigten; welches sie auch selbst übten und oft auch fehlten. Aber jenes übten sie täglich und fehlten nicht, denn der Glaube fehlt nicht, dem ihr Weissagen ähnlich war" (*W.A.* 17 II,39.29ff).[23] Man muss gewiss in Rechnung stellen, dass der Reformator ungeschützt und radikal klingende Ausdrucksweisen liebte.[24] Trotzdem würde man wünschen, er hätte sich an diesen Stellen an sein oben zi-

---

[23] Die Spannung im Schriftverständnis bemerkt auch Werner Georg Kümmel in seiner forschungsgeschichtlichen Analyse von Luthers Umgang mit der Bibel. Als Historiograph der historisch-kritischen Erforschung des NT freut sich Kümmel einerseits, dass es bei Luther „mit einer bis dahin unbekannten Schärfe des Unterscheidungsvermögens zu einer theologischen Sachkritik" gekommen sei; andererseits muss er aber feststellen: „Gerade das aber stand in deutlicher Spannung zu der reformatorischen Voraussetzung, dass die Schrift … allein und eindeutig die Offenbarung vermittele"; W.G. Kümmel, *Das Neue Testament: Geschichte der Erforschung seiner Probleme,* 2.Aufl. Freiburg 1970, S.16f+21.

[24] Vgl. etwa seinen Rat hinsichtlich 'Gesetz und Evangelium': „Wenn einer in tentatione [in der Anfechtung] oder apud tentatos [bei Angefochtenen] ist, so schlage er nur Mosen tot und werfe alle Steine auf ihn. Wenn er aber wieder gesund wird, so soll man ihm das Gesetz predigen, denn zur Angst soll man nicht noch Angst hinzufügen" (*Tischreden,* 2,75.25 / Nr.1371). Und umgekehrt: „Wenn Christus kommt und redet mit dir [dem Reumütigen] wie Moses: Was hast du getan? – so schlage ihn zu Tod. Wenn er aber wie Gott und als dein Heiland mit dir redet, so recke beide Ohren" (*W.A.* 2,583.16 / Nr. 2655a).

tiertes Urteil aus der Genesis-Vorlesung erinnert: „Wie könnten wir Unbesonneneres und Vermesseneres tun, denn dass wir uns unterstehen, Gott und sein Wort zu richten, die wir von ihm sollten gerichtet werden? Darum soll man darauf schlicht stehen und beharren, dass, wenn wir hören, dass Gott etwas sagt, wir es glauben und nicht darüber disputieren, sondern vielmehr unsere Vernunft gefangen nehmen unter den Gehorsam Christi" (*W.A.* 42,118).

Ein Problem anderer Art sind die kanonkritischen Äußerungen Luthers. Sie setzen allerdings gerade seine Überzeugung von der Widerspruchsfreiheit des inspirierten Gotteswortes voraus. Für Luther war es undenkbar, dass kanonisches Gotteswort kanonischem Gotteswort widersprechen könnte. Wenn er daher in einzelnen, schon in der frühkirchlichen Kanondiskussion umstrittenen Schriften[25] Aussagen fand, die er mit anderen neutestamentlichen Aussagen theologisch nicht leicht zu vereinbaren empfand, konnte er Zweifel äußern, ob erstere Schriften tatsächlich zum Kanon gehörten. (Dies umso mehr, als er sich gerade mit der katholischen Einbeziehung der Apokryphen in den Kanon auseinander setzte). Vier Bücher des Neuen Testaments hat er als deuterokanonisch behandelt und unnummeriert ans Ende seiner deutschen Übersetzung des NT gestellt, nämlich den Hebräerbrief, den Jakobus- und Judasbrief sowie die Johannesoffenbarung. Die Aussagen des Jakobusbriefs zum Verhältnis von Glauben und Werken misst er am Maßstab der von ihm neu entdeckten paulinischen Rechtfertigungslehre und kommt (auf Grund seines Missverstehens der Aussageintention des Jak.) zu dem harschen Urteil, der Jakobusbrief sei „eine recht stroherne Epistel..., da er doch keine evangelische Art an sich hat" – so in seiner *Vorrede zum Neuen Testament* von 1522 (*W.A.* Bibel VI.1). In seiner *Vorrede zum Jakobusbrief* nennt er dann ausdrücklich seine Gründe gegen eine kanonische Einschätzung dieser Schrift: „Aufs erste, dass er stracks wider Paulus und alle andere Schrift den Werken die Rechtfertigung zuschreibt... Aufs zweite, dass er Christenleute lehren will und gedenkt nicht einmal in solcher langen Lehre des Leidens, der

---

[25] Vgl. *W.A.* Bibel VII.345: „Bisher haben wir die rechten gewissen Hauptbücher des Neuen Testaments gehabt. Diese vier nachfolgenden [= Hebr., Jak., Jud., Offb.] aber haben vorzeiten ein ander Ansehen gehabt."

Auferstehung, des Geistes Christi... Das ist auch der rechte Prüfstein, alle Bücher zu tadeln, wenn man sieht, ob sie Christum treiben oder nicht... Was Christum nicht lehret, das ist nicht apostolisch, wenns gleich Petrus oder Paulus lehret; umgekehrt, was Christum predigt, das ist apostolisch, wenns gleich Judas, Hannas, Pilatus und Herodes täte... In Summa: er hat denen wehren wollen, die sich auf den Glauben ohne Werke verließen und ist für diese Sache an Geist, Verstand und Worten zu schwach gewesen. Er zerreißt die Schrift und widersteht damit Paulus und aller Schrift, wills mit Gesetz Treiben ausrichten, was die Apostel mit Anreizen zur Liebe ausrichten. Darum will ich ihn nicht in meiner Bibel in der Zahl der rechten Hauptbücher haben, will aber damit niemand wehren, dass er ihn stelle und hochhalte, wie es ihn gelüste, denn es sind sonst viel guter Sprüche darinnen" (*W.A.* Bibel VII.384ff).[26] Nach 1522 hat Luther die Bemerkungen seiner *Vorreden* noch spürbar gemäßigt – besonders hinsichtlich der Johannesoffenbarung, die er nur in den Jahren 1521-1530 kritisch betrachtet hat[27] -, doch hat er im Übrigen seine kanonkritische Einstellung gegenüber den genannten Schriften nie grundsätzlich aufgegeben.

Das Problem Luthers in seiner Kanonkritik war allerdings, dass er rein subjektiv festzustellen versuchte, was nach seiner theologischen Beurteilung mit anderen Schriften des Neuen Testaments zusammen passte, und dass diese subjektiven Kriterien zum Maßstab für Kanonizität gemacht wurden. Heute würden selbst viele Lutheraner sagen, dass ihr Reformator sich hinsichtlich seiner Einschätzung des Jakobusbriefes geirrt hat.

---

[26] Aufschlussreich sind übrigens die handschriftlichen Randbemerkungen in Luthers Bibel zum Jakobusbrief. Paul Schempp, *aaO.*, S.60, schreibt dazu: „Einige Randbemerkungen Luthers zu diesem Brief zeigen die Kühnheit seiner Kritik: zu 2,24, dem Satz, der ihm am meisten anstößig war, schreibt er auf den Rand: das ist falsch; zu 2,21: wo stehet das geschrieben?; zu 2,12: ei, welch ein Chaos!, und so 3,1: `es unterwinde sich nicht jedermann Lehrer zu sein´ sogar: utinem nec tu (wenn doch du nicht)!" – Noch weiter geht eine Bemerkung, die ihm in den *Tischreden* zugeschrieben wird: „Ich werde einmal mit dem Jeckel den Ofen heizen!" (5,382 / Nr. 5854).
[27] S. dazu H.U. Hofmann, *Luther und die Johannes-Apokalypse*, Tübingen 1982, S.251-361.

Schon Luthers Gefährte der frühen Jahre, Andreas Bodenstein von Karlstadt, hat die subjektive Kanonbestimmung Luthers kritisiert: Nicht inhaltlich-lehrmäßige Erwägungen, sondern die Kriterien der ursprünglichen Apostolizität und des allgemeinen frühen Konsenses in der Annahme der Schrift müssten über die Kanonizität eines neutestamentlichen Buches entscheiden.[28] – Unter den Nachfolgern des Reformators hat sich entsprechend auch Luthers Kanonsicht nicht durchsetzen können.[29] Als Argument gegen Luthers Bekenntnis zur göttlichen Inspiration, Autorität und Wahrheit der Schrift wird man diese (unglückliche) Behandlung der Kanonfrage jedoch nicht heranziehen dürfen. Diese Kritik galt ja Büchern, die er meinte nicht als voll kanonisch anerkennen zu können. Der rechte Kanon dagegen galt ihm als grundsätzlich widerspruchslos, autoritativ und inspiriert – bei allen Schwächen in der Durchführung dieser Grundsicht, die Luthers praktische Bibelhaltung an Einzelstellen zum Problem werden lassen.

2.3 Menno Simons:
Zur Familie der Kirchen der Reformation gehört auch deren `Dritter Flügel´, die Täufer. Manche innerhalb dieser heterogenen Gruppe mögen dem unmittelbaren Reden des Geistes Gottes höheres Gewicht beigemessen haben als dem geschriebenen biblischen Wort (weshalb Luther sie als `Schwärmer´ bezeichnete). Zweifellos ging es ihnen aber um radikalen Gehorsam gegenüber Gottes Wort, speziell im Bereich der Nachfolge-

---

[28] Karlstadt, *De canonicis Scripturis libellus*, Wittenberg 1520, § 50. – J.W. Montgomery, *aaO.*, S.83, schreibt über das christologische bzw. Rechtfertigungs-Kriterium Luthers: „It is unfortunate that he misused it as a canonical criterion. One must first establish the Canon and then set forth all that the canonical books teach: canonicity before doctrine. If one reverses the procedure, personal doctrinal emphasis, however commendatory, may turn into weapons by which genuine Scripture is rejected or downplayed unnecessarily. Had Luther begun with a purely historical view of the Canon, he would have been forced to discover the entire compatibility between James and Paul; his misleading criterion of canonicity opened the floodgates to subjectivity…".
[29] Allerdings nennen noch die Magdeburger Centurien (I,2.4) von 1559ff sieben deuterokanonische Bücher als „in medio" stehend: weder voll kanonisch, noch – wie die Apokryphen – abgelehnt.

ethik, der Sozialethik und der Gemeindelehre. Der Teil dieser Täufergruppen, der bis heute weltweit existiert, sind die mennonitischen Kirchen, die sich auf den niederländischen Theologen *Menno Simons* (1496-1561) zurückführen.[30]

Als junger katholischer Priester scheute Simons sich, in der Bibel selbst zu lesen. Erst zwei Ereignisse treiben ihn zum Vergleich der kirchlichen Tradition mit der Heiligen Schrift und lassen ihn zu einem überzeugten Vertreter des `Sola Scriptura´ werden: 1. Als ihm Zweifel an der Transsubstantiationslehre hinsichtlich der Eucharistie kommen, konsultiert er das Neue Testament und gelangt statt des Messopfer- und Wandlungsgedankens zu einem eher symbolischen Abendmahlsverständnis. 2. Als am 20. März 1531 der Schneider Sicke Freriks in Leuwarden hingerichtet wird, weil er sich als Glaubender (wieder-)taufen ließ, beginnt Simons die Taufaussagen des NT mit der Lehrtradition seiner Kirche zu vergleichen. Geleitet wird er in zunehmendem Maß von der Überzeugung: „... in dieser Angelegenheit gilt weder Kaiser noch König, weder Doktor nach Licenciat, weder Concilium noch Prescription, wider Gottes Wort. Es darf an keine Person, Gewalt, Weisheit und Zeit gebunden werden, sondern wir müssen allein sehen auf den ausgedrückten, bestimmten Befehl Christi, und auf die reine Lehre und Uebung seiner heiligen Apostel...".[31] Grund dafür ist, dass sie allein „das gewisse Zeugnis des heiligen Geistes" ist.[32] Ihre göttliche Inspiration sieht er im Selbstzeugnis der Heiligen Schrift vorgegeben: „Jesaias sammt allen Propheten bezeugen an vielen Orten, was für eine Lehre sie gelehrt, und von wem sie dieselbe empfangen hatten, und sagen: Dies spricht der Herr euer Gott...; also spricht der Herr der Heerscharen. Wiederum: Der Mund des Herrn hats geredet. Paulus durfte nichts reden, das Christus nicht durch ihn wirkte, Röm. 15,18a. Ja, Christus selbst hat nicht sein Wort,

---

[30] Zu den folgenden Ausführungen s. im Einzelnen H. Siemens, „Menno Simons: Ein Kämpfer für die alleinige Schriftautorität", *Bibel und Gemeinde*, 97 (Nr.2/1997), S.1-10.
[31] *Die Vollständigen Werke Menno Simons´*, 1.Teil, 2. Pfad-Weg-Ausgabe, Aylmer / LaGrange 1971, S.45.
[32] *Ebd.*, S.83.

sondern das Wort seines Vaters gepredigt und gelehrt...".[33] Und als inspiriertes Wort ist die Bibel für Menno Simons unfehlbar. Er fragt: „Was denkt ihr von dem offenbarten, unfehlbaren Wort und Zeugnis des allmächtigen Vaters...?"[34] Und bekennt: „Ihre Lehre ist das unverfälschte Wort Gottes, durch Mose und die Propheten, durch Christum und die Apostel bezeugt...".[35] Die Bibel ist für ihn „das gewisse Zeugnis des Heiligen Geistes und die einzige Richtschnur unseres Gewissens".[36] Und ganz ähnlich bezeichnet er die Schrift als „das rechte Zepter und Richtschnur, mit welcher des Herrn Reich, Haus, Kirche und Gemeinde regiert und geordnet werden müssen".[37] Die freikirchlichen Überzeugungen von der Gewissensfreiheit in religiösen Dingen (als Vorstufe der Religionsfreiheit) und von der Alleinverbindlichkeit der Schrift auch hinsichtlich der Gemeindeordnung beginnen sich hier abzuzeichnen. Die Konsequenz aus dieser Sicht ist für Menno Siemons eine doppelte: 1. der unbedingte Gehorsam gegenüber der Schrift[38]; und 2. die Ablehnung der sündigen menschlichen Vernunft als Norm in Glaubensfragen[39]. Es wird deutlich, wie konsequent dieser täuferi-

---

[33] *Ebd.*, S.84. – Die großen Propheten verweisen „vermittelst der Eingebung des heiligen Geistes auf Christum" (S.135). Und auch die Lehre des Paulus war „nicht seine Lehre, sondern die des heiligen Geistes ... nach den Worten Christi: Denn ihr seid es nicht, die da reden, sondern der Geist eures Vaters, der in euch spricht..." (S. *ebd.* 2.Teil, S.614).

[34] *Ebd.*, 1.Teil, S.136.

[35] *Ebd.*, S.242.

[36] *Ebd.*, S.237.

[37] *Ebd.*, S.78.

[38] Ganz persönlich schreibt Menno: „Ich darf von mir selbst bezeugen, dass ich viel lieber sterben würde, als ein einziges Wort von dem Vater, dem Sohn und dem heiligen Geist anders zu glauben und meinen Brüdern vorzutragen als das ausdrückliche Zeugnis des Wortes Gottes es mir durch den Mund der Propheten, Evangelisten und Apostel so klar ausweist und lehrt..."; *ebd.* 2.Teil, S.264. Dass Menno Simons selbst um seines Glaubens willen verfolgt wurde sowie das vielfältig erlittene Martyrium seiner Nachfolger zeigt eindrücklich, wie ernst dieses Bekenntnis gemeint war!

[39] Er plädiert geradezu: „Hiermit bitte ich alle frommen Herzen um Jesu willen, dass ein Jeglicher sich doch mit seiner Vernunft unter des

sche Reformator im Schriftbekenntnis die gleichen Grundüberzeugungen vertritt, wie Calvin und Luther.

3. Pietismus.

Bekanntlich stand die lutherische Orthodoxie den Reformatoren im Eintreten für die Inspiration und Wahrheit der Heiligen Schrift in nichts nach.[40] Weniger bekannt ist, dass auch der (Früh-)Pietismus diese Schrifthaltung teilte. Das soll im Folgenden vor allem am Beispiel des maßgeblichen Hermeneutikers des Pietismus, Johann Jacob Rambach, gezeigt werden. Denn die pietistische Bibelbetonung wurde – über die Erweckungs- und Heiligungsbewegung – sowohl im Bereich der Gemeinschaftsbewegung, als auch der Freikirchen, zum wesentlichen Wurzelgrund für die Bibelhaltung der Evangelikalen im deutschsprachigen Raum. Wem dieser Hintergrund bekannt ist, der wird auch nicht den Fehler begehen, bibeltreue Evangelikale in blinder Polemik als militante ʻFundamentalisten' einzusortieren. Denn Evangelikale folgen dem Pietismus gerade

---

Herrn Wort beuge"; *ebd.* 2.Teil, S.522. Dies ist umso mehr angezeigt, als die Vernunft von Natur aus so verdorben ist, „dass sie sich in vermessener Weise unterfangen würde, das Wort Gottes, ..., zu verändern, zu biegen, zu brechen, zu richten, zu meistern und ihm zu widersprechen..."; *ebd.*, 1.Teil, S.337.

[40] So schreibt z.B. der Lutheraner Abraham Calov (+ 1686): „Die Autoren der Heiligen Urkunden schrieben nicht auf Grund menschlichen Willens, sondern vom Heiligen Geist getrieben (2.Pt.1,21). Und sie waren so die Hand oder der Griffel des Heiligen Geistes, der nicht täuschen oder getäuscht werden kann, noch irren oder in der Erinnerung unzuverlässig sein kann" (*Syst.Loc.Theol.* I.4,551); und: „Weil die Heilige Schrift nicht nur in den Dingen, die direkt den Glauben betreffen, sondern insgesamt und im Einzelnen, was in ihr enthalten ist, göttlich eingegeben und unter göttlicher Leitung unfehlbar niedergeschrieben wurde, deshalb kann nichts, was in ihr ist, fehlerhaft sein" (*Syst.Loc.Theol.* I.4,607.q.10). – Die Unterschiede zwischen den Reformatoren und der reformatorischen Orthodoxie sind im Schriftverständnis, wenn es um das Wesen und die Wahrheit der Heiligen Schrift geht, weitaus geringer, als es das nach-aufklärerische Neu-Luthertum glauben machen will. Sie sollen an dieser Stelle nicht diskutiert werden.

darin, dass sie zwar wie die konfessionelle Orthodoxie an der absoluten Wahrheit und Zuverlässigkeit der Heiligen Schrift festhalten, aber eine scholastisch erstarrte (`tote´) Orthodoxie, die sich in Streitthemen und Abgrenzung erschöpft, ablehnen und einen lebendigen Glaubensvollzug, eine kooperative Gemeinschaftsbetonung sowie eine missionarische Offenheit mit ihrem Schriftverständnis verbinden.

Der Vater des Pietismus, *Philip Jacob Spener* (1635-1705), hat sein Reformprogramm wesentlich als `Erneuerung aus der Bibel´ verstanden. Für ihn ist die Bibel das untrüglich wahre Gotteswort: Es „trieget deß Herrn Wort nicht, sondern wird wahr bleiben nun und in Ewigkeit" (*Pia Desideria* [1675] 28,17f).[41] Von dieser Grundlage aus distanziert er sich von allen, die das Wort der Schrift „in Zweiffel haben ziehen wollen" (*ebd.*, 44,7). Eine entsprechende Bibelhaltung ließe sich für August Hermann Francke in Halle oder den Württemberger Pietisten Johann Albrecht Bengel nachweisen. Wir aber konzentrieren uns, wie oben schon angekündigt, auf Johann Jacob Rambach, den Schüler und Nachfolger von Francke in Halle. und späteren Theologieprofessor in Gießen, der das Schriftverständnis der pietistischen Bewegung ausführlich begründete und auf den Punkt brachte.

Die Ausformulierung des pietistischen Schriftverständnisses durch *J.J. Rambach* (1693-1735) wurde durch drei Umstände begünstigt: 1. Er teilte die Bibelbetonung des Frühpietismus als Quelle aller Erneuerung des geistlichen und kirchlichen Lebens. 2. Als Herausgeber vieler Lutherschriften im Zuge des 200-jährigen Reformationsjubiläums war er mit der Bibelbetonung des Reformators vertraut. 3. Angesichts der beginnenden rationalistischen Bibelkritik der Vorläufer der Aufklärung (Spinoza, Hobbes, u.a.) trat er sehr bewusst für die Wahrheit und Geltung der Bibel ein. An diesem Punkt wählen wir unseren Einstieg. In einer „Zeit, da der scepticismus so gewaltig über-

---

[41] Angeführt nach der Ausgabe *Pia Desideria*, Kleine Texte für Vorlesungen und Übungen (Heft 170), hrsg. Von K. Aland, 3.Aufl. Berlin 1964.

hand nimt, und alles überschwemmen will..., da man also siehet, dass alles mit Stiefeln und Sporen in den scepticismum hinein rennet"[42], bezeichnet er die biblischen Autoren als Leute, „welche nicht können convinciret werden, dass sie etwas falsches geschrieben. Denn ob gleich Spinoza und Hobbesius sich sehr bemühen, allerley discrepantien und contradictoria in der Schrift aufzusuchen und zu zeigen, so kann man doch alle ihre objectiones und dubia leicht beantworten, und die scheinenden contradictiones conciliieren".[43] Problemstellen in der Schrift sind für ihn allenfalls scheinbare Widersprüche, die aber gelöst werden können. Er ist überzeugt, man könne „beweisen..., (dass) alles usque ad minutissima [= bis ins Kleinste hinein] wahr sey, was in der Schrift steht".[44]

Der Grund für diese Überzeugung liegt für Rambach in der göttlichen Inspiration der Bibel: Die Schrift sei nicht nur in sachlicher Hinsicht, sondern auch bis in die Worte hinein im Ganzen wie im Einzelnen göttlich inspiriert.[45] Für den Pietismus, wie Rambach ihn repräsentiert, gilt also nicht nur die Realinspiration, sondern zugleich die Verbalinspiration. Dem göttlich inspirierten Wort gegenüber ist aber Sachkritik nicht angemessen: „Wie nichts überflüssiges ist in dem Worte Gottes, also ist auch nihil mancum & mutilum [= nichts mangelhaftes und verstümmeltes] darinnen, sondern alles sapientissimo consilio [= mit höchst weisem Rat] also gesetzet und eingerichtet. Können wir die caussas [= Gründe] nicht allezeit einsehen, so schickt sichs besser vor so einen armen Wurm, wie der Mensch ist, der nicht einmal die Essenz eines Frosches er-

---

[42] J.J. Rambach, *Erläuterung über seine eigene Institutiones Hermeneuticae Sacrae*, hrsg. E.Fr. Neubauer, Bd. II, Giessen 1738, S.340.
[43] *Ebd.*, Bd. I, S.94f.
[44] J.J. Rambach, *Schrifftmäßige Erläuterung der Grundlegung der Theologie*, Frankfurt 1738, S.601. *Ebd.*, S.602-604, argumentiert er dann nach dem reformatorischen Grundsatz, die Schrift sei mit der Schrift zu erklären, für die irrtumsfreie Wahrheit der Heiligen Schrift in dogmatischer, historischer und prophetischer Hinsicht.
[45] „Scriptura non tantum quoad res sed et quoad verba in omnibus ac singulis partibus divinitus est inspirata", Rambach, *Schrifftmäßige Erläuterung*, S.594.

kennen kan, dass er seine Unwissenheit bekenne, als dass er hochmüthig über Gottes Wort herfahre, und dasselbe critisire und meistere".[46] Auch wenn Rambach überzeugt ist, „dass man die Schrifft keiner Unwarheit und Irrthümer überführen kann"[47], rechnet er ähnlich wie Luther damit, dass es jenseits des Heilszwecks der Schrift (für den die `Klarheit der Schrift´ als gegeben angesehen wird) dunkle Stellen geben mag, die der Ausleger auf Grund seiner menschlichen Begrenztheit nicht lösen kann. Darin sieht er aber kein größeres Problem: „Allein in non necessariis ad salutem, sonderlich in historicis, Chron. Geograph. Kommen freylich viel dunckele Sachen vor, darüber die Gelehrten biß auf den heutigen Tag disputiren; Allein es kann einer sanfft und seelig sterben, wenn er das alles nicht weiß."[48] Das heißt für Rambach allerdings nicht, dass er gar nicht versuchen würde, die Probleme zu lösen und offensichtliche Spannungen in der Schrift zu lösen. Er sieht eine doppelte Aufgabe: I.) Das Lösen der scheinbaren Widersprüche: „Es ist zuweilen gar nützlich, den Text mit anderen locis scripturae sacrae, die demselben zu contradiciren scheinen, kurtz und geschickt zu conciliiren. Hier ist 1. zu observiren. Es wird hierbey voraus gesetzt, dass keine wahre contradictiones in der Schrift anzutreffen seyn, weil die Schrift von einem omniscio auctore [= allwissenden Autor] inspiriret ist, welchem diese Schwachheit, dass er sich selbst widersprechen solte, unmöglich zugeschrieben werden kan. Wenn aber zwey loca einander wahrhaftig contradiciren solten, so müssen beyde reden 1. de eodem subiecto [= vom glei-

---

[46] Rambach, *Erläuterung über seine eigene Institutiones*, Bd. II, S.152. – Rambach, *Collegium Historiae Ecclesiasticae Veteris Testamenti*, Bd. I, Frankfurt / Leipzig 1737, S.305, und Bd. II, Frankfurt 1737, S.23f, unterscheidet von dieser Sachkritik dreierlei legitime Arten von `Kritik´: a. Kanonkritik (= Aufweisen des fälschlichen Autoritätsanspruchs nicht-kanonischer Schriften); b. Textkritik (= Prüfen der Textüberlieferung und der Übersetzungen); c. `Gesunde Critick´ (= Wissenschaftliche Bemühung um die Erforschung der Zeitgeschichte, der literarischen Zeugnisse der Umwelt der Bibel und der Geographie des Nahen Ostens). – Letztere dürfen also nicht erst als Errungenschaften der nach-aufklärerischen historisch-kritischen Forschung gelten.
[47] Rambach, *Schrifftmäßige Erläuterung*, S.601.
[48] *Ebd.*, S.618.

chen Gegenstand], 2. de eodem modo [= über die gleiche Art], 3. de eodem tempore [= über den gleichen Zeitpunkt]. Wo eins von diesen 3 Stücken fehlt, so ist es keine vera contradictio [= kein wirklicher Widerspruch], sondern nur adparens [= ein scheinbarer]."[49] – [50]II. Die zweite Aufgabe ist, auf der Basis der widerspruchsfreien Einheit der Bibel in sorgfältiger Auslegung Schrift mit Schrift zu vergleichen und so – gut reformatorisch – die Heilige Schrift als ihren eigenen Interpreten zu verstehen: „Sind aber keine `verae´ contradictiones in der Schrift, so muss hingegen summus consensus [= höchste Übereinstimmung] darinnen seyn; und zwar nicht nur in rebus [= in der Sache], sondern auch in verbis [= in den Worten]... Dieser summus consensus nun in rebus et verbis gibt das Fundament zu dieser collation der heiligen Schrift, dass man einen locum [= eine Stelle] mit dem andern vergleichen, und einen durch den andern erklären kann". – Zu meinen, den Vätern des Pietismus habe nicht an der (Verbal-)Inspiration und der irrtumslosen Wahrheit und Einheit der Heiligen Schrift gelegen, wäre ein Irrtum. Auch im Schriftverständnis können sich bibeltreue Evangelikale als Erben des Pietismus verstehen.

Ausblick
Als der vielleicht größte Prediger der Christenheit, *Charles Haddon Spurgeon* (1834-1892), im Jahr 1891 auf einer Pastorenkonferenz einen der letzten Vorträge seines Lebens hielt – man nannte ihn deshalb auch `Spurgeons Testament´ – sprach sich dieser baptistische Nachfahre der Puritaner und Pietisten für ein vorbehaltloses Vertrauen in die Heilige Schrift aus; und zwar in einer Zeit, in der Bibelkritik in theologischen Kreisen längst an der Tagesordnung war. Er sagte: „Unsere unfehlbare Grundlage ist das: `Es steht geschrieben´. Die Bibel, die ganze Bibel und nichts als die Bibel ist unser Bekenntnis... (Sie) ist das Wort Gottes und damit die reine, irrtumslose Wahrheit. Dieses großartige, unfehlbare Buch ist unser

---

[49] Rambach, *Erläuterung über seine eigene Institutiones Hermeneuticae Sacrae*, Bd. II, S.125 (vgl. 241f).
[50] *Ebd.*, S.173.

einziges Appellationsgericht."[51] Aus dieser Überzeugung zieht er zum einen die Konsequenz, den Wortlaut der Bibel bei der Auslegung genau zu beachten, damit die Ehrfurcht vor der Schrift kein bloßes Lippenbekenntnis bleibt: „Unsere Ehrfurcht vor dem großen Urheber der Heiligen Schrift sollte uns jede flüchtige Behandlung seiner Worte verbieten. Keine Änderung der Schrift kann irgendwie eine Verbesserung sein." (S.31). Zum andern lehnt er jede Bibelkritik ab: „Wir haben den Papst aufgegeben, denn er hat sich oft und schrecklich geirrt, und wir werden nicht an seiner Stelle eine Horde kleiner Päpste, die frisch von der Universität kommen, zur Herrschaft erheben. Sind diese Kritiker der Schrift unfehlbar? Ist es sicher, dass unsere Bibel nicht recht hat, aber dass die Kritiker recht haben müssen?" (S.27). Und: „Wir wollen niemals versuchen, die Hälfte der Wahrheit dadurch zu retten, dass wir einen Teil von ihr wegwerfen... Wir wollen zu allem stehen oder zu nichts. Wir wollen eine ganze Bibel haben oder gar keine" (S.37f). Mit seinen Ausführungen wollte Spurgeon eine nächste Generation von Predigern dazu motivieren, das Staffelholz konsequenter Bibeltreue zu übernehmen und in das neue Jahrhundert zu tragen. Er war überzeugt, die segensreichen Wirkungen des gepredigten Wortes Gottes, die seit Beginn seiner Predigttätigkeit in London im Alter von nur 18 Jahren Woche für Woche Tausende unter seine Kanzel gebracht hatten, würden Prediger auch künftig nur erleben können, wenn sie ohne Wenn und Aber mit voller Überzeugung zur Heiligen Schrift stünden. Seit Spurgeons Zeit hat die kritische In-Frage-Stellung der Heiligen Schrift zugenommen; die Bibel mit ihren segensreichen Wirkungen aber ist die gleiche geblieben, wie in Spurgeon's Predigtdienst. Auch heute noch kann man regelmäßig feststellen: Überdurchschnittlich gut besuchte Gottesdienste sind solche, in denen die Prediger von der Wahrheit und Kraft des Wortes Gottes überzeugt sind. Liberale Kirchen dagegen schrumpfen; das hat die Gemeindewachstumsforschung weltweit nachgewiesen. Evangelikale sind gut beraten, bei dem Schriftverständnis zu bleiben, das die Kirche in ihren segensreichsten Zeiten gekennzeichnet hat. Spurgeon hat ihnen dafür ein Beispiel gegeben.

---

[51] C.H. Spurgeon, *Es steht geschrieben: Die Bibel im Kampf des Glaubens*, 2.Aufl. Wuppertal 1980, S.73.

II. Bibelkritik kontra Bibeltreue

3

BIBELKRITIK GESTERN UND HEUTE: GRUNDENTSCHEIDUNGEN UND AUSPRÄGUNGEN

"Nichts ist schwerer und nichts erfordert mehr Charakter, als sich in offenem Gegensatz zu seiner Zeit zu befinden und laut zu sagen: Nein." Dieses von Kurt Tucholsky (1890-1935) überlieferte Wort scheint besonders dann zuzutreffen, wenn Monopole hinterfragt werden müssen. Solch einen Monopolcharakter hat heute die historisch-kritische Theologie. Was in der Kirchen- und Theologiegeschichte bis weit in das 18.Jahrhundert hinein undenkbar erschien, scheint heute keine Alternative zuzulassen: nämlich die Heilige Schrift der Kritik menschlicher Vernunft und ihrer Methodenraster zu unterwerfen. In der akademischen Theologie beanspruchen die so genannten historisch-kritischen Methoden – zumindest an deutschen Theologischen Fakultäten – ein Monopol. Das war nicht immer so. Es lohnt sich, einen Blick auf die Hintergründe und Ausprägungen der Bibelkritik zu werfen – und dann zu überlegen, ob diese Art von Theologie im Licht von Bibel und Bekenntnis geteilt werden kann oder ihr gegenüber ein begründetes 'Nein´ zu formulieren ist.

1. Das Erbgut der Bibelkritik.

Alle neueren Formen der Bibelkritik tragen quasi als Erbmasse bestimmte Weichenstellungen in sich, die auf die Anfänge des kritischen Umgangs mit der Heiligen Schrift zurückgehen.

1.1 Semler und der `Kanon´ im Kanon:
Als Vater der Bibelkritik kann man *Johann Salomo Semler* (1725-1791) bezeichnen. In den Jahren 1771-75 veröffentlichte Semler seine berühmte `Abhandlung von freier Untersuchung des Canons'. Verschiedene kritische Grundpositionen finden sich schon bei ihm. Die Bibel *ist* für ihn nicht Gottes Wort, sie *enthält* aber (da und dort) Gottes Wort: „Heilige Schrift und Wort GOttes ist gar sehr zu unterscheiden, weil wir den Unterschied kennen; hat man ihn

vorher nicht eingesehen, so ist ja dis kein Verbot, das es uns untersagte. Zu der heiligen Schrift, wie dieser historische, relative terminus unter den Juden aufgekommen ist, gehört Ruth, Esther, Hohelied etc. aber zum Worte GOttes, das alle Menschen in allen Zeiten weise macht zur Seligkeit, gehörten diese heilig genannten Bücher nicht alle ...".[52] Mit dieser These begann die bis heute nicht endende Suche nach einem `Kanon´ im Kanon. Der eine Ausleger lässt dann noch vieles in der Bibel als Gottes Wort gelten, der andere wenig. Jeder trifft diese Entscheidung nach subjektivem Empfinden: „Der einzige Beweis, der einem aufrichtigen Leser ein ganz Genüge thut, ist die innere Überzeugung durch Wahrheiten, welche in dieser heiligen Schrift (aber nicht in allen Theilen und einzelen Büchern) angetroffen werden; welches man sonst, kurz zu reden, mit einer biblischen etwas undeutlichen Redensart, das Zeugnis des heiligen Geistes in dem Gemüte des Lesers genent hat."[53] Natürlich kann eine solche Sicht auch den Glauben an die Inspiration der ganzen Bibel nicht unangetastet lassen: „Namentlich ist die ganz gemeine Vorstellung von dem Canone, und dem gleichen göttlichen Ursprunge und Wehrt aller darin bisher enthaltenen Bücher und Theile, gar nicht ein wesentlicher Theil der christlichen Religion. Man kann ein rechtschaffener Christ seyn, ohne allen Büchern, die man zum alten und neuen Testamente rechnet, einen und denselben Ursprung der göttlichen Eingebung, oder gleichen Grad derselben, ... ihm beizulegen."[54] Teilweise und in unterschiedlicher Intensität mag die Bibel ja von Gott inspiriert – und damit Gottes Wort – sein. Wo das aber der Fall ist, entscheidet jetzt der Mensch, je nachdem wie ihn in seinem Gemüt (oder Verstand) bestimmte Wahrheiten der Bibel überzeugt haben. Der Mensch steht damit nicht mehr unter dem Wort Gottes, sondern über ihm. Dies ist bis zu allen modernen Formen der Bibelkritik so geblieben. Ob dies ein angemessener Umgang mit Texten ist, die Offenbarung zu sein beanspruchen, darf allerdings grundsätzlich gefragt werden.

---

[52] Zitiert nach W.G. Kümmel, *Das Neue Testament: Geschichte der Erforschung seiner Probleme*, 2. Aufl., Freiburg/München 1970, S.74.
[53] *AaO.*, S.76.
[54] *AaO*, S.77.

1.2 Troeltsch und die historisch-kritische Methode:

Weitere Punkte, die zum Erbgut aller Bibelkritik gehören, hat *Ernst Troeltsch* (1865-1923) in seiner Beschreibung der historischen (bzw. historisch-kritischen) Methode in klassischer Klarheit herausgestellt. Zu dieser Methode gehört erstens, dass die Bibel wie jedes andere Buch dem kritischen Urteil des Menschen unterstellt wird. Sie verliert damit ihre Absolutheit. Denn der Mensch kann nur zu Wahrscheinlichkeitsurteilen kommen. Troeltsch stellt heraus, "dass es auf historischem Gebiet nur Wahrscheinlichkeitsurteile gibt, von sehr verschiedenen Graden der Wahrscheinlichkeit, vom höchsten bis zum geringsten, und dass jeder Überlieferung gegenüber erst der Grad der Wahrscheinlichkeit abgemessen werden müsse, der ihr zukommt."[55] Die Konsequenz liegt auf der Hand: "Damit ist die ganze Stellung zu dem ungeheuren Erinnerungs- und Traditionsstoff unserer Gesittung prinzipiell verändert, auch da, wo die inhaltliche Auffassung selbst noch gar nicht berichtigt worden ist. Aber auch diese selbst wird durch die Kritik tausendfach zersetzt, berichtigt, verändert, und das immer mit dem Ergebnis einer nur wahrscheinlichen Richtigkeit."[56] Die Bibel untersteht nun – genau wie jedes andere Zeugnis der Vergangenheit – den Feststellungen des Menschen. Und was dieser erst jeweils feststellen muss, steht nur relativ fest. Letzte Wahrheit und Gewissheit gibt es damit nicht mehr. Zugleich ist der Sachkritik an der Bibel Tür und Tor geöffnet: Allem, was dem Verstandesurteil des Menschen nicht standhält, kann widersprochen werden.

Zweitens spricht Troeltsch von einem Schlüssel, mit Hilfe dessen überhaupt erst die Wahrscheinlichkeit einer Sache festgestellt werden könne: nämlich mit Hilfe der Analogie bzw. der prinzipiellen Vergleichbarkeit aller historischen Vorgänge. „Die Übereinstimmung mit normalen, gewöhnlichen oder doch mehrfach bezeugten Vorgangsweisen und Zuständen, wie wir sie

---

[55] E. Troeltsch, "Über historische und dogmatische Methode in der Theologie", abgedruckt in J. Cochlovius (Hrsg.), *Arbeitsbuch Hermeneutik*, Krelingen 1983, S.133f.
[56] *AaO*, S.134.

kennen, ist das Kennzeichen der Wahrscheinlichkeit für die Vorgänge, die die Kritik als wirklich geschehen anerkennen oder übrig lassen kann."[57] Was heute passiert, zeigt mir, was früher passiert sein kann. Was heute nicht geschieht, kann auch früher nicht geschehen sein. Wie sich diese „Allmacht der Analogie" (Troeltsch) auswirkt, kann uns ein Beispiel deutlich machen. Der Alttestamentler *Hermann Gunkel* schrieb in seinem Genesis-Kommentar unter der Überschrift 'Das erste Buch Mosis ist eine Sammlung von Sagen': „Das deutlichste Kennzeichen der Sage ist, dass sie nicht selten Dinge berichtet, die uns unglaubwürdig sind. Denn die Sage ist eine Art poetischer Erzählung, und die Poesie hat eine andere Wahrscheinlichkeit, als die im prosaischen Leben gilt; auch hält das antike Israel vieles für möglich, was uns unmöglich erscheint. So werden in der Genesis viele Dinge berichtet, die unserem besseren Wissen widersprechen: wir wissen, dass der Tierarten bei weitem mehr sind, als dass sie alle in eine Arche gingen ... Anderes halten wir nach unserer modernen historischen Weltanschauung, die wahrlich nicht erdichtet ist, sondern auf der Beobachtung von Tatsachen beruht, für ganz unmöglich. Und möge der moderne Historiker in dem, was er für unmöglich erklärt, noch so zurückhaltend sein, so wird er doch mit Sicherheit behaupten, dass Schlangen nicht sprechen und nie gesprochen haben, dass es keinen Baum gibt, dessen Früchte Unsterblichkeit oder Wissen verleihen, und dass kein Mensch 969 Jahre alt werden kann ... Wir sind imstande, dergleichen als Naivität antiker Menschen zu verstehen, aber wir weigern uns, an solche Erzählungen zu glauben."[58] – Was heute, rein innerweltlich gesehen, unmöglich erscheint, kann auch früher nicht geschehen sein. Gott wirkt allenfalls als „der stille, verborgene Hintergrund aller Dinge"[59]. Mit einem wunderhaften, einzigartigen Eingreifen Gottes in die Geschichte wird nicht gerechnet.

---

[57] *AaO*, S.134.
[58] H. Gunkel, *Die Urgeschichte und die Patriarchen*, 2. Aufl., Göttingen 1921, S.15-16.
[59] *AaO*, S.16.

Doch zurück zu Troeltsch. Sein drittes Prinzip besagt, dass innerweltlich alle Dinge in einer Verkettung von Ursache und Wirkung miteinander verbunden sind. Troeltsch nennt dies "die Wechselwirkung aller Erscheinungen des geistig-geschichtlichen Lebens"[60]. D.h., für alles, was tatsächlich geschehen ist, muss es eine innerweltliche Ursache geben; und jedes Geschehen hat in der Folge auch irgendwelche Spuren hinterlassen. Mit diesem Prinzip gerüstet wird der Kritiker versuchen, für alles eine innerweltliche Erklärung zu finden. Kann diese nicht gefunden werden, gilt die Sache als nicht wirklich passiert. Es kann dann höchstens versucht werden zu erklären, wie es zu der Berichterstattung kam.

Berühmt geworden ist das Resümee von Troeltsch: „Niemand kann leugnen, dass sie (die historisch-kritische Methode, H.St) überall, wo sie angewendet wurde, überraschend erleuchtende Ergebnisse hervorgebracht hat, und dass überall das Vertrauen sich bewährt hat, noch nicht erleuchtete Partien würden durch sie sich aufklären lassen. Das ist ihr einziger, aber auch ihr völlig ausreichender Beweis. Wer ihr den kleinen Finger gegeben hat, der muss ihr auch die ganze Hand geben. Daher scheint sie auch von einem echt orthodoxen Standpunkt aus eine Art Ähnlichkeit mit dem Teufel zu haben. Sie bedeutet ebenso wie die modernen Naturwissenschaften gegenüber dem Altertum und Mittelalter eine völlige Revolution unserer Denkweise."[61]

Bibelkritik zeigt sich nicht erst an den (vielleicht gar extremen) Ergebnissen. Sie zeigt sich im Ansatz. Stehe ich mit meinem Verstand über oder unter der Bibel? Beurteile ich ihre Wahrscheinlichkeit – oder lasse ich mich von ihr beurteilen? Lasse ich biblische Aussagen nur gelten, wenn sie meinem Verstand einleuchten und ich sie innerweltlich erklären kann? Oder rechne ich mit den Möglichkeiten Gottes, die innerweltliche Möglichkeiten übersteigen? Vertraue ich der Bibel als Gottes Offenbarung – oder ist sie für mich nur ein Zeugnis religiöser menschlicher Erfahrungen und Anschauungen? Wo man der

---

[60] Troeltsch, *aaO*, S.134.
[61] *AaO*, S.135.

Bibelkritik den kleinen Finger gibt, ist schon die ganze Haltung gegenüber der Heiligen Schrift verändert.

Etwas von diesen kritischen Grundentscheidungen wirkt seit den großen Weichenstellungen des 18. und 19. Jahrhunderts in der Bibelkritik bis heute nach.

2. Das gemäßigt kritische Klima heute

2.1 Radikale Kritik:
Kein Zweifel, die Bibelkritik hat bis heute auch extreme Früchte getragen. Noch immer sind die radikalen Sätze von *Rudolf Bultmann* im Gedächtnis: "Das Weltbild des Neuen Testaments ist ein mythisches... Dem mythischen Weltbild entspricht die Darstellung des Heilsgeschehens... Sofern es nun mythologische Rede ist, ist es für den Menschen von heute unglaubhaft, weil für ihn das mythische Weltbild vergangen ist... Welterfahrung und Weltbemächtigung sind in Wissenschaft und Technik so weit entwickelt, dass kein Mensch im Ernst am neutestamentlichen Weltbild festhalten kann und festhält... Erledigt sind damit die Geschichten von der Himmel- und Höllenfahrt Christi; erledigt ist die Erwartung des mit den Wolken des Himmels kommenden 'Menschensohnes' und des Entrafftwerdens der Gläubigen in die Luft, ihm entgegen... Erledigt ist durch die Kenntnis der Kräfte und Gesetze der Natur der Geister- und Dämonenglaube... Die Wunder des Neuen Testaments sind damit als Wunder erledigt... Man kann nicht elektrisches Licht und Radioapparat benutzen, in Krankheitsfällen moderne medizinische und klinische Mittel in Anspruch nehmen und gleichzeitig an die Geister- und Wunderwelt des Neuen Testaments glauben... (Der moderne Mensch kann) auch die Lehre von der stellvertretenden Genugtuung durch den Tod Christi nicht verstehen. Wie kann meine Schuld durch den Tod eines Schuldlosen (wenn man von einem solchen überhaupt reden darf) gesühnt werden? Welche primitiven Begriffe von Schuld und Gerechtigkeit liegen solcher Vorstellung zugrunde? Welch primitiver Gottesbegriff? Soll die Anschauung vom sündentilgenden Tode Christi aus der Opfervorstellung verstanden werden: welch primitive Mythologie, dass ein Mensch gewordenes

Gottwesen durch sein Blut die Sünden der Menschen sühnt!"[62] Diese Sätze stammen aus der Feder des berühmtesten Universitätslehrers für Neues Testament im 20.Jahrhundert. Sie haben gehörig Staub aufgewirbelt und in den 60er Jahren den entschiedenen Widerstand der Evangelikalen ausgelöst, die sich daraufhin in Bekenntnisbewegungen sammelten und Alternativen für die Theologenausbildung aufbauten (Geistliches Rüstzentrum Krelingen; Albrecht Bengel Haus Tübingen; FETA / STH Basel; FTA Gießen).[63]

Heute sind die Evangelikalen weithin des Kämpfens müde. Teilweise sicher angesichts des Eindrucks, dass ihr warnendes Wort in den Kirchenleitungen und an den Theologischen Fakultäten kaum gehört wird. Teilweise aber auch, weil sich in Deutschland das theologische Klima ein ganzes Stück gewandelt hat. Die Bibelkritik lässt sich heute von offiziellen Stellen her in der Regel mit eher gemäßigten Tönen vernehmen.[64]

---

[62] Rudolf Bultmann, "Neues Testament und Mythologie", in: *Kerygma und Mythos*, Bd.1, hrsg. H.W. Bartsch, Hamburg 1948, S.15-21.

[63] Siehe dazu H. Stadelmann, *Grundlinien eines bibeltreuen Schriftverständnisses*, 3.Aufl., Wuppertal 1996, S.76ff. Vgl. auch R. Bäumer, u.a. (Hrsg.), *Weg und Zeugnis: Bekennende Gemeinschaften im gegenwärtigen Kirchenkampf 1965-1980*, Bad Liebenzell 1980. Vgl. auch unten, Kap. 13 Abschnitt 5.

[64] Grundlegend anders stellt sich die Situation der Evangelikalen in den U.S.A. dar. Dort waren sie auf allen Ebenen erstaunlich erfolgreich. Zum 50-jährigen Jubiläum der Gründung der `Nationalen Vereinigung der Evangelikalen´ fragt die Zeitschrift CHRISTIANITY TODAY, ob die Evangelikalen ihren Erfolg überleben können (N. Hatch/ M. Hamilton, "Can Evangelicalism Survive its Success?", *Christianity Today*, 36 (No.11, Oct.5, 1992), S.20-31). Über Radio und Fernsehen haben sie weiten Einfluss gewonnen, bis in die Politik hinein. Die evangelikalen Hochschulen ziehen inzwischen weit mehr Studenten an als die liberalen. Der Evangelikalismus ist eine breite Bewegung geworden. Aber während die Bewegung in ihren Anfängen starke theologische Akzente setzte, geht es heute mehr um Beziehungen, Erlebnis und Aktion. Die Gefahr ist dann, dass eine solche Bewegung zwar in die Breite wirkt, aber ihren Tiefgang verliert. Vgl. auch den bezeichnenden Titel von Mark A. Noll,

2.2 `Positive Kritik´:
Nicht untypisch ist, dass der (in vieler Hinsicht verdienstvolle) Tübinger Theologieprofessor Peter Stuhlmacher von einer `Positiven Kritik´ sprechen kann, der es „vor allem um die Eigenart und Selbstaussage der biblischen Texte und um einen sorgsamen Nachvollzug ihrer Gedankengänge" geht.[65] Stuhlmacher betont nicht den kritischen Widerspruch gegen die biblischen Texte vom Standpunkt des modernen Menschen aus; vielmehr versucht er eine Hermeneutik des Einverständnisses mit den biblischen Texten zu praktizieren. Er bringt sogar die Lehre von der Inspiration der Bibel wieder ins Gespräch. Allerdings will er nicht von einer Inspiriertheit des biblischen Urtextes reden, sondern nur davon, dass Gott irgendwie durch diese ganz und gar menschlichen Texte zu uns rede und geistliches Verstehen ermögliche.[66] Sicher, Stuhlmacher gilt vielen Zunftkollegen schon wieder als ungewöhnlich `konservativ´, zumal sich bei ihm als Schüler des eher radikalen Ernst Käsemann eine deutliche Entwicklung hin zu den heute vertretenen gemäßigten Positionen erkennen lässt. Zugleich aber passt diese Entwicklung ins heutige Gesamtbild.

2.3 Gemäßigte Kritik und evangelikale Hermeneutik im Gespräch:
Ende der 1980er Jahre fand unter der Federführung der Vereinigten Evangelisch Lutherischen Kirche in Deutschland (VELKD), zugleich im Auftrag der Arnoldshainer Konferenz (= Dachorganisation Reformierter und Unierter Kirchen), eine Konsultation zu Fragen der Schriftauslegung statt. Geladen

---

Between Faith and Criticsm: Evangelicals, Scholarship, and the Bible in America, 2.Aufl., Grand Rapids 1991, der zeigt, wie evangelikale Theologen heute weniger Abgrenzung gegen den theologischen Liberalismus betreiben, als vielmehr ausloten, in wieweit sie Methoden gebrauchen können, die ursprünglich nur von ihren bibelkritischen Kollegen gehandhabt wurden.

[65] P. Stuhlmacher, *Vom Verstehen des Neuen Testaments: Eine Hermeneutik*, Göttingen 1979, S.30.

[66] P. Stuhlmacher, „Hauptprobleme und Chancen kirchlicher Schriftauslegung", *Theol.Beiträge*, 9 (1978), S.58f.

waren in gleicher Zahl Vertreter der Landeskirchen (nämlich der Kirchenleitungen und der Theologischen Fakultäten) und Vertreter der Bekennenden Gemeinschaften. – Die erste Klausurtagung fand 1988 in Celle statt. Vertreter der historisch-kritischen Exegese und Vertreter einer evangelikalen historisch-biblischen Exegese stellten ihre Vorgehensweisen anhand der Versuchungsgeschichte Jesu (Mt 4) dar.[67] Bei der zweiten Konsultation 1989 in Bad Urach ging es um die Fragen der Inspiration und Historizität der Bibel. – Die dritte Konsultation 1990 in Rothenburg o.T. war der Entwicklung eines gemeinsamen Dokuments zu Fragen des Schriftverständnisses gewidmet. Zunächst wurden grundlegende Übereinstimmungen festgehalten, dann strittige Punkte notiert.

Bei der Formulierung der 'Übereinstimmungen' waren die Vertreter der Bekennenden Gemeinschaften außerordentlich erstaunt, wie weitgehend ihnen die historisch-kritischen Vertreter der Landeskirchen entgegenkamen.[68] Die Heilige Schrift wird als Wort des dreieinigen Gottes sowie Quelle, Grundlage und Maßstab allen geistlichen Lebens, kirchlichen Handelns und theologischen Forschens und Lehrens bezeichnet. Der Geist sei nicht vom äußeren leiblichen Wort zu trennen. Gemeinsam wird das unaufgebbare Interesse am Literalsinn der Schrift bezeugt und jede Auslegungsweise abgelehnt, bei der nicht Schrift durch Schrift erklärt wird, bei der die Bibel zu einem Steinbruch degradiert wird, aus dem man sich die nachträgliche Legitimation für alle möglichen Ideologien holt, bei der man sich mit religiösen, philosophischen, psychologischen oder politischen Theorien der Schrift bemächtigt und über die Wahrheit biblischer Texte urteilt, anstatt sie auszulegen. Gemeinsam bekannt wird auch, dass die ganze Schrift inspiriert sei, nicht mit der sündigen, sondern mit der von Gottes Geist erneuerten Vernunft zu verstehen sei, und von

---

[67] In überarbeiteter Fassung abgedruckt als Kap. 8 dieses Buches („Grundanliegen bibeltreuer Ausbildung: Zur Versuchungsgeschichte Jesu").
[68] Abgedruckt ist die Erklärung im *Jahrbuch für evangelikale Theologie*, 4 (1990), S.99-105.

Gottes Offenbarung in der Geschichte zeuge – einer Geschichte, an der der Glaube hänge, weil es Gottes Geschichte für alle Menschen sei. Dass Vertreter der Theologischen Fakultäten sowie der Kirchenleitungen all diese Aussagen treffen können, zeigt dass das lediglich gemäßigt kritische Klima unserer Tage, das sich markant von der kämpferisch vorgetragenen radikalen Bibelkritik der vorangehenden Jahrzehnte unterscheidet.

Trotzdem gingen im Einzelnen die Sichten noch weit auseinander: so im Blick (dann doch wieder!) auf die Inspiration der Bibel, den Stellenwert der Vernunft beim Verstehen der Bibel und die Geschichtlichkeit des in der Heiligen Schrift Berichteten. Speziell in einem Abschnitt über die Wissenschaftlichkeit der Schriftauslegung und das Recht der historisch-kritischen Methode gab es reichlich Zündstoff. Während die Vertreter der Bekennenden Gemeinschaften feststellten: "Im Laufe ihrer Geschichte hat sich die historische Kritik immer neu am geoffenbarten Wort Gottes versündigt, indem sie dieses den wechselnden weltanschaulich-philosophischen Prämissen und den von daher erstellten Menschen-, Welt- und Geschichtsbildern sowie dem methodischen Zweifel unterworfen hat. Durch literarische bzw. historische Hypothesen werden biblische Aussagen vielfach relativiert"[69], wollten die Vertreter der offiziellen Schultheologie dieses Urteil nicht gelten lassen und schrieben: "Die angemessenen Methoden einer historisch-kritischen Bibelauslegung ergeben sich aus der Überlieferungsstruktur der Bibel selbst und dienen somit einem sachgemäßen Verstehen der Bibel... Die historisch-kritische Methode hebt den Wahrheitsanspruch des Neuen Testamentes nicht auf. Sie setzt ihn voraus und legt ihn in seinen theologischen und historischen Dimensionen aus. Ein falscher Gebrauch der historisch-kritischen Methode liegt dort vor, wo sie aufgrund unsachgemäßer Voraussetzungen... zur Nichtbeachtung, Relativierung oder Aufhebung grundlegender biblischer Wahrheiten führt."[70]

---

[69] *AaO*, S.103.
[70] *AaO*, S.103-104.

Deutlich ist, dass man sich hier selbst auf kritischer Seite gegen Extreme abgrenzt und viel Positives zur Offenbarungsdimension der Bibel zu sagen weiß. Trotzdem hält man an der Berechtigung der Kritik fest, möchte nur vermeiden, dass dabei `grundlegende biblische Wahrheiten´ auf der Strecke bleiben. Im Übrigen war von dieser Seite während der Konsultation mehrfach zu hören: `Ihr Evangelikalen habt doch genau wie wir ein Interesse an der Geschichtlichkeit und dem Literalsinn der Bibel! Wir müssen in diesem Anliegen zusammenhalten. Unsere gemeinsame Sorge gilt doch den politischen, psychologischen oder feministischen Überfremdungen der Bibel, die aus dem Zusammenhang gerissene Schriftaussagen zur nachträglichen Rechtfertigung der eigenen Ideologie missbrauchen!´ Sicher, hier waren leicht gemeinsame `Feinde´ auszumachen. Aber auch zwischen den Vertretern der gemäßigten Bibelkritik und einer bibeltreu-evangelikalen Schriftauslegung blieben schmerzliche Gräben. Wie tief diese waren, zeigte sich, als es um die Frage ging, ob künftig in der Theologiestudentenausbildung neben dem kritischen Universitätsstudium alternative Wege ins Pfarramt geöffnet werden könnten. Darüber war keine Verständigung möglich. In der Wissenschaftspraxis sollte offenbar die historische Kritik um jeden Preis ihre Monopolstellung erhalten. Ein gegenteiliges Votum der Bekennenden Gemeinschaften wurde nicht in das gemeinsame Papier aufgenommen, sondern musste als Anhang erscheinen.

Wir sehen, das kritische Klima ist heute eher gemäßigt. Infolgedessen lassen sich punktuell immer wieder Gemeinsamkeiten entdecken, über die man sich freuen kann. Und doch ist die Zeit nicht gekommen zu meinen, die strittigen Fragen seien alle gelöst. Widerstandsbereite Wachsamkeit ist noch immer geboten.

2.4 Literaturwissenschaftliche Ansätze und die Evangelikalen:
Ich möchte dies an einem weiteren Beispiel illustrieren. In den letzten Jahren bestimmt die exegetische Forschung – vor allem im angelsächsischen Bereich, zunehmend aber auch im deutschen Sprachraum – mehr und mehr eine literaturwissenschaftliche Betrachtungsweise der Bibel (rezeptionsästhetischer Ansatz /

Reader-Response-Criticism). Hier werden nicht mehr hypothetische Vorformen des Textes erstellt und interpretiert und Texte auch nicht mehr quasi mit Schere und Klebstoff zerlegt. Der Text wird in seiner vorliegenden Gestalt ernst genommen, ganzheitlich in seiner Entfaltung in großen Texteinheiten (unter Berücksichtigung des Kontextes) interpretiert und gefragt, was der ursprüngliche Autor angesichts dieser Gedankenentwicklung seinen Hörern erzählen wollte bzw. wie sie seine Ausführungen verstehen mussten.[71] Im Prinzip ist dies durchaus ein Ansatz, mit dem auch Evangelikale arbeiten können! Und doch dürfen auch hier Evangelikale nicht alle Widerstandsbereitschaft vernachlässigen. Der Schwachpunkt der literaturwissenschaftli-chen Methoden ist, dass sie weder nach der historischen Wirklichkeit des Berichteten fragen, noch in der Lage sind, den Offenbarungsanspruch der Texte zu berücksichtigen. Die Gefahr ist, dass im harmlosen Gewand der Textrekonstruktion letztlich doch wieder eine `Kerygmatheologie´ eindringt, die nur nach der Botschaft des Textes, nicht aber nach der historischen Verwurzelung dieser Botschaft fragt. Eine Botschaft aber, die nicht in Heilstatsachen verwurzelt ist, wird dem Neuen Testament ebenso wenig gerecht wie eine Methode, die die Frage nach dem, was tatsächlich geschehen ist und gesagt wurde, meiden muss. Allzu deutlich schaut da der doketische Pferdefuß unter dem gelehrten Gewand hervor – will heißen: Die religiöse Bedeutsamkeit wird von der Verwurzelung in historischer Wirklichkeit getrennt. Und auch eine methodische Ausklammerung des inspirierten Offenbarungscharakters der Texte wird der Bibel nicht gerecht. Sie wollen schon von ihrem Selbstanspruch her nicht nur Literatur sein! Sie beanspruchen Gottes Wort zu sein, dem der Leser mit Ehrfurcht und im Glauben (nicht nur mit dem analytischen Verstand) zu begegnen habe. Evangelikale Exegese wird dies zu berücksichtigen haben. Sonst opfert sie das ihr Anvertraute auf den silbernen Schalen, die ihr eine angenehm gemäßigte Kritik reicht.

---

[71] Vgl. dazu etwa Jörg Frey, "Der implizite Leser und die biblischen Texte", *Theol. Beiträge*, 23 (1992), S.266-290; sowie Herbert Klement, "Beobachtungen zu literaturwissenschaftlichen Ansätzen in alttestamentlicher Exegese", *Jahrbuch für evangelikale Theologie*, 7 (1993), S.7ff.

3. Der kritische Markt der Möglichkeiten.

Wenn auch im Allgemeinen zutrifft, dass die Bibelkritik heute eher gemäßigt auftritt, heißt das noch lange nicht, dass es keine Extreme mehr gäbe. Da, wo der Mensch das Wort Gottes nicht mehr als höchste Autorität gelten lässt, sondern sich mit seinem Denken und Empfinden über die Schrift erhebt, ist die Tür prinzipiell zu einem willkürlichen Umgang mit der Bibel geöffnet, der dem geschriebenen Wort in Einzelheiten oder in weiten Teilen widerspricht und an seine Stelle eigene Gedanken, Wertungen und Hypothesen setzt.

3.1 Buggle:

So kann es geschehen, dass die biblische Botschaft so radikal kritisiert wird, dass nichts mehr davon übrig bleibt, als was ein humanistischer Atheismus gelten lässt. Ein solches Buch hat der Freiburger Psychologieprofessor *Franz Buggle* geschrieben.[72] Ausgehend von humanistischen Idealen kann er die Liebe und Heiligkeit Gottes nicht zusammenbringen. Er hält die Bibel im Alten wie im Neuen Testament für ein zutiefst inhumanes Buch und belegt dies, indem er dem Leser aus der Bibel alle jene Stellen präsentiert, die von Gericht, Strafe oder gar Verdammnis reden. Diese Aussagen werden (vom Standpunkt des Aufklärungshumanismus und der humanistischen Psychologie aus) einer beißenden Kritik unterzogen und die biblischen Autoren als Vertreter einer pathologischen Religiosität dargestellt. Der Mensch mit seinen Empfindungen wird dabei zum Maßstab, an dem die Bibel gemessen wird. Gerade weil die Liebe und Heiligkeit Gottes in ihrer Zusammengehörigkeit nicht verstanden werden, wird der Kritiker aber an keiner Stelle dem biblischen Befund gerecht.

3.2 Voss:

Ähnliche Extreme der Bibelkritik finden sich bei Vertreterinnen der feministischen Theologie. So hat die württembergische Pfarrerin *Jutta Voss* 1988 im Kreuz Verlag die Öffentlichkeit mit

---

[72] Franz Buggle, *Denn sie wissen nicht, was sie glauben: Oder, warum man redlicherweise nicht mehr Christ sein kann*, Reinbek (Rowohlt Verlag) 1992, 461 Seiten.

einem Buch `beglückt´, das ohne Verlust hätte ungeschrieben bleiben können. In diesem Buch[73] wird das Menstruationsblut von Frauen als Quelle des Lebens und der Erlösung gefeiert. Der (männlichen) Erlösungsvorstellung durch einen blutenden Christus am Kreuz wird das weibliche Erlösungsmysterium gegenübergestellt: Um der Menschheit Leben und Fortgang zu geben, opferten Frauen ihr Blut. Manchem Leser scheint bei dieser Art von `Tampax-Theologie´ (wie Kritiker sie nennen) die Schwelle zur Gotteslästerung überschritten. Auch die Württembergische Landeskirche hat sich des Problems angenommen und ein Lehrzuchtverfahren gegen die `Theologin´ eingeleitet, freilich ohne sich am Ende zu einer Disziplinarmaßnahme durchringen zu können.

3.3 Drewermann:

In sanfter Radikalität vertritt (der von der Katholischen Kirche aus anderen Gründen inzwischen allerdings unter Lehrzucht gestellte Theologe) *Eugen Drewermann* seine von der Tiefenpsychologie her die Bibel radikal uminterpretierende `Theologie´.[74] In einer Weise steht er auf den Schultern der historisch-kritischen Methode. Man braucht sich nur an das Prinzip der Kritik und der Analogie von Troeltsch zu erinnern, um zu wissen, aus welchen Quellen das rationalistische Wirklichkeitsverständnis Drewer-manns gespeist wird. Nach ihm erzählt die religiöse Sprache der Bibel nie rein äußere Tatsachen. Wo biblische Geschichten den Eindruck erwecken, als würde wirklich geschehenes Handeln Gottes in Raum und Zeit berichtet, müsse der moderne Ausleger wissen, dass solche

---

[73] Jutta Voss, *Das Schwarzmond-Tabu: Die kulturelle Bedeutung des weiblichen Zyklus*, Stuttgart 1988, 304 Seiten.

[74] Aus der Fülle der Literatur zu Drewermann nenne ich nur folgende Titel: (Pro:) Reinhold Gestrich, *Eugen Drewermann – Glauben aus Leidenschaft: Eine Einführung in seine Theologie*, Stuttgart 1992; Gregor Fehrenbacher, *Drewermann verstehen: Eine kritische Hinführung*, Olten 1991. (Contra:) Lothar Gassmann / Johannes Lange, *Was nun, Herr Drewermann? Anfragen an die tiefenpsychologische Bibelauslegung*, Lahr 1993; Gerhard Lohfink / Rudolf Pesch, *Tiefenpsychologie und keine Exegese: Eine Auseinandersetzung mit Eugen Drewermann*, Stuttgart 1987.

außerordentlichen Ereignisse niemals in der Gestalt passiert seien, in welcher sie uns – bildlich-legendär – berichtet würden. Vielmehr würden hier innere religiöse Erfahrungen des Menschen in mythische Geschichten umgemünzt. Entsprechend dürfe es den Ausleger gar nicht interessieren, ob z.B. Rahel, Jakob oder Esau vor 2800 je gelebt hätten, sondern zu fragen sei bei der Auslegung nur, wo es heute Rahel, Jakob oder Esau in und neben uns gebe. Jede historische Fragestellung sei schon im Ansatz eine falsche, weil nicht-religiöse Fragestellung.[75] Klar ist, dass sich Drewermann mit seinem totalen Desinteresse an allem Historischen sowohl von den Evangelikalen, als auch von den üblichen historisch-kritischen Theologen unterscheidet. Alle heilsgeschichtlichen Ereignisse werden entsprechend als wirklich geschichtliche Ereignisse abgelehnt: „Die Jungfrauengeburt ist nicht als historisches Ereignis aus den Texten des Neuen Testamentes zu begründen, sie ist nicht als biologisches Ereignis zu verstehen... Die Geburtsgeschichten Jesu bei Matthäus und Lukas sind mythennahe Legenden, keine historischen Berichte".[76] Und: „Alle Wundererzählungen über Jesus sind, sieht man von den Heilungsberichten ab, symbolischer Natur, obwohl sie von den Evangelisten so verfasst wurden, dass sie als historische Berichte verstanden werden konnten... Der Sinn der Wundergeschichten ist nicht, von Gott Mirakel zu erwarten, sondern sich durch ihre Bilder zu eigenem Handeln anregen zu lassen, also zu geben, ohne zu rechnen – der Sinn der Brotvermehrung; über die eigene Angst hinwegzugehen – der Sinn des Seewandels".[77] Die Beispiele ließen sich vermehren. In seinem Matthäus-`Kommentar'[78] macht er deutlich, dass die Evangelien weder inspiriert, noch unfehlbar seien, sondern Menschenwerk, geschöpft aus den Tiefen der religiösen Schichten des Seelenlebens. Matthäus habe Geschichtsklitterung betrieben, indem er die Gestalt Jesu ins Göttliche überhöht habe und alles, was in seinen Quellen (z.B. bei

---

[75] S. dazu R. Gestrich, *aaO*, S.20f.
[76] Eugen Drewermann, *Worum es eigentlich geht: Protokoll einer Verurteilung*, 3. Aufl., München 1992, S.438.
[77] *AaO*, S.440+442.
[78] Eugen Drewermann, *Das Matthäusevangelium*, Erster Teil, Olten 1992, 848 Seiten.

Markus) in dieses hoheitliche Bild Jesu nicht hineinpasste, entsprechend gereinigt und verändert habe. Mit seiner strikten Ethik habe Matthäus aus der ursprünglich befreienden Botschaft Jesu das ʾkatholische Prinzipʾ gedrechselt: nämlich ein religiöses Drucksystem zur Erzeugung von Höllenängsten. Er spricht in diesem Zusammenhang sogar von einer Moral des Wahnsinns und der Krankheit, mit der sich der Evangelist denkbar weit von der Botschaft Jesu entfernt habe. Wahre Nachfolge Jesu – so die Rekonstruktion Drewermanns – bedeute dagegen, eine Kultur der Erotik und eine Kunst der Sinnlichkeit zu entwickeln. Diese Wahrheit trügen die Menschen übrigens unmittelbar von Gott her in sich – und das nicht nur im ursprünglichen Christentum, sondern auch im Taoismus, Buddhismus und all den anderen Ausdrucksformen der einen allgemeinmenschlichen Religion. Von seinen psychologischen Vorstellung her – die offenbar die eigentliche Autorität im Denken Drewermanns darstellen – weiß dieser Guru des New-Age-Christentums immer schon, was wahrhaft religiös und göttlich bzw. ungöttlich (weil unmenschlich) in der Bibel ist. Die Lehre vom stellvertretenden Sühnetod Jesu am Kreuz passt in sein Raster nicht hinein und wird ausgeschieden: „Ein Gott, der seinen eigenen Sohn ʾdahingibtʾ, ein Gott, der seinem Sohn ʾGehorsamʾ unter Angstschweiß und Tränen abverlangt und der sich selbst zum vielfach Gefolterten, den er, wie die fromme Legende obendrein noch versichert, leichthin hätte retten können, schließlich erst bekennt, als bereits alles ʾvollbrachtʾ ist, ein solcher Gott erscheint keineswegs nurmehr als ein Gott der erlösenden Liebe, er erscheint vielmehr als unbegreiflich widersprüchlich, als unvorstellbar grausam, ja, als archaisch, barbarisch und roh".[79] Dennoch sieht Drewermann in den religiösen Geschichten, Mythen und Bildern der Bibel einen Ausdruck tiefer Religiosität, die aus den Tiefenschichten der Seele kommt und in den biblischen Schriftstellern und vor allem in dem ursprünglichen Jesus in großer Klarheit zutage getreten sei. Wer immer diese Bilder – von Drewermann dazu angeleitet – in rechter Weise, und das heißt: tiefenpsychologisch-religiös, zu interpretieren wisse, stoße auf

---

[79] Eugen Drewermann, *Das Markusevangelium*, Erster Teil, 4. Aufl., Olten 1989, S.69.

ursprüngliche befreiende und heilende Religiosität. Tausende verlassen inzwischen die lebendige Quelle klarer biblischer Aussagen und trinken aus den löchrigen Brunnen, die ihnen Drewermann in seinen etwa 40 auflagenstarken Büchern und unzähligen Vorträgen darbietet.

3.4 Qumran-Enthüllungsliteratur:

Das Geschäft mit bibelkritischen Ersatzprodukten florierte zeitweilig auch besonders gut (wenngleich auf niedrigem Anspruchsniveau) in Form der so genannten Qumran-Enthüllungsliteratur. Das unsachliche Machwerk der Journalisten *Michael Baigent und Richard Leigh*, "Verschlußsache Jesus"[80], hat Hunderttausende von Käufern gefunden. Die Autoren gehen davon aus, dass die Evangelien erdichtete Darstellungen des Lebens Jesu seien; und auch die Apostelgeschichte berichte nicht, was wirklich geschehen sei, sondern wolle dies gerade verschleiern. Im Grunde müsse man immer gerade das Gegenteil von dem aus den biblischen Berichten herauslesen, was sie tatsächlich aussagten – dann liege man richtig. So werden die friedfertigen ersten Christen zu einem Teil der jüdischen Aufstandsbewegung gegen die Römer, angeführt von dem Herrenbruder Jakobus, der im journalistischen Handstreich mit dem ʻLehrer der Gerechtigkeitʼ aus den Qumrantexten identifiziert wird (ganz unberührt davon, dass dieser ʻLehrer der Gerechtigkeitʼ nach allen gesicherten Erkenntnissen der Datierung im 2. Jahrhundert vor Christus lebte!). Auch Paulus sei nicht der große christliche Apostel gewesen, sondern letztlich ein römisch gedeckter Geheimagent zur Unterwanderung der frühchristlichen Widerstandsbewegung, usw. Genug davon! Sachkundige Widerlegungen finden sich inzwischen auf evangelikaler wie historisch-kritischer Seite.[81] Trotzdem kann auch dieses Machwerk zur Warnung dienen, wohin ʻkritischeʼ Rekonstruktionen führen, die an Stelle des Literalsinns der Texte

---

[80] M. Baigent / R. Leigh, *Verschlußsache Jesus: Die Qumran-Rollen und die Wahrheit über das frühe Christentum*, München 1991, 319 Seiten.

[81] Otto Betz / Rainer Riesner, *Jesus, Qumran und der Vatikan: Klarstellungen*, Gießen und Freiburg 1993; Klaus Berger, *Qumran und Jesus: Wahrheit unter Verschluß?*, Stuttgart 1993.

(mehr oder weniger gelehrte bzw. phantasievolle) hypothetische Konstrukte setzen. Es beginnt dann – und dies ist (populär gefasst) ein zentraler Vorwurf evangelikaler Theologie an die unendliche Hypothesengeschichte der `historisch-kritischen Methode´ – ein Spiel ohne Grenzen.

Eher noch schlimmer ist das gelehrte Phantasiewerk von *Barbara Thiering* "Jesus von Qumran: Sein Leben – neu geschrieben".[82] Frau Thiering betrachtet sowohl die Qumrantexte als auch das Neue Testament als verschlüsselte Geheimdokumente. Für den Laien beeindruckend klingt, dass sie die neutestamentlichen Berichte von Jesus als `Pescher-Auslegungen´ bezeichnet – obwohl sie dabei die so genannte Pescher-Methode von Qumran völlig falsch anwendet: Tatsächlich ist `Pescher´ eine frühjüdische Methode der Textauslegung (nicht der Textherstellung!), bei der das, was über die im Text erwähnte Person gesagt ist, in der Auslegung auf eine andere Person oder Situation angewendet wird. `Pescher´ bedeutet aber nicht, dass Texte hergestellt werden, die von vornherein etwas anderes meinen, als sie tatsächlich sagen. Frau Thiering geht nun irrtümlich davon aus, dass alles, was wir in den Evangelien oder der Apostelgeschichte lesen, umgedeutet werden müsse. Der Wortlaut des Textes gilt nicht mehr. Der Phantasie der geschäftstüchtigen Autorin sind keinerlei Grenzen gesetzt. Was dabei herauskommt? Einige Lesefrüchte mögen genügen: Jesus habe zu den Essenern gehört und sich entsprechend meistens in der Wüste Juda aufgehalten; er habe im September 30 Maria Magdalena geheiratet, sei am Freitag, den 20.3.33, zusammen mit Simon Magus und dem Zeloten Judas gekreuzigt worden, am gleichen Tag um 15 Uhr vom Kreuz abgenommen und in die Höhle 7 nach Qumran verbracht worden, wo er mit Kräutertee wiederbelebt worden sei. Später habe er sich von Maria Magdalena getrennt und habe die Purpurhändlerin Lydia geheiratet, was messerscharf aus Apg 16,14 geschlossen wird, wo steht: „Dieser tat der Herr das Herz auf" – was nach Frau Thiering übrigens sogar darauf hinweisen soll, dass Lydia noch Jungfrau

---

[82] B. Thiering, *Jesus von Qumran: Sein Leben – neu geschrieben*, Gütersloh 1993, 572 Seiten.

war. (Unerklärt bleibt natürlich, warum der Satz in der Apostelgeschichte dann weitergeht „... so dass sie aufmerksam den Worten des Paulus lauschte"!). In den 60er Jahren sei Jesus dann nach Rom gekommen und habe dort das biblische Alter von 70 Jahren erreicht. – Keine Angst, Frau Thiering hat keinerlei neue Quellen über das Leben Jesu entdeckt. Was sie schreibt, liest sie phantasievoll in die neutestamentlichen Texte hinein, indem sie mit dem Wortlaut macht, was sie will. Aber immerhin, sie ist ja Professorin, die sich scheinbar mit frühjüdischen Texten auskennt...! Hunderttausende in den U.S.A. und in Deutschland haben den Inhalt dieser `Enthüllungen´ verschlungen. Nach wie vor scheint es genug moderne Menschen zu geben, die interessiert und offen dafür sind selbst das Unmöglichste zu kaufen und zu glauben, wenn es nur reißerisch genug aufgemacht ist und vermeintliche Fehler der Bibel aufdeckt.

3.5 Die ökumenische Bibel-Relectura:
Ich nenne noch ein weiteres Beispiel für neuere extreme Entwicklungen im Umgang mit der Bibel: nämlich die Entwicklung des Genfer ökumenischen Bibelverständnisses im letzten Drittel des 20. Jahrhunderts.[83] Noch 1961 hatte der Ökumenische Rat der Kirchen in Neu Dehli unter dem Einfluss der Wort-Gottes-Theologie von Karl Barth seine Basisformel dahingehend ergänzt, dass der ÖRK „eine Gemeinschaft von Kirchen (sei), die den Herrn Jesus Christus *gemäß der Heiligen Schrift* als Gott und Heiland bekennen...". Dieses Bekenntnis zur Heiligen Schrift kam gewissermaßen in letzter Minute. Denn seit Neu Dehli wurde das Schriftprinzip in der Ökumene immer stärker zurückgedrängt. Durch die unterschiedlichen ökumenischen Versammlungen von Montreal 1963, Bristol 1967, Löwen 1971, Nairobi 1975, Loccum 1977, Melbourne 1980 und San Antonio 1989 kam es zu einer im wahrsten Sinne des Wortes revolutionären Umdeutung im Verständnis der Heiligen Schrift. Im Ergebnis

---

[83] Diese Entwicklung wurde inzwischen minutiös nachgezeichnet in der Doktorarbeit von Martin Hamel, *Bibel – Mission – Ökumene: Schriftverständnis und Schriftgebrauch in der neueren ökumenischen Missionstheologie*, Gießen 1993, 560 Seiten.

kamen dabei folgende neue Positionen heraus: 1. Die biblischen Schriften wurden nun als zeit- und kontextbedingte menschliche Erfahrungszeugnisse eingestuft, nicht mehr als Mitteilungen göttlicher Selbstoffenbarung. Damit war klar, dass die Schrift keine Sonderstellung neben anderen Äußerungen echter religiöser Erfahrung mehr beanspruchen durfte. Sie kam stattdessen in einer Reihe mit den Erfahrungsberichten der Armen und Unterdrückten aller folgenden Zeiten zu stehen. 2. Während die Bibel auf diese Weise relativiert wurde, wurde anderen Ereignissen eine neue Würde als Manifestation göttlicher Offenbarung zugesprochen. Die Kirche habe auf der Basis einer ideologisch-utopischen Vision die prophetische Gabe und Aufgabe, in immer neuen `Kontexten´ – vornehmlich in geschichtlichen Ereignissen, politischen Befreiungskämpfen, sozialen Aufwärtsentwicklungen – eine Heilsoffenbarung Gottes zu erkennen. Gottes Geist sei in der Weltgeschichte, vor allem in sozialen Umwälzungen, aber auch in den nicht-christlichen Religionen am Werk und sein Handeln und Reden müsse dort entdeckt werden. An die Stelle des Schriftprinzips trat damit das Kontextprinzip. 3. Von diesen immer neuen Kontexten heilshaft erfahrener Umwälzungen her müsse schließlich die Bibel neu gelesen und interpretiert werden. So wird die Heilige Schrift einer kontextualen Relectura – wie Hamel das nennt – unterzogen. Immer wieder wurde daher in der Ökumene (zumindest bis mit dem Zusammenbruch des kommunistischen Ostblocks und seiner Ideologie um 1990 in Genf ein gewisses Ideologievakuum entstand) dazu aufgefordert, die Bibel mit den Augen der Befreiungskämpfer, der Armen, der Unterdrückten, der Frauen usw., zu lesen. Diese neue Bibellektüre stellte eine von der eigenen Sicht und Erfahrung her normierte Lesung der Schrift dar. Vieles in der Bibel hält dann den Blickwinkeln nicht stand, von denen aus man mit prophetischer Gewissheit neuer Einsichten die Schrift liest. Manches müsse als mit der neuen (subjektiven) Offenbarungseinsicht nicht übereinstimmend ausgeschieden oder umgedeutet werden. Ganz bewusst wird ein Hineinlesen in der Schrift praktiziert. Und letztlich bleibt in der Schrift nur das als autoritativ stehen, was der eigenen (mitgebrachten) Offenbarungs-überzeugung entspricht.

Es könnte lohnend sein, sich an dieser Stelle an Johann Salomo Semler, den `Vater´ der Bibelkritik, zu erinnern: Nicht die ganze Bibel sei Gottes Wort, sie enthalte aber – hier und dort, wo es sich dem Ausleger subjektiv erschließt – Gottes Wort. Diese Grundsicht wird nun in neuen Variationen durchgespielt. Was sich dann aber dem modernen Leser als `göttliche Anrede´ erschlossen hat, kann sich bei neuem Lesen (vielleicht beim gemeinsamen Lesen mit anderen, die ihre Erfahrungen einbringen) wieder verändern. Die Bibel habe einen `Überschuss an Sinn´, der sich in einem nie abgeschlossenen, immer neuen Leseprozess weiter und weiter erschließe, je nachdem mit welchen neuen Kontexten und Erfahrungen sie konfrontiert werde. Allerdings müssten diese immer neuen Kontexte auf der `semantischen Achse´ der Bibel liegen, die ihrerseits unter gewissen Anleihen bei befreiungstheologischen Ideologien bestimmt wird: Die Bibel enthalte die religiösen Äußerungen der Armen und Unterdrückten; und nur solche Kontexte, die den Blickwinkel der Unterdrückten oder der um Befreiung Kämpfenden enthielten, könnten Sinn erschließend in die immer neue Lektüre der Bibel eingebracht werden. Die Bibel selbst wird also nicht mehr als normatives Gotteswort verstanden, sondern wird zum Gesprächspartner für ein vertieftes religiöses Selbstverständnis solcher Interpreten, die sie aus einer bestimmten Perspektive lesen. Dass diese Perspektive stark ideologisch fokussiert ist, stört dabei nicht weiter. Denn auch in sozial motivierten Ideologien könne sich ja der schöpferische Geist Gottes offenbaren.

Dass man mit solch einem Verfahren letztlich alles aus der Bibel herauslesen kann, was von anderen Autoritäten her normativ vorgegeben ist, steht auf einem anderen Blatt. Vielleicht ist dieser subjektive ökumenische Bibelmissbrauch weniger eine Gefährdung der Kirchen in Europa – zumal der Zusammenbruch des Sozialismus im Osten die ökumenische Leitideologie ohnehin stark erschüttert hat. Aber in anderen Teilen der Welt mit einem stark wachsenden christlichen Bevölkerungsanteil wird hier ein Umgang mit der Bibel etabliert, der die Heilige Schrift zum Spielball menschlicher Einfälle, Erfahrungen und Wünsche macht.

Schlussgedanken

Es soll nicht bestritten werden, dass das betonte Interesse historisch-kritischer Theologie an der `menschlichen Seite´ der Bibel zu unzähligen wertvollen Erkenntnissen im historisch-philologischen Bereich geführt hat, die der Bibel keineswegs widersprechen, ihr Verständnis vielmehr erhellen. An der Erarbeitung dieser Erkenntnisse waren nicht nur `liberale´, sondern ebenso `konservative´ Theologen beteiligt. Diese Erkenntnisse werden von evangelikalen Theologen geteilt. Der Dissens zwischen evangelikaler und historisch-kritischer Theologie besteht nicht darin, dass etwa die einen die Bibel mit begründeten Methodenschritten sorgfältig auslegten, während die anderen quasi aus dem hohlen Bauch religiöse Ideen proklamierten. Evangelikale Theologie steht vielmehr seit ihren Anfängen dafür, dass man die Heilige Schrift gründlich-wissenschaftlich mit sachgemäßen Methoden und in nachvollziehbarer Weise erforscht. Dafür stand bereits der wissenschaftlich arbeitende Frühpietismus (Francke, Rambach, Bengel) sowie die konservativ-neokonfessionelle Theologie (Keil, Hengstenberg); dafür stand in Nordamerika ebenso der wissenschaftlich arbeitende frühe Fundamentalismus (Princeton-Theologie; Seminary-Bewegung). Dort aber, wo die menschliche Vernunft auf Grund von Weltanschauung, Ideologie, Psychologie, Phantasie (oder was immer) die Bibel in ihrer Selbstaussage nicht gelten lässt, sondern in endlosen subjektiven Entwürfen verändert, wird ihr evangelikale Theologie widersprechen. Evangelikale Theologie knüpft nicht an den Grundentscheidungen historisch-kritischen Denkens an. Ihr Bezugspunkt war und ist das klassisch-christliche Schriftverständnis. Dieses vertritt und begründet sie im Kontext der Moderne.

4

GEMÄSSIGTE BIBELKRITIK:
FEHLER MIT FOLGEN

1. Die Grundproblematik.
In manchen Erlebnisbädern gibt es enorm hohe und steile Wasserrutschbahnen. Solange man noch oben in der Waagrechten sitzt, ist alles stabil. Sobald man aber den entscheidenden Punkt überschritten hat, geht es bergab: weiter oben zunächst eher gemächlich – weiter unten in rasender Fahrt. Der entscheidende Punkt liegt allerdings nicht irgendwo in der Mitte. Er liegt ganz am Anfang.

So ähnlich kann man sich die Situation vorstellen, wenn es um die Entscheidung geht, Kritik an der Bibel zu üben oder nicht. Betrachten wir die Sache einmal so: Die klassische christliche Schrifthaltung ging davon aus, die angemessene menschliche Antwort auf göttliche Offenbarung sei nicht Kritik, sondern genaues Verstehen, Glaube und Gehorsam. Seit der ´Aufklärung´ im 18. Jahrhundert beansprucht nun die menschliche Vernunft, höchster Maßstab nicht nur für innerweltliche Dinge, sondern für alle Dinge zu sein. So wird auch die Bibel dem Maßstab der Vernunft unterworfen. Diese Grundsatzentscheidung hat die historisch-kritische Theologie (in allen ihren Spielarten) grundsätzlich akzeptiert. Doch in dem Moment, in dem das geschieht, ist die gesamte Bibel verändert[84]: Sie ist nicht mehr absoluter

---

[84] Der Vater der historisch-kritischen Methode, Ernst Troeltsch, hat sehr klar gesehen, dass in dem Moment, in dem ich das Prinzip der Kritik durch die menschliche Vernunft auf die Bibel anwende, „die ganze Stellung zu dem ungeheuren Erinnerungs- und Traditionsstoff unserer Gesittung prinzipiell verändert (ist), auch da, wo die inhaltliche Auffassung selbst noch gar nicht berichtigt worden ist. Aber auch diese selbst wird durch die Kritik tausendfach zersetzt, berichtigt, verändert, und das immer mit dem Ergebnis einer nur wahrscheinlichen Richtigkeit"; E. Troeltsch, „Über historische und dogmatische Methode in der Theologie", abgedruckt in: J. Cochlovius (Hrsg.), *Arbeitsbuch Hermeneutik*, Krelingen 1983, S.134.

Maßstab, sondern in allen ihren Aussagen relativ – abhängig von dem Grad der Wahrscheinlichkeit und Gültigkeit, den die Vernunft des jeweiligen Lesers der biblischen Aussage gerade zumisst. Die Entscheidung für die Relativierung der Bibel und die Errichtung des Primats der Vernunft ist in dem Moment getroffen, in dem ich an auch nur einem Punkt die Weichen Richtung Bibelkritik stelle. In diesem Augenblick habe ich den entscheidenden Punkt überschritten und befinde mich auf der schiefen Ebene. Wie tief ich dann in die Kritik einsteige, ist dann nur noch eine relative Angelegenheit – wenngleich es natürlich für den Einzelnen und die Kirche schon einen Unterschied macht, ob von der jeweiligen Sachkritik eher `Randfragen´ oder zentrale Lehren betroffen sind. Prinzipiell macht es aber einen noch größeren Unterschied, ob der Einzelne und die Kirche sich der Schrift grundsätzlich unterstellt, oder ob sie die Heilige Schrift auf die Anklagebank setzen, sie dem Urteil menschlicher Ratio unterwerfen – und das, was sie in ihr gelten lassen (sei es viel oder wenig), nur in Konsequenz entsprechend wohlwollender menschlicher Urteile gilt.

Bei radikaler Kritik, die zentrale Glaubenslehren betrifft, liegt die Problematik offener zutage – zumindest, wenn die entsprechende Theologie offen ausspricht, wofür sie steht bzw. nicht mehr steht! Tatsächlich schaffen es radikal-kritische Theologien immer wieder, ihren wahren Kern so zu kaschieren, dass zumindest der Laie nicht merkt, was da vorgeht. Da hat man fast alle geschichtlichen Aussagen des Alten Testaments ihres historischen Wirklichkeitsbezugs beraubt, aber doch bekennt man sich zum `Gott Abrahams, Isaaks und Jakobs´. Da hat man die jungfräuliche Geburt von Jesus in Bethlehem bestritten, ihm fast alle in den Evangelien berichteten Worte und Taten abgesprochen, aber doch beteuert man die zentrale Rolle Christi für den eigenen Glauben. Da hat man die dem Neuen Testament so wesentliche leibliche Auferstehung Jesu wegkritisiert (Motto: `Die Krippe war leer, das Grab ist voll´), aber zugleich spricht man ohne mit der Wimper zu zucken mit dem Apostolischen Glaubensbekenntnis von Jesus, „am dritten Tage auferstanden von den Toten, aufgefahren in den Himmel; er sitzt zur Rechten

Gottes des Vaters..." (usw.). Radikale Kritik, die nicht – wie der Göttinger Theologieprofessor Gerd Lüdemann – dem christlichen Glauben gänzlich den Rücken kehrt, lebt von theologischen Konzepten, die längst ihres biblischen Fundaments und Inhalts entkleidet worden sind.

Gemäßigte Kritik ist schwerer zu durchschauen. Der Theologe oder Christ, der gemäßigte Kritik betreibt, hat oft noch enorm viel biblische Substanz vorzuweisen. Das, wofür er positiv einsteht, ist oft hoch verdienstvoll. Und die gemäßigt-kritischen Punkte fallen häufig kaum auf. Nicht selten liegt die eigentliche Intention, der eigentliche Schwerpunkt bei solchen positiven Theologen auch gar nicht auf diesen (Rest-)Elementen gemäßigter Kritik. Gemäßigt-kritische Theologen weisen oft eine ganz unterschiedliche Tendenz auf: Der eine hat sich tapfer durch ein vielleicht stark liberales Theologiestudium geschlagen, hat viele radikal-kritische Positionen als solche erkannt und sogar viele Herausforderungen einer eher 'positiven' Kritik als Problem erkannt und überwunden. Und doch sind gewisse Reste gemäßigter Bibelkritik bei ihm noch da. Vielleicht, weil er sie selbst als solche nicht erkennt; vielleicht, weil er an diesen Punkten keine Alternative sieht. Insgesamt aber ist die Tendenz bei ihm 'positiv': sie geht dahin, die Bibelkritik als solche zu erkennen und zu überwinden. – Den anderen kennt man nur als einen Vertreter der klassischen christlichen Schrifthaltung: Er ist von der uneingeschränkten göttlichen Inspiration, Wahrheit und Autorität der Heiligen Schrift überzeugt. Aber irgendwann wirft irgendein Punkt der biblischen Lehre oder der christlichen Ethos bei ihm Fragen auf; und er entscheidet sich, das, was er als biblisch erkennt, nicht anzuerkennen, sondern in Zweifel zu ziehen. Vielleicht folgt ein zweiter und ein dritter Punkt. Alles ist noch im 'gemäßigten' Bereich. Aber die Tendenz ist, sich Stück für Stück von biblischen Positionen zu emanzipieren. Der Weg mancher Kirchen und Freikirchen in einen zunehmenden Liberalismus hat so begonnen. Kein Zweifel, dass die letztgenannte Tendenz gefährlicher ist, als die erste. – Und doch: Jede gemäßigte Kritik an der Bibel schließt eine

Grundentscheidung in der Schrifthaltung in sich, den Verstand (zumindest grundsätzlich) der Schrift überzuordnen.

Um dies rechtfertigen zu können, trennt man in der Regel die `menschliche´ und die `göttliche´ Seite der Schrift. Natürlich will man nicht Gott und sein Reden kritisieren! Aber Gott habe in der Bibel ja durch Menschen mit menschlicher Sprache und in geschichtliche Situationen gesprochen. Und Menschen hätten ergangene Gottesoffenbarung so, wie sie von ihnen wahrgenommen und erinnert wurde, bezeugt. Und nur an dieser `menschlichen´ Seite der Schrift wolle man nun (gemäßigte) Kritik anbringen. Das Problem liegt in einem jeweils defizitären Inspirationsverständnis: Entweder man hält (mit J.J.Semler) nicht alles in der Schrift für göttlich inspiriert, sondern geht von einem `Kanon´ im Kanon aus. Die Kritik richtet sich dann nur auf die – `menschlichen´ bzw. zeitbedingten – Aussagen, die man nicht als eigentliches Gotteswort ansieht. Oder man beschränkt die Inspiration auf die jeweiligen Personen und die ihnen von Gott geoffenbarten Konzepte (Personal- und Realinspiration), bezieht sie aber nicht auf den Wortlaut der biblischen Schriften und sieht sich von daher ermächtigt, den biblischen Wortlaut da und dort zu kritisieren. Andere schließlich gehen davon aus, dass sich Gott in seiner Offenbarung so sehr erniedrigt, sich so sehr `in Knechtsgestalt´ begibt, dass er im Vorgang der Inspiration in Kauf nimmt, dass sich die Begrenzungen und Fehlanschauungen der biblischen Autoren im Wortlaut der Bibel in kritikwürdigen Schwachpunkten niederschlagen. In der Inkarnation habe Jesus doch auch volle Menschlichkeit mit allen Schwachheiten angenommen! Tatsächlich bezeugt dass Neue Testament, dass Jesus als der ewige Gottessohn den Menschen in allem gleich wurde – schränkt dies dann aber entscheidend ein: „… doch ohne Sünde"! (Hebr 2,17; 4,15). Bei einem adäquaten Inspirationsverständnis ist zweifellos die Herablassung Gottes mit zu bedenken; aber in der Weise, dass nicht unterstellt wird, der wahre Gott lüge, irre oder führe in die Irre. Die Bibel bezeugt die Ganzinspiration der Schrift (wie wir oben in Kapitel 1 kurz dargelegt haben). Von daher trifft jede menschliche Sachkritik an der Bibel mit dem Menschenwort auch den sich offenbarenden Gott. Sie wird damit zur Sünde, zur falschen Lehre, die man einmal (vgl. Jak 3,1) vor Gott verantworten muss.

Wir halten als Ergebnis dieser einführenden Überlegungen fest: 1. Bibelkritik auch in ihrer gemäßigten Form verändert grundsätzlich die Zuordnung von Vernunft und Gotteswort. 2. Sie relativiert damit von vornherein die Bibel im Grundsatz. 3. Sie vergreift sich mit ihrer Sachkritik am biblischen Wort zugleich schuldhaft an dem sich offenbarenden Gott.

2. Klassische Beispiele für gemäßigte Kritik.
Zweifellos ließen sich leicht zeitgenössische Beispiele für Positionen gemäßigter Bibelkritik finden. Und doch, diejenigen, die sie vertreten, stehen häufig zugleich für so viel Positives; ihre Tendenz ist nicht immer leicht zu beurteilen; und ihre Entwicklung ist häufig nicht abgeschlossen.

Von daher lässt sich die Problematik gemäßigter Kritik leichter und mit mehr Abstand anhand von klassischen Positionen solcher Vertreter analysieren, deren Werk abgeschlossen vorliegt. Man kann von diesen 'positiven' Theologen viel lernen, gerade was ihr Christuszeugnis betrifft. Man nimmt viele gemeinsame Glaubensanliegen wahr. Umso schwerer fällt es daher vielen Christen, den kritischen Restbestand in der Bibelauffassung dieser Ausleger als Bibelkritik zu erkennen und mögliche Gefahren in Konsequenz dieser Position zu sehen. Ich möchte betonen, dass ich von jedem der im Folgenden behandelten Theologen vieles dankbar gelernt habe und ihre Genialität mit hohem Respekt anerkenne. Zugleich greife ich ihre Entwürfe in der Hoffnung auf, dass mancher Leser von ihren Werken künftig mehr profitieren kann, wenn er bestimmte Problempunkte in ihrem Werk klarer erkennt und einzuordnen vermag.

Wir wenden uns im Folgenden Adolf Schlatter, Karl Barth und Emil Brunner zu.

2.1 Adolf Schlatter:

Einer der großen Bibelausleger der Evangelischen Kirche, dessen Werk bis heute segensreich vor allem im innerkirchlichen Pietismus nachwirkt, war *Adolf Schlatter* (1852-1938). Er widerstand der zum Teil radikalen Bibelkritik des 19. und frühen 20. Jahrhunderts. Gegenüber den kritisch-ideologischen und religionsgeschichtlichen (d.h. die Bibel von ihrer heidnischen Umwelt her erklärenden) Theologien seiner Zeit lehrte Schlatter vor allem zweierlei: 1. Den Wortlaut der Bibel genau beachten. Er war ein hervorragender Kenner der biblischen Grundsprachen Hebräisch, Aramäisch und Griechisch. Seine Betonung galt der genauen eindringlichen Beobachtung, der auch das Detail beachtenden Wahrnehmung und dem gehorsamen Hören auf den Text. Sehr einfach und präzise bringt er damit auf den Punkt, worum es in der Exegese eigentlich geht: „Was uns als Mitgliedern der universitas literarum [= der Gesamtheit der Wissenschaften / der Universität; H.St] als unzerreißbare Pflicht obliegt, ist, dass wir in dem uns zugewiesenen Arbeitsbereich zum Sehen, zur keuschen, sauberen Beobachtung, zum Erfassen des wirklichen Vorgangs, sei er ein geschehener, sei er ein jetzt geschehender, gelangen… Wissenschaft ist erstens Sehen und zweitens Sehen und drittens Sehen und immer und immer wieder sehen."[85] Im Rückblick auf seine eigene Arbeit als Theologieprofessor schreibt er, er habe sich vor allem bemüht, „tiefer in die Schrift hineinzukommen, ihr Wort richtiger aufzufassen und die Bedingungen dazu zu schaffen, dass ihr ein unbefangenes Ohr zugewendet werde, das sie nicht sofort mit den vorhandenen Traditionen vermengt, sondern unsere eigenen Gedanken mit entschlossenem Gehorsam beiseite stellt, um ihre Aussagen zu vernehmen".[86] Zudem lehrte Schlatter 2. die Bibel aus ihrem eigenen Kontext, dem Judentum, heraus zu verstehen. Er war ein hervorragender Kenner des Frühjuden-

---

[85] A. Schlatter, „Atheistische Methoden in der Theologie?", in: ders., *Zur Theologie des Neuen Testaments und zur Dogmatik: Kleine Schriften,* hrsg. U. Luck, 1969, S.142.

[86] A. Schlatter, *Rückblick auf meine Lebensarbeit,* 2.Aufl. Stuttgart 1977, S.124.

tums, kannte sich mit der Sprache, den Sitten, der Geschichte und Literatur des jüdischen Umfelds des Neuen Testaments bestens aus. Auf diesem Hintergrund gelang es ihm, das Selbstverständnis der Schriften des Urchristentums präzise herauszuarbeiten. – Mit diesen beiden Grundentscheidungen stand sein Lebenswerk als glaubender Wissenschaftler im Dienst der Erkenntnis der Wahrheit, und damit im Dienst der „Förderung christlicher Theologie".[87]

In seiner 'Dogmatik' bietet Schlatter einen lehrreichen Abschnitt über die „Herkunft der Schrift aus dem Geist", also über die Inspirationslehre.[88] Zu Recht grenzt er sich nach zwei Seiten ab. Einerseits wendet er sich gegen eine geschichtslos-eksta-tische Inspirationsauffassung, die den Offenbarungsempfänger als passives und in seiner Persönlichkeit ausgeschaltetes Werkzeug einer höheren Macht sieht. Solche „vom menschlichen Lebensakt abgeschiedene Inspiration" führe zur „Absonderung[89] der Schrift von der Geschichte, die so für das Wirken des Geistes nicht nur als gleichgültig, sondern als hinderlich erscheint und darum nicht nur ignoriert, sondern bestritten wird". – Andererseits wendet sich Schlatter gegen eine Auffassung von Theologie, die unter Berufung auf ihre 'Wissenschaftlichkeit' den Glauben an die Bibelinspiration ganz beiseite lässt und die Schrift als Sammlung religiöser Urkunden aus vergangenen Zeiten betrachtet. Hier gilt, dass „die Annahme eines Gegensatzes zwischen der Geschichte und dem Werk des Geistes ebenso falsch ist, wenn der Geschichte wegen der Geist bestritten, als wenn des Geistes wegen die Geschichte beseitigt wird. Vielmehr sind richtige Pneumatik und richtige Historik unlöslich beieinander".[90] Schlatter hält dagegen an der Inspira-

---

[87] Vgl. den Titel der von Schlatter u.a. hrsg. Schriftenreihe 'Beiträge zur Förderung christlicher Theologie'.
[88] A. Schlatter, *Das christliche Dogma*, 3.Aufl. Stuttgart 1977, S.364-372.
[89] *Ebd.,* S.367.
[90] *Ebd.,* S.367. – „Die geistlose und darum gottlose Deutung der Schrift ist nicht Wissenschaft, und ihre geschichtslose und darum unmenschliche Deutung ebenfalls nicht"; *ebd.,* S.368.

tion der Schrift fest – einer den Menschen und seine Geschichte voll einbeziehenden göttlichen Inspiration, die sich bis auf die Formulierung der einzelnen Wörter bezieht. Folge der Inspiration durch den einen Gott ist die Einheit der Schrift.[91] Diese Einheit der Schrift bedeutet allerdings kein Einerlei: Christus bildet bis ins Einzelne hinein die Mitte der Schrift und begründet ihre Einheit. Dabei gibt es Stellen, die zentraler von ihm reden und solche, die weniger zentral sind. Aber: „Der Inspirationsvorgang ist ein kreatorisches Geben Gottes, also ein absoluter Akt, von dem sich Abstufungen nicht aussagen lassen. Ob er wenig oder viel gibt: Gott ist der Gebende."[92]

Bis hierhin sind die Akzentsetzungen und Ausführungen Schlatters voll zu begrüßen. Dann kommt es in seinen Aussagen über die Autorität und Unfehlbarkeit der Schrift leider aber doch zu gemäßigter Bibelkritik, wie wir gleich sehen werden. Schlatter war sich selbst dessen bewusst, dass er angesichts seiner Bibelhaltung für die Kritizisten als „kritikloser Biblizist" und für manche Pietisten als „glaubensloser Kritiker" galt.[93] Dabei hat manches, was er als `Kritik´ bezeichnet, gar nichts mit eigentlicher Bibelkritik (= Sachkritik an der Bibel) zu tun, sondern damit, „Wirkliches als wirklich, Poetisches als poetisch, Jüdisches als jüdisch, Griechisches als griechisch" zu erkennen.[94] Für ihn besteht das richtige Verhalten der Schrift gegenüber im Glauben und Gehorchen.[95] Trotz dieser Haltung sieht er die Berechtigung zu einer doppelten Kritik der Bibel: „Die Kritik an der Bibel wird ... auf zwei Stufen zu unserem Beruf, als historische und als dogmatische Kritik" – wobei die

---

[91] Diese begründet und entfaltet Schlatter *ebd.,* S.369-372.
[92] *Ebd.,* S.371.
[93] A. Schlatter, *Rückblick auf meine Lebensarbeit*, S.82f.
[94] *Ebd.*, S.82.
[95] „Das richtige Verhalten besteht für uns somit darin, dass wir unser Denken und Wollen für die Schrift öffnen, ihr glauben und gehorchen. Gebrochene Formeln, die der Schrift nur eine halbe Autorität zuschreiben und uns bloß einen halben Glauben und Gehorsam gegen sie zumuten, entsprechen nicht dem vor uns stehenden Tatbestand"; A. Schlatter, *Das christliche Dogma*, S.372.

historische Kritik darüber entscheidet, „wie weit ihre Wahrheit reicht und wo sie endet".[96] Die dogmatische Kritik bezieht sich im Wesentlichen auf die Anwendung des Bibelwortes auf uns, „so dass wir uns sowohl verdeutlichen, wann und warum das Schriftwort für uns gilt, als wann und weshalb es nicht für uns gilt"[97]. Kritik solle dabei in der richtigen Weise, mit den richtigen Motiven und den richtigen Zielen geschehen: Sie dürfe nicht von einem „falschen Willen" bestimmt sein, nicht „zweckwidrig und schlecht besorgt" werden, nicht „Konjekturen" und „wissenschaftliche Dichtungen" an die Stelle des Geschehenen setzen. Doch wenn wir „mit begründetem Glauben und freiem Gehorsam das Schriftwort in uns tragen, ist sie keine Schmälerung, vielmehr die Anerkennung ihrer Autorität. Dazu ist nur erforderlich, dass der die Kritik leitende Wille darauf ziele, die uns von der Schrift angebotene Gabe in unseren Besitz zu bringen, und nicht darauf, uns von der Schrift zu befreien".[98] Der subjektivistische, fast romantische Ansatz in Schlatters Argumentation an diesem entscheidenden Punkt erstaunt. Letztlich heiligt das Motiv die Kritik. Der subjektiven Auswahl des kritischen Auslegers bleibt es überlassen, was denn von all dem in der Schrift Gesagten jene „uns von der Schrift angebotene Gabe" sei.

Zu solchen Aussagen kann Schlatter nur deshalb kommen, weil er die Schrift trotz seines Glaubens an eine durchgängige Bibelinspiration keineswegs für unfehlbar hält. „Nicht die Schrift, sondern der die Schrift gebende und durch sie uns berufende Gott ist unfehlbar."[99] Die Unfehlbarkeit der Bibel besteht für ihn nur darin, „dass sie uns zum Unfehlbaren bringt, zu Gott".[100] Hier macht sich bei Schlatter eine soteriologische (auf Heilsfragen beschränkte) Engführung hinsichtlich der Autorität und Unfehlbarkeit der Schrift bemerkbar. Dabei will er keine

---

[96] *Ebd.,* S.373.
[97] *Ebd.,* S.374.
[98] *Ebd.,* S.374.
[99] *Ebd.,* S.375.
[100] *Ebd.,* S.378 (ähnlich S.376 oben).

pauschalen Auswahlverfahren gelten lassen: Weder die Formel, „unfehlbar sei ihr religiöser Inhalt, nicht aber ihre Aussagen über die natürlichen Verhältnisse", noch die alte historisch-kritische These „nicht die Bibel sei Gottes Wort, sondern Gottes Wort sei in der Bibel" will er übernehmen.[101] Vielmehr spreche durch die ganze Bibel – durch das „Religiöse" wie durch das damit immer verbundene „Geschichtliche" und „Natürliche", durch das ganze mit Licht und Dunkel durchsetzte geschichtliche Wort der Zeugen der sich offenbarende Gott: „Mit allen Dunkelheiten seines historischen Rückblicks und seines prophetischen Vorblicks ist der biblische Erzähler Diener Gottes…".[102] Der ganze begrenzte und irrende Mensch wird von Gott als solcher in Dienst genommen: „Tut er es nicht als der Wissende, so tut er es als der Träumende. Versagt sein Auge, so tritt die Phantasie ein und füllt notdürftig die Lücke, und auch so leitet er die göttliche Gabe weiter, die in den Geschichtslauf eingetreten war, und macht sie für die Späteren fruchtbar. Dass er nicht nur als der Wissende und Denkende, sondern auch als der Dichtende und Träumende Gott zu dienen hat, ist darin begründet, dass er Mensch ist und wir Menschen den Übergang vom Denken ins Dichten nicht stillstellen können…".[103] Angesichts dieser vorausgesetzten Mischung aus Wahrheit und Phantasie spricht sich Schlatter konsequenterweise für praktizierte Bibelkritik aus: „Wir freilich haben nicht mit ihm zu träumen, dann, wenn uns durch das gegebene Wissen erkennbar ist, dass er träumt."[104]

Deutlich erkennbar wird hier der – gewissermaßen: konservativ praktizierte – Aufklärungsstandpunkt Adolf Schlatters. Das `uns gegebene Wissen´, unsere Vernunft, ist das höchste Urteilskriterium. Ihr wird die Bibel unterworfen. In seinem inspiratorischen Handeln sanktioniert Gott solches kritikwürdige Träumen, Dichten und Phantasieren. Dass die Heilige Schrift in

---

[101] *Ebd.,* S.376.
[102] *Ebd.,* S.377.
[103] *Ebd.,* S.377.
[104] *Ebd.,* S.377.

ihrem Selbstzeugnis weder so von Gott, noch so von der Wahrheit der Schrift spricht, wird übergangen. Offenbar hat die erforschende Vernunft in der Heiligen Schrift Aussagen ausgemacht, die ihrem Geschichts- und Wirklichkeitsverständnis nicht entsprechen; und dem wird nun das Gottesbild, die Inspirationslehre und das Verständnis biblischer Wahrheit angepasst. Der Ausleger seinerseits wird zum Besser-Wissenden, der bei aller guten Intention und zurückhaltenden Handhabung prinzipiell doch zur Sachkritik bereit ist, wo ihm diese vernünftig erscheint. Man wünschte sich, Schlatter hätte in diesem Zusammenhang noch einmal über sein (bereits zitiertes) Bekenntnis nachgedacht: „Gebrochene Formeln, die der Schrift nur eine halbe Autorität zuschreiben und uns bloß einen halben Glauben und Gehorsam gegen sie zumuten, entsprechen nicht dem vor uns stehenden Tatbestand"![105]

2.2 Karl Barth:

Der zweifellos bedeutendste Theologe des 20. Jahrhunderts war der Schweizer *Karl Barth* (1886-1968). Nach dem 1.Weltkrieg trat er als Pfarrer der kleinen Aargauer Landgemeinde Safenwil dem gesamten theologischen Liberalismus seiner Zeit entgegen. Innerhalb weniger Jahre avancierte er nicht nur zum weltberühmten Theologieprofessor, sondern änderte die theologische Gesamtlage grundlegend. War der Liberalismus vor ihm davon gekennzeichnet, dass der Mensch im Mittelpunkt stand[106], stellte Barth entschieden Christus ins Zentrum. Ging es bei der ʽRe-

---

[105] *Ebd.,* S.372.

[106] Alles Übernatürliche hatte man einer radikalen In-Frage-Stellung unterzogen; die Bibel wurde weithin von den Einflüssen anderer Religionen des Alten Vorderen Orients und des römisch-hellenistischen Kulturkreises her erklärt; übrig blieb der Glaube an Gott als Vater aller Menschen, an die Brüderlichkeit des Menschengeschlechts und an die Errungenschaften der eigenen Kultur, in der man das Göttliche oder den Weltgeist zur Vollendung kommen sah – bis hin zu den Kriegen, in die man ʽfür Gott und Vaterlandʼ in der Gewissheit zog, ʽGott will es!ʼ Jesus war, weithin seiner überirdischen Aspekte entkleidet, zum großen Vorbild geworden, und protestantische Religion war weithin identisch mit einer (mehr oder weniger: preußischen) Moral.

ligion' vorher wesentlich darum, dass Gott für Belange der eigenen Kultur vereinnahmt wurde und `das Göttliche´ sich vermeintlich im Fortschritt der eigenen Zivilisation und Moralität zeigte, betonte Barth – im Anschluss an den Philosophen Sören Kierkegaard – stark die Jenseitigkeit Gottes. Der biblische Weisheitsspruch „Gott ist im Himmel – und Du Mensch bist auf der Erde!" (Pred 5,1) wurde zum Wahlspruch der neuen `dialektischen´ Theologie. Die Frontstellung gegen den liberalen Kulturprotestantismus ließ den jungen Barth gegen alles eifern, was wie eine Dingfestmachung oder Vereinnahmung des Transzendent-Göttlichen im irdisch-menschlichen Bereich aussah. Solcher anthropozentrischen Kulturreligiosität stellte er seine `Theologie des Wortes Gottes´ gegenüber: die Betonung des Wortes Gottes in seiner dreifachen Gestalt (Christus als das fleischgewordene Wort Gottes; die Bibel als das geschriebene Wort Gottes; und die Predigt als das verkündigte Wort Gottes).

Allerdings wirkte sich seine Frontstellung gegen jede Verbindung irdischer Gegebenheiten mit dem Göttlichen auch auf sein Bibelverständnis aus. So wandte er sich gegen jede direkte Identifizierung von Bibel und Gottes Wort. „Ausgeschlossen wäre nun gewiss auch dies: dass zwischen dem Menschenwort der heiligen Schrift und dem Worte Gottes und also zwischen dieser geschöpflichen Wirklichkeit an sich und als solcher und der Wirklichkeit des Schöpfers eine *direkte* Identität bestünde...".[107] Die Bibel *ist* Gottes Wort nur jeweils in der Erinnerung und in der Erwartung, dass Gott aus diesem Wort schon zu uns sprach und dass er wieder zu uns sprechen möge. Sie `ist´ Gottes Wort also nie vorliegend, sondern immer nur in der Erinnerung und in der Hoffnung, dass durch dieses Buch das Wunder des Wortes Gottes sich ereigne: „Vom Buch als solchem in seinem uns vorliegenden Bestand können wir nur sagen: Wir erinnern uns, da und dort in diesem Buch das Wort Gottes gehört zu haben; wir erinnern uns, in und mit der Kirche, dass das Wort Gottes auch schon in diesem *ganzen* Buch, in *allen* seinen Bestandteilen gehört worden ist; und daraufhin

---

[107] K. Barth, *Kirchliche Dogmatik* Bd.I.2, Zollikon 1938, S.553.

erwarten wir, das Wort Gottes in diesem Buch wiederzuhören... Die Gegenwart des Wortes Gottes selbst aber ... ist nicht identisch mit der Existenz des Buches als solcher. Sondern in dieser Gegenwart geschieht etwas in und mit dem Buch, wozu das Buch als solches zwar die Möglichkeit gibt, dessen Wirklichkeit aber durch die Existenz des Buches weder vorweggenommen noch ersetzt sein kann."[108]

Um diese nur ‚indirekte Identität‛ zwischen Bibelwort und Gotteswort lehrmäßig durchhalten zu können, muss man nach Barth allerdings die orthodoxe Inspirationslehre „als Irrlehre angreifen und ablehnen. Ihre [d.h. die der Orthodoxie; H.St] Durchführung und Systematisierung der überlieferten Sätze über die göttliche Autorschaft der Bibel bedeutete eine Vergegenwärtigung des Wortes Gottes unter Streichung der Erkenntnis, dass dessen Vergegenwärtigung nur seine [d.h. Gottes; H.St] eigene Entscheidung und Tat sein und dass unser Teil an ihr nur in der Erinnerung und Erwartung seiner ewigen Gegenwart bestehen kann."[109] Die Eliminierung der Inspirationslehre, wie sie im Selbstzeugnis der biblischen Schriften begründet ist und von der Alten Kirche, der Reformation, der Orthodoxie und dem Pietismus bis hin zur evangelikalen Bewegung vertreten wurde und wird, ist der entscheidende Schwachpunkt in Barths Schriftverständnis. Göttliches und Menschliches wird zunächst grundsätzlich auseinander gerissen und erst in einer neuen Interpretation aktualistisch wieder aufeinander bezogen.

So betont Barth nun entschieden die Menschlichkeit des Bibelwortes. Dass uns in der Bibel Menschenwort vorliegt, heißt für ihn immer schon, dass es sich um fehlerhaftes, irrtümliches Wort handeln muss: „Als Zeichen, als menschlich zeitliches Wort – und damit ist gesagt: bedingt und auch beschränkt – steht sie [d.h. die Bibel; H.St] doch auch immer wieder vor

---

[108] *Ebd.*, S.588f (ähnlich schon S.558.561.568).
[109] *Ebd.*, S.583. Mit dem Vorwurf der ‚Irrlehre‛ angesichts der Verbalinspirationslehre trifft Barth allerdings nicht nur die Orthodoxie, sondern ebenso die Reformatoren.

uns... Die Menschen, die wir hier als Zeugen reden hören, reden als fehlbare, als irrende Menschen wie wir selber."[110] Und weiter: „Wir stoßen in der Bibel hinsichtlich alles dessen, was ihr Welt- und Menschenbild betrifft, beständig auf Voraussetzungen, die nicht die unsrigen sind, und auf Feststellungen und Urteile, die wir uns nicht zu eigen machen können."[111] Offenbar sind die mitgebrachten eigenen Voraussetzungen, Feststellungen und Urteile der Maßstab, anhand dessen über die Irrtümlichkeit von Bibelaussagen entschieden wird. Solche Irrtümer werden nicht nur für weltanschauliche und anthropologische Aussagen unterstellt, sondern: „Die Anfechtbarkeit bzw. Irrtumsfähigkeit der Bibel erstreckt sich ... auch auf ihren religiösen bzw. theologischen Gehalt."[112] Die Bibel ist für ihn „anfechtbar – auf der ganzen Linie anfechtbares Menschenwort"![113]

In Barths dialektischem Reflexionsvorgang bleibt es jetzt aber nicht bei der Betonung des Menschenwortes. Barths ʻdynamisches Schriftverständnisʼ geht davon aus, dass dieses biblische Menschenwort zwar nicht (im statischen Sinne) Gottes Wort ʻistʼ, aber – wann und wo es Gott gefällt, durch sein jeweiliges wunderhaftes Eingreifen ʻsenkrecht von obenʼ – Gottes Wort ʻwirdʼ. Jede noch so menschlich-irrtümliche Bibelstelle kann mir zur Anrede Gottes werden! Damit sieht Barth sich der Notwendigkeit enthoben, innerhalb des Kanons Menschlich-Irrtümliches und Göttlich-Wahrhaftiges zu sortieren: „Wir sind davon dispensiert, das Wort Gottes in der Bibel von anderen Inhalten, also irrtumsfreie Bestandteile und Worte von allerlei irrtümlichen, unfehlbare von fehlbaren zu trennen und uns einzureden, dass wir uns mittels solcher Entdeckungen die Begegnungen mit dem echten Wort Gottes in der Bibel verschaffen könnten. Hat Gott sich der Fehlbarkeit all der menschlichen Worte der Bibel, ihrer geschichtlichen und naturwissenschaftli-

---

[110] *Ebd.*, S.562.
[111] *Ebd.*, S.564.
[112] *Ebd.*, S.565.
[113] *Ebd.*, S.568.

chen Irrtümer, ihrer theologischen Widersprüche, der Unsicherheit ihrer Überlieferung und vor allem ihres Judentums nicht geschämt, sondern hat sich dieser Worte in ihrer ganzen Fehlbarkeit angenommen und bedient, dann brauchen wir uns dessen auch nicht zu schämen, wenn er sie in ihrer ganzen Fehlbarkeit als Zeugnis auch an uns erneuern will...".[114] – Barth gibt damit neben der Inspirationslehre auch die klassisch-christliche Lehre von der Unfehlbarkeit und Irrtumslosigkeit der Schrift preis; ihre Grundlegung im Selbstzeugnis der Schrift bleibt unberücksichtigt.

Während sich Karl Barth so grundsätzlich als moderner und kritischer Theologe präsentierte, ging er trotz seines Ansatzes in der Praxis erstaunlich konservativ mit der Bibel um. Sein theologisches Interesse galt nicht wirklich dem vermeintlich ´irrtümlichen´ Menschenwort der Schrift, sondern ihrem verbindlichen theologischen Gehalt mit Christus im Zentrum. Man findet in seinen umfangreichen Schriften zwar manche eigenwilligen Auslegungen, aber kaum eigentliche Sachkritik. Die Bibel wird theologisch interpretiert, aber in der Regel nicht kritisiert. Wenn Bultmann die leibliche Auferstehung Jesu als Mythos kritisiert, setzt Barth ihm sein betontes `Nein!´ entgegen.[115] Und wenn sein Züricher Kollege Emil Brunner die Jungfrauengeburt von Jesus in Frage stellt, empört das Karl Barth so sehr, dass er sogar die Kommentierung verweigert.[116] Mit seiner christozentrischen Lehre, der von ihm vertretenen Vers-für-Vers-Auslegung der Bibel in der Predigt (die viele bibelnahe Prediger hervorbrachte) und nicht zuletzt durch seine konsequente Kritik am Regime der Nazis prägte er weithin die Bekennende Kirche zur Zeit des Dritten Reiches und fand das

---

[114] *Ebd.*, S.590.
[115] K. Barth, *Kirchliche Dogmatik* Bd.III.2, Zollikon 1948, S.527-546; und ders., *Die Auferstehung der Toten*, 2.Aufl. München 1926, S.57-96.
[116] Vgl. *ebd.*, S.201: „Was Brunner in seinem neuesten Buch `Der Mensch im Widerspruch´, 1937, S.405f zu dieser Sache [der Jungfrauengeburt! H.St] beibringt, ist so schlimm, dass ich nur durch Schweigen dazu Stellung nehmen kann."

Vertrauen vieler ›positiver‹ Theologen. In diesen Kreisen wirkte sich Barths Theologie ähnlich konstruktiv aus, wie damals nach dem 1.Weltkrieg seine In-Frage-Stellung der liberalen Theologie.

Ganz anders war die Wirkung der Mittelstellung der Barth'schen Theologie in den eher konservativen Kreisen. Man könnte es so sagen: Gerade so wie er viele liberal geprägte Theologen halbwegs in Richtung theologisch ›konservativer‹ Positionen führte, führte er viele Konservative den halben Weg in Richtung Bibelkritik. So wirkten er und die auf ihn zurückgehende ›neo-orthodoxe‹ Dialektische Theologie im deutschsprachigen Raum etwa in der Theologenschaft einzelner evangelischer Freikirchen, aber auch in den Reformierten Kirchen der Niederlande und unter den so genannten Neo-Evangelikalen in den U.S.A. Hier entdeckte man unter Barths Einfluss die ›Menschlichkeit‹ der Heiligen Schrift, deren Kritik ja scheinbar unschädlich war, weil sie das Reden Gottes und den Wort-Gottes-Charakter auch kritisch analysierter Stellen nicht zu beeinträchtigen schien. – Nach dem 2.Weltkrieg ebnete dann die gemäßigt-kritische Mittelposition Barths auch in Deutschland den Weg für den Siegeszug radikaler Kritik: Hatte man nun 30 Jahre lang alles Interesse dem hohen Anspruch christozentrischer Theologie gewidmet und damit dem theologisch eher dürftigen Liberalismus und in der Bekennenden Kirche der Barbarei des Dritten Reiches widerstanden, so hatten sich Exegeten (allen voran Rudolf Bultmann) inzwischen die ›menschlich-irrtümliche‹ Seite der Schrift vorgenommen und mit zum Teil radikalen Ergebnissen kritisiert – was angeblich ja theologisch unbedenklich bleiben musste, weil Gott ja jederzeit das irrende Menschenwort der Bibel in einer existentiellen Erfahrung zum Gotteswort werden lassen konnte. Angesichts der kritischen Destruktionen im vermeintlich allzu menschlichen Unterbau wirkten nun aber plötzlich die volltönenden Bekenntnisse barthianischer Theologie wie ein Gebäude ohne Fundament. So ist es zu erklären, dass viele ›dialektische Theologen‹ und vor allem die junge Exegeten-Generation nach dem 2.Weltkrieg ganz zu Bultmann überging und sich nun erneut der historischen Kritik zuwandte, und zwar in einer Radikalität, die den alten Liberalismus noch übertraf.

Wieder einmal erwies sich gemäßigte Bibelkritik nur als eine Zwischenstation. Am Ende zeigte sich erneut, dass die Vernunft, wenn sie erst einmal zum Richter über die Schrift eingesetzt ist, nicht auf halbem Wege stehen bleibt.

2.3 Emil Brunner:

Im Wesentlichen kann man *Emil Brunner* (1889-1966) als Weggefährten von Karl Barth bezeichnen. Auch wenn beide in Einzelfragen eigene Akzente setzten, gehörte doch auch Brunner zur Bewegung der Dialektischen Theologie bzw. zur `Theologie des Wortes Gottes´. Und auch seine Theologie war – verglichen mit dem alten Liberalismus – eine Christus groß machende, in vieler Hinsicht positive und konstruktive Theologie. Bis heute kann man die drei Bände der *Dogmatik* von Brunner – von manchen Einzelproblemen abgesehen – insgesamt mit Gewinn lesen.

Und doch kommt auch Emil Brunner nicht über eine Position gemäßigter Bibelkritik hinaus. Ich möchte dies hier nur an einem Punkt zeigen.[117] In seinem populären Buch *Unser Glaube*, einer Art Laien-Dogmatik, vermittelt er seinen Lesern in großer Anschaulichkeit, warum gewisse Fehler und Ungereimtheiten in der Bibel den Hörer ihrer Botschaft nicht weiter beunruhigen sollten: „An allen Straßen sieht man Plakate der Grammophongesellschaft `His masters voice´, das heißt auf deutsch: `Seines Meisters Stimme´. Also will die Grammophongesellschaft sagen: Kauf eine Platte, und du hörst des Meisters, Carusos, Stimme... Wirklich seine Stimme? Jawohl! Und doch – ja eben: das Grammophon macht halt noch sein eigenes Geräusch. Das ist nicht des Meisters Stimme, das ist Gekratz von Hartgummi. Aber schilt nicht über den Hartgummi! Nur durch die Hartgummi-Grammophonplatten kannst du `des Meisters

---

[117] In Kap. 6 („Ist die bibische Urgeschichte wahr?") werden wir im Zusammenhang der Schöpfungslehre auf weitere gemäßigt-kritische Anschauungen Brunners zu sprechen kommen.

Stimme' hören. Sieh, so ist's mit der Bibel. Sie macht dir des wirklichen Meisters Stimme vernehmlich... Aber es hat Nebengeräusche dabei, eben darum, weil Gott durch Menschenmund sein Wort spricht... Darum ist alles wohl seine Stimme, aber mit all dem Störenden, das nun einmal zum Menschlichen gehört."[118]

In seiner Dogmatik führt Brunner dann aus, was er mit dem „Störenden" meint: „Sofern die Bibel über Gegenstände weltlichen Wissens spricht, hat sie *keinerlei Lehrautorität*. Weder ihr astronomisch-kosmologisches oder geographisches Weltbild, noch ihre zoologischen, ethnographischen oder historischen Aussagen sind für uns bindend, weder die des Alten noch die des Neuen Testaments. Hier ist vielmehr der rational-wissenschaftlichen Kritik freier Raum zu geben."[119] Man könnte dies auch so sagen: Da, wo die Aussagen der Bibel durch die Vernunft überprüfbar sind, wird die Autorität der Schrift vorsorglich preisgegeben. Trotzdem meint Brunner ihre Autorität in den (nicht überprüfbaren) religiösen Fragen einfordern zu können: „Die Schrift ist unbedingte Autorität, sofern in ihr die Offenbarung, Jesus Christus selbst, zur Geltung kommt. Die Schriftlehre als solche aber ist, obschon sie unbedingter *Grund* unserer christlichen Lehre ist, nur in bedingtem Sinne Norm derselben. Die kritische Besinnung über die Adäquatheit oder Inadäquatheit des biblischen Lehrzeugnisses für die bezeugte Offenbarung bleibt uns nicht erspart...".[120] Norm für die Gültigkeit oder Nicht-Gültigkeit biblischer Aussagen ist die eigene kritische Besinnung des Theologen. Motiv für die gemäßigte Bibelkritk scheint zugleich die Angst sein, dass man angreifbar wäre, wenn man nicht vorsorglich alle überprüfbaren Themen aus dem Kanon der theologisch verbindlichen und autoritativen Schriftaussagen ausklammert und nur die innerweltlicher Kritik

---

[118] E. Brunner, *Unser Glaube*, 12.Aufl., Zürich 1967 [1.Aufl. 1939], S.12.
[119] E. Brunner, *Die Christliche Lehre von Gott. Dogmatik Bd.1*, Zürich 1946, S.57.
[120] *Ebd.*, S.57f.

nicht zugänglichen Gegenstände zum verbindlichen Gotteswort erklärt.

Damit liegen die Probleme der gemäßigten Bibelkritik offen zutage: Ihr Urdatum ist die Aufklärung; ihre Topinstanz die Vernunft; ihr Problem ein Inspirations- und Wahrheitsverständnis hinsichtlich der Heiligen Schrift, das das Selbstzeugnis der Heiligen Schrift in unzureichender Weise aufgreift und sich deutlich vom klassischen christlichen Schriftverständnis unterscheidet. Die Stärke der gemäßigt-kritischen Theologen liegt in den Bereichen, in denen sie die Heilige Schrift gelten lassen; ihre Schwäche da, wo sie die eigene Vernunft der Heiligen Schrift überordnen bzw. diese gar gegen die Bibel wenden. Evangelikale Theologie steht vor der Frage ob es ihr und ihrem Gegenstand, der Heiligen Schrift angemessen erscheint, die Weichen in Richtung gemäßigter Bibelkritik und ihrer Voraussetzungen zu stellen. Wer die Weiche so stellt, hat eine Grundsatzentscheidung getroffen. Er hat das Verhältnis von Schrift und kritischer Vernunft so bestimmt, dass ihn nur noch subjektive Einzelentscheidungen und graduelle Unterschiede von extremeren Formen der Bibelkritik trennen. Ihm scheint es zumindest im Grundsatz angemessen, auf göttliche Offenbarung mit menschlicher Kritik zu antworten. Reformatorische und evangelikale Theologie haben dies allerdings von Anfang an anders gesehen.

5

ECKDATEN EVANGELIKALER HERMENEUTIK

Es versteht sich nicht von selbst, dass wir das verstehen, was ein anderer sagt oder schreibt. Schon die einfache mündliche Kommunikation ist komplex. Und es ist nicht selbstverständlich, dass sich die empfangene Nachricht (das, was beim Hörer `ankommt´) mit der gesendeten Nachricht (dem, was der Redner sagen wollte) deckt.[121] Wenn schon bei mündlicher Kommunikation Verständigung schwierig ist, wo sich Redner und Hörer gleichzeitig in derselben Situation befinden und sich gegenseitig vergewissern können, dass sie am Ende das selbe meinen: Wie viel schwieriger kann Verstehen zwischen Autor und Leser bei schriftlichen Texten sein! Zumal bei biblischen Texten, wenn zwischen der Textentstehung und heute zwei- bis dreieinhalbtausend Jahre liegen. Wenn die Texte ursprünglich in Hebräisch, Aramäisch oder Griechisch geschrieben wurden, der Leser aber von modernem Deutsch geprägt ist und entweder die biblischen Sprachen lernen muss oder auf Übersetzungen angewiesen ist. Wenn die Texte in einer israelitisch geprägten Kultur des alten Vorderen Orients bzw. einer frühjüdisch-christlich geprägten Umgebung des griechisch-römischen Kulturkreises entstanden sind, der Leser aber (post-)moderner Westeuropäer ist. Vor allem: Wenn die Texte von Gottes Reden und Handeln und dem Einbruch des Jenseitigen in das Diesseitige sprechen, während so mancher Leser damit von seinem Erfahrungshorizont her zunächst wenig anfangen kann und von seinem

---

[121] Bekannt geworden ist das Modell von Friedemann Schulz von Thun, *Miteinander reden: Bd.1: Störungen und Klärungen. Allgemeine Psychologie der Kommunikation*, Hamburg 1981, nach dem jede Nachricht – die gesendete wie die empfangene – vier Seiten hat: eine Sachseite, eine Selbstoffenbarungsseite, eine Beziehungsseite und eine Appellseite. Die Nachricht ist also komplex mit der Folge, dass sehr häufig die Aussageintention mit ihrer spezifischen Gewichtung der unterschiedlichen `Seiten´ mit der Aussagerezeption nicht übereinstimmt. Nur durch Feedback zwischen Hörer und Redner und damit durch Herstellung von Bedeutungskongruenz zwischen beiden kommt es dazu, dass am Ende der eine verstanden hat, was der andere meint.

Lebensgefühl her den gesamten Makro- und Mikrokosmos als ein geschlossenes Ganzes empfindet, das rein innerweltlich und ohne Bezug auf Jenseitiges vernünftig erklärt werden kann. Ein solcher Zeitgenosse mag sich beim Lesen der Bibel dann schon wie der Blinde vorkommen, der von der Farbe reden soll. Hatte Friedrich D.E. Schleiermacher (1768-1834) in seiner hermeneutischen Grundthese vielleicht doch Recht, dass sich das Missverstehen von selbst ergibt, während das Verstehen bewusst gewollt und (unter Berücksichtigung angemessener Verstehensregeln) gesucht werden muss?[122]

Evangelikale bringen der Bibel eine erhebliche Hochachtung entgegen (vgl. Kap. 1 zu den evangelikalen Bibelbekenntnissen). Von daher liegt ihnen daran, die Bibel nicht misszuverstehen, sondern sie so genau wie möglich zu verstehen. Wer davon überzeugt ist, in einem Dokument das zu finden, was er in keinem einzigen Dokument sonst finden würde, nämlich Gottes Wort, wird nicht damit zufrieden sein, seine eigenen Gedanken in diesen Text hinein zu lesen. Er will das Dokument selbst verstehen. So, wie es aus sich selbst heraus verstanden werden will. So, wie es ursprünglich gemeint war.

Aber wer sagt dem Evangelikalen denn, dass dieses Dokument Einzigartigkeit beansprucht und sich von daher genaues Hinschauen lohnt? Das Dokument selbst. Hier wird schon deutlich, dass es in der Hermeneutik (= Lehre des Verstehens / Auslegungstheorie) immer wieder um Zirkel- oder besser Spiralprozesse geht. Dass also das Verstehen selbst, wie auch die Entwicklung einer dem Gegenstand angemessenen hermeneutischen Theorie, in Annäherungen vor sich geht. Was wiederum mit der Tatsache zu tun haben dürfte, dass „unser Erkennen Stückwerk" ist, wie die Bibel selbst es formuliert (1Kor 13,9). Wir erkennen nicht immer auf einmal alles klar; und selbst wenn wir etwas schon beim ersten Anschauen exakt und bis in

---

[122] Fr.D.E. Schleiermacher, *Hermeneutik und Kritik: Mit einem Anhang sprachphilosophischer Texte Schleiermachers,* hrsg. Manfred Frank, 7.Aufl. Frankfurt 1999, S.92.

die Tiefe zutreffend verstanden hätten, müssten wir uns doch in mühsamen Schritten dessen vergewissern, dass wir tatsächlich angemessen verstanden haben und weder dem Text unsere eigene mitgebrachte Meinung übergestülpt, noch aus ihm Dinge herausgelesen haben, die er gar nicht sagt.

Im Folgenden werden wir Eckdaten einer evangelikalen Hermeneutik festhalten, wie sie sich in der Auseinandersetzung mit dem Gegenstand (also der Heiligen Schrift) sowie der Entwicklung theologischer Auslegungstheorie ergeben haben.

These 1: Eine theologische Hermeneutik muss ihrem Gegenstand, der Heiligen Schrift, angemessen sein.

Die folgenreichsten Fehler werden oft schon am Anfang gemacht, wenn es um die Grundentscheidungen geht. Als ich zu meiner Schulzeit in die 11.Klasse kam, sagte unser Religionslehrer, ein promovierter Pfarrer, bereits in der ersten Stunde: „Meine Damen und Herren, Sie sind jetzt in der Oberstufe des Gymnasiums. Lassen Sie uns für die nächsten drei Jahre für unsere gemeinsame Arbeit Folgendes festhalten: Die Bibel ist nicht vom Himmel gefallen. Wir lesen und behandeln sie deshalb wie jedes andere Buch!" Damit war eine Vorentscheidung getroffen. Die Bibel wurde gelesen, als ob es Gott und den biblischen Anspruch, von Gott zu stammen, nicht gebe.[123] Entsprechend waren die Resultate. Ob nun die Schöpfungsgeschichte, die alttestamentlichen Berichte vom Reden und Handeln Gottes in der Geschichte Israels oder die Wunderberichte der Evangelien gelesen wurden, immer war (scheinbar) von vornherein klar, dass sich all das so nicht zugetragen haben könne, dass es sich um Mythos, um religiöse Folklore handeln müsse, den man wie ein gutes Märchen existentiell interpretieren könne, aber nicht als Bericht wirklichen Geschehens auffassen dürfe. Man lern-

---

[123] Gegen solchen methodischen Atheismus, Theologie zu treiben als ob es Gott nicht gebe (*etsi Deus non daretur*), hat sich schon Adolf Schlatter vehement als nicht sachgemäß gewandt; s. A. Schlatter, „Atheistische Methoden in der Theologie", in: ders., *Zur Theologie des Neuen Testaments und zur Dogmatik*, hrsg. U. Luck, 1969, S.142f.

te die Bibel scheinbar ˋneutralˊ zu lesen – wie germanische oder griechische Göttersagen oder wie Texte einer anderen Religion.

Tatsächlich würde so die Religionswissenschaft vorgehen, nicht aber die Theologie. Religionswissenschaft liest religiöse Texte – egal, welcher Religion – prinzipiell gleich und (bei allem Interesse) rational distanziert, d.h. sie lässt ihren Wahrheitsanspruch dahingestellt sein. Der Religionswissenschaftler läuft damit allerdings auch die Gefahr, den Texten nicht gerecht zu werden, ja, ihr eigentliches Aussageanliegen nicht angemessen ˋverstandenˊ zu haben. Theologie ist anders. Sie beschäftigt sich mit der Bibel bekenntnisgebunden. Deshalb gibt es z.B. auch ˋevangelischeˊ oder ˋkatholischeˊ Theologie – und im wissenschaftlichen Bereich evangelische und katholische Theologische Fakultäten. Theologie rechnet als Ergebnis eines hermeneutischen Annäherungsverfahrens an das Verstehen der Gesamtwirklichkeit in wissenschaftlicher Offenheit damit, dass es mehr als nur unsere innerweltliche Wirklichkeit geben kann und dass hinter den transzendentalen Aussagen religiöser Texte eine Wirklichkeit stehen kann, deren Wahrheit man sich stellen muss, wenn man sie wirklich verstanden haben will. Theologie ist in ihrer Beschäftigung mit den Texten der jüdisch-christlichen Religion zu der Grundüberzeugung gelangt, dass sie einen realen Offenbarungsanspruch erheben. Und als Ergebnis der Interaktion mit diesen Texten kommt sie zu einem Verständnis und damit zu Überzeugungen, die in Gemeinschaft mit denen, die zu gleichen Ergebnissen gekommen sind, einen bestimmten Bekenntnisstand ergeben.

Dass Theologie – im Unterschied zur Religionswissenschaft – bekenntnisgebunden ist, wird in Deutschland auch rechtlich anerkannt. Der weltanschaulich neutrale Staat respektiert angesichts des religiösen Diskriminierungsverbots (Art. 3 III GG [= Grundgesetz]), der Achtung des religiösen Bekenntnisses (Art. 4 I GG), des offenen Wissenschafts- und Freiheitsbegriffs (Art. 5 III GG), der Kompetenzbeschränkung des Staates in spezifisch religiösen Fragen (Art. 140 GG / Art. 137 I WRV [= Weimarer Reichsverfassung]) und der Gewährleistung von eigenständigen Lehrentscheidungen durch die Religionsgemeinschaften im Bereich der *'res mixtae'*, also der Angelegenheiten, die – wie Religionsunterricht und theologische Hochschulausbildung – Kirche und Staat gemeinsam betreffen, (Art 140 GG / Art. 137 III WRV) die Möglichkeit der Bekenntnisgebundenheit von Theologie. Er sieht diese Bekenntnisgebundenheit nicht im Gegensatz zur Freiheit von Forschung und Lehre. Vielmehr lässt der Staat in weltanschaulicher Neutralität die Möglichkeit offen, dass ein gegenstandsgemäßer (auch wissenschaftlicher) Umgang mit religiösen Texten zur Bekenntnisbindung führen kann und folglich theologische Arbeit sachgemäß bekenntnisgebunden erfolgt.

Eine theologische Hermeneutik lässt damit auch den Ausleger nicht unverändert, weil sie ja sein Bekenntnis erfordert. Längst weiß man, dass es ein voraussetzungsloses Verstehen nicht gibt. Natürlich müssen Voraussetzungen dem Erkenntnisgegenstand angemessen sein. Ob sie es sind oder nicht, wird über das Verstehen entscheiden. Wenn ich als Theologe einen Fachtext aus der Informatik lese, der voll mathematischer Formeln steckt, ich aber nichts von höherer Mathematik bzw. Stochastik verstehe, werde ich mit den Programmierungsausführungen des betreffenden Textes wenig anfangen können. Wenn ein moderner Zeitgenosse die Bibel liest, für den es einen Gott, der in den Weltlauf eingreifen könnte, nicht gibt, wird er Mühe haben, sie angemessen zu verstehen. Die Wahrscheinlichkeit ist groß, dass er sie grob missversteht. – Von daher müssen Vorverständnisse offen gelegt und auf ihre Angemessenheit hin befragt werden. Der Ausleger mit seinen Denkvoraussetzungen und weltanschaulichen Prägungen muss ebenso wie seine Methoden in angemessener Weise auf den Gegenstand eingestellt sein.

These 2: Die Heilige Schrift setzt Gottes Offenbarung in der Heilsgeschichte voraus und ist nur von dieser her zu verstehen.
Ohne Offenbarung wüssten wir nichts von Gott. Wir hätten auch nichts von ihm zu sagen. Wir wären mit unseren begrenzten Sinnen in unserer Welt allein gelassen und könnten uns allenfalls im Blick auf Sein und Dasein sowie auf dessen Sinn und Hintergründe einen Reim zu machen versuchen.

Wer von der Bibel herkommt, bekommt eine andere Perspektive. Sie sagt aus, dass wir der Offenbarung Gottes gar nicht entgehen können. Wir können sie nur schuldhaft ignorieren; denn schon beim Nachsinnen über unser Dasein und unsere Welt stoßen wir auf Gottes Werk, das in seiner Größe, Planmäßigkeit und Komplexität Hinweischarakter auf ihn besitzt (Rö 1,18ff; Apg 14,16f; 17,23ff; Ps 19). Man nennt dies die allgemeine Offenbarung Gottes.

Nach biblischem Verständnis ergibt sich hier jedoch ein Problem. Diese Welt ist keine unbeschadete Welt, die in ihrer Vollkommenheit überall und unmittelbar den Schöpfer erkennen ließe. Und der von Gott distanzierte, sündige Mensch wird an der allgemeinen Offenbarung Gottes schuldig, indem er sie verdrängt, missdeutet und das Geschaffene statt den Schöpfer verehrt (Rö 1,18ff). Das urgeschichtliche Schöpfungshandeln Gottes sowie sein weltgeschichtliches Handeln in Erhaltung, Lenkung und Gericht des Geschichtslaufs bis hin zur Endgeschichte gehören zwar zu Gottes universalgeschichtlichem Wirken, sind für den Menschen aber nur insoweit erkennbar, als sie ihm auf Grund der (biblisch bezeugten) Offenbarung als Heilsgeschichte erschlossen sind. Der geistlich tote 'natürliche Mensch' muss erst im Zuge der Heilsoffenbarung durch den Heiligen Geist erneuert werden, um (*a posteriori*) die Spuren der allgemeinen Offenbarung recht einordnen zu können. Als solcher kann er dann allerdings – wie Paulus (Apg 14,16f; 17,23ff) – durch Verkündigung dem Nichtchristen die Indizien für Gottes Werk in der Schöpfung zeigen und so die allgemeine Offenbarung von der Bibel her deuten. Aber eben: von der Bibel her! Die Schöpfung an sich ist noch kein Verkündigungstext.

Nun sagt die Bibel, dass sich Gott dem Menschen noch viel unmittelbarer und unzweideutiger offenbart hat. In eindringlicher und oft massiver Weise ist er Menschen nahe getreten und hat ihnen so die Augen für die Realität der göttlichen Wirklichkeit geöffnet. In Gotteserscheinungen (Theophanien) und Engelserscheinungen, in Manifestationen erstaunlicher Wunder in Raum und Zeit, in Träumen, Auditionen und Visionen, in lebensverändernden Wirkungen des Gottesgeistes, in Erwählung und geschichtlicher Führung seines Volkes, vor allem aber in der einzigartigen Offenbarung des Wesens und Willens Gottes in Jesus Christus, bezeugt durch autorisierte Apostel und Propheten (Joh 1,18; 14,9; Kol 2,9; 1Tim 3,16; 1Joh 1,2ff), hat der verborgene Gott sich dem Menschen erschlossen. Diese speziellen Offenbarungen Gottes können auf den kurzen Nenner gebracht werden: „Nachdem Gott manchmal und auf vielerlei Weise durch die Propheten zu den Vätern gesprochen hat, hat er zuletzt zu uns geredet im Sohn" (Hebr 1,1).

Dieses Aufbrechen der Offenbarungsdimension Gottes in unserer Geschichte konstituiert in seiner fortschreitenden Entwicklung die Heilsgeschichte innerhalb der Weltgeschichte.[124] In der Bibel werden uns diese heilsgeschichtlichen Offenbarungen Gottes – so ihr Selbstanspruch – berichtet und gedeutet.[125] Bericht und Deutung verbinden sich dabei zu einer untrennbaren historisch-kerygmatischen Einheit, wobei weder vom Berichteten (Historie) noch von der Deutung (Kerygma) ohne Schaden für das Ganze Abstriche gemacht werden können. Eine Aufspaltung des biblischen Zeugnisses etwa in menschlich-irrtümliche Berichte und göttlich-verbindliches Kerygma würde (wie jeder andere Versuch einer Trennung von Göttlichem und Menschlichem innerhalb der Schrift) ihrem Selbstanspruch nicht gerecht, und würde jeweils nur ein willkürliches und unangemessenes Unterfangen sein können. Denn die Bibel selbst gibt uns keinerlei Kriterien für eine kritisch wertende Entflechtung ihrer historisch-kerygmatischen Einheit an die Hand.

---

[124] Vgl. W. Künneth, *Fundamente des Glaubens*, 3. Aufl. Wuppertal 1977, S.60f; noch ausführlicher ders., „Mitte und Struktur biblischer Heilsgeschichte", in: H. Stadelmann (Hrsg.), *Epochen der Heilsgeschichte*, Wuppertal 1984, S.30-38.

[125] Dass die Einsicht in den Doppelcharakter des biblischen Zeugnisses als Bericht und Deutung wesentlich zu einem heilsgeschichtlichen Offenbarungsverständnis gehört, sieht auch O. Cullmann, *Heil als Geschichte*, Tübingen 1965, S.71: Der „Akt der Deutung, den die Propheten einer Offenbarung zuschreiben, wird als zur Heilsgeschichte selber gehörig angesehen... Offenbarungsgeschichte und Deutungsgeschichte gehören ganz eng mit der Heilsgeschichte zusammen, aber so, dass Heilsgeschichte der Oberbegriff ist".

Die ganze Bibel zeugt davon: Gott hat sich in der Geschichte offenbart. Sein tatsächliches geschichtliches Handeln und seine konkret offenbarten Worte sind alleinige Basis für das, was wir von Gott wissen können. Was wir über Gottes Willen und Erwählen, über unseren wahren Zustand vor ihm und unsere Erlösung, über Herkunft und Zukunft der Welt, über letzte Maßstäbe für heute und Hoffnung für morgen wissen können, hat hier seinen Grund. Entspräche dem biblischen Offenbarungszeugnis kein reales Offenbarungsgeschehen in Tat und Wort, wäre das Zeugnis wertlos. Die Bibel kennt keine `Kerygmatheologie´, die sich an der immer wieder beteuerten Bedeutsamkeit leerer Mythen berauscht, hinter denen keine Tatsachen geschichtlicher Gottesoffenbarung stehen. Für die biblischen Zeugen war es von grundsätzlicher Bedeutung, dass ihre Verkündigung auf geschichtlichen Offenbarungstatsachen fußte: „Wir sind nicht ausgeklügelten Fabeln gefolgt, sondern haben als Augenzeugen seine Herrlichkeit selber gesehen" (2Petr 1,16). „Das Leben ist offenbar worden und wir haben gesehen und bezeugen und verkündigen euch das ewige Leben, das bei dem Vater war und offenbart worden ist – ja, was wir gesehen und gehört haben, verkündigen wir euch" (1Joh 1,2f). Lukas erforscht und schildert die Ereignisse der Christusoffenbarung auf das Genaueste, um durch ein zuverlässiges Zeugnis dem Glauben seiner Leser ein festes historisches Fundament zu liefern (Lk 1,1-4). Und Paulus bietet eine detaillierte historische Argumentation für die Geschichtlichkeit des zentralen Offenbarungsereignisses, der Auferstehung von Jesus, weil er weiß: „Ist Christus nicht (wirklich und leiblich) auferstanden, dann ist euer Glaube nichtig, dann seid ihr noch in euren Sünden!" (1Kor 15,1-17). Gewiss, die Offenbarungstatsachen werden nicht nur aus Geschichtsinteresse als *bruta facta* überliefert, sondern in ihrer Bedeutsamkeit erschlossen und bezeugt, um zum Glauben zu rufen (Joh 20,30f). Aber – ohne Offenbarungswirklichkeit keine Bedeutsamkeit! Dem Bezeugten und Verkündigten liegen Fakten zu Grunde. Wahrheit und Wirklichkeit gehören nach biblischem Verständnis untrennbar zusammen.[126]

---

[126] Sehr eindringlich hat Karl-Heinz Michel, *Sehen und Glauben:*

Der Ausleger ist damit herausgefordert, sich für das angemessene Verstehen der biblischen Texte auf verschiedene grundlegende Sachverhalte einzustellen: die Existenz Gottes und eine die bloße Innerweltlichkeit transzendierende jenseitige Realität; die Möglichkeit und Wirklichkeit von Offenbarung; die Untrennbarkeit von religiöser Bedeutsamkeit und realem Offenbarungsgeschehen. Ob er diese Sachverhalte von vornherein ausschließt, ob er für sie offen ist oder sie gar als überzeugende Realität erkennt und sich zu ihnen bekennt, wird sein Verstehen oder Missverstehen der Texte in jedem Fall grundlegend bestimmen. Wer die Bibel kongenial, d.h. sachgemäß auslegen will, wird gut daran tun, nicht vor den Sachverhalten die Augen zu verschließen, von denen dieses Dokument durchgehend spricht.

These 3: Die Heilige Schrift versteht sich sowohl als Zeugnis von geschehener Offenbarung, als auch als göttlich inspiriertes Offenbarungswort. Eine theologische Hermeneutik stellt sich auf dieses Selbstverständnis der biblischen Texte ein.
Was Offenbarung ist, erfahren wir nur von Offenbarung her. Wir haben kein innerweltliches Instrumentarium, um zu bestimmen, was oder wie Offenbarung zu sein hat. Von daher tut eine theologische Hermeneutik gut daran, ihren Einsatz bei dem zu nehmen, was die Heilige Schrift über Offenbarung sagt, wenn sie denn die Bibel in ihrem Offenbarungsanspruch richtig

---

Schriftauslegung in der Auseinandersetzung mit Kerygmatheologie und historisch-kritischer Forschung, Wuppertal 1982, diese Sachverhalte in Abgrenzung zur Kerygmatheologie etwa eines Gerhard Ebeling herausgearbeitet und dazu anhand des Selbstverständnisses der neutestamentlichen Texte ein evangelisches Gegenprogramm formuliert: „Wir müssen darum kämpfen, dass die Symbiose von nur sekundär am Historischen interessierter Wort-Theologie und überzogener historischer Kritik durchbrochen wird zugunsten einer besseren Symbiose von verantwortlich-solider historischer Forschung und heilsgeschichtlich orientierter Theologie, welche die Verkündigung der ʻgroßen Taten Gottesʼ (Apg 2,11) in neuer Glaubwürdigkeit und Kraft auszusagen vermag"; *ebd.*, S.15

verstehen will.[127] Was also sagt die Bibel über ihren Inhalt als göttliche Offenbarung?

3.1 Das Alte Testament als Offenbarungswort:
Schauen wir zunächst auf das *Alte Testament*. In allen drei Teilen des hebräischen Kanons finden wir Hinweise auf den göttlichen Ursprung dessen, was da steht. Das trifft zunächst auf die *Torah* im engeren Sinn, die 5 Bücher Mose, zu: Mose als Offenbarungsempfänger erhält den Auftrag, das empfangene Gesetz in ein Buch zu schreiben (2Mo 17,14; 5Mo 31,24ff). Das Ergebnis ist, dass „alle Worte dieser Torah" Offenbarung Gottes sind (5Mo 29,28).[128] Folglich zieht das Nicht-Befolgen dieser Weisungen Gottes Gericht nach sich (5Mo 28,58f). – Auch die *Propheten* sind sich dessen bewusst, dass sie unter Geisteswirken Gottes Offenbarung weitergeben (Mi 3,8; Neh 9,30; vgl. Hos 1,1; Joel 1,1). Gott kann ihnen geradezu diktatmäßig seine Offenbarung vermitteln (Jer 30,2; vgl. 36,2; Jes 8,1; Hab 2,1f), was jedoch keineswegs die einzige Art des prophetischen Offenbarungsempfangs ist. – Auch die poetischen Bücher und die Weisheitsschriften innerhalb der alttestamentlichen *Schriften* sind nicht einfach religiöse Lebensäußerungen frommer Menschen, sondern beanspruchen Offenbarungswort Gottes zu sein. So sagt David gegen Ende seines Lebens bezüglich seiner Psalmendichtung: „Es spricht David ..., der Liebling der

---

[127] Es ist das große Verdienst der Hermeneutik von Landesbischof Gerhard Maier, konsequent und durchgängig für alle hermeneutischen Fragen ihren Ansatz bei der biblischen Offenbarung selbst zu nehmen; G. Maier, *Biblische Hermeneutik*, Wuppertal 1990.

[128] Für das rabbinische Judentum war es keine Frage, dass der Pentateuch (= 5 Bücher Mose) auf unmittelbare Weise Gottes Offenbarung ist. In diesem Teil des Kanons wurde menschliche Mitwirkung noch nicht einmal im Rahmen eines Inspirationsempfangs zugestanden, sondern der Torah wurde als ausschließlich von Gott verfasst himmlische Präexistenz zugesprochen. Am Sinai sei diese bereits komplett vorliegende Torah dann Mose zur Promulgation gegeben worden (b.*Pes*.54a; *Midr.HL* 1,2; b.*Sanh*.99a Bar.); P. Billerbeck, *Kommentar zum Neuen Testament aus Talmud und Midrasch* Bd. IV.1, 7.Aufl. München 1978, S.435-443. Diese ungeschichtliche Auffassung findet im biblischen Selbstzeugnis allerdings keinerlei Anhaltspunkt.

Lieder Israels: Der Geist des Herrn redet in mir, und sein Wort ist auf meiner Zunge. Gesprochen hat der Gott Jakobs, zu mir geredet der Fels Israels" (2Sam 23,1-3; vgl. das Zitat aus Ps 95,7ff in Hebr 3,7ff!). Und auch Salomos Spruchweisheit ist Ergebnis offenbarter ʻWeisheit von obenʼ (1Kö 5,9.12).[129]

Von grundlegender Bedeutung ist für Evangelikale das Schriftverständnis von *Jesus*. Was er über das Alte Testament (aber dann auch über den Offenbarungsanspruch seiner eigenen Worte und Taten sowie über die Autorisierung der ‚Apostel als Träger seiner Offenbarung) sagt, ist zumindest für jeden Christen von erstrangiger Bedeutung, der den vom Neuen Testament bezeugten Anspruch Jesu, Gottes Sohn und Gottes letztgültige Offenbarung zu sein, wahrnimmt, ernst nimmt und annimmt.[130] Jesus hat den göttlichen Ursprung und die daraus folgende Autorität der alttestamentlichen Schriften immer wieder bekräftigt. – Für Jesus, wie ihn uns die Evangelien bezeugen, ist das, was Mose lehrte, „Wort Gottes" (Mk 7,10-13). Was David schrieb, schrieb er unter Inspiration

---

[129] Dass die ʻProphetenʼ und die ʻSchriftenʼ des Alten Testaments durch den Heiligen Geist inspiriert, d.h. den jeweiligen Schreibern eingegeben worden sind, ist allgemeine Überzeugung der alten Rabbinen. Später kam vereinzelt allerdings der Gedanke auf, auch diese Teile des Kanons seien schon am Sinai offenbart worden – entweder dem Mose, von dem sie dann zunächst mündlich weiter tradiert worden seien, oder gar den präexistenten Seelen der späteren Autoren! Diese Spekulationen gehen am biblischen Selbstzeugnis völlig vorbei. Zum Einzelnen s. P. Billerbeck, *aaO.*, S.443-450.

[130] Zum Ansatz eines evangelikalen Schriftverständnisses beim Schriftverständnis Jesu im Besonderen – und beim Selbstzeugnis der Heiligen Schrift im Allgemeinen – siehe A.D. Baum, „Das Schriftverständnis Jesu: Ein exegetisches Mosaik", *JETh*, 16 / 2002, S.13-32, in Kombination mit ders., „Die Authentizität der synoptischen Worte Jesu", in: H.W. Neudorfer / E.J. Schnabel (Hrsg.), *Das Studium des Neuen Testaments*, Bd.2: *Spezialprobleme*, Wuppertal 2000, S.155-177; und J. Wenham, *Jesus und die Bibel: Autorität, Kanon und Text des Alten und Neuen Testaments*, Holzgerlingen 2000 [engl. Ausgabe: 3.Aufl. 1993], 236 Seiten. Lesenswert ist auch Th. Jeromin, *Die Bibel über sich selbst: Das Selbstverständnis der biblischen Schriften. Eine Einführung*, Gießen 2003, 117 S. (insbes. S.19-50).

des Heiligen Geistes (Mk 12,36). Im Streit um den Wortlaut eines einzigen Verses stellt Jesus grundsätzlich fest: „Die Schrift kann nicht gebrochen werden!" (Joh 10,35). Ja: „Leichter vergehen Himmel und Erde, als dass vom Gesetz ein Häkchen fällt" (Lk 16,17). Jesus bezieht sich auf alle drei Teile des hebräischen Kanons: Torah (Mt 4,4), Propheten (Mk 7,6) und Schriften (Mt 4,6). Der ganze alttestamentliche Kanon liegt ihm schon vor. So werden „Gesetz und Propheten" (Mt 7,12; Lk 16,29; 24,27) oder „Mose, Propheten und Psalmen" (Lk 24,44) zusammen genannt. Und in Lk 11,51 wird – unter Hinweis auf alle alttestamentlichen Märtyrer von 1Mose (Abel; 1Mo 4) bis zum letzten Buch des hebräischen Kanons, dem 2Chronikbuch (Zacharias; 2Chron 24,20f) – der ganze alttestamentliche Kanon umfasst. Und er versteht das AT als echte Prophetie, die auf ihn verweist (Joh 5,39.46; Lk 24,25). – Der christliche Ausleger wird zu entscheiden haben, ob er das AT-Verständnis Jesu teilt oder als Christ eine andere Schrifthaltung als Christus haben will.[131]

---

[131] Manche Ausleger vertreten im Übrigen, Jesus habe selbst eine kritische Haltung zum AT eingenommen, und leiten daraus die Berechtigung zu eigener Sachkritik an der Bibel ab. Sie berufen sich auf die Antithesen der Bergpredigt („... Ich aber sage euch!"). Solch eine Behauptung missversteht aber den Kontext und den heilsgeschichtlichen Zusammenhang jener Aussagen. Gerade dort in der Bergpredigt sagt Jesus ja, dass er nicht gekommen sei, die Torah aufzulösen – dass vielmehr jeder, der Auflösung der Schrift betreibt, mit Gottes Gericht zu rechnen hat (Mt 5,17-20). Für die Zeit des anbrechenden Gottesreiches bringt Jesus nun aber die neue Ordnung Gottes, das ʼmessianische Gesetzʼ (Mt 5,21ff). Mt 5,17a wird entsprechend in V.18-20 näher entfaltet; Mt 5,17b („... ich bin nicht gekommen um aufzulösen, sondern um *hinzuzufügen*") wird dann in V.21-48 expliziert: [Die Übersetzung von *pleróo* in V.17b mit „ergänzen, hinzufügen" ergibt sich aus dem entsprechenden aramäischen Jesuszitat im Talmud, b.*Schab.*116b; vgl. J. Jeremias, *Neutestamentliche Theologie*, S.88f; E. Lohmeyer, *Das Evangelium des Matthäus*, S.106). Jesus als der Messias bringt die neue Torah, die für die neue Heilszeit die ethischen Normen für Jesusjünger offenbart. Kurz: Für alle Zeit ist Gottes offenbartes Wort unantastbar und nicht zu verdrehen; aber nicht für jeden heilsgeschichtlichen Abschnitt gelten die gleichen Anordnungen Gottes. Mit Bibelkritik hat das nichts zu tun.

Auch für die *Apostel* gilt im Blick auf das Alte Testament, dass „Gott durch den Mund seiner heiligen Propheten von jeher geredet hat" (Apg 3,21) und dass „keine Prophetie der Schrift aus eigener Deutung geschieht; denn nicht aus menschlichem Willen wurde je eine Prophetie hervorgebracht, sondern vom Heiligen Geist geführt haben Menschen von Gott her gesprochen" (2Petr 1,20f). Auch durch den Mund Davids sprach der Heilige Geist (Apg 1,16). Entsprechend kann das Psalmwort aus Ps 95,7ff vom Schreiber des Hebräerbriefes mit dem Hinweis eingeführt werden, dass hier „der Heilige Geist spricht" (Hebr 3,7). Es wundert von daher auch nicht, dass in den apostolischen Schriften wiederholt Ausdrücke wie „Die Schrift sagt" und „Gott sagt" austauschbar gebraucht werden (Rö 9,17; Gal 3,8). Paulus fasst diese Grundüberzeugung im Blick auf den Offenbarungscharakter des Alten Testaments in den umfassenden Satz zusammen: „Die ganze Schrift ist von Gott ausgehaucht [*theopneustos*] und nütze zur Lehre, zur Erziehung..." (2Tim 3,16). Hier ist zweierlei festzuhalten: Erstens bezieht sich diese Aussage auf den gesamten uns vorliegenden Kanon des Alten Testaments, der zur Zeit des Paulus bereits vorlag. Zweitens wird diesbezüglich nicht einfach von einer Personalinspiration (d.h. die AT-Schreiber waren 'inspirierte' Persönlichkeiten) oder einer Realinspiration (d.h. die großen Gedanken und Konzepte des AT waren göttlich inspiriert) gesprochen, sondern von einer Ganzinspiration der gesamten alttestamentlichen Schriften. Dieser Satz fasst die Selbstaussage des Alten Testaments gut zusammen und spiegelt getreu die Schrifthaltung Jesu wider. Der göttliche Ursprung der Schriften des Alten Bundes kann deutlicher nicht bekannt werden. Der Ausleger wird sich diesem Selbstverständnis biblischer Schriften zu stellen haben.

Es verwundert nicht, dass die Aussagen des AT angesichts ihres göttlichen Offenbarungscharakters als wahr bezeugt werden. Die Psalmen drücken das so aus: „Die Worte des Herrn sind lautere Worte, sind Silber, im Schmelzofen siebenfach geläutert" (Ps 12,7). „Das Gesetz des Herrn ist vollkommen..., die Befehle des Herrn sind richtig..., die Rechtssprüche des Herrn sind wahrhaftig" (Ps 19,8ff). „Dein Wort ist nichts als Wahrheit", wird von der Torah in dem großen Wort-Gottes-Psalm 119 gesagt (Ps 119,160; vgl.

Ps 33,4; 138,2). – Von den Propheten wird das unvergängliche Gotteswort der Vergänglichkeit alles Menschlichen als Kontrast gegenüber gestellt: „Gras verdorrt, Blume verwelkt, aber das Wort unseres Gottes bleibt in Ewigkeit" (Jes 40,8). – Und auch die göttliche Weisheit, wie sie sich im dritten Teil des hebräischen Kanons findet, wird als absolut wahr und zutreffend gewertet: „Die göttliche Weisheit spricht: Mein Mund soll die Wahrheit reden... Alle Reden meines Mundes sind gerecht; es ist nichts Verkehrtes noch Falsches darin" (Spr 8,7ff). – Nach Jesus gilt das Alte Testament bis aufs i-Tüpfelchen (Mt 5,18; Joh 10,35).[132] Und Paulus bekennt nach dem Zeugnis der Apostelgeschichte: „Ich glaube allem, was im Gesetz und in den Propheten geschrieben steht" (Apg 24,14).

3.2 Das Neue Testament als Offenbarungswort:
Wenn wir auf das *Neue Testament* und dessen Selbstzeugnis zu seinem göttlichen Ursprung schauen, bietet sich ein ganz ähnliches Bild. Zunächst fällt auf, dass neutestamentliche Worte, Schriften oder Autoren ganz selbstverständlich auf die gleiche Stufe wie die

---

[132] Auf heute oft kritisierte Aussagen bezieht sich Jesus als auf geschichtliche Tatsachen: Noah und die Sintflut (Lk 17,26f), Lots Frau und die Zerstörung Sodoms (Lk 17,28-32), den brennenden Dornbusch (Mk 12,26), die eherne Schlange (Joh 3,14), die Sache mit Davids Schaubroten auf der Flucht (Mt 12,3), den Besuch der Königin von Saba bei Salomo (Lk 11,31), Jona und den Fisch (Mt 12,40), die Umkehr der Menschen von Ninive (Lk 11,32), die Elia- und Elisa-Geschichten (Lk 4,25ff); usw. Jesus geht übrigens von den alttestamentlichen Verfassernamen als offenbar zutreffend aus: Auch wenn er nirgends ausdrücklich eine Genesis-Stelle auf Mose zurückführt – die Beschneidung, 1Mo 17,10ff, kommt „von den Vätern" (Joh 7,22) -, so stammt für ihn nicht nur allgemein `das Gesetz´ (Joh 7,19) von Mose, sondern im Einzelnen werden Stellen aus dem zweiten (Mk 7,10; 10,5), dritten (Mt 8,4) und fünften Mosebuch (Mt 19,8) als mosaisch bezeichnet. Stellen aus dem gesamten Jesaja-Buch – das von der kritischen Meinung heute mindestens zwei oder drei hypothetischen Verfassern zugeschrieben wird – nimmt er als Jesajaworte an (Jes 6,9f / Mt 13,14 und Joh 12,39f; Jes 29,13 / Mt 15,17; Jes 42,1 / Mt 12,17; Jes 53,1 / Joh 12,38; Jes 53,4 / Mt 8,17; Jes 61,1f / Lk 4,17ff). Auch die Verfasserangaben von Psalmen nimmt Jesus ernst (Lk 20,42 zu Ps 110).

(bereits als kanonische Offenbarung feststehenden) alttestamentlichen Aussagen gestellt werden. So findet sich in 1Tim 5,18 das Doppelzitat: „Denn die Schrift sagt: `Dem dreschenden Ochsen sollst du das Maul nicht verbinden´ [5Mo 25,4] und: `Der Arbeiter ist seines Lohnes wert´ [Mt 10,10]." Ein Wort aus der Torah wird hier neben ein Wort aus der Jesustradition gestellt, und beide werden unter der Klammer zusammengefasst „Die (Heilige) Schrift sagt…". Wiederholt werden die neutestamentlichen Apostel als Offenbarungsträger auf eine Stufe mit den alttestamentlichen Propheten gestellt (1Petr 1,12-13; 2Petr 3,2). Im zweiten Petrusbrief findet sich folgende bemerkenswerte Parallelstellung von Paulusschriften und der Heiligen Schrift des Alten Testaments: „Wie auch unser geliebter Bruder Paulus nach der ihm gegebenen Weisheit euch geschrieben hat, wie auch in allen Briefen, wenn er in ihnen von diesen Dingen redet. In diesen ist einiges schwer zu verstehen, was die Unwissenden und Unbefestigten verdrehen *wie auch die übrigen (Hlg.) Schriften* zu ihrem eigenen Verderben" (2Petr 3,15f). Hier werden nicht nur die paulinischen Schriften den Büchern des AT gleichgeordnet, sondern auch die Konsequenz gezogen: Wer diese Schriften verdreht, zieht sich (Gottes) Gericht zu. Die göttliche Autorität auch neutestamentlicher Schriften wird damit deutlich bezeugt.

Wenn wir zu den *Evangelien* gehen, wird aus dem Lukasprolog (Lk 1,1-4) der Anspruch deutlich, zuverlässig (bzw. wirklichkeitskongruent) die Worte und Taten Jesu als Grundlage für den Glauben wiederzugeben.[133] Für diese seine Worte beansprucht Jesus göttlichen Ursprung (Joh 8,26). Entsprechend stellt er seine Worte als unvergänglich allem Irdischen in seiner Vergänglichkeit als Kontrast gegenüber (Mk 13,31). Mit Autorität verkündet er die neue Offenbarung: „Den Alten ist gesagt worden…, ich aber sage euch…!" (Mt 5,21f). Wer auf seine Worte baut, hat sein Leben auf Fels gegründet (Mt 7,24) und ewiges Leben gefunden (Joh 5,24). Diese seine Worte sollen die Jünger – zuverlässig, wie die Jünger eines Rabbi, die seine Worte auswendig lernen und treu überliefern

---

[133] Siehe dazu den wichtigen Aufsatz von A.D. Baum, „Lukas als antiker Historiker", *Bibel und Gemeinde*, 92 / 1992, S.286-296.

– bewahren (Joh 17,6+8) und andere diese Worte lehren (Mt 28,18f; 2Petr 3,2). Für das Erinnern seiner Worte verheißt er ihnen den Beistand des Heiligen Geistes (Joh 14,26).

Die *Apostel* sollten aber nicht nur die Jesustradition weitergeben, sondern ihnen war verheißen, dass der Geist sie „in die ganze Wahrheit leiten" werde (Joh 16,13). Nach Kreuz und Auferstehung Jesu empfingen sie göttliche Offenbarung, um das Werk Christi und seine Konsequenzen autoritativ zu deuten. Paulus kann sagen: „Ich teile euch aber mit, Brüder, dass das von mir verkündete Evangelium nicht menschlicher Art ist. Ich habe es nämlich von keinem Menschen erfahren oder gelernt, sondern durch Offenbarung Jesu Christi" (Gal 1,11f). Oder: „Mir ist durch Offenbarung das Geheimnis kundgetan worden..., das in anderen Generationen den Söhnen der Menschen nicht mitgeteilt wurde, jetzt aber seinen heiligen Aposteln und Propheten durch den Geist offenbart worden ist" (Eph 3,3ff; vgl. Rö 16,25f). Bei diesem Offenbarungsvorgang werden ihm nicht nur die großen Ideen erschlossen, sondern bis in den Wortlaut hinein weiß Paulus sich bei deren Ausformulierung vom Heiligen Geist inspiriert (1Kor 2,9-13). Entsprechend sieht er die apostolische Verkündigung auch als „wahrhaftiges Gotteswort" an (1Thess 2,13). Auch Petrus spricht von dieser Inspiration, wenn er die Apostel als Männer bezeichnet, die „euch durch den vom Himmel gesandten Heiligen Geist das Evangelium predigten" (1Petr 1,12). Und Johannes empfängt seine prophetisch-apokalyptische Offenbarung direkt vom erhöhten Herrn, wobei ihm sogar gesagt wird, was er im Einzelnen niederschreiben soll und was nicht (Offb 1,1f.10f).

Angesichts dieses als göttlich bezeugten Ursprungs wundert es nicht, dass Jakobus und Paulus das biblische Wort als „das Wort der Wahrheit" bezeichnen (Jak 1,18; 2Tim 2,15). Die apostolische Lehre wird als „gesunde Worte" bezeichnet, die es festzuhalten gilt (2Tim 1,13). Wie oben schon ausgeführt, zieht man sich Gottes Gericht zu, wenn man mit den Paulusbriefen unsachgemäß umgeht (2Petr 3,16f). Die Worte der Johannesoffenbarung gelten als „wahrhaftig und gewiss" (Offb 21,5; 22,6), und es steht Menschen nicht zu, diesen Worten etwas hinzuzufügen oder irgendetwas davon wegzunehmen: „Wenn jemand zu diesen Dingen hinzufügt, so wird Gott ihm die Plagen hinzufügen, die in diesem Buch aufgeschrieben sind; und wenn jemand von den Worten des Buches dieser Weissagung wegnimmt, so wird Gott seinen Teil wegnehmen von dem Baum des Lebens und aus der Heiligen Stadt, wovon in diesem Buch geschrieben steht" (Offb 22,18f). Hier liegt abschließende, göttliche Offenbarung vor. Der Mensch, der mit diesem Buch umgeht, hat sich dieses autoritativen Charakters der Schrift bewusst zu sein und sich darauf einzustellen.

Evangelikale Hermeneutik nimmt diesen Selbstanspruch der biblischen Schriften wahr. Und sie nimmt ihn ernst. Wie im Folgenden deutlich wird, stellt sie sich als theologische Verstehenslehre konsequent auf diesen Charakter ihres Gegenstandes ein.

These 4: Der Ausleger der Heiligen Schrift steht vor der Herausforderung, ihrem Wesen als inspiriertes Gotteswort gerecht zu werden.

Eine theologische Hermeneutik, die den Selbstanspruch der Bibel wahrnimmt und ernst nimmt, stellt sich zuallererst darauf ein, dass dieses Buch beansprucht, in seiner Ganzheit von Gott zu stammen, Buch Gottes zu sein. Sie wird daher den Ausleger anleiten, diesem Buch um Gottes willen in Ehrfurcht zu begegnen und es so, wie es von Gott den biblischen Schreibern gegeben wurde, als Gottes Wahrheit und Ausdruck der Weisheit Gottes zu empfangen. Sie wird diese Wahrheit nicht *a priori* einschränken – etwa auf ˋtheologische´ bzw. ˋreligiöse´ Wahrheiten. Warum sollte, wenn der Schöpfer des Universums spricht, sein Sprechen nur in ˋreligiöser´ Hinsicht wahr sein und nicht auch, wenn er etwas über ˋirdische´ Dinge sagt? Warum sollte, wenn der Lenker und Erhalter des Geschichtslaufs spricht, er nicht auch zutreffend über Geschichtliches reden?

Eine theologische Hermeneutik unterwirft die Schrift nicht den wechselnden Wahrheiten menschlicher Weisheit. Sie wird es als unangemessen ablehnen, die menschliche Vernunft dem göttlichen Wort überzuordnen. Die angemessene Antwort auf das Wort des

Schöpfers kann nicht die Kritik des Geschöpfes sein. Sachkritik an Aussagen der Heiligen Schrift kann eine theologische Hermeneutik nur als unsachgemäß erkennen. Dagegen wird sie dazu anleiten, die Aussagen der Schrift genau zu verstehen – wie dies geschehen soll, werden wir noch zu bedenken haben. Sie wird ihr Bestes geben, Schwierigkeiten des Verständnisses mit allen verfügbaren Mitteln zu lösen und bei offenen Fragen des Bibelverständnisses in Selbstbescheidung Zurückhaltung zu üben, wie dies dem Menschen mit seiner stückwerkhaften Erkenntnisfähigkeit ansteht.

Speziell eine weltanschaulich verengte Kritik, wie sie die von Ernst Troeltsch formulierte historisch-kritische Methode [HKM] darstellt (siehe Kap. 3), kann gegenüber dem Offenbarungswort Gottes nicht als angemessen gelten. Das `Prinzip der Kritik´ der HKM unterwirft seinen Gegenstand den Wahrscheinlichkeitsurteilen menschlicher Vernunft und relativiert ihn damit von vornherein und grundsätzlich. Auf das Wort Gottes angewandt kann dieses Prinzip nur als menschliche Hybris gelten: Der Mensch erhebt sein kritisches Urteil zum Maßstab über Gottes Wort, weist dessen Aussagen wechselnde Wahrscheinlichkeiten zu – und was er gelten lässt, gilt nur vorläufig und von des Menschen Gnaden. – Das `Prinzip der Analogie´ der HKM unterwirft das von der ersten bis zur letzten Seite von Gott und seinem übernatürlichen Reden und Handeln sprechende Wort dem Beurteilungsmaßstab dessen, was dem Menschen aufgrund seiner innerweltlichen Erfahrungen analog als möglich erscheint. Mit diesem weltanschaulich verengten Maßstab kann es bei der Auslegung der Bibel nur zu Fehlinterpretationen kommen. – Und auch das `Prinzip der Korrelation´ der HKM, das zur Feststellung dessen, was geschichtlich als wahrscheinlich scheint, nur nach Ursache-Wirkung-Zusammenhängen fragt, reicht in seiner Eingrenzung auf innerweltliche Korrelationen nicht aus und ist als Urteilskriterium über die Wahrheit des in der Bibel Berichteten unangemessen.
Manche Evangelikalen lehnen zwar den Kritikbegriff der HKM ab, möchten aber von einer neutralen `Kritik´ sprechen: Kritik lediglich im Sinne des genauen Erforschens. Es fragt sich nur, ob nach 250 Jahren historisch-kritischer Bibelkritik das Wort `Kritik´ in Anwendung auf die Bibel nicht als grundsätzlich diskreditiert an-

gesehen werden muss, weil bei ihm immer die Konnotation der Überordnung des eigenen Urteils über die Bibel und des `Kritisierens´ im Sinne der Sachkritik mitschwingt. Von daher empfiehlt es sich, zur Vermeidung von Missverständnissen gar nicht von Kritik zu sprechen, wenn es um das Erforschen der Bibel geht.

Das Erforschen der Bibel selbst, das exakte Beobachten bei ihrer Auslegung, das Heranziehen aller relevanten Erkenntnisse zu ihrem Verstehen und eine Haltung des staunenden Entdeckens verbunden mit intensivem Erkenntnishunger kann dagegen nur begrüßt werden als angemessene Disposition des Schriftauslegers. Denn die Ehrfurcht vor der Göttlichkeit der Schrift darf kein Lippenbekenntnis bleiben, sondern soll praktisch werden in der Hingabe an die Aufgabe der Exegese.

Den Absichten – also dem intentionalen Charakter – des inspirierten Gotteswortes kann der Ausleger schließlich nur dadurch entsprechen, dass er sich dem Anspruch des göttlichen Gesetzes und dem Zuspruch des Evangeliums auch existentiell stellt. Ein bloß distanziertes Wahrnehmen von `Texten´, ein exegetisches Analysieren, das den `Text´ wie einen toten Fisch auf den Tisch legt und auseinander nimmt, wird dem biblischen Wort nicht gerecht. Als ein für allemal gegebene Offenbarung Gottes ist dieses Wort nicht nur historisches Dokument, Text von gestern. Es hat Anredecharakter. Angemessenes Verstehen gewinnt damit Antwortcharakter. Wenn der Exeget den Zuspruch des Evangeliums und Anspruch des Gesetzes Gottes liest und in distanzierter Analytik dahingestellt sein lässt, müsste er sich zu Recht von Gott fragen lassen: „Hast du eigentlich verstanden, was ich da sagen will?" Wir werden diesen Punkt noch vertiefen müssen; denn eine theologische Hermeneutik weiß auch, dass eine angemessene Antwort auf Gottes Reden nicht nur ein menschlicher Methodenschritt sein kann, sondern ein spirituelles Geschehen ist, das mit Glauben und Gehorsam zu tun hat.

These 5: Der Ausleger der Heiligen Schrift muss ihrem Charakter als Sinn kommunizierendes Menschenwort gerecht

werden. Damit ist ihm die Aufgabe gestellt, ihren Literalsinn herauszuarbeiten.

5.1 Martin Luther und der Literalsinn:
Es gehört zu den Grundüberzeugungen evangelischer Schriftauslegung, dass der geistliche Sinn der Heiligen Schrift – also das, was Gott durch sie sagen will – ausschließlich und klar erkennbar in ihrem historisch-grammatischen Literalsinn gegeben ist.[134] Wenn Gott seine Gedanken auf Hebräisch, Aramäisch oder Griechisch durch Menschen kommunizieren wollte, dann konnte er das auch. Zumal Sprache die Möglichkeit bietet, Sinn eindeutig auszudrücken. Wortbedeutungen, Grammatik und Syntax sind zwar komplex, aber nicht beliebig. Wer den Sprachgebrauch eines Autors in seinem Kontext kennt, kann verstehen was er sagt und meint. Davon waren die Reformatoren überzeugt. Sie ließen damit dem Autor seine Würde und vorrangige Bedeutung. Sie zogen aus der Inspirationslehre die Überzeugung: Was der biblische Autor sagt, sagt Gott (bzw. der Geist Gottes). Sie grenzten sich damit von der auf Origenes zurückgehenden Auslegungstradition ab, die davon ausging: Wenn die Schrift göttlich inspiriert ist, kann sich ihr Sinn nicht auf den einfachen menschlichen Literalsinn beschränken; es muss vielmehr jedes Wort und jeder Satz so mit `übermenschlichem´ Sinn geladen sein, dass sie einen Sinnüberschuss (eben einen zweiten, dritten und vierten Sinn) aufweist, der über den grammatisch-historischen Literalsinn hinausgeht. Es ist deutlich, dass damit dem biblischen Autor und dem, was er `wörtlich´ zum Ausdruck brachte, nur noch eine begrenzte Bedeutung zukam. Unter Berufung auf den `göttlichen´ Sinnüberschuss kam nun dem

---

[134] „Nach Luther nämlich ist die Hl.Schrift als einziger Erkenntnisgegenstand im Lehrstreit in kognitiver Hinsicht ausschließlich geschriebene Sprache und kann daher immer nur jeweils einen einzigen, d.h. den schriftlich ausgedrückten Sinn haben"; Armin Buchholz, *Schrift Gottes im Lehrstreit: Luthers Schriftverständnis und Schriftauslegung in seinen drei großen Lehrstreitigkeiten der Jahre 1521-28,* Frankfurt u.a. 1993, S.37. Luther insistiert gegen seine katholischen Gegner und gegen die altkirchliche Lehre vom vierfachen Schriftsinn auf den Literalsinn: „Es muss der eynige rechte hewbt synn, den die buchstaben geben, alleine thun"; *W.A.* 7,650,20.

Ausleger umso mehr Bedeutung zu: Er musste bei der Auslegung ja die (über den Literalsinn hinausgehenden) 'höheren' Sinnschichten erkennen. Diese Auslegungsleistung konnte man den Laien keinesfalls zutrauen. Klar, dass Schriftauslegung damit Theologensache wurde: Nur Kleriker konnten in Übereinstimmung mit der Auslegungstradition der Kirche die Schrift zutreffend auslegen. Dem Kirchenvolk wurde die Bibel entzogen.

Dem traten die Reformatoren entgegen. Sie zogen aus der Inspirationslehre den hermeneutischen Schluss, dass was Gott sagen wollte, er exakt so, wie er es meinte, durch Menschen sagte, und dass damit der Literalsinn zugleich der schlichte Sinn des Heiligen Geistes ist: „Der heylig geyst ist der aller eynfeltigst schreyber und rether, der ynn hymell und erden ist, drumb auch seyne wortt nit mehr denn eynen einfeltigsten synn haben kunden, wilchen wir den schrifftlichen odder buchstabischen tzungen synn nennen."[135] Die Fähigkeit, sich durch Wortgebrauch und Grammatik klar verständlich zu machen, hat Gott dem Menschen anerschaffen.[136] Dass es einen Sprachgebrauch gibt, durch den ein Autor eindeutig Sinn transportieren kann, ist also Schöpfungsgabe Gottes. Dieser Literalsinn liegt für jeden, der der Sprache mächtig ist, in verständlicher Klarheit zutage. Ihn zu verstehen heißt Prosa als Prosa, Poesie als Poesie, Gleichnis als Gleichnis, Sprachfigur als Sprachfigur, buchstäblichen Wortgebrauch als buchstäblichen Wortgebrauch zu erkennen. Diese Aufgabe stellt sich dem Theologen (in der Interpretation des biblischen Grundtextes) ebenso wie dem Laien (in der Auslegung der deutschen Bibelübersetzung). Beide sind exakt

---

[135] Martin Luther, *W.A.* 7,650,21f. – Vgl. dazu auch K. Holl, „Luthers Bedeutung für den Fortschritt der Auslegungskunst", in: *Gesammelte Aufsätze zur Kirchengeschichte*, Bd. I, 6.Aufl. Tübingen 1932, S.545ff.

[136] Der Schrift eignet eine verständliche Sprache, weil eine entsprechende Sprachlichkeit des Menschen Schöpfungsgabe ist: „ubique inhaerendum est simplici puraeque et naturali significationi verborum, quam grammatica et usus loquendi habet, quem Deus creavit in hominibus" [Der Schrift „wohnt eine einfache und reine und natürliche Bedeutung der Wörter inne; sie hat Grammatik und einen Sprachgebrauch, den Gott in den Menschen schuf"]; *W.A.* 18,700,33ff.

an das gewiesen, was der biblische Autor sagen wollte. Der Sinn des Autors (*sensus auctoris*) ist damit gleich dem Schriftsinn (*sensus scripturae*) und gleich dem geistlichen, gottgegebenem Sinn (*sensus Dei*).[137] Diesen Literalsinn zu erkennen, ist jedem sachlich dazu befähigten Menschen im Rahmen der `äußeren Klarheit der Schrift´ (der *externa claritas scripturae*) möglich.[138] Das reformatorische Schriftverständnis verlangt damit eine evangelische Hermeneutik, die davon ausgeht: 1. Gott wollte und konnte klaren Sinn durch die menschlichen Autoren der Heiligen Schrift kommunizieren; 2. der Literalsinn als die vom biblischen Autor intendierte ursprüngliche Textbedeutung ist der vom Ausleger zu erkennende Bedeutungsgehalt der Heiligen Schrift; 3. weil Gott die menschliche Sprache so geschaffen hat, dass sie verständlichen Sinn transportieren kann, und die Heilige Schrift entsprechend abfassen ließ, ist die Bibel in allen wesentlichen Aussagen klar und in ihrer ursprünglichen Aussageabsicht verstehbar.

---

[137] Unter heilsgeschichtlichen Gesichtpunkten wäre zu erwägen, ob angesichts der fortschreitenden Offenbarung innerhalb der Heiligen Schriften gelegentlich von einem *sensus plenior*, einem erweiterten Sinn insofern zu rechnen ist, dass der göttliche Autor, wenn er bei früherer Offenbarung einem biblischen Schreiber einen bestimmten Wortlaut eingab, dieser Wortlaut das Potential zu einer umfassenderen Bedeutung hatte, als es der ursprüngliche Autor und seine ersten Leser oder Hörer dem Literalsinn entnahmen, das in seinem ganzen Bedeutungsgehalt erst im Fortschreiten der Offenbarung in der Erfüllung der entsprechenden Aussagen vollumfänglich zu Tage trat (vgl. etwa die Königspsalmen und ihre messianische Erfüllung, Ps 2,7; 110,4 / Hebr 5,5-6). Dieser *sensus plenior* kann aber nicht als Rechtfertigung für spekulative Auslegungswillkür herhalten, sondern ergibt sich streng aus dem Literalsinn späterer Bibelaussagen, die frühere aufgreifen.
[138] Unter Berufung auf Stellen wie *W.A.* 18,671,7; 606,16f.24; 621,5f; 654,23ff; 610,11ff (u.a.) schreibt A. Buchholz, *Schrift Gottes im Lehrstreit*, S.76-77: „Die Hl.Schrift ist also in ihrer kreatürlichen Äußerlichkeit `per verbum´ so klar und gewiss, dass jedermann alle Dinge in ihr erkennen und wissen kann. Selbst die Kinder und auch die Feinde der Christen können das. Denn die äußerliche Klarheit der Hl.Schrift bringt durch ihre sprachliche Evidenz eine geradezu zwingende Gewissheit ihres Verständnisses mit sich."

5.2 Die Erklärung des Literalsinns als Aufgabe der Exegese:
Im Rahmen einer evangelischen Hermeneutik hat die Exegese die Aufgabe, zunächst so exakt wie möglich den ursprünglichen, vom jeweiligen biblischen Autor beabsichtigten Sinn herauszuarbeiten.[139] Dieser Literalsinn ist die einfache, normale Wortbedeutung, wie der jeweilige Kontext sie sprachlich und geschichtlich nahe legt. Der Literalsinn ist nicht mit hölzerner Buchstäblichkeit zu verwechseln. Natürlich ist das, was der Autor buchstäblich meinte, auch buchstäblich zu verstehen. Was er aber poetisch, metaphorisch oder als Sprachfigur im übertragenen Sinn meinte, ist entsprechend als der beabsichtigte Literalsinn auszulegen. Sollte vom Autor etwas typologisch oder gar allegorisch gemeint sein, gilt entsprechendes. Moderne Vorverständnisse dürfen nicht dazu verleiten, die historisch-philologische Evidenz der im antiken Kontext wahrscheinlichen ursprünglichen Textbedeutung umzuinterpretieren, nur weil sonst das Auslegungsergebnis für den heutigen Exegeten unliebsam wäre. Eine hilfreiche Korrektur gegenüber solcher moderner Überfremdung biblischer Texte kann für den Ausleger eine solide Kenntnis und Benutzung der außerbiblischen Dokumente und Schriften aus der Umwelt des Alten und Neuen Testaments sein, vor allem eine gute Kenntnis des Frühjudentums. Letztlich ist die Norm des Verstehens aber der Bibeltext selbst: seine Aussageabsicht angesichts des jeweiligen Anlasses, sein Zusammenhang, sein Sprachgebrauch und seine Gedankenentfaltung. Trotz aller hervorragender Bibelübersetzungen, die es heute gibt,

---

[139] Siehe dazu H. Gese, „Hermeneutische Grundsätze der Exegese biblischer Texte", *Alttestamentliche Studien*, Tübingen 1991, S.249, der es als „einen einfachen hermeneutischen Fundamentalsatz" bezeichnet: „Ein Text ist so zu verstehen, wie er verstanden sein will, d.h. wie er sich selbst versteht". – Dabei ist wichtiger, was der Text sagen will, als was der `Ausleger´ ihn alles sagen lassen kann. Peter Stuhlmacher , „Vom `richtigen´ Umgang mit der Bibel", *Biblische Theologie und Evangelium*, Tübingen 2002, S.239, betont zu Recht: „Zur Wahrheit des biblischen Zeugnisses kann man nur vordringen, wenn man den Texten in der demütigen Erwartung begegnet, von ihnen belehrt und herausgefordert zu werden. Nicht die Bibel muss sich auf ihre (modernen) Leser einstellen, sondern diese Leser auf das Buch der Bücher."

kann die Beherrschung der biblischen Grundsprachen (Hebräisch, Aramäisch, Griechisch) für eine genaue historisch-philologische Exegese von unschätzbarem Wert sein. Geduldiges, genaues Beobachten – oder wie Adolf Schlatter es formuliert hat: Sehen, sehen, sehen![140] – sowie das Einräumen prinzipieller Priorität der Gedanken des biblischen Autors gegenüber den eigenen Gedanken, und die Bereitschaft, in einem hermeneutischen Annäherungsverfahren bis in die Nuancen hinein von eigenen ('kreativen') Ideen weg- und hin zu den Ideen des biblischen Autors zu kommen, ebnet den Weg zum Erkennen des Literalsinns. Diese Liebesmühe um Gottes Wort ist lohnend, wenn auch nicht leicht. Wie wir einleitend zu diesem Kapitel sagten: Selbstverständlich ist es nicht, dass wir den Text eines Autors so verstehen, wie er ihn gemeint hat. Man muss sich schon die Mühe geben sich auf das einzulassen, was er sagt. Macht man sich allerdings diese Mühe, weil es ein Armutszeugnis wäre, immer bei den eigenen Gedanken und Sinnproduktionen zu bleiben, und weil das, was Gott in seinem Wort sagt, von höchster Bedeutung ist, öffnet der Schlüssel der Sprache die Tür zum Verständnis.

Der Literalsinn lebt heute allerdings nicht weniger gefährdet als in der vorreformatorischen Zeit. Auch heute wird dem biblischen Autor und der von ihm intendierten ursprünglichen Textbedeutung ihre entscheidende Bedeutung geraubt. Die einen gehen ganz fromm-erbaulich an den Text heran, verwenden ihn wie ein Orakel und fragen beim Lesen nur: „Was sagt der Text mir?" Was immer ihnen dann in den Sinn kommt, wird als subjektives Reden Gottes verstanden – egal, ob es mit der ursprünglichen Aussageabsicht des Textes übereinstimmt. Hier wäre es besser, zunächst zu fragen: „Was sagt der Text?" – und sich das, was er tatsächlich sagt, dann gesagt sein zu lassen! – Die anderen gehen hinter den biblischen Text zurück und suchen die eigentlich wesentliche Bedeutung in

---

[140] „Wissenschaft ist erstens Sehen und zweitens Sehen und drittens Sehen und immer und immer wieder Sehen", A. Schlatter, „Atheistische Methoden in der Theologie?", in: ders., *Zur Theologie des Neuen Testaments und zur Dogmatik: Kleine Schriften*, hrsg. U. Luck, 1969, S.142.

hypothetischen, literarkritisch konstruierten Vorformen des Textes. Womit dem kreativen Hypothesenkonstrukteur die eigentliche Würde der Sinnproduktion zukommt. Die mittelalterliche Beschäftigung mit `über´ dem Text liegenden Bedeutungsschichten, die zu Lasten des vorliegenden Wortsinns ging, wird damit lediglich durch eine spekulative Beschäftigung mit `unter´ dem Text liegenden Schichten vertauscht, wie Brevard Childs zu Recht kritisiert hat.[141] – Andere betreiben eine Art moderner Allegorese, indem man das, was der Text sagt, aus historisch-kritischen Gründen nicht gelten lässt, aus der Textaussage dann aber doch existentielle Bedeutsamkeiten herausliest.[142] – Wieder andere lassen den Text nicht sagen, was er will, sondern lassen ihn nur auf die Fragen antworten, die der moderne Leser an ihn heranträgt.[143] Es wird dann zunächst ein Vorverständnis formuliert, das an den biblischen Text herangetragen wird und in dessen Licht die biblische Überlieferung neu verstanden werden soll. Die hermeneutische Frage an das biblische Wort lautet dann (wie Karl-Heinz Michel dies treffend kritisch kommentiert): „`Was meint diese Überlieferung zu den unser Menschsein bewegenden Fragen? Was will sie auf unsere heutigen

---

[141] Wie Childs in der Zimmerli-Festschrift kritisiert, wird von den Literarkritikern mit ihren Hypothesen über vermeintliche dem Text vorangehende Vorformen und Quellen das von den Reformatoren gemeinte Konzept des *sensus literalis* verlassen, wodurch Exegese zu einem hochgradig spekulativen Unternehmen wird; B.S. Childs, „The Sensus Literalis of Scripture: An Ancient and Modern Problem", in: H. Donner (Hrsg.), *Beiträge zur alttestamentlichen Theologie* (Festschrift für W. Zimmerli), Göttingen 1977, S.80-93 (speziell S.90-92).

[142] So beobachtet J.H. Schmid, *Unterwegs zu biblisch erneuerter Theologie*, Theologie und Dienst 40, Gießen 1984, S.14, „in der modernen Bibelwissenschaft wieder eine Form der Allegorese… Man kann öfters in der Kritik zwei Schritte beobachten. Zuerst wird die Historizität eines Berichtes … angezweifelt. Im zweiten Schritt will man dessen ungeachtet den Wahrheitsgehalt der betreffenden Geschichte bewahren… Nicht selten wird sogar dem biblischen Schriftsteller selbst die Absicht zur Allegorie unterschoben. Es heißt dann, er selbst habe eben nur eine Wahrheit aussprechen wollen und habe, um sie zu veranschaulichen, eine Geschichte erfunden."

[143] Vgl. Gerhard Ebeling, *Dogmatik*, Bd.I, S.80: „Ein Sachverhalt kann nur auf Fragen antworten, die man an ihn richtet."

Fragen hin zur Sprache bringen?´ ... So aktualitätsbezogen dieses Vorgehen auch aussehen mag, so stellt es doch in Wirklichkeit eine theologische Verarmung dar. Die Bibel darf nur antworten auf Fragen, die der heutige Mensch ihr stellt. Im Grund bleibt der Mensch bei sich selber stehen."[144] – Ähnlich steht es bei den vielerlei Spielarten moderner (philosophischer wie theologischer) Hermeneutik: Letztlich sehen sie ihre Aufgabe nicht in der Rekonstruktion des ursprünglich gemeinten Textsinns, sondern in der kreativen Konstruktion von Bedeutungen, die dem Interpreten in der Interaktion zwischen dem Text und den eigenen Gedanken in den Sinn kommen. Die Bibel ist in diesem Sinnproduktionsverfahren dann nur noch ein Gesprächspartner, der seinen Beitrag einbringt. Die Sinnhoheit aber liegt letztlich beim Ausleger, so anregend sich für ihn der Text auch dargestellt haben mag.

Diese heute in der Theologie allgegenwärtige, längst nicht mehr nur in irgendwelchen `Theologien der Befreiung´ oder `Feministischen Theologien´ anzutreffende, nach-reformatorische Verfahrensweise ist von solcher Bedeutung, dass wir im Folgenden in einem eigenen Abschnitt darauf eingehen werden.

These 6: Die Bindung an die ursprüngliche Textbedeutung als verbindliche Auslegungsnorm steht im Kontrast zu emanzipatorischen Hermeneutiken, die den eigentlichen Bedeutungsprimat auf den Ausleger verlagern.
Der emanzipierte, aufgeklärte Mensch lässt sich nicht gern von irgendeiner Autorität etwas sagen. Er macht sich auf Aussagen anderer lieber selbst seinen Reim. Er denkt selbstbestimmt. Seine Vernunft, sein eigenes freies Denken ist das höchste Gut. Vorgegebene Wahrheiten, vorgegebene Ordnungen zu rezipieren ist nicht sein Ding. Noch nicht einmal in der Reihenfolge: erst nur exakt hören, verstehen, aufnehmen – und dann überlegen, wie man sich zu dem, was einem gesagt ist, verhalten will. Nein, schon das Verstehen ist subjektive Sinnproduktion in Begegnung mit dem Erkenntnisobjekt – nicht objektive Sinnreproduktion!

---

[144] K.H. Michel, *Sehen und Glauben*, S.13+14.

Der durch seinen Roman ʿDer Name der Roseʿ weithin bekannt gewordene Literaturwissenschaftler *Umberto Eco* hat das Feld neuzeitlicher Hermeneutik anschaulich so skizziert: „Wenn wir die zeitgenössischen Interpretationstheorien betrachten (besonders auf dem literarischen Feld), können wir uns einen Bereich mit den beiden Extremen x und y vorstellen. (Ich weigere mich, diesen Bereich räumlich als Linie von links nach rechts darzustellen, um nicht unfaire und in die Irre führende ideologische Konnotationen anzudeuten). Wir wollen sagen, dass an dem Extrem x jene Theoretiker stehen, die annehmen, dass jeder Text (sei es eine Gesprächsäußerung oder ein Gedicht) auf eine, und nur auf eine einzige Weise, nämlich gemäß der Intention des Autors, interpretiert werden kann. Am Extrem y stehen jene Theoretiker, die annehmen, dass ein Text jede Interpretation stützt – obgleich ich vermute, dass niemand einen solchen Anspruch *wörtlich* vertreten würde, es sei denn vielleicht ein visionärer Anhänger kabbalistischer *temura.*"[145]
Wer vertritt, dass ein Text dann, und nur dann, angemessen verstanden ist, wenn man die Aussageabsicht des Autors zutreffend versteht, gilt hier quasi als ʿExtremistʿ – genauso wie derjenige, der meint man könne legitimer Weise einen Text alles bedeuten lassen, wenn man ihn interpretiert. Wer einen Geschäftsbrief so versteht, wie ihn der Geschäftspartner gemeint hat, ist ebenso ein extremer Literalist wie der Beamte, der eine Verordnung daraufhin befragt, was die übergeordnete Behörde damit exakt anordnen wollte, wie der Leser eines eine wissenschaftlichen Sachbuches, der dessen Aussage präzise so verstehen will, wie der Autor sie gemeint hat (um sich anschließend ein begründetes Urteil darüber zu bilden), oder wie der Literaturfreund, der Goethes *Faust* mit der Fragestellung liest, was Johann Wolfgang von Goethe mit dieser oder jener Szene wohl zum Ausdruck bringen wollte. Für Ecos semiotische Hermeneutik liegt die Wahrheit irgendwo (und immer wieder anders gewichtet) in der Mitte: Verstehen ist dann zwar kein völlig willkürlicher Akt, aber ein Dialog zwischen dem Werk eines Autors und seinem Leser, bei dem letzterer die Zeichen, die ihm das Werk bietet, in ergänzender Rezeption mit neuen Bedeutungen ver-

---

[145] U. Eco, *Semiotik und Philosophie der Sprache*, München 1985, S.13f.

verbindet und so (in kreativer Weise Sinn produzierend) zu einem synthetischen Verstehen kommt.

Für eine semiotische Hermeneutik erscheint von diesem Ansatz her die Ausrichtung der Exegese auf die ursprüngliche Textbedeutung bzw. die Aussageintention des Autors als ein unzureichendes Verfahren. *Wilfried Engemann* schreibt dazu in der `Theologische[n] Realenzyklopädie´: „Dementsprechend wird man einem Text mit der isolierten Frage nach einer ursprünglichen Autorintention allein nicht gerecht, sondern der Leser steht im Rezipieren eines Textes in einem dialektischen Wechselverständnis mit der Textgestalt selbst und wird gewissermaßen Zeuge der sinngenerierenden Potenz dieses Textes ... So vermag er den semantischen Möglichkeiten auf die Spur zu kommen, die sowohl auf den strukturalen `Vorkehrungen´ des alten Textes beruhen als auch Resultat seiner [= des Lesers; H.St.] Initiative sind."[146] Im Prinzip gleichgewichtig mit dem Autor bzw. dessen Text kommt der Interpret im Spiel. Es wundert nicht, dass eine solche Hermeneutik mit einem als absolut wahr und autoritativ vorgegebenem Text, der einen prinzipiellen Vorrang vor dem Ausleger hat und als solcher verstanden werden will, ohne seine Bedeutung immer schon mit dem Ausleger teilen zu müssen, nicht zurechtkommt.[147] Und eine Kon-

---

[146] W. Engemann, „Semiotik III: Praktisch-theologisch", *TRE,* 31 / 2000, S.137. – Ganz ähnlich wie mit der Semiotik steht es mit der Rezeptionsästhetik als hermeneutischem Modell. Nach Thomas Erne, „Rezeption III: Praktisch-theologisch", *TRE,* 29 / 1998, S.149, folgt die Rezeptionsästhetik nicht dem „Modell des Verstehens im Sinne der Decodierung einer eindeutigen Vorgabe, sondern begreift die Auslegung eines Textes oder Kunstwerkes als eine progressive Weiterung von Deutungen, die prinzipiell unabgeschlossen bleibt".

[147] Dazu nochmals Wilfried Engemann, „Vom Nutzen eines semiotischen Ritardando im Konzert hermeneutischer Plädoyers", *Praktisch-theologische Hermeneutik: Ansätze – Anregungen – Aufgaben,* hrsg. Dietrich Zilleßen u.a., Rheinbach 1991, S.171: „Einen wie auch immer gestaltet gedachten ontologischen Ursignifikanten als nicht hinterfragungsbedürftigen Quell wahrer Gehalte zu postulieren, hieße letztlich die Unverständlichkeit dieser Wahrheit in Kauf zu nehmen. Denn *wozu* sollte man die lesen, wenn sie weder Ausdruck für etwas anderes

zeption von Theologie, die von der Normativität des Literalsinns biblischer Texte ausgeht, wird entsprechend im Namen neuzeitlicher Hermeneutik abgelehnt.[148]

Eine Hermeneutik, die (im Unterschied zur rezeptiven reformatorischen Hermeneutik) den kreativen, am Ende besser-wissenden Interpreten voraussetzt, hat schon mit *Friedrich Schleiermacher* begonnen. Er setzte als überragender Denker des frühen 19.Jahrhunderts bereits den Ausleger voraus, der sich nicht an den Buchstaben des Textes bindet, sondern kunstvoll-einfühlsam („divinierend") hinter den Text zurückgeht, um in einer Mischung aus grammatisch-psychologischer Interpretation den (mit dem Textbestand offenbar nicht unbedingt identischen) Gedanken zu (re-)konstruieren, der den Text hervorbrachte. In dieser einfühlsam-kreativen Interpretation gestaltet sich der Ausleger dem Autor nach und erschafft den (prinzipiell der Mehrdeutigkeit fähigen) Text in sich selbst neu mit dem Ziel, „die Rede [bzw. den Text] zuerst e-

---

sein, noch als Vehikel zur Erschließung eines weiteren Gehaltes dienen könnte? Wiederum: Ist sie lesbar, kann sie nicht zugleich als inner(st)er, unüberbietbarer Sinn verstanden werden? Gesteht man andererseits jener Wahrheit eine Verständnis- oder wenigstens ... Überzeugungsfähigkeit zu, anerkennt man sie zugleich in ihrer signifikanten, weitere Signifikate auslösen könnenden Struktur – nicht ursächlicher Anfang und vorgelegtes Ende menschlicher Erkenntnis, sondern potentiellen Amalgamierungspunkt semantischer Pfade, die über den bestehenden Interpretationshorizont hinausführen, Pfade, die entstehen, indem sie beschritten werden und deren `Ende´ somit auch nicht voraussagbar ist."

[148] Die `Gemischte Kommission´ der EKD hatte 1988 in ihrem Papier zur Ausbildung von Fortbildung der Pfarrer die Normativität der ursprünglichen Bedeutung biblischer Texte vertreten und gefordert, dass theologische Ausbildung die Kompetenz zur Erhebung des Literalsinns der Bibel vermitteln müsse; Kirchenamt der EKD (Hrsg.), *Gemischte Kommission für die Reform des Theologiestudiums: Grundsätze für die Ausbildung und Fortbildung der Pfarrer und Pfarrerinnen der Gliedkirchen der EKD*, Hannover 1988. Damit setzte sich Martin Plöttner, „Literalsinn und neuzeitliche Hermeneutik", *Theologia Practica*, 25 (2/1990), S.129-140, umgehend kritisch auseinander und stellte auf Grund dessen die Schlüssigkeit des `GK-Papiers´ in Frage.

benso gut und dann besser zu verstehen als ihr Urheber.[149] – Diesen Ansatz Schleiermachers hat auf einflussreiche Weise in der zweiten Hälfte des 20.Jahrhunderts der Philosoph *Hans-Georg Gadamer* weitergeführt. Für ihn ist Verstehen die Verschmelzung der Horizonte des Texte und des Interpreten.[150] Dabei kann es nach Gadamer nicht um ein 'historisches Verständnis' der ursprünglichen Textbedeutung gehen, sondern um „eine Wiedererweckung des Textsinnes", in die die eigenen Gedanken des Autors schon mit eingegangen sind: „Insofern ist der eigene Horizont des Interpreten bestimmend, aber auch er nicht wie ein eigener Standpunkt, den man festhält oder durchsetzt, sondern mehr wie eine Meinung und Möglichkeit, die man ins Spiel bringt und aufs Spiel setzt und die dazu hilft, sich wahrhaft anzueignen, was in dem Texte gesagt ist."[151] In diesem Gespräch besitzt der Ausleger gegenüber dem Autor eine prinzipielle Überlegenheit, die zu einem 'Besserverstehen' bzw. zum 'wirklichen Verstehen' des Textes führt: „Dass das nachkommende Verstehen der ursprünglichen Produktion gegenüber eine prinzipielle Überlegenheit besitzt und deshalb als ein Besserverstehen formuliert werden kann, beruht nicht so sehr auf der nachkommenden Bewusstmachung, die zur Gleichstellung mit dem Urheber führt (wie Schleiermacher meinte), sondern beschreibt im Gegenteil eine unaufhebbare Differenz zwischen dem Interpreten und dem Urheber, die durch den geschichtlichen Abstand gegeben ist. Eine jede Zeit wird einen überlieferten Text auf ihre Weise verstehen müssen, denn er gehört in das Ganze der Überlieferung, an der sie ein sachliches Interesse nimmt und in der sie sich selbst zu verstehen sucht. Der wirkliche Sinn eines Textes, wie er den Interpreten anspricht, hängt eben nicht von dem Okkasionellen ab, das der Verfasser und sein ursprüngliches Publikum darstellen. Er geht zum mindesten nicht darin auf. Denn er ist immer auch durch die geschichtliche Situation des Interpreten mitbe-

---

[149] Fr.D.E. Schleiermacher, *Hermeneutik und Kritik: Mit einem Anhang sprachphilosophischer Texte Schleiermachers*, hrsg. Manfred Frank, 7. Aufl. Frankfurt 1999, S.94; vgl. S.73-85.
[150] H.G. Gadamer, *Wahrheit und Methode*, 5. Aufl. Tübingen 1986, S.383.
[151] *Ebd.*, S.392.

stimmt und damit auch durch das Ganze des objektiven Geschichtsganges."[152] Der Auslegungsweg ist also nicht davon bestimmt, sich die eigene Zeit, die eigenen Vorurteilen und Denkvoraussetzungen bewusst zu machen, um sie umso besser von dem ursprünglichen Textsinn unterscheiden und diesen darum umso exakter verstehen zu können, sondern der ʼAuslegerʼ bringt sich und seinen Horizont sogar als der dominante Partner in den Interpretationsprozess ein. Ob man das, was dabei herauskommt, wirklich noch Exegese (das Herauslesen des Sinnes aus dem Text) nennen kann, oder doch sachgerechter Eisegese (Hineinlesen von Sinn) nennen muss, ist die Frage.

Neuzeitliche theologische Hermeneutik, die das Subjekt (also: den Menschen) ins Zentrum stellt, beansprucht für dieses Subjekt Liberalität. Der Mensch will sich, auch durch biblische Texte, nicht binden lassen – weder bei der Exegese, noch hinsichtlich der Predigt. Das klassische evangelische Schriftprinzip, d.h. die Alleingeltung der Heiligen Schrift, muss entsprechend uminterpretiert werden. So schreibt der Berliner Praktische Theologe *Wilhelm Gräb*: „Das Schriftprinzip ist – im Kontext der neuzeitlichen Wendung zum Subjekt – kein petrinisches Fundament für Theologie und Kirche, sondern ein lebendiger Wurzelgrund. Dann benennt es als seine hermeneutische Regel die der Freiheit. Frei ist bekanntlich ein Tun, das sich selber das Gesetz seines Handelns vorschreibt, nach eigener Einsicht in seine allgemeine Geltung. So auch das Verstehen eines biblischen Textes, das der Methode der Freiheit folgt. Es kennt keine absolute Vorweggeltung der Wahrheit biblischer Sätze. Wahr sind sie, sofern sie Wirkliches auf einleuchtende Weise, d.h. in ihrem Existentialsinn, erschließen. Verstanden sind Texte, wenn die Frage klar und als eigene nachvollziehbar geworden ist, auf die sie eine Antwort sein könnten."[153] Die gleiche Freiheit gegenüber dem Anspruch der Texte und die gleiche Normativität des Subjektiven bestimmt auch das Predigtverständnis Gräbs: „Christlich ist

---

[152] *Ebd.*, S.301.
[153] W. Gräb, „Die Bibel und die Predigt: Homiletische Hermeneutik zwischen Textauslegung und religiöser Selbstauslegung", in: W. Engemann (Hrsg.), *Theologie der Predigt*, Leipzig 2001, S.327.

diese religiöse Rede, indem sie dem Schriftprinzip am Leitfaden der hermeneutischen Regel der Freiheit folgt, dadurch also, dass sie das Leben auslegt, indem sie die Bibel auslegt und umgekehrt. Der hermeneutischen Regel ist entsprochen, wenn sich Stimmigkeit – ja, so ist es – und eine entsprechende Gestimmtheit – jetzt fühle ich mich besser – in den Köpfen und Herzen der Hörer aufbaut."[154]

Wie anders stellt sich da der Selbstanspruch biblischer Texte dar, von dem her eine evangelikale Hermeneutik ihren Ausgangspunkt nimmt. Bereits anhand von wenigen Texten wird der Kontrast biblischer Aussagen zu der neuzeitlich-emanzipatorischen Hermeneutik beispielhaft deutlich:

- 5Mo 4,1f: *„Und nun höre, Israel, die Gebote und Rechte, die ich euch lehre, dass ihr sie tun sollt, auf dass ihr lebt und hineinkommt und das Land einnehmt, das euch der Herr, der Gott eurer Väter, gibt. Ihr sollt nichts dazutun zu dem, was ich euch gebiete, und sollt auch nichts davontun, auf dass ihr bewahrt die Gebote des Herrn, eures Gottes, die ich euch gebiete."* Gott, der Herr seines Volkes, der bereits der Gott ihrer Väter war, gebietet. Das Volk soll seine Gebote hören, und soll sie – ohne irgend etwas hinzuzufügen oder wegzutun – in die Praxis umsetzen. Davon hängt ihr Leben und die Erfüllung von Gottes Verheißung für sie ab.

- 5Mo 6,1-9: Gottes Gebote und der Inhalt des Bekenntnisses zu ihm werden dem Volk gegeben, werden gelehrt, sollen zu Herzen genommen und praktiziert werden, sollen exakt so den Kindern und Enkeln eingeschärft und beständig erinnert werden.

---

[154] *Ebd.*, S.330f. – Nicht nur in der neueren Praktischen Theologie, sondern seit nahezu vier Jahrzehnten in der (ökumenischen) Missionstheologie hat die emanzipatorische Hermeneutik, die dem Kontext Priorität vor dem biblischen Text einräumte, zu grundlegenden Veränderungen geführt; siehe dazu M. Hamel, *Bibel – Mission – Ökumene: Schriftverständnis und Schriftgebrauch in der neueren ökumenischen Missionstheologie*, Gießen 1993; sowie P. Beyerhaus, *Er sandte sein Wort: Theologie der christlichen Mission. Bd.1: Die Bibel in der Mission*, Wuppertal / Bad Liebenzell 1996, insbes. S.197-282 das Kap. „Die kontextuelle Relativierung der biblischen Autorität".

- Mt 5,19: *„Wer nun eines von diesen kleinsten Geboten auflöst und lehrt die Leute so, der wird der Kleinste heißen im Himmelreich; wer es aber tut und lehrt, der wird groß heißen im Himmelreich."* Mit diesen Worten lehnt Jesus die pharisäischen Interpretationskünste ab, die das Gebot Gottes in seiner Aussageintention veränderten; und er warnt davor, es diesen Wort-Gottes-Auflösern gleich zu tun.
- Mt 28,19f: Was Jesus befohlen hat, sollen die Apostel die Neugetauften lehren, damit sie es halten.
- 1Kor 15,1-3: Das Evangelium wird exakt so überliefert, wie es empfangen wurde. Die Gemeindeglieder sollen es annehmen, darin feststehen und daran festhalten, denn davon hängt ihr Heil ab.
- 2Tim 2,2: Das apostolische Wort wird von Paulus dem Timotheus und von ihm einer Kette von zuverlässigen Treuhändern überliefert. Treuhänderschaft, nicht verändernde Interpretationsprozesse sind gefragt, wenn es um den Umgang mit dem apostolischen Zeugnis geht.
- Apg 7,51 / 2Kor 4,3-6: Wo das Evangelium nicht so, wie es verkündigt wurde, aufgenommen wird, ist halsstarriges Widerstreben und geistliche Verblendung des natürlichen Menschen im Spiel. Veränderung oder gar Ablehnung des göttlichen Wortes erweist sich damit als Sünde.

Schon durch diese wenigen Verse wird deutlich: Spätestens dann, wenn es um Texte geht, die göttlichen Ursprung und damit bindende Autorität beanspruchen, erweist sich die neuzeitliche emanzipatorische Hermeneutik als unangemessenes und schuldhaftes Denken. Vielmehr erweist sich der Literalsinn biblischer Texte in der Bedeutung, wie sie sich aus dem biblischen Zusammenhang ergibt, als bindend.

Gerade die Beachtung des biblisch-heilsgeschichtlichen Zusammenhangs erweist sich allerdings als wesentlich, wenn man die Verbindlichkeit des Literalsinns biblischer Texte nicht grob missverstehen will. Das führt uns zur nächsten hermeneutischen These:

These 7: Ein angemessenes Bibelverständnis ist nur im Rahmen heilsgeschichtlicher Theologie möglich. Heilsgeschichtliche Theologie ermöglicht konsequente Schriftauslegung nach dem Literalsinn bei gleichzeitiger Anwendung, die sich an den offenbarungsgeschichtlichen Vorgaben der Bibeltexte selbst orientiert.

Die amerikanische Radiomoderatorin Laura Schlessinger, die Zuhörern, die in ihrer Sendung anrufen, Ratschläge erteilt, äußerte vor einiger Zeit, dass sie praktizierte Homosexualität ablehne, weil diese nach 3Mo 18,22 ein `Gräuel´ sei. Sie erhielt daraufhin folgende Zuschrift, die als Offener Brief im Internet verbreitet wurde und die – bei aller Ironie – ernste Fragen hinsichtlich einer angemessenen Auslegung und vor allem Anwendung der Bibel aufwirft:

„Liebe Dr. Laura,
vielen Dank, dass Sie sich so aufopfernd bemühen, den Menschen die Gesetze Gottes näher zu bringen. Ich habe einiges durch Ihre Sendung gelernt und versuche das Wissen mit so vielen anderen wie nur möglich zu teilen. Wenn etwa jemand versucht seinen homosexuellen Lebenswandel zu verteidigen, erinnere ich ihn einfach an das Buch 3.Mose 18,22, wo klargestellt wird, dass es sich dabei um einen Greuel handelt. Ende der Debatte.
Ich benötige allerdings ein paar Ratschläge von Ihnen im Hinblick auf einige der speziellen Gesetze und wie sie zu befolgen sind:
a) Wenn ich am Altar einen Stier als Brandopfer darbiete, weiß ich, dass dies für den Herrn einen lieblichen Geruch erzeugt (3Mo 1,9). Das Problem sind meine Nachbarn. Sie behaupten, der Geruch sei nicht lieblich für sie. Soll ich sie niederstrecken?
b) Ich würde gerne meine Tochter in die Sklaverei verkaufen, wie es in 2Mo 21,7 erlaubt wird. Was wäre Ihrer Meinung nach heutzutage ein angemessener Preis für sie?
c) 3Mo 25,44 stellt fest, dass ich Sklaven besitzen darf, sowohl männliche als auch weibliche, wenn ich sie von benachbarten Nationen erwerbe. Einer meiner Freunde meint, das würde auf Mexikaner zutreffen, aber nicht auf Kanadier. Können Sie das klären? Warum darf ich keine Kanadier besitzen?

d) Ich habe einen Nachbarn, der stets am Samstag arbeitet. 2Mo 35,2 stellt deutlich fest, dass er getötet werden muss. Allerdings: bin ich moralisch verpflichtet ihn eigenhändig zu töten?

e) Ein Freund von mir meint, obwohl das Essen von Schalentieren wie Muscheln oder Hummer ein Greuel darstellt (3Mo 11,10), sei es ein geringerer Greuel als Homosexualität. Ich stimme dem nicht zu. Könnten Sie das klarstellen?

f) In 3Mo 21,20 wird dargelegt, dass ich mich dem Altar Gottes nicht nähern darf, wenn meine Augen von einer Krankheit befallen sind. Ich muss zugeben, dass ich eine Lesebrille trage. Muss meine Sehkraft perfekt sein – oder gibt es hier ein wenig Spielraum?

g) Die meisten meiner männlichen Freunde lassen sich ihre Haupt- und Barthaare schneiden, inklusive der Haare ihrer Schläfen, obwohl das eindeutig durch 3Mo 19,27 verboten wird. Wie sollen sie sterben?

h) Ich weiß aus 3Mo 11,7-8 dass das Berühren der Haut eines toten Schweins mich unrein macht. Darf ich dennoch Football spielen, wenn ich dabei Handschuhe anziehe?

i) Mein Onkel hat einen Bauernhof. Er verstößt gegen 3Mo 19,19 weil er zwei verschiedene Saaten auf ein und demselben Acker anpflanzt. Darüber hinaus trägt seine Frau Kleider, die aus zwei verschiedenen Stoffen gemacht sind (Baumwolle / Polyester). Er flucht und lästert außerdem recht oft. Ist es notwendig, dass wir den ganzen Aufwand treiben das komplette Dorf zusammen zu holen, um sie zu steinigen (3Mo 24,10-16)? Genügt es nicht, wenn wir sie in einer kleinen, familiären Zeremonie verbrennen, wie man es ja auch mit Leuten macht, die mit ihren Schwiegermüttern schlafen (3Mo 20,14)?

Ich weiß, dass sie sich mit diesen Dingen ausführlich beschäftigt haben. Daher bin ich auch zuversichtlich, dass Sie uns behilflich sein können. Und vielen Dank nochmals dafür, dass Sie uns daran erinnern, dass Gottes Wort ewig und unabänderlich ist. Ihr ergebener Jünger und bewundernder Fan."

Soweit dieser ironische Brief. Er interpretiert die zitierten alttestamentlichen Gebote (mehr oder weniger) nach ihrem Literalsinn und wendet sie dann – um die Absurdität ihrer Gültigkeit zu erweisen – direkt auf heutige Situationen an. Dahinter steckt ein Argumentationsmuster wie man es inzwischen nicht nur bei liberalen Christen, sondern auch bei manchen Neoevangelikalen finden kann. Um zu begründen, warum man sich an eine bestimmte biblische Aussage nicht halten muss, weist man darauf hin, dass man doch viele andere (alttestamentliche) Vorschriften auch nicht hält. Man entscheidet dann relativ willkürlich, welche biblischen Aussagen man noch gelten und auf sich anwenden will. Wer so vorgeht, versteht die biblische Heilsgeschichte nicht. Sein Defizit an heilsgeschichtlicher Hermeneutik führt zur Relativierung biblischer Autorität: Man lässt nur noch das gelten in der Heiligen Schrift, was einem subjektiv passt.

7.1 Kontinuität und Diskontinuität in der Heilsgeschichte: Die Heilsgeschichte ist der Teil des Offenbarungshandelns Gottes, der uns im Blick auf Vergangenheit, Gegenwart und Zukunft als fortschreitende Offenbarung in der Heiligen Schrift erschlossen ist (vgl. oben These 2). In dieser fortschreitenden Offenbarung gibt es durchgehende Linien (Kontinuität) und Neueinsätze (Diskontinuität). Wenden wir uns zunächst den durchgehenden Linien im Zusammenhang der biblischen Offenbarung zu.

Kontinuität in der Heilsgeschichte tritt in vielfacher Weise zutage. Im Alten wie im Neuen Testament begegnet uns das Offenbarungshandeln des einen Gottes mit der einen Mitte allen Offenbarungsgeschehens, der Christusoffenbarung, auf die alles zuläuft und von der alles herkommt. Von Christus her die Einheit der Offenbarungsgeschichte zu sehen, ist grundlegend wichtig für jede heilsgeschichtliche Beschäftigung mit der Bibel.[155] Kein Teil der Schrift ist dabei entbehrlich. Alles trägt, je an seinem Platz, zu dem organisch vielschichtigen Ganzen in der fortschreitenden Offenbarung bei. Und doch ist diese Einheit kein Einerlei, bei dem alles auf einer Ebene liegt, sondern eine in Christus zentrierte Einheit, die die Vielfältigkeit und

---

[155] Christus als die heilsgeschichtliche Mitte der Schrift zu sehen ist übrigens etwas anderes, als Christus als Mitte der Schrift zum kritischen Prinzip zu erheben, von dem aus man gültige Zentralaussagen, weniger wichtige Randaussagen oder gar zu kritisierende Problemaussagen der Schrift unterscheidet.

Vielschichtigkeit der biblischen Offenbarung gerade nicht ausblendet, sondern voll berücksichtigt.

Vielfach werden durchgehende Linien in der Offenbarungsgeschichte deutlich. So muss alles in der Geschichte göttlicher Offenbarung, ob Heil oder Gericht, letztlich zu Gottes Ehre und Verherrlichung dienen (Eph 1,6.12.14; Phil 2,10f). Was das Heil betrifft wird deutlich, dass es Heil in der ganzen Heilsgeschichte letztlich immer nur aus Gnade und um Christi willen gibt (Rö 3,25f; Hebr 9). Überall in der Heilsgeschichte offenbart sich Gott als der gleiche heilige und liebende Gott. Zentrale Themen der Bibel werden, wenn sie erst einmal eingeführt sind, an späteren Stellen der Heiligen Schrift immer wieder aufgegriffen, fortgeführt oder auch modifiziert. Ob es nun um Opfer, Sühne, Reinheit, Tod oder Leben nach dem Tod geht, um die Messiasverheißungen, die Verheißungen für Israel oder das von der alttestamentlichen bis hin zur neutestamentlichen Apokalyptik sich entfaltende Endzeitszenario: Immer wieder sehen wir diese durchgehenden Linien. Solche zeigen sich auch, wenn wir auf die verschiedenen Bundesschlüsse Gottes mit den Menschen bzw. mit seinem Volk achten. Gott stiftet diese Bündnisse, die in ihrer Wirkung für mehr oder weniger große Abschnitte seiner Geschichte mit dieser Welt bzw. mit seinen Erwählten gelten. So gilt der Noahbund gesamtkosmisch und bedingungslos solange die Erde steht (1Mo 8,21ff; 2Petr 3,5ff). Der Abrahamsbund ist bedingungslos gegeben, ist einseitig von Gott garantiert und gilt auf unbegrenzte Dauer für Abraham und seine erwählten (leiblichen und geistlichen) Nachkommen (1Mo 15; Gal 3). Dagegen ist der Gesetzesbund vom Sinai an Bedingungen geknüpft und gilt für Israel als ein 'Intermezzo' in Gottes Heilsplan für die Zeit von Mose bis Christus (Gal 3+4; 2Kor 3,3ff). Und der Neue Bund ist prophetisches Verheißungsgut für die messianische Zeit; er ist durch Christi Tod gestiftet und geht an denen in Erfüllung, die zu Jesus, dem Messias, gehören (Jer 31,31ff; 2Kor 3; Hebr 8).

Schon an diesen Bündnissen kann aber auch deutlich werden, dass es nicht nur Kontinuität, sondern auch *Diskontinuität* in der Heilsgeschichte gibt. Neben den durchgehenden Linien bewirkt Gott auch Neueinsätze in der Heilsgeschichte. Es gibt 'Endstationen' für bestimmte heilsgeschichtliche Institutionen; und es finden sich neue Anweisungen Gottes, die alte Weisungen aufheben. So ist schon in der biblischen Urgeschichte mit dem Sündenfall und der Vertreibung aus Eden ein tiefer Einschnitt in der Offenbarungsgeschichte gegeben. Die Erwählung Abrahams kann wohl auch nicht anders als ein markanter Neueinsatz in der Geschichte Gottes mit den Menschen anzusehen sein (1Mo 12). Und auch die Offenbarung des Gesetzes am Sinai ist eine deutliche Zäsur in der Heilsgeschichte. Später dann heißt es von Jesus Christus, dass er „des Gesetzes Ziel und Ende" ist (Rö 10,4). Mit ihm wird das von ewigen Zeitaltern her verschwiegene „Geheimnis" der (aus geretteten Juden und Heiden bestehenden) Gemeinde offenbar (Rö 16,25; Eph 3,1-12; Kol 1,24-29). Mit der Wiederkunft Jesu am Ende wird auch diese Zeit der Gemeinde bzw. Kirche zu Ende gehen. Dann, am Ende des „gegenwärtigen Zeitalters" und den „Wehen" der Endzeit, wird der wiedergekommene Christus – so dürfte Offb 20 wohl zu verstehen sein[156] – für eine begrenzte Zeit sein messianisches Reich auf dieser Erde aufrichten. Danach bringt Gott einen neuen Himmel und eine neue Erde (Offb 21+22).

Erich Sauer spricht von „markant abgegrenzten Zeitabschnitten" in der Offenbarungsgeschichte und fasst diese so zusammen: „Eine Zeit lang lässt Gott die Menschen einen gewissen Gang gehen; dann greift er ein und beginnt einen neuen Zusammenhang. Er offenbart sich zuerst der Gesamtmenschheit... Dann aber überlässt er sie plötzlich sich selbst, er wählt sich einen einzelnen (Abraham) und offenbart mit ihm eine vollständig neue Geschichtslinie. 430 Jahre später verordnet er ein Gesetz hinzu, und anderthalb Jahrtausende hat sich das Volk Israel danach zu richten. Dann aber, nach Ablauf dieser Zeit, erklärt er dies Gesetz für unverbindlich, und

---

[156] Vgl. dazu H. Stadelmann, „Das Zeugnis der Johannesoffenbarung vom tausendjährigen Königreich Christi auf Erden", in: G. Maier (Hrsg.), *Zukunftserwartung in biblischer Sicht*, Wuppertal 1984, S.144-160.

was soeben noch strengstens geboten war (z.B. die Beschneidung), wird nun auf das schärfste verboten; das bisherige Volk Gottes wird beiseite gesetzt, und ein neues aus allen Völkern heraus gebildet. Zuletzt aber wird jenes erste Volk trotz allem wieder angenommen...; das zweite Volk Gottes wird himmlisch verherrlicht und die Gesamtmenschheit sichtbar gesegnet."[157] – Über Einzelheiten in dieser skizzenhaften Darstellung wird man streiten können. Deutlich ist aber, dass sich Gottes Geschichte mit seiner Schöpfung als ein höchst vielfältiges Geschehen darstellt mit Anfängen, Fortgängen, aber auch Einschnitten; mit Unterschieden zwischen dem, was geschehen ist, was geschieht und was geschehen wird.

Durch dieses in sich zusammenhängende und doch unterschiedliche Offenbarungshandeln Gottes entstehen bestimmte *Epochen der Heilsgeschichte*. Sauer, dem ich mich hier anschließen möchte, versucht diese offenbarungsgeschichtlichen Abschnitte hermeneutisch folgendermaßen zu bestimmen: „Ein heilsgeschichtlicher Zeitabschnitt ist eine Geschichtsperiode, die durch bestimmte, besondere Grundsätze Gottes gekennzeichnet ist... Hierbei gehören manche einzelne Grundsätze einer solchen Heilsperiode zuweilen auch anderen Zeitabschnitten an, aber ihr jeweiliger Gesamtkomplex, ihre jeweilig gerade festgesetzte Zusammenstellung findet sich immer nur allein in der betreffenden Sonderhaushaltung [Ökonomie[158]; H.St.]... Eine neue Heilsperiode tritt demnach immer erst dann ein, wenn von Seiten Gottes eine Änderung in dem jeweilig geltenden Prinzipienkomplex vorgenommen wird, d.h. wenn von Gottes Seite aus Dreifaches geschieht: 1. eine Beibehaltung einzelner, bisheriger Anordnungen, 2. eine Aufhebung anderer, bis

---

[157] E. Sauer, *Das Morgenrot der Welterlösung*, 6.Aufl. Wuppertal 1976 [1.Aufl. 1937], S.223f. – Vgl. die richtige Einsicht von Kurt Frör, *Biblische Hermeneutik*, München 1971, S.89, zum neutestamentlichen Verständnis von Heilsgeschichte: „Was ein für allemal in der Geschichte geschehen ist, wird abgehoben von dem, was heute geschieht und was am Ende der Zeiten geschehen wird. Der Unterschied der Zeiten ist für das Verstehen des Heilsgeschehens unentbehrlich."
[158] `Ökonomie´ ist ein in heilsgeschichtlichen Theologien seit Jahrhunderten verwendeter Begriff, der auf den griech. Begriff *oikonomia* in neutestamentlichen Stellen wie Eph 1,9; 3,2ff zurückgeht.

dahin gültig gewesener Einrichtungen, 3. eine Neueinführung weiterer, bis dahin noch nicht in Geltung gewesener Grundsätze... Diesen ganzen Erlösungsplan Gottes zeigt uns die Schrift 'perspektivisch', das heißt: je entfernter vom Kreuze aus – nach vorwärts oder rückwärts – ein Heilsabschnitt liegt, desto kürzer beschreibt ihn die Heilige Schrift; je näher er ihm liegt, desto breiter tritt er hervor, am breitesten darum die Zeiten des Gesetzes und der Gemeinde."[159]

In fortschreitender Offenbarung enthüllt Gott seinen Willen und Plan. Kontinuität und Diskontinuität kennzeichnen dabei das souveräne offenbarungsgeschichtliche Wirken Gottes mit seinem Volk. Zu beachten ist, dass die Bibel selbst keine durchgeführte Systematik heilsgeschichtlicher Epochen bietet. Paulus spricht von 'Ökonomien' (Eph 1,10; 3,9), doch unterlässt er es, die gesamte Heilsgeschichte in Ökonomien aufzuteilen. Neben den 'Ökonomien' finden sich in der Schrift noch andere Bezeichnungen für bestimmte Geschichtsepochen: So werden in der biblischen Apokalyptik einander folgende Weltmonarchien prophezeit (Dan 2,31-35; 7,2-14). Der Zweite Petrusbrief spricht von einander folgenden 'Welten' bis zur Sintflut, seit der Sintflut und im Blick auf die neue Welt (2Petr 3,5ff.13). Und auch die Zwei-Äonen-Lehre erscheint immer wieder als weitgreifende Gliederung der Geschichtsoffenbarung Gottes (z.B. bei Jesus: Mt 12,32; 13,24ff.36ff; Mk 10,30; Lk 16,8; 20,34). Aber keine dieser Epochenbezeichnungen ist in der Bibel alleiniges Gliederungsprinzip der Heilsgeschichte. Und die gegenseitige Zuordnung der einzelnen genannten Begriffe ist nicht leicht vorzunehmen. Das muss vorsichtig machen gegenüber allen zu streng durchgeführten heilsgeschichtlichen Schemata.[160] Und doch wird es eine der wesentlichen Aufgaben

---

[159] E. Sauer, *aaO.*, S.224-226.

[160] Ein Überblick über die Geschichte heilsgeschichtlicher Theologien und ihrer Entwürfe zeigt denn auch eine große Vielfalt. So wurde öfters eine Dreiteilung der Heilsgeschichte vertreten: Vor dem Gesetz, unter dem Gesetz, unter der Gnade (Augustin; Gregor d.Gr.); oder auch ein Zeitalter des Vaters, des Sohnes und des Heiligen Geistes (Joachim v.Fiore). Aber auch eine Vierteilung (Ambrosius; C. Vitrin-

heilsgeschichtlicher Theologie bleiben, die Struktur der Heilsgeschichte Gottes nachzuzeichnen und so die fortschreitende Offenbarungsgeschichte in texttreuer, am Literalprinzip orientierter Exegese zu beobachten.

7.2 Heilsgeschichtliche Theologie als entscheidende Hilfe für eine angemessene Auslegung und Anwendung der Bibel: Heilsgeschichtliches Denken hilft zum einen bei der *Auslegung* der Bibel. Wer heilsgeschichtlich denkt, wird jeden Text der Bibel entsprechend des für diesen Text zutreffenden offenbarungsgeschichtlichen Kontextes nach seinem Literalsinn auslegen. Texte werden dann nicht schon bei der Exegese von einem späteren heilsgeschichtlichen Kontext aus interpretiert. D.h. beispielsweise, es werden nicht immer schon das ganze Neue Testament und christliche Perspektiven in die Exegese eines alttestamentlichen Textes hinein gelesen. Das 4. Gebot (2Mo 20,8) betrifft bei der Exegese dann tatsächlich den für Israel verbindlichen Sabbat (= Samstag als 7. Tag der Woche), und wird nicht flugs unter der Hand zum sonntäglichen Feiertag (Sonntag als 1. Tag der Woche). Was Israel verheißen ist, wird dem Literalsinn entsprechend auch auf Israel bezogen, und nicht gleich schon auf die Kirche (usw.). Und auch solche Aussagen, die im Zuge der fortschreitenden Offenbarungsgeschichte noch einmal eine umfassendere Erfüllung finden wie das Immanuel-Zeichen in Jes 7,14 (vgl. Mt 1,23), können zunächst dem (begrenzteren) Literalsinn ihres ursprünglichen Kontextes entsprechend ausgelegt werden. Als Interpretationskontext für das Erheben des Literalsinns einer Stelle erweist sich die vorangegangene Offenbarungsgeschichte als entscheidend. Darauf aufbauend kann dann verfolgt werden, wie die entsprechende Bibelaussage evtl. in der weiteren Offenbarungsgeschichte auf-

---

ga), eine Fünfteilung (Origenes; Hieronymus; nochmals Gregor d.Gr.), eine Sechsteilung (Barnabasbrief; Irenäus; wieder Augustin; Isidor v. Sevilla; Eike v. Repgow; Luther), oder auch die beliebte Siebenteilung (Eusebius; der junge Augustin; P. Poiret; J.N. Darby; C.I. Scofield). Vgl. dazu Roderich Schmidt, „Aetates mundi – Die Weltalter als Gliederungsprinzip der Geschichte", *ZKG*, 67 (1955/56), S.288-317. S. auch unten in diesem Buch Kap.7.

gegriffen und – vielleicht bis zu einer endgeschichtlichen Vollerfüllung – weiter entwickelt wird.

Heilsgeschichtliches Denken hilft vor allem aber bei einer sachgemäßen *Anwendung* der Bibel. Die Bibel will nicht nur exegetisch analysiert werden. Eine Exegese, bei der der Ausleger für sich die Frage nach der Wahrheit und dem Anspruch des Wortes der Heiligen Schrift ausklammert, wäre ein Missbrauch des Wortes Gottes (s. dazu Näheres unten unter These 8). Wie aber kann die Bibel sachgemäß angewendet werden? Wie kann willkürlichem Missbrauch bei ihrer Anwendung gewehrt werden?

Schon Luther hat in seiner Abhandlung über die Anwendung alttestamentlicher Gesetzesaussagen für Christen[161] heilsgeschichtlich argumentiert. Nicht alles in der Schrift kann ich als Christ direkt auf mich anwenden. Es genügt nicht zu wissen, dass ein biblisches Wort Gottes Wort ist; ich muss vielmehr zunächst sehen, zu wem Gott hier ursprünglich gesprochen hat. Zu Christen im Rahmen der neutestamentlichen Gemeinden? Oder zu den Menschen in Israel unter dem Gesetz? Und was habe ich zu berücksichtigen, wenn ich solch ein Israel gegebenes theokratisches Gesetz heute als Glied der christlichen Gemeinde lese?

Nach allem, was wir oben (Thesen 3 und 4) im Einzelnen schon zur Inspiration und Autorität der Heiligen Schrift als biblisches Selbstverständnis ausgeführt haben dürfte klar sein, dass es bei solchen Anwendungsfragen nicht darum gehen kann, innerhalb der Schrift unverbindliches Menschenwort von verbindlichem Gotteswort zu scheiden. Es kann bei der Anwendung dieses Wortes folglich nicht darum gehen, einem subjektiven Auswahlverfahren im Umgang mit der Bibel das Wort zu reden, nach dem Motto: „Das gefällt mir. Das will ich gerne für mich gelten lassen. Aber das da scheint mir heute nicht mehr zeitgemäß zu sein. Das will ich dann doch lieber nicht mehr auf uns

---

[161] Martin Luther, *Unterweisung wie sich Christen in Mosen sollen schicken* (1527), in: *W.A.* 24,12-24. – Näheres dazu unten in Kap. 7.

anwenden!" Bei solch einem Verfahren wäre die Bibel der subjektiven Willkür ausgeliefert. Vielleicht würde man sich in der Exegese beim Erklären des Textes noch Mühe geben, exakt zu arbeiten. Aber bei der Anwendung auf uns heute wäre alle hermeneutische Sorgfalt vergessen. Man würde nur noch aus dem subjektiven Empfinden heraus handeln.

Davor kann heilsgeschichtliches Denken in der Anwendung bewahren. Wie die Ausführungen oben zur Offenbarung Gottes in der Heilsgeschichte gezeigt haben dürften, sollte deutlich sein: Nicht der Leser heute hat zu bestimmen, was ihm in der Bibel passt und was er als Norm für sein Verhalten heute anerkennen will. Nein, Gott selbst trifft für jede Epoche der Heilsgeschichte die Entscheidung, was jeweils an Verheißung und Weisung für eine gegebene Zeit gilt.

Wenden wir uns als Beispiel einmal den Anweisungen Gottes zu. Da gibt es Anordnungen, die nach dem erklärten Willen Gottes heute genau wie in früheren Abschnitten der Heilsgeschichte gelten. Dass Morden verboten ist, gilt bereits für den Noahbund (1Mo 9,5f) und für das mosaische Gesetz (2Mo 20,13). Und es ist für Christen heute genau so gültig, allenfalls noch in verschärfter Weise (Mt 5,21f). Ebenso wie in Israel unter dem Gesetz praktizierte Homosexualität als ein Gräuel vor Gott abgelehnt wurde (3Mo 18,22), wird es im Neuen Testament als eine schöpfungswidrige Handlung unter Gottes Gericht gestellt (1Kor 6,9f; Rö 1,26ff). – Andererseits gibt es Anordnungen, die für frühere Abschnitte in der Offenbarungsgeschichte galten, heute aber von Gott anders geregelt sind. So wurde in den Zehn Geboten die strenge Einhaltung des Sabbats verfügt (2Mo 20,8-11) – so streng, dass jemand gesteinigt werden musste, der am Samstag als dem heiligen Tag Israels Brennholz las (4Mo 15,32-36). Ganz anders, nämlich in erstaunlich freier Weise, regelt Gott die Sabbatfrage für seine neutestamentliche Gemeinde (Rö 14,5f; Kol 2,16; vgl. Mt 12,1-14). Oder nehmen wir ein anderes Beispiel. Die Beschneidung wurde schon Abraham geboten (1Mo 17,10) und unter Mose wurde sie neu von Gott verfügt (3Mo 12,3; vgl. 2Mo 4,24f). Für die neutestamentliche Gemeinde dagegen wird sie als Weg zur Eingliederung in das neue

Bundesvolk streng verboten: „... sonst nützt euch Christus nichts!" (Gal 5,2). Oder noch ein Thema: Im Alten Bund gab es einen besonderen Priesterstand samt Zeremonienwesen, der allein für das Opferwesen in Stiftshütte und Tempel zuständig war. Wer als ʹLaieʹ selbst irgendwo opfern wollte, machte sich vor Gott schuldig (3Mo 17,1-5; 5Mo 12). In der Zeit davor bei den Patriarchen gab es das noch nicht; damals war noch jeder Hausvater zugleich ʹHauspriesterʹ, der bei seinem Zelt einen Altar baute und Gott wohlgefällige Opfer brachte. Im Neuen Bund gibt es nun das allgemeine Priestertum aller Gläubigen (1Petr 2,9), aber keinen Priesterstand im alttestamentlichen Sinn und auch keine Tieropfer mehr. Denn das allein gültige Sühneopfer Jesu ist an die Stelle der früheren Opfer getreten (Rö 3,25f; Hebr 9+10).[162]

Berücksichtigt man die nötigen heilsgeschichtlichen Gesichtspunkte, wird man zur Unterscheidung von direkter und indirekter Anwendung biblischer Aussagen kommen: 1) Erstens muss sich der Bibelleser über seinen eigenen Standort in der Heilsgeschichte Rechenschaft geben. Wer heute lebt, befindet sich in der Epoche der neutestamentlichen Gemeinde Jesu (bzw. im Zeitalter der Kirche). Diese Zeit erstreckt sich vom ersten Kommen Jesu, seinem Kreuzestod, seiner Auferstehung sowie der Ausgießung des Heiligen Geistes bis zu seiner Wiederkunft. – 2) Daraus folgt, zweitens, dass

---

[162] Vielleicht wurde dies ja übersehen als man relativ früh in der Kirchengeschichte dazu überging, wieder – als wäre man das alte Volk Israel – eine Priesterschaft mit Kultgewändern, Weihrauch, dem Neuen Testament unbekannten Zeremonien und einem neuen (Mess-)Opferwesen in prunkvollen Tempeln einzuführen und erneut ein irdisch-theokratisches Staatswesen zu etablieren, in dem man christliche Wahrheit noch mehr nur mit dem Wort, sondern mit Gewalt durchsetzte. Dem Buchstaben und Geist des Neuen Testament bzw. der heilsgeschichtlichen Gegebenheit der neutestamentlichen Gemeinde entsprach das jedenfalls nicht. Vielleicht hätte die heilsgeschichtliche Unterscheidung zwischen Israel und der Gemeinde des Neuen Bundes vor manchen Irrwegen der Kirchengeschichte bewahren können. Aber die nach-konstantinische Kirche hatte ihre Substitutionstheorie entwickelt und sah sich – in Verkennung der heilsgeschichtlichen Tatsachen – als Platzhalter des alten Israel (während sie dem tatsächlichen Volk des Alten Bundes, Israel, mit zunehmendem Antisemitismus begegnete...).

alles, was Gott im Neuen Testament für die christliche Gemeinde angeordnet hat, zunächst genau seinem Literalsinn entsprechend auszulegen und dann im Gehorsam ʼdirektʼ in den heutigen Kontext hinein anzuwenden ist. – 3) Drittens wird zu berücksichtigen sein, dass uns Christen nach neutestamentlichem Verständnis die ganze Heilige Schrift zu Nutzen gegeben ist. Dies wird im Blick auf das gesamte Alte Testament klassisch in 2Tim 3,16f formuliert („Die ganze Schrift ist von Gott eingegeben und nütze…"). Auch in Rö 15,4 sagt Paulus: „Was aber zuvor geschrieben worden ist, das wurde zu unserer Belehrung geschrieben…". Und nach 1Kor 10,6 sind uns die Geschichten des Alten Testaments „zum Vorbild gegeben". Angesichts dessen darf es keine Ablehnung oder Abwertung des Alten Testaments in der christlichen Kirche geben. – 4) Von daher ergibt sich, viertens, für den christlichen Bibelleser die Aufgabe, solche Schriftaussagen, die zunächst in andere Epochen der Heilsgeschichte hinein gesprochen sind, exakt ihrem Literalsinn entsprechend auszulegen und dann ʼindirektʼ auf sich bzw. in den heutigen Kontext hinein anzuwenden. ʼIndirektʼ insofern, als er im Blick auf die Anwendung immer zunächst über das Neue Testament und das, was neutestamentlich gesehen gilt, gehen muss. Kriterium der Anwendung ist immer das, was von Gott her für die Epochen der Gemeinde verheißen und verfügt ist. Wenn ich z.B. hinsichtlich mancher Aussagen im mosaischen Gesetz im Vergleich mit dem Neuen Testament sehe, dass Gott die gleichen Prinzipien auch für die neutestamentliche Gemeinde verordnet hat, kann ich sie ʼindirektʼ, aber ganz konkret in die heutige Zeit übertragen. Bei anderen Weisungen des Alten Testaments kann ich in der Anwendung wichtige Grundsätze erkennen und in die heutige Zeit übertragen, ohne aber – weil hierzu die neutestamentliche Grundlage fehlte – die konkreten Ausführungsbestimmungen in die heutige Situation zu übernehmen. So zeigen mir die oft bis zur Todesstrafe gehenden Strafgesetze der Torah im Rahmen der alttestamentlichen Theokratie, wie ernst Gott Sünde nimmt – ohne dass ich deshalb für die Vollstreckung von Todesurteilen im Raum der christlichen Gemeinde plädieren müsste oder dürfte. Denn das ʼSchwertʼ ist nach neutestamentlicher Offenbarung nur dem Staat gegeben (Rö 13,4), nicht aber der Gemeinde. Und die neutestamentliche Gemeinde ist nun einmal von ihrem Wesen her kein irdisches Staatswesen. – Oder wenn ich im Alten Testament das Sabbatgebot lese, zeigt mir der hermeneutische Erkenntnisweg über das Neue Testament, dass ich als Christ zwar nicht zum Halten des Samstags als Feiertag verpflichtet bin (siehe oben), dass vielmehr alle Tage gleich geeignet sind als Ruhe- und Feiertag (Rö 14,5f); und doch sehe ich daran, dass Jesus den Sabbat als für den Menschen nützlich bezeichnet (Mk 2,27), dass ein Ruhetag zur Ehre Gottes in der Woche nach wie vor eine gute schöpfungsgemäße Einrichtung ist. – Und noch ein Beispiel: Wenn ich sehe, dass für die zukünftige messianische Friedenszeit gilt, dass dann Schwerter in Pflugscharen umgeschmiedet werden (Jes 2,4), schöpfe ich Hoffnung für die Zukunft und bete vermehrt um das Kommen dieses Reiches mit der Wiederkunft Christi, bestreite dem Staat aber nicht als `Pazifist´ unter Berufung auf dieses Prophetenwort die `Schwertgewalt´, die ihm nach Rö 13 für die Jetztzeit ausdrücklich zugestanden ist, und schließe mich auch nicht der Illusion an, dass etwa die Vereinten Nationen, die sich ein Schwerter-statt-Pflugscharen-Denkmal vor ihren Hauptsitz in New York haben stellen lassen, durch ihren friedenspolitischen Einsatz heute schon die schwertfreie Zeit heraufführen würden. Heilsgeschichtliches Denken und Anwenden kann in allen diesen Bereichen vor gravierenden Fehlern in der Bibelanwendung bewahren.

Kehren wir zum Anfang zurück. Der Internetschreiber, der an Laura Schlessinger seine ironischen Fragen hinsichtlich einer `wörtlichen´ Anwendung alttestamentlicher Gesetze gerichtet hat, war offenbar in den Prinzipien heilsgeschichtlicher Hermeneutik nicht besonders bewandert. Er hätte sonst gemerkt, dass sich die alt- wie neutestamentliche Ablehnung praktizierter Homosexualität nicht dadurch aushebeln lässt, dass man impliziert, man nehme es als moderner Mensch mit anderen biblischen Gesetzen zu Recht doch auch nicht mehr so genau, weshalb man sich doch auch lieber andere Beurteilungsmaßstäbe für gleichgeschlechtliche Sexualität holen solle, als ausgerechnet die Bibel. Tatsächlich mag er ja anderer Meinung sein als die Heilige Schrift. Aber er hat diese – hermeneutisch sachgemäß angewendet – nach wie vor gegen sich. Womit am Ende Menschenmeinung gegen Gottes Wort steht.

These 8: Sachgemäße Schriftauslegung darf nicht bei sachlich-distanziertem Erklären stehen bleiben, sondern wird ihrem Gegenstand nur gerecht durch das Geschenk eines geistlichen Verstehens, das sich dem Anspruch und Zuspruch des Wortes Gottes stellt.

8.1 Das Bibelwort will mehr:
Gott hat sein Wort nicht absichtslos gegeben. Dieses Wort kehrt nicht leer zu ihm zurück, sondern verwirklicht das, was Gottes Absicht entspricht (Jes 55,10f). Schon der alttestamentliche Schriftgelehrte Esra beließ es nicht beim neutralen Erforschen des göttlichen Gesetzes, sondern das Erforschen führte bei ihm sachgemäß zum Tun und dann zum Weitergeben dieses Wortes, damit es auch von anderen getan werden solle (Esr 7,10). Das inspirierte Wort zielt darauf, den Leser zu belehren, seine Situation aufzudecken, ihm Heil zuzuwenden und ihn im neuen Leben weiterzubringen (2Tim 3,16f). Das Reden Gottes enthält Herausforderung und Angebot. Das Evangelium möchte Menschen verändern und hat die Macht dazu (Rö 1,16; 1Kor 15,2). Durch das Wort der Wahrheit werden Menschen wiedergeboren (Jak 1,18; 1Petr 1,23). Und dieses Wort ist „lebendig und wirksam und schärfer als jedes zweischneidige Schwert und dringt durch bis zur Scheidung von Seele und Geist ... und ist ein Richter der Gedanken und Gesinnungen des Herzens" (Hebr 4,12). Das biblische Wort lässt seine Leser und Hörer nicht unverändert. Es will sie zum Hören, Glauben, Beten – und durch all das zum Heil führen (Rö 10,13-17). Das alles gilt nach biblischem Verständnis nicht nur für die Erstleser des biblischen Wortes, sondern auf Grund seines Inspirationscharakters auch für jeden späteren Leser (vgl. Rö 15,4). Julius Schniewind schrieb ganz richtig: „Was die Schrift sagt, ist Lehre für die Kirche und Glauben weckende Botschaft. Die Bibel ist kein Material, das mit historischen Hypothesen durchpflügt werden will, sondern Stimme, die gehört werden will, Zeugnis, das für die Wahrheitsfrage ins Gewicht fallen will."[163]

---

[163] Zitiert bei Klaus Haacker, „Der reformatorische Ansatz in der Schriftauslegung Julius Schniewinds", *ThBeitr*, 15 (1984), S.74.

8.2: Angemessenes Verstehen:

Auf Grund dieser biblischen Evidenz stellt sich die Frage, ob es überhaupt so etwas wie ein neutrales, unbeteiligtes, sachlich-distanziertes Bibellesen geben kann. Tatsächlich mag es in der Praxis einen solchen Umgang mit der Bibel geben. Aber es ist ein prinzipiell unsachgemäßer Umgang mit der Heiligen Schrift. Es ist ein Umgang mit ihr, der zu kurz greift. Wenn Theologen – und seien es evangelikale! – im exegetischen Proseminar die Bibel quasi wie einen toten Fisch auf den Tisch legen und exegetisch sezieren, ohne sich dem Zuspruch und Anspruch dieses Wortes zu stellen, stellt dies eine defizitäre Exegese und einen unangemessenen Umgang mit dem lebendigen Gotteswort dar, das ihnen in dem vorliegenden Menschenwort begegnet. Genauso, wenn Theologen die Bibel nur mit historischem Interesse lesen und ihre exegetischen Bemühungen nur so weit treiben, bis sie z.B. sagen können: „Paulus meint mit dem `Alten Menschen´ in Rö 6 das und das" – ohne daraus die Konsequenzen zu ziehen, um die es dem Apostel in diesem Kapitel des Römerbriefs geht. Für solch ein distanziertes Verstehen wurde Rö 6 aber nicht geschrieben! Wer die apostolischen Aussagen trotzdem nur akademisch neutral `versteht´, ohne sich ihrem Wahrheitsanspruch und der geistlichen Wirklichkeit, von der sie reden, zu stellen, hat sie jedenfalls noch nicht so verstanden, wie sie verstanden werden wollen. Seine Exegese bleibt gewissermaßen in den Vorarbeiten stecken. Nicht, dass es verkehrt oder auch nur verzichtbar wäre, historisch-philologisch genau zu analysieren, was Paulus denn hier sagen wollte! Nein, dieser Arbeitsschritt ist unumgänglich wichtig. Aber dann gilt es, sich (unter Berücksichtigung des heilsgeschichtlichen Kontextes) das gesagt sein zu lassen, was er sagt; sich dem Wahrheitsanspruch zu stellen, der hier erhoben wird; und sich auf die Wirklichkeit einzulassen, um die es hier geht. Sachgemäße Exegese ist nicht nur ein retrospektives Geschäft. Die Bibel ist kein toter Gegenstand aus längst vergangener Zeit, den es lediglich aus historisch-literarischem Interesse zu erforschen gilt. Die Bibel hat Anrede- und lebensverändernden Machtcharakter. Sie will beim Leser das bewirken, wovon sie spricht.

Häufig bleibt Exegese heute in einem defizitären *Kommunikations- bzw. Informationskonzept* stecken und kommt über den *griechischen Erkenntnisbegriff* nicht hinaus. Wenn Information kommuniziert werden soll, ist man ja auch nicht zufrieden, wenn man die Vorfragen geklärt hat, womit und wie man diese Information darstellen kann (statistische und syntaktische Ebene), damit der Empfänger versteht, was man kommunizieren wollte (semantische Ebene). Informationskommunikation darf nicht auf der semantischen Ebene abbrechen. Vielmehr soll sie zu (Re-)Aktionen führen (pragmatische Ebene), durch die das Informationsziel erreicht wird (apobetische Ebene). Machen wir das an einem einfachen Beispiel klar. Nehmen wir an, ich entdecke, dass es brennt, und will andere warnen, dass sie schleunigst das gefährdete Haus verlassen. Für die nötige Information entscheide ich mich in Sekundenbruchteilen für mündliche Kommunikation in deutscher Sprache (statistische und syntaktische Ebene). „Es brennt!!!" ist der Informationsinhalt, den ich laut rufend kommuniziere. Wäre es nun sachgemäß, wenn die gefährdeten Hausbewohner meine Information nur auf der semantischen Ebene aufnehmen und feststellen würden: „Er sagt, dass es brennt..." – und nichts würde geschehen. Hätten sie verstanden wie verstanden werden soll? Hätten sie überhaupt begriffen, worum es mir geht? Nein, der Inhalt meiner Information will sie dazu bringen, aufzuspringen und schleunigst aus dem Gebäude zu gehen (pragmatische Ebene), damit sie als Ziel meiner Information schließlich sicher und außer Gefahr sind (apobetische Ebene).[164] – Ganz entsprechend wäre auch das Kommunikationsziel biblischer Autoren nicht erreicht, wenn ich auf der semantischen Ebene („Paulus hat damals das und das gemeint") den Verstehensprozess abbrechen würde. Solch eine Verstehensbemühung bliebe auch im

---

[164] Vgl. zu diesem umfassenden Informationsbegriff W. Gitt, „Information und Entropie als Bindeglieder diverser Wissenschaftszweige", *PTB-Mitteilungen Forschen + Prüfen*, 90 (1980), S.1-17 (besonders S.9-12); sowie ders., „Ordnung und Informatik in Technik und Natur", in: W. Gitt (Hrsg.), *Am Anfang war die Information*, Gräfelfing 1982, 212 S.

griechischen Erkenntnisbegriff stecken – in einem distanziert-intellektuellen Erfassen der Sache. Der *hebräische Erkenntnisbegriff* (*yadá*) lädt darüber hinaus zur Begegnung mit dem Erkannten ein.[165]

8.3: Grundzüge einer biblischen Erkenntnislehre:
Einige Aussagen im ersten Korintherbrief zeigen uns so etwas wie *Grundzüge einer biblischen Erkenntnislehre* auf. Wie es um natürliche Erkenntnisgrenzen und geistliche Erkenntnismöglichkeiten steht, macht Paulus am `Wort vom Kreuz´ deutlich: „Denn das Wort vom Kreuz ist denen, die verloren gehen, Torheit; uns aber, die gerettet werden, ist es Gottes Kraft" (1Kor 1,18). Und: „Wir aber verkündigen Christus als Gekreuzigten, den Juden ein Skandal, den Nationen eine Torheit; den Berufenen aber, Juden wie Griechen, Christus als Gottes Kraft und Gottes Weisheit" (V.23f). Für die Wahrheit der frohen Botschaft dieses Wortes vom Kreuz kann der Hörer geradezu verblendet sein (2Kor 4,3f).

Bei diesem `Wort vom Kreuz´ geht es um die Evangeliumsbotschaft, „dass Christus gestorben ist für unsere Sünden nach der Schrift" (1Kor 15,3). Dieses Wort kann man nun mit dem natürlichen Verstand *historisch* analysieren. Den Korinthern war aus eigener Anschauung ohnehin klar, was mit einer Kreuzigung gemeint war. Sie konnten sicher auch in Erfahrung bringen, dass Jesus unter Pontius Pilatus am 3. April 33 (oder am 7. April 30) in Jerusalem gekreuzigt worden war – einschließlich der näheren Umstände. – Der natürliche Verstand kann das `Wort vom Kreuz´ auch *sprachlich* analysieren. Er kann feststellen, dass Paulus nicht nur historisch von der Kreuzigung Jesu sprach, sondern diesem Geschehen

---

[165] Im Hebräischen meint das Wort „Erkennen" nicht nur die distanzierte Wahrnehmung. Vielmehr geht es um Wahrnehmen in der Begegnung. Das kann so weit gehen, dass „Erkennen" zum hebräischen Begriff für die sexuelle Begegnung in der Ehe wird. („Und Adam erkannte sein Weib…", 1Mo 4,1 – mit der Folge der Geburt ihres ersten Sohnes). Erkennen hat nach hebräischer Vorstellung etwas damit zu tun, dass ich mich auf das zu Erkennende einlasse.

zugleich eine bestimmte Deutung gab: „Er starb für unsere Sünden nach der Schrift" (1Kor 15,3). Eine philologisch-biblische Exegese wird unschwer mit den Möglichkeiten des menschlichen Verstandes feststellen, dass hier an die Sühnopfertheologie und gewisse messianisch-prophetische Texte (etwa Jes 53,4ff) des Alten Testaments angeknüpft wird, die nach dem Schema `Verheißung – Erfüllung´ in Christi Opfertod als erfüllt angesehen werden. – Auch lässt sich philologisch und theologisch ohne weiteres feststellen, dass Paulus das Geschehen am Kreuz nicht nur rückschauend in Erinnerung rufen wollte, sondern es (im Sinne des *pro me*: „für unsere Sünden") als ein ihn selbst, seine Hörer und darüber hinaus jeden Menschen angehendes göttlich-stellvertretendes Sühnehandeln begriff. Das alles lässt sich mit der notwendigen sachlichen und sprachlichen Kenntnis distanziert-intellektuell `erkennen´.

Aber wenn es darum geht, Stellung zu dem so verstandenen Wort zu beziehen, stößt das Wort bei den Griechen und Juden von damals – wie bei Skeptikern und manchen modernen Exegeten von heute – auf Ablehnung. Für die einen war es töricht und skandalös, für die anderen scheint es der radikalen Uminterpretation bedürftig. Was geistlich tatsächlich am Kreuz von Golgatha geschah, bleibt dem sündigen Menschen mit seiner gefallenen Vernunft verborgen (1Kor 2,7-8). Er `erkennt´ damit nur einen Ausschnitt der umfassenden Wirklichkeit und verkennt die geistlichen Realitäten.

Aber gerade diese tatsächliche, der geistlichen Wirklichkeit entsprechende Bedeutung des historischen Kreuzesgeschehens wurde von Gott den Aposteln bis in die Formulierung der Worte hinein offenbart (1Kor 2,10-13). Nur, und nun kommt die hermeneutische Kernaussage: „Der natürliche (psychische) Mensch *nimmt nicht an*, was vom Geist Gottes kommt; denn es ist ihm eine Torheit, und *er kann es nicht erkennen*, weil es geistlich (pneumatisch) beurteilt werden muss" (1Kor 2,14). Damit sind zwei grundsätzliche Aussagen getroffen: 1. Ohne das Wirken des Heiligen Geistes nimmt der natürliche Mensch die Wahrheit des `Wortes vom Kreuz´ nicht an, bleibt also – möglicherweise trotz historisch-grammatischen Verstehens – in existentieller Distanz dazu. Und 2. kann er das Wort ohne den Geist nicht „verstehen"; es bleibt ihm „Torheit". Geistliche Verblendung (2Kor 4,3f) und gegen Gott gerichtete Vernunftschlüsse (2Kor 10,4f) können solche Verstehenshindernisse sein.

Was ist damit nun gemeint? Auf semantischer Ebene, im historisch-grammatischen Sinn, liegt die Bedeutung des ʽWortes vom Kreuzʼ ja in äußerer Klarheit zu Tage. Aber solch ein distanziert-intellektuelles Verstehen (griech. Erkenntnisbegriff!) ist hier nicht ausreichend. Schon Luther hat vertreten, dass zu der ʽäußeren Klarheitʼ des Bibelwortes in seiner verständlichen Sprachgestalt die ʽinnere Klarheitʼ im Ausleger kommen muss – ein innerliches Klar-Machen der Wahrheit und Bedeutsamkeit der Bibelaussage, das nur der Heilige Geist schenken kann.[166] Es geht um eine Begegnung mit dem Verkündeten (hebr. Erkenntnisbegriff). Bei der Erkenntnis des ʽWortes vom Kreuzʼ geht es also nicht nur um ein semantisches Erfassen – das auch! Auf ein bloßes ʽVerstehenʼ auf der semantischen Ebene kann man nämlich immer noch mit Gleichgültigkeit, Distanz, Skepsis oder Ablehnung (usw.) reagieren. Es geht vielmehr um ein klares Erkennen, das mit glaubender Annahme (vgl. 1Kor 2,14) der Wahrheit und geistlichen Wirklichkeit dessen, was das inspirierte Wort da sagt, verbunden ist.

Man könnte geradezu von einer ʽHermeneutik der Begegnungʼ sprechen – einer Begegnung mit der Wahrheit und Realität des im Wort Gesagten, einer Begegnung mit der lebensverändernden Kraft dieses Wortes. Erst wenn es zu der Erkenntnis kommt, dass das, was da steht, nicht nur theologische Meinung

---

[166] *W.A.* 18,609.5ff: „Si de interna claritate dixeris, nullus homo unum iota in scripturis videt, nisi qui spiritum Dei habet": Wenn es um die innere Klarheit geht, so sagt Luther seinem Gegner Erasmus, wird kein Mensch auch nur ein Jota der Schrift wahrnehmen, es sei denn er habe den Heiligen Geist. Denn nur dieser Geist wirkt den Glauben an das äußerlich wahrgenommene Wort (*ebd.*, 609.9f). – Dazu kommentiert A. Buchholz, *Schrift Gottes im Lehrstreit*, S.82: „In diesem Sinne meint die claritas interna, dass das menschliche Herz es nun genauso ʽsehenʼ kann, wie die Hl.Schrift es sagt. Die interna claritas scripturae ist also nichts anderes als die Durchsetzung der externa claritas scripturae im Herzen durch den Hl.Geist."

des Paulus war, sondern den göttlichen Realitäten in der Geschichte entspricht, erst wenn der Ausleger sein Denken dieser Wahrheit öffnet und unterordnet und dieses Wort an sich ausrichten lässt, wozu Gott es gegeben hat, ist das Wort so verstanden, wie es verstanden werden will. Erst dann ist die Kommunikation der Offenbarung an ihr Ziel gelangt. Und eben dieses Ziel ist nicht mit menschlichen Mitteln herstellbar, sondern nur als pneumatisches Geschehen realisierbar. Um das Geschenk dieses geistlichen Verstehens kann der Ausleger nur beten – gerade angesichts der oben genannten Verstehenshindernisse natürlicher und übernatürlicher Art. Der Exeget kann das Ziel des Verstehens also nicht allein mit eigenen Mitteln und Methoden sicherstellen. Er kann es sich von Gott erbitten. Dieses pneumatische Geschehen schließt nun aber das menschliche Erkenntnishandeln – das exakte geschichtlich-grammatische `Sehen´ – nicht aus, sondern setzt es voraus und nimmt es in Dienst. Auch hier gilt, dass der Geist Gottes nicht stellvertretend für den Menschen handelt (wie dies Christus für den Menschen tut), sondern dass er den Menschen befähigt und in Dienst nimmt.[167] Umgekehrt macht sich der Mensch aber des Unglaubens und Ungehorsams schuldig, wenn er die Schrift liest, ohne sie so zu verstehen wie sie verstanden werden will.

Ist die Schrift im umfassenden Sinne (geschichtlich-grammatisch-geistlich) erkannt, so dass es vom Sehen unter der Bitte um den Geist zum Geschenk des Glaubens kam, mündet solches Verstehen in die Dankbarkeit und die Doxologie. Es ist von daher nicht verwunderlich, dass nicht nur die reformatorische Schriftauslegung, sondern auch die des Frühpietismus immer wieder übergangslos von der Exegese zum Gebet fort-

---

[167] Für dieses befähigende, aber von Gott ausgehende, Zusammenwirken des Heiligen Geistes gebrauchte Rudolf Bohren (im Anschluss an van Ruler) den Begriff der `theonomen Reziprozität´ in der pneumatologischen Begründung seiner Predigtlehre; R. Bohren, *Predigtlehre*, München 1972, S.76ff. Dieser Begriff der `theonomen Reziprozität´ ist auch auf das geistliche Verstehen in der exegetischen Schrifterkenntnis anwendbar.

schreitet.[168] Evangelikale Hermeneutik möchte zu diesem exakten und umfassenden Prozess der Schrifterkenntnis anleiten, durch die im Ergebnis das eigene Leben geistlich beschenkt und Gott durch Gehorsam und Dank geehrt wird.

---

[168] So finden sich in Johann Albrecht Bengels berühmtem Kommentar zum Neuen Testament, dem *Gnomon*, immer wieder Gebete, in die seine Exegese einmündet. Einige solche Gebete aus Bengels *Das Neue Testament ... übersetzt und mit dienlichen Anmerkungen begleitet* (1753) sind im *Stuttgarter Biblisches Nachschlagewerk*, Stuttgart 1955, S.33-36, zusammengestellt. So geht Bengels Auslegung von Mk 1,20 über in die Worte: „O Gott! Dein Evangelium ist lauter Wahrheit. Das glaube ich: bei solchem Glauben erhalte mich bis an das Ende". Oder zu Joh 6,64+68: „Herr Jesu! Erhalte mich im Glauben, dass ich mich an keinem deiner Worte ärgern möge, wenn ich mich schon nicht in alles finden kann. Du stößest mich nicht hinaus, und ich weiche nicht von dir!"

III. Bibeltreue und Geschichte

6

IST DIE BIBLISCHE URGESCHICHTE WAHR? WEICHENSTELLUNGEN FÜR EINE HEILSGESCHICHTLICHE THEOLOGIE

Wer immer das Thema „Schöpfung und Evolution" in der heutigen Lage aufgreift, beweist Mut. Zweifellos handelt es sich um ein ʽheißes Eisenʹ. Hier bestehen nicht nur die üblichen Erkenntnisunterschiede, wie man sie unter Theologen immer wieder findet. Vielmehr tritt man in dieser Frage in ein Spannungsfeld ein, das sich seit Beginn der Neuzeit stetig und auf breitester Ebene aufgebaut hat. Der Allein-Zuständigkeitsanspruch der menschlichen Ratio für die Erkenntnis der Welt hat die Theologie auf dem Gebiet des 1. Glaubensartikels („Ich glaube an Gott..., den Schöpfer des Himmels und der Erde...") in lange Rückzugsgefechte verwickelt. Wer das Gebiet der Schöpfungslehre im Spannungsfeld zwischen Glaube und Naturwissenschaften erneut angeht, rührt an einen empfindlichen Punkt. Trotzdem sollte es möglich sein, sich mit diesem wichtigen, unseren Glauben und unser Wissen gleichermaßen betreffenden Gegenstand ohne alle *rabies theologorum* – also ohne alles Theologengezänk – beschäftigen zu können.

Dies ist umso mehr deswegen angezeigt, weil sich gerade auf diesem Gebiet nicht wenige bewusste Christen in einem Konflikt zwischen Glauben und Denken befinden. Junge Leute, die im Biologieunterricht (nur) die Evolutionshypothese kennen gelernt haben, stehen vor der Frage, was sie mit dem Schöpfungsbericht anfangen sollen. Soll man ihn auf 1Mo 1, Vers 1 reduzieren („*Am Anfang schuf Gott Himmel und Erde*") – und den Rest der ersten beiden Kapitel der Bibel streichen oder als ʽMythosʹ interpretieren? Fragen dieser Art haben Generationen von Christen beschäftigt. In der Theologie kam es dabei weithin zu einer Rückzugsbewegung, die die einen als eine Rückbesinnung auf das christologische Proprium der Theologie werteten, die anderen dagegen als eine vorschnelle Preisgabe biblischer Offenbarung an vorläufige Ergebnisse menschlicher Erkenntnis bedauerten.

1. Der Rückzug der Theologie auf Christus und das Heil.

1.1 Der Rückzug auf die Innerlichkeit:
Innerhalb der protestantischen Theologie lässt sich seit dem ausgehenden 17. Jahrhundert eine bemerkenswerte Entwicklung feststellen. Der Protestantismus, der einst das `sola scriptura´ (`Allein die Schrift!´) auf seine Fahnen geschrieben hatte und mit diesem Motto gegen die katholische Doppelautorität `Schrift und Tradition´ antrat, ließ nun neben der Heiligen Schrift eine zweite Normgröße aufkommen, die menschliche Vernunft. Während die Vernunft in der Reformationszeit zunächst noch in dienender Funktion der Schrift untergeordnet war, kam sie nun neben die Schrift zu stehen, um schließlich unverhohlen zur Herrin über die Schrift zu werden. So wurde die evangelische Kirche der Reformation zur protestantischen Kirche der Aufklärung.

Hand in Hand hiermit ging eine Entwicklung, bei der die geschöpfliche Welt immer ausschließlicher zum Zuständigkeitsbereich der erkennenden *ratio* erklärt wurde, während der Glaube seinen Platz in der Innerlichkeit des Menschen zugewiesen bekam. Ursache für diese Entwicklung war das maßgeblich von Descartes (1596-1650) und Kant (1724-1804) geprägte rationalistische Wirklichkeitsverständnis, das die Gesamtwirklichkeit in Bewusstseinswelt (*res cogitans*) und Gegenstandswelt (*res extensa*) aufspaltete. Die Gegenstandswelt – einschließlich der Historie – wird dabei als ein geschlossener Zusammenhang verstanden, für den die erkennende *ratio* zuständig ist. Die Gegenstandswelt wird von ihrer Eigengesetzlichkeit her erklärt. Mit einem welthaften Handeln Gottes – zumindest einem erkennbaren Handeln Gottes in der Welt – wird nicht gerechnet.

Es kann nicht geleugnet werden, dass mit diesem aufklärerischen Ansatz die Erforschung der Naturgesetze und überhaupt die naturwissenschaftliche Welterkenntnis einen starken Antrieb erhielten. Allerdings wurde die Welt erklärt *etsi deus non daretur*, als ob es Gott nicht gäbe. Die Gottesfrage wurde aus der Wahrnehmung und Erklärung der Gegenstandswelt methodisch ausgeklammert. Die neuzeitliche Säkularisierung nahm so ihren Lauf.

Auch im Bereich der Theologie wirkte im Gefolge der Aufklärung das rationalistische Wirklichkeitsverständnis tiefgreifend nach. Man akzeptierte die Aufspaltung der Wirklichkeit in Bewusstseinswelt und Gegenstandswelt und überließ die Gegenstandswelt ihrer Eigengesetzlichkeit, der Zuständigkeit der Vernunft und den Naturwissenschaften. Glaube und Gotteserkenntnis zogen sich dagegen in den sicheren Bereich der Innerlichkeit zurück. In der Bewusstseinswelt wusste man sich dem Kausalnexus rein innerweltlich verstandener Ursache und Wirkung enthoben. Hier war der Freiraum für Glaube und Ethik. Hier – bei Schleiermacher im frommen Gefühl, später bei Wilhelm Herrmann in der Subjektivität und schließlich bei Rudolf Bultmann im Selbstbewusstsein oder Selbstverständnis der Existenz – kann Gott bzw. der Seinsgrund erfahren werden, kann es zu moralischen Überzeugungen und Entscheidungen kommen.[169]

Im Grunde hat sich die Theologie in einen sicheren Bereich zurückgezogen, in dem sie durch die *ratio* nicht widerlegt werden konnte. Die Bibel allerdings, mit ihrem durchgehenden Reden von einem welthaften Handeln Gottes – er schafft die Welt, offenbart sich erkennbar und hörbar, begnadigt und straft, wirkt Wunder und greift in die Geschichte ein... -, mit ihrem Reden von der Offenbarung Gottes in der Gegenstandswelt, fügte sich in dieses neue Wirklichkeitsverständnis der Theologie nicht ohne weiteres ein. Die aufgeklärte Theologie, die sich weithin von den Philosophen den Grundsatz der Zuständigkeit der *ratio*

---

[169] Dazu Felix Flückiger, „Der Gottesgedanke in der Theologie Rudolf Bultmanns", in: H. Burkhardt (Hrsg.), *Wer ist das – Gott?*, Gießen 1982, S.156ff.

für den Bereich von Geschichte und Kosmos hatte aufdrängen lassen, konnte hier konsequent nur eines tun: nämlich die Bibel dem kritischen Maßstab der Vernunft unterwerfen. War früher die Heilige Schrift selbst Beurteilungsnorm (*judex et norma*) aller Theologie, so hatte die Theologie nun in der aufgeklärten Vernunft eine Norm für die Heilige Schrift gefunden.

Diese Umkehrung wurde ermöglicht durch die Abkehr vom Glauben an die Bibel als ganz vom Heiligen Geist eingegebenem Wort Gottes (2Tim 3,16), verfasst von Menschen, die – Gott allein weiß wie – bis ins Einzelne geführt waren vom Heiligen Geist (1Kor 2,9-13; 2Petr 1,21). Die Aufklärungstheologie brach gründlich mit dem Inspirationsglauben der Orthodoxie. Und während man auf Seiten des Pietismus noch daran festhielt, dass die ganze Schrift (*tota scriptura*) Gottes Wort sei, kam die Aufklärungstheologie seit J.S. Semler (+ 1791) zu dem seither von ihr vertretenen Grundsatz, die Bibel enthalte zwar Gottes Wort, sei aber nicht Gottes Wort. So begann die inzwischen 200 Jahre dauernde Suche nach einem `Kanon´ im Kanon. Mit Hilfe der theologischen Vernunft sollte festgestellt werden, was in der Bibel zeitgebundenes, unverbindliches Menschenwort und was überzeitlich gültiges Gotteswort sei. Als Gotteswort übrig blieben dann meist nur die zu verinnerlichenden Glaubenswahrheiten und moralischen Werte.

1.2 Emil Brunner als Beispiel einer reduktionistischen Schöpfungslehre:
Ich möchte diese Konsequenz in ihrer Zuspitzung auf das biblische Schöpfungszeugnis am Beispiel eines durchaus positiven, ja sogar missionarisch gesonnenen Theologen des 20. Jahrhunderts deutlich machen, anhand des Züricher Dogmatikprofessors *Emil Brunner* (1889-1966). Im Band I seiner Dogmatik führt Brunner im Rahmen seiner Lehre von der Heiligen Schrift – ganz im Sinne der Aufklärungstheologie – aus: „Sofern die Bibel über Gegenstände weltlichen Wissens spricht, hat sie *keinerlei Lehrautorität*. Weder ihr astronomisch-kosmologisches oder geographisches Weltbild, noch ihre zoologischen, ethnographischen oder historischen Aussagen sind für uns bindend,

weder die des Alten noch die des Neuen Testaments. Hier ist vielmehr der rational-wissenschaftlichen Kritik freier Raum zu geben."[170] Brunner grenzt hier die Offenbarungsautorität der Schrift im Blick auf Dinge der Gegenstandswelt *a priori* aus und grenzt dann ihre Verbindlichkeit auf Aussagen zur Christusoffenbarung ein: „Die Schrift ist unbedingte Autorität, sofern in ihr die Offenbarung, Jesus Christus selbst, zur Geltung kommt. Die Schriftlehre als solche aber ist, obschon sie unbedingter *Grund* unserer christlichen Lehre ist, nur in bedingtem Sinne Norm derselben. Die kritische Besinnung über die Adäquatheit oder Inadäquatheit des biblischen Lehrzeugnisses für die bezeugte Offenbarung bleibt uns nicht erspart...".[171]

In Band II seiner Dogmatik wendet er diese Sicht dann auf die christliche Lehre von der Schöpfung an. Als seinen für alle Glaubensaussagen – und damit auch für den Schöpfungsglauben – gültigen 'theologischen Kanon' bezeichnet er den Grundsatz, „dass wir in allen theologischen Aussagen von der Gottesoffenbarung in Jesus Christus als dem fleischgewordenen Gotteswort auszugehen haben und durch keine biblischen Texte an sich, vor allem nicht durch alttestamentliche Historie, gebunden sind".[172] Für protestantische Ohren klingt das zunächst gut: Christus ist das Maß aller christlichen Lehre. Trotzdem fragt sich, ob es legitim ist, Christus, die heilsgeschichtliche Mitte der Schrift, als kritisches Auswahlprinzip gegen die Aussagen der Bibel zu wenden, um so einen 'Kanon' im Kanon zu begründen. Auf die Schöpfungsfrage angewandt, bleibt für Brunner als verbindliche biblische Lehre die christologische Aussage, dass durch den Logos alles erschaffen wurde (Joh 1; Kol 1). Diese dogmatische Einsicht, die ausdrücklich nicht als „Theorie über die Weltentstehung..., sondern als eine 'existentielle'

---

[170] E. Brunner, *Die christliche Lehre von Gott. Dogmatik Bd. I*, Zürich 1946, S.57.
[171] *Ebd.*, S.57f.
[172] E. Brunner, *Die christliche Lehre von Schöpfung und Erlösung. Dogmatik Bd.II*, Zürich 1950, S.61.

Aussage"[173] verstanden wird, gerät bei Brunner unversehens zum Prokrustesbett, auf dessen Maß die alttestamentliche Schöpfungsgeschichte zurechtgeschnitten wird.

Während Brunner vom neutestamentlichen Christuszeugnis her sich grundsätzlich zum *Schöpfungs*glauben bekennt, hält er „eine resolute Preisgabe der mosaischen Schöpfungs*geschichte* aus theologischen Gründen für unerlässlich."[174] Ich frage nur: Zwingt denn das neutestamentliche Christuszeugnis tatsächlich zur Preisgabe des alttestamentlichen Schöpfungsberichts als Gegenstand des Glaubens? Liegt im Selbstverständnis der neutestamentlich-christologischen Schöpfungsaussagen – nach dem Literalprinzip verstanden – auch nur die geringste Absicht, gegen die Schöpfungsgeschichte der Genesis zu polemisieren und zu ihrer Preisgabe zu nötigen? Würde die minutiöse Anknüpfung Jesu an den Wortlaut von Genesis 2 in der Ehescheidungsfrage (Mt 19,3ff) es nicht im Gegenteil nahe legen, den alttestamentlichen Schöpfungsbericht durch Christus bestätigt zu sehen? Man wird den Eindruck nicht los, dass Brunner zwar elegant seine Überzeugung christologisch zu begründen versucht, dass letztlich aber ganz andere Gründe ihn zu der „resoluten Preisgabe der mosaischen Schöpfungsgeschichte" gedrängt haben.

Wie immer wieder deutlich wird, ist auch bei Brunner die *ratio* für die Erkenntnis der Gegenstandswelt voll zuständig. Was sie erkennt, gilt. Und wenn die Bibel zu den betreffenden Punkten etwas anderes zu sagen scheint, muss sie sich Sachkritik gefallen lassen, denn ihre Autorität erstreckt sich (nach Brunner) ja nicht auf historische, kosmologische und ähnliche Gegenstände. So kann Brunner ganz deutlich sagen: „Die alttestamentliche Schöpfungsgeschichte gibt uns das Zeugnis von Gottes Schöpfung in Verbindung mit einem bestimmten Bild des Raumes, der Zeit, und bestimmter, von Anfang dagewesener, unveränderlicher Lebensformen. In allen drei Punkten nötigt

---

[173] *Ebd.*, S.44.
[174] *Ebd.*, S.46.

uns der Stand der heutigen Erkenntnis zur Preisgabe dieses Bildes und zu einer Ersetzung durch andere Vorstellungen."[175] Ob Emil Brunner, inhaltlich gesehen, die Schöpfungsgeschichte der Genesis ganz zutreffend verstanden hat, sei einmal dahingestellt. Worauf es mir ankommt ist, dass er als seine eigentliche Autorität den heutigen Stand naturwissenschaftlicher Erkenntnis benennt, von dem her er sich zur Preisgabe biblischer Aussagen genötigt sieht. Letztlich ist es also weniger die neutestamentliche Christologie, als vielmehr die menschliche Vernunft mit ihren Erkenntnissen, die zum Maßstab für Sachkritik an der Bibel wird. Und wenn christliche Apologetik versuchen sollte, auf den Hypothesencharakter mancher naturwissenschaftlicher Theorien hinzuweisen und zu einer Vereinbarung von Bibelaussage und naturwissenschaftlicher Einzelaussage zu kommen, wird der sonst so liebenswürdige Theologe Brunner plötzlich scharf. „Wir täten gut daran", schreibt er, „endlich einmal die jämmerliche Verschanzung hinter den hypothetischen Charakter dieser Forschungsergebnisse, diesen üblen Trick fauler Apologetik, zu unterlassen und Forschungsergebnisse, die von allen Forschern anerkannte werden, weil sie auf Beweis beruhen, auch als für uns verbindlich anzuerkennen... Denn, wie wir schon vorher ausführten, nur von der alttestamentlichen Schöpfungs*geschichte*, nicht vom biblischen Schöpfungs*zeugnis* aus stellen sich überhaupt diese Fragen."[176] Damit ist für ihn klar: 1. Die Evolution gilt der Vernunft als unumstößliche Tatsache. 2. Die biblische Schöpfungsgeschichte als solche ist angesichts dieser Erkenntnis preiszugeben. 3. Trotzdem kann das Schöpfungszeugnis der Bibel (auch der Genesis) von Christus her als existentielle Bekenntnisaussage im Glauben festgehalten werden, womit ein von der Wie-Frage befreiter Schöpfungsglaube entsteht.

---

[175] *Ebd.*, S.39. Vgl. S.48: „Wir können es darum nicht scharf genug sagen: Das Weltbild der Bibel und das Weltbild der heutigen Naturwissenschaft stehen in unversöhnlichem Gegensatz zueinander, genauso wie das Weltbild des Aristoteles und das der heutigen Wissenschaft."
[176] *Ebd.*, S.41.

In den Kapiteln 1 bis 5 dieses Buches haben wir ein vom Selbstzeugnis der Offenbarung ausgehendes Schriftverständnis näher entfaltet. Das muss hier nicht wiederholt werden. Jedoch möchte ich folgende Punkte anmerken: 1. Die protestantische Theologie muss sich bewusst sein, dass sie sowohl die biblischen Selbstaussagen, als auch das reformatorische Schriftverständnis preisgibt, wenn sie die Vernunft der Heiligen Schrift als deren Richter überordnet und so an Stelle des „Allein die Schrift!" der Reformation die menschliche *ratio* sowie diverse von ihr gefundene Hypothesen als eine Art zweite Offenbarungsquelle neben – oder im Konfliktfall sogar: über – die Schrift stellt. 2. Ich bezweifle, dass es der Bibel und ihrem Selbstzeugnis angemessen ist, in der Heiligen Schrift zwischen unverbindlichem Menschenwort und zeitlos gültigem Gotteswort zu unterscheiden. Die Schrift erhebt nicht nur einen durchgehenden Wahrheitsanspruch, sondern gibt uns selbst auch keinen Schlüssel an die Hand zur Entflechtung ihrer göttlich-menschlichen Einheit. Wer gar die Christusoffenbarung zum kritischen Prinzip erheben und gegen die Bibel wenden will, muss sich angesichts der in den Evangelien bezeugten Bibelhaltung Jesu[177] fragen lassen, ob er nicht vorgefasste kritische Meinungen nachträglich theologisch legitimieren will und dazu die Christusoffenbarung als Argument missbraucht. 3. Von daher halte ich eine christologisch-soteriologische Engführung in der Bibelfrage – also eine Reduzierung ihrer Gültigkeit auf Christus und auf Heilsfragen – als der Schrift unangemessen. Die Theologie zieht sich damit zwar auf sicheres Land zurück, indem sie die Gültigkeit der Bibel in Fragen des persönlichen Christusglaubens, der Heilserfahrung und vielleicht der moralischen Werte (hinsichtlich derer protestantische Theologie allerdings auch längst in der Rückzugsbewegung ist!) noch

---

[177] Erinnert sei dazu nochmals (vgl. Kapitel 3, These 3) an A.D. Baum, „Das Schriftverständnis Jesu: Ein exegetisches Mosaik", *Jahrbuch für evangelikale Theologie*, 16/2002, S.13-32; J. Wenham, *Jesus und die Bibel: Autorität, Kanon und Text des Alten und Neuen Testaments*, Holzgerlingen 2000 [engl. Ausg. 3.Aufl. 1993], 236 S.; und Th. Jeromin, *Die Bibel über sich selbst: Das Selbstverständnis der biblischen Schriften. Eine Einführung*, Gießen 2003, S.19-50.

gelten lässt, ihre Relevanz in historischen und anderen welthaften Fragen aber von vornherein preisgibt. Diese Reduktionstheologie erweist sich als vom rationalistischen Wirklichkeitsverständnis, nicht aber vom biblischen Selbstverständnis her, motiviert. Skeptischen Zeitgenossen wird die Theologie dadurch nicht glaubwürdiger erscheinen. Vielmehr werden sie fragen was wohl von einem Glauben zu halten ist, der in den überprüfbaren Bereichen als durch Fakten falsifiziert anzusehen wäre und sich daraufhin in kühnem Sprung auf die Tellsplatte einer unüberprüfbaren existentiellen Innerlichkeit zurückzieht und dies in der Folge mit großer Geste als christologisch motivierte Notwendigkeit ausgibt.

2. Das Schöpfungszeugnis der Bibel im Zusammenhang der Heilsgeschichte.

2.1: Gottes verborgenes und offenbares Handeln in der Geschichte:
Wo immer das biblische Zeugnis in seiner Aussage und Intention unbefangen vernommen wird und noch keine weltanschaulich bedingte, kritische Distanz zum Bibelwort das Sehen dessen, was da steht, verhindert, wird es zur Wahrnehmung biblischer 'Heilsgeschichte' kommen. Dass die Bibel von einem zusammenhängenden Handeln Gottes in der Geschichte mit protologischem Anfang, christologischer Mitte und eschatologischem Ziel berichtet, ist nicht zu übersehen. Von dem geschichtssetzenden Schöpfungshandeln Gottes an, das uns die Genesis (1Mo) beschreibt, und seinem anfänglichen Handeln unter den Völkern bis zur Flut und der babylonischen Zerstreuung, über die Erwählung der Stammväter Israels und des Volkes Israel, in dem Gott sich in reicher Fülle offenbart, bis zur Christusoffenbarung mit Kreuz und Auferstehung als Mitte der Offenbarungsgeschichte – und von da über die Erwählung und Sammlung der neutestamentlichen Gemeinde bis zur Parusie (der Wiederkunft Jesu), der Messiasherrschaft und seinem ewigen Reich mit dem Anbruch der Neuschöpfung, erstreckt sich die biblische Heilsgeschichte. 'Heilsgeschichte' ist dabei nicht etwa eine nachträgliche theologische Glaubensinterpretation

der Universalgeschichte, ja, sie beansprucht nicht einmal, umfassend das gesamte universalgeschichtliche Handeln Gottes darzustellen. Gewiss, auch die Universalgeschichte ist nach biblischer Sicht, wie gerade die Apokalyptik Israels zeigt[178], Gottes Souveränität nicht entzogen. Er ist nicht nur Schöpfer, sondern auch der Erhalter und immer wieder der Richter des Geschichtslaufs. Für unser Erkenntnisvermögen jedoch handelt Gott in den Zusammenhängen der Weltgeschichte vor allem als der verborgene Gott, der *deus absconditus*. `Heilsgeschichte´, dagegen, hat es mit dem Handeln des offenbaren Gottes, des *deus revelatus*, zu tun – so wie es in der Heiligen Schrift explizit wird. Heilsgeschichte beschreibt Gottes geschichtliches Offenbarungshandeln soweit es uns in seiner Wirklichkeit und Entfaltung durch die biblische Offenbarung (und also nicht durch unseren spekulativen Zugriff !) erschlossen ist. Entsprechend ist heilsgeschichtliche Theologie alles andere als Geschichtsspekulation. Sie ist vielmehr zu einem exegetisch sauberen Erforschen und Erkennen der biblischen Aussagen zum Wirken Gottes in der Geschichte in ihrem Zusammenhang gerufen.

2.2 Der Zweifel am Geschichtshandeln Gottes und der vermeintliche `mythologische Rand´ der Heilsgeschichte:
Wie wir im ersten Teil dieses Kapitels sagen, tut sich die neuere Theologie auf Grund ihrer weltanschaulichen Prämissen schwer, von einem welthaften Handeln Gottes zu reden, wie es uns die Bibel durchgehend schildert. In einem Aufsatz über „Alttestamentliche Glaubenszeugnisse und geschichtliche Wirklichkeit" hat Alberto Soggin einmal einige neuere theologische Entwürfe daraufhin untersucht, inwieweit sie bereit sind, vom Geschichtshandeln Jahwes, wie es uns das Alte Testament immer wieder schildert, als von historischer Wirklichkeit zu reden. Sein Ergebnis: „Bei all diesen Versuchen schaut der alte doketische Pferdefuß, wenn auch nur schüchtern, unter dem ge-

---

[178] Siehe dazu unten, Kap. 8.

lehrten Gewand hervor."[179] Man möchte die religiösen Wahrheiten der Bibel theologisch beibehalten, zugleich aber die historische Wirklichkeit des in der Bibel bezeugten Geschichtshandelns Gottes aus weltanschaulichen Gründen[180] preisgeben. So wird religiöse Wahrheit von historischer Wirklichkeit getrennt und es kommt zu einem Wirklichkeitsverlust der Theologie wie in den Tagen des frühkirchlichen Doketismus.

Die Bereitschaft, die historische Wirklichkeit biblisch-heilsgeschichtlicher Geschehnisse preiszugeben, ist nun aber je nach Gegenstand verschieden. Ob zentrale `Heilstatsachen´ des Neuen Testaments in eine bloße Kerygma-Theologie aufgelöst werden, die die Botschaft vom Faktum trennt, oder ob `nur´ der Geschichte Israels und ihrer Vorgeschichte der Boden historischer Tatsachen unter den Füßen weggezogen wird, macht für viele gemäßigt kritische Theologen einen bedeutenden Unterschied. Mit spitzer Feder kommentiert in diesem Zusammenhang der (historisch-kritische) Alttestamentler Franz Hesse das unkonsequente Verhalten mancher (konservativer) Theologen. In seinem Aufsatz „Bewährt sich eine `Theologie der Heilstatsachen´ am Alten Testament?" geht er zunächst auf die berühmte Kundgebung der Bekenntnisbewegung vom 6. März 1966 in der Dortmunder Westfalenhalle ein, wo angesichts der radikalen Bibelkritik Rudolf Bultmanns und seiner Nachfolger von mehreren Rednern betont wurde, dass Gott zu unserem Heil Tatsachen gesetzt, Fakten geschaffen habe, denen gegenüber alles Kerygma oder Wortgeschehen etwas Zweitrangiges sei. Dann kommt Hesse auf das Alte Testament zu sprechen, ver-

---

[179] J.A. Soggin, „Alttestamentliche Glaubenszeugnisse und geschichtliche Wirklichkeit", *ThZ*, 17 / 1961, S.387. – Der `Doketismus´ war eine Irrlehre in frühchristlicher Zeit, die zwar die Göttlichkeit des himmlischen Christus bzw. Logos vertrat, diesen aber nicht mit dem irdischen Jesus von Nazareth identifizierte, weil sich angeblich Gott nicht in irdische Wirklichkeit dieser Art erniedrigen könne. Damit war die Inkarnation im Kern geleugnet – was auf heftigen Widerstand der Kirchenväter stieß.
[180] Vgl. das, was in Kap. 3 (Abschn. 1.2) über die von Ernst Troeltsch definierte `historisch-kritische Methode´ und ihre weltanschaulichen Prämissen ausgeführt wurde.

weist auf Gerhard von Rads *Theologie des Alten Testaments*, die von der Unvereinbarkeit der Geschichte Israels, wie sie uns das AT schildert, mit der ʽwirklichenʼ Geschichte Israels, wie sie die historische Kritik mit ihrer Beschränkung auf innerweltliche Erklärungen rekonstruiert hat, und die das alttestamentliche Kerygma wie einen ungedeckten Scheck erscheinen lässt, dem keine Fakten, sondern nur innere Gotteserlebnisse entsprechen.[181] Und Hesse stellt verwundert fest, „dass diese Erkenntnis kaum Staub aufgewirbelt hat. Wie anders ist es da bei analogen Sachverhalten auf neutestamentlichem Gebiet zugegangen!"[182] Und er fragt: „Warum dieses Schweigen beim Alten, diese Aufregung beim Neuen Testament? Der Grund ist möglicherweise sehr einfach: Man fühlt sich hier nicht im Ernst betroffen, weil nichts davon in Frage gestellt wird, was man ʽzentrale Heilstatsachenʼ nennt. Ob Gott vor rund 6000 Jahren die Welt und dabei als Krönung seines Schöpfungswerkes auch die beiden ersten Menschen mit Namen Adam und Eva schuf, oder ob die Menschheit vor Jahrmillionen allmählich aus niederen Lebewesen hervorgegangen ist – das sind Fragen, über die man auch in kirchlichen Kreisen diskutieren kann... Ob Mose einst ganz Israel als Volk aus Ägypten geführt hat, um ihm bald danach am Sinai die Zehn Gebote zu vermitteln, oder ob Mose ein Stammeshäuptling aus dem Bereich von später in Mittelpalästina ansässigen Sippen war, über den zunächst weiter nichts als eine Grabtradition existierte – darüber kann man reden... Wenn aber jemand zu behaupten wagt, Jesus von Nazareth habe sich nicht für den Messias gehalten, oder er, der auf das Kreuz Zugehende, habe seine Sache verloren gegeben, dann ist das plötzlich schlimmste modernistische Theologie, der es mit Bekenntnisbewegungen zu widerstehen gilt. Würde auf dem Felde der beiden Testamente mit gleichem Maßstabe gemessen, dann dürfte der Bannfluch nicht nur E. Käsemann und W. Marxsen, dann müsste er genauso G. von Rad und H.W. Wolff tref-

---

[181] Siehe dazu näher unten die Ausführungen des Kapitels 7.
[182] F. Hesse, „Bewährt sich eine ʽTheologie der Heilstatsachenʼ am Alten Testament?", *ZAW*, 81 / 1969, S.3.

fen."[183] Soweit Franz Hesse. Natürlich gibt es Theologen, die mit detaillierter historischer, literarischer, archäologischer oder auch paläographischer Begründung für die geschichtliche Zuverlässigkeit nicht nur der neutestamentlichen Berichte, sondern auch der alttestamentlichen Geschichtsüberlieferungen argumentieren.[184] Wir können diese Diskussion und die jeweiligen Gründe hier nicht vertiefen. Jedenfalls gibt es hinsichtlich des umfangreichen Mittelteils der Heilsgeschichte bis heute sehr viel mehr Theologen, die begründet für dessen Historizität eintreten, als Hesse aus der Evidenz einer einzigen Kundgebung das Jahres 1966 schloss.

Besonders groß wird die Neigung zur Trennung von (religiöser) Wahrheit und (historischer) Wirklichkeit unter Theologen, wenn es um die Ur- und Endgeschichte geht, die Protologie und Eschatologie. In einem Aufsatz über „Wege und Irrwege christlicher Eschatologie" hat der Mainzer Professor Friedrich Beisser die von ihm so genannte „Entmaterialisierung der Eschatologie" kritisch dargestellt.[185] Er verdeutlicht dort wie der `jüdische Realismus´ der biblischen Eschatologie seit der Aufklärungstheologie immer mehr weginterpretiert wurde. Zeitlich zukünftige und im Raum der Historie zu erwartende Ereignisse verlieren dann ihren Platz in der Eschatologie. Wo die Bibel

---

[183] *Ebd.*, S.4f.

[184] Zum Neuen Testament, siehe beispielsweise den kontroverstheologischen Sammelband *Steht Jesus dem Glauben im Weg? Glaube und intellektuelle Redlichkeit: Mit Beiträgen von Andreas Lindemann, Armin Baum und Gottfried Schröder*, hrsg. Th. Mayer / K.H. Vanheiden, Nürnberg 2001; C. Blomberg, *Die Historische Zuverlässigkeit der Evangelien*, Nürnberg 1998; H. Hempelmann, *Die Auferstehung Jesu Christi – eine historische Tatsache?*, Wuppertal 1982 [überarb. u. erw. Aufl. 2003]. – Zum Alten Testament: E.H. Merrill, *Die Geschichte Israels*, Holzgerlingen 2001; K.A. Kitchen, *On the Reliability of the Old Testament*, Grand Rapids / Cambridge 2003; A. Schick, *Irrt die Bibel? Auf der Suche nach König David und Salomo – Mythos oder Wahrheit?*, Hammerbrücke 2004.

[185] F. Beisser, „Wege und Irrwege christlicher Eschatologie", in: G. Maier (Hrsg.), *Zukunftserwartung in biblischer Sicht*, Wuppertal 1984, S.8-14.

immer noch von solchen Ereignissen spricht, werden sie als mythologisch erklärt und müssen (weg-) `interpretiert´ werden.

In einer bemerkenswerten Entsprechung von Endzeit und Urzeit ließe sich analog von einer `Entmaterialisierung der Protologie´ in der neueren Theologie sprechen. Die Ereignisse der biblischen Schöpfungs- und Urgeschichte werden als Mythos verstanden. Man will zwar die Wahrheit der Glaubensaussage, dass Gott der Schöpfer der Welt ist, durchhalten. Aber man gibt die Wirklichkeit dessen, was tatsächlich auf den ersten Seiten der Bibel berichtet wird, preis. Selbst ein `konservativer´, heilsgeschichtlich denkender Theologe wie Oscar Cullmann (der ansonsten einer der wesentlichen Gegner der Entmythologisierungstheologie Bultmanns war[186]) nimmt hier bemerkenswerte Differenzierungen vor. In seinem Standardwerk *Heil als Geschichte* stellt er die Frage, ob es eigentlich biblisch gesehen legitim sei, „von Heils-*Geschichte* zu sprechen, obwohl am Anfang *dieser* Geschichte Schöpfungsereignisse stehen, die nicht Geschichte, sondern Mythos sind, und obwohl am Ende dieser Geschichte von Ereignissen die Rede ist, die sich großenteils im kosmischen Rahmen abspielen und schon deshalb nicht als historisch bezeichnet werden können, weil sie ja erst der Zukunft angehören?". Und fährt dann fort: „Noch verhältnismäßig leicht können Urgeschichte und Endgeschichte vom historischen Mittelstück (Geschichte Israels, Leben Jesu, Geschichte der Urgemeinde und Mission) gelöst werden. Aber auch in der

---

[186] Vgl. die lesenswerte Gesamtdarstellung bei K.H. Schlaudraff, `*Heil als Geschichte*´? *Die Frage nach dem heilsgeschichtlichen Denken, dargestellt anhand der Konzeption Oscar Cullmanns*, Tübingen 1988. Während Faktum und Deutung für Cullmann heilsgeschichtlich zusammengehören, rechnet er mit der Möglichkeit, dass sich historisch zwischen beiden eine Differenz auftun könnte und dass die Heilsgeschichte gerade im AT gelegentlich Mythen interpretiert. Schlaudraff kritisiert dies nicht grundsätzlich, sondern bezeichnet es lediglich als unabdingbar, dass sich bzgl. des Mittelstücks der Heilsgeschichte, also des Christusgeschehens, die heilsgeschichtliche Sicht „auf Ereignisse bezieht, die grundsätzlich auch historisch feststellbar sind", da Heilsgeschichte sonst zur gnostischen Spekulation werde (S.166).

Darstellung jenes Mittelstückes selbst sind historisch kontrollierbare und historisch unkontrollierbare Elemente – letztere können wir als mythisch bezeichnen – miteinander verquickt."[187] Cullmann rechnet mit einem im großen und ganzen historischen Mittelstück der Heilsgeschichte, das in der Ur- und Endgeschichte mit einem mythischen Rahmen versehen ist. Der Schöpfungs- und Endzeitmythos werde allerdings durch den Anschluss an das `historische Mittelstück´ historisiert und habe ohnehin eine gewisse geschichtliche Form, insofern er von einem `Geschehen´ rede.

Wer so spricht, hat in der Bibelfrage bereits Vorentscheidungen getroffen. Verstehen wir `Mythos´ als die geschichtliche Einkleidung einer nicht gegenständlichen religiösen Wahrheit in gegenständlich-welthafte Erzählform, so setzt derjenige, der die biblische Urgeschichte als Mythos bezeichnet, voraus, dass sich die Dinge jedenfalls so, wie sie die Bibel berichtet, nicht zugetragen haben. Er wird die Ansicht nicht teilen können, dass die Bibel zwar kein naturwissenschaftliches Lehrbuch mit moderner fachwissenschaftlicher Terminologie ist, trotzdem aber in einfacher Sprache zutreffend wirkliches Geschehen beschreibt (wie immer dieses im Einzelnen seinem Literalsinn nach gemeint ist). Es fragt sich: Von welcher übergeordneten Warte aus gewinnt der Mensch den Maßstab, den Schöpfungsbericht der Genesis, nachdem er ihn inhaltlich verstanden hat, als Mythos einzuordnen? Die Bibel selbst gibt keinen Schlüssel für solch eine Wertung. Von den Schöpfungsmythen der Sumerer, der indischen Veden oder auch des chaldäischen Enúma Elisch mit ihren blutigen Götterkämpfen hebt sich der Genesisbericht charakteristisch ab. Bleibt die moderne Vernunft mit ihrer Welterkenntnis, die sich zum übergeordneten Maßstab anbietet und – auch hinsichtlich der biblischen Erzählungen – feststellt, was tatsächlich geschehen sein kann und was als Mythologie einzuordnen ist. Ein riskantes Unternehmen, wenn es um die Anfänge geht, hinsichtlich derer der Mensch sich selbst einge-

---

[187] O. Cullmann, *Heil als Geschichte*, Tübingen 1965, S.118f (der ganze Abschnitt `Geschichte und Mythos´ ebd., S.117-131).

stehen muss, auf hypothetische Denkrahmen angewiesen zu sein, in die er die nachweisbaren Einzelheiten einordnen muss! Hier ist zur Vorsicht und Zurückhaltung zu mahnen. Warum sollte nicht auch ein denkbares Vorgehen sein, den biblischen Text in seiner Aussageintention so genau wie möglich zu verstehen, um ihn dann als Ausgangspunkt in den nachdenkenden Vergleich mit allen bekannten Fakten naturwissenschaftlicher Erkenntnis einzubringen bzw. ihn auch als Korrektiv im Blick zu behalten hinsichtlich menschlicher Hypothesenbildungen zu den Ursprüngen der Welt?

2.3 Erwägungen zur Urgeschichte als Teil biblischer Heilsgeschichte:
Eine heilsgeschichtliche Theologie, die nicht auf Grund vorgefasster Werturteile für die protologischen und eschatologischen Aussagen der Bibel eine Sonderhermeneutik vorhält, wird auch in der Auslegung der ur- und endgeschichtlichen Texte der Bibel nach dem auch sonst gültigen Literalprinzip verfahren.[188] Das bedeutet: Prosa als Prosa, Poesie als Poesie, Bildrede als Bildrede, Geschichtsbericht als Geschichtsbericht (usw.) auszulegen – kurz: einen jeden biblischen Text nach der ihm eigenen ursprünglichen Aussageintention zu verstehen.

Untersuchen wir das Alte Testament auf seine protologischen Aussagen hin, so finden wir unterschiedliche Textgattungen, deren Exegese nach der jeweiligen Aussageintention den Ausleger zu einer differenzierten Behandlung nötigt: 1. Es gibt hochpoetische Texte, die in dichterischer Sprache von einem urzeitlichen `Kampf´ Jahwes mit einem Seeungeheuer sprechen (Hi 26,12f; vgl. Ps 74,13ff; 89,9f; Jes 51,9f). 2. Es gibt poetische Texte zur Schöpfungsthematik aus der israelitischen Weisheitsschule (Ps 104; Hi 38,4-11; Prv 8,22-31). 3. Es gibt den im Wesentlichen in Prosa (mit eingestreuten poetischen Elementen) verfassten Schöpfungsbericht aus 1Mo 1 mit näheren Ausführungen zur Schöpfung des Menschen in 1Mo 2. – Es

---

[188] Siehe dazu oben Kap. 5.

scheint mir hermeneutisch nicht unerheblich zu sein, dass hier zwischen Poesie und Prosa angemessen unterschieden wird.

Zu 1.: Die Texte über den ʿKampfʾ Jahwes mit dem ʿSeeungeheuerʾ sind stark poetisch geprägt. Hiob 26 handelt von „der Donnersprache der göttlichen Macht" (V.14) und erwähnt als ein dichterisches Beispiel: „Durch seine Kraft stillte er das Meer, durch seine Einsicht schlug er Rahab nieder. Durch seinen Hauch ward der Himmel heiter, seine Hand durchbohrte die flüchtige Schlange" (V.12f). Ähnlich klingt es in Psalm 74: „Du hast das Meer zerspalten mit deiner Kraft, die Häupter der Seeungeheuer über den Fluten zerschmettert. Du hast zerschlagen die Köpfe des Leviathan, zum Fraß hingegeben dem Volke der Wüstentiere" (V.12f). Und auch Jesaja greift dieses Motiv auf und schreibt in poetischer Sprache: „Wach auf! Wach auf! Waffne dich mit Kraft, du Arm des Herrn! Wach auf wie in der Vorwelt Tagen, bei den Geschlechtern der Urzeit! Bist du es nicht, der Rahab zerhieb und das Seeungeheuer durchbohrte?" (51,9). Der Kontext bei Jesaja könnte den Gedanken nahe legen, dass das Bild vom Kampf mit dem Seeungeheuer hier auf die Ereignisse beim Exodus im Schilfmeer angewandt ist. Andererseits hat Bruce Waltke (im Anschluss an Mary Wakeman) in seiner Studie *Creation and Chaos* überzeugend nachgewiesen, dass hier in bildhafter Weise ein Motiv aufgegriffen wird, das sich in Israels Umwelt in unterschiedlichen Kosmogonien findet.[189] Ob es sich um die sumerische Ninurta-Erzählung handelt, die indischen Veden oder das akkadische Enúma Elisch (usw.), immer sind drei Grundmotive vorhanden: a. ein mächtiges Wesen, das die Schöpfung aufhält; b. dessen Besiegung durch einen mächtigeren Gott, der damit die für das Leben notwendigen Kräfte freisetzt; und c. die Kontrolle jener Kräfte durch das sieghaft Gottwesen. In kanaanitisch-ugarithischen Texten ist offenbar einmal auf diese Anti-Schöpfungs-Macht als Lotan/Leviathan angespielt: „Als du zerschlugst Lotan, das böse Seeungeheuer, ja zerstörtest den gewundenen Drachen, den Mächtigen mit den sieben Häuptern..." (*Ug.Text*

---

[189] B.K. Waltke, *Creation and Chaos*, Portland 1974, S.5-17.

67,1ff.27ff). Vermutlich finden sich Anklänge an jene Motive aus der Umwelt Israels in der Dichtung von Hiob, dem Psalter und Jesaja. Waltke hat allerdings eines deutlich herausgearbeitet: Die hebräische Dichtung hat zwar ein Bildmotiv aus den Kosmogonien seiner Umwelt genommen, um damit in dichterischer Sprache die Mächtigkeit Jahwes über die wilden Elemente auszudrücken. Das Alte Testament hat aber gerade nicht die religiös-kosmogonischen Konzeptionen seiner Umwelt übernommen mit ihren Götterkämpfen und ihrer Gestaltung des Kosmos aus den Leichen der Besiegten.

Zu 2.: Auch in der Weisheitstradition Israels finden sich poetische Texte, die um das Schöpfungsmotiv kreisen. In stark bildhafter Sprache, die nach poetischen Maßstäben ausgelegt sein will, besingt der 104. Psalm die Weisheit Gottes in der Schöpfung und Erhaltung der Welt. In Hiob 38 (V.4-11) wird in einer poetisch gefassten Gottesrede Hiob befragt, wo er war als Gott die Schöpfungswerke vollbrachte. Und im Sprüchebuch (Prv 8,22-31) findet sich ein Lehrgedicht, das die Existenz der personifizierten Weisheit vor und bei der Schöpfung besingt – und damit die Brücke baut zu den christologischen Schöpfungsaussagen des Neuen Testaments, die Christus, die 'Weisheit Gottes', als Schöpfer sehen (Kol 1,15ff; 2,2f; vgl. Joh 1,1ff). – In all diesen poetischen Texten, die von dichterischer, oft bildhafter Sprache geprägt sind, wird die Vielfalt des Geschaffenen auf das souveräne Schöpfungshandeln Gottes zurückgeführt. Doch ist keiner dieser Texte ein eigentlicher umfassender Schöpfungsbericht. Eine dem Literalprinzip folgende Exegese wird dem poetischen Ausdruck dieser Schöpfungsdichtungen in ihrer Aussageabsicht gerecht werden müssen. Dichtung muss als solche in ihrer jeweiligen Aussageintention verstanden werden.

Zu 3.: Ganz anders der Schöpfungsbericht der Genesis. Gewiss ist auch dieser Eingangstext der Heiligen Schrift von sprachlicher Schönheit und Größe geprägt und ist in seinem Aufbau sorgfältig angeordnet. Er enthält auch poetische Ausdrucksformen, so in 1,26-28 im Bericht über die Erschaffung des Menschen. Aber im Wesentlichen ist er Prosa. Er ist ein Narrativtext, der in aller Wucht, Schönheit und Klarheit der Sprache – ohne die naturwissenschaftliche Fachsprache und Detailliertheit späterer Zeiten anachronistisch vorwegzunehmen – über die Anfänge alles Sichtbaren aus Gottes Sicht berichten und lehren will, wie Gott diese Anfänge gesetzt hat. Gattungsmäßig kann man 1Mo 1 als ´Bericht´ bezeichnen.[190] Hier ist nicht nur eine Wahrheit ausgesprochen – dazu hätte der erste Vers genügt. Hier ist vielmehr in schlichter Größe von Wirklichkeiten die Rede. Bruchlos, durch die sog. Toledot-Formeln[191] (1Mo 2,4; 5,1; 6,9; 10,1; 11,10.27; 25,12.29; 36,1+9; 37,2) aneinander gereiht, schreitet der Bericht von der Urgeschichte zur Väter- bzw. Vorgeschichte Israels fort. Und die prosaische Aussageabsicht des Textes zielt auf die Erschließung dieser Wirklichkeit für den Leser.

Eine als innerweltliches Entwicklungssystem in sich geschlossene Evolutionshypothese würde auf jeden Fall in unversöhnlichem Gegensatz zu der Aussage des Schöpfungsberichts stehen. Selbst eine ´theistische Evolution´ im strengen Sinn ruft viele Fragen auf: Kann man das evolutionäre Prinzip des ´survival of the fittest´, das Überleben des Stärkeren im Daseinskampf, wirklich ohne weiteres als theistischen Schaffensmodus ansehen? Ist das evolutionäre Postulat zufälliger Mutationen und Makromutationen, die über unübersehbare Zeiträume hin negativ verlaufen, um dann irgendwann einmal doch den Entwicklungssprung einer neuen Species hervorzubringen, mit dem planvollen Logos von Genesis 1 und Joh 1 vereinbar?[192] Diese

---

[190] So W. Hilbrands, „Zehn Thesen zum biblischen Schöpfungsbericht (Gen 1,1-2,3) aus exegetischer Sicht", *JETh*, 18 / 2004, S.8, im Anschluss an G.W. Coats, *Genesis with Introduction to Narrative Literature*, Grand Rapids 1987, S.35f.41-48.319.

[191] Die ´Toledot´-Formel führt jeweils zu Beginn eines Abschnitts ein, wie es mit dem unmittelbar zuvor Erwähnten weiter gegangen ist („das ist aus ... geworden" / „so ging es weiter mit..."); dazu W. Hilbrands, *aaO.*, S.13-15.

[192] Ausführlich beschäftigt sich mit Fragen wie diesen die Dissertation von R. Junker, *Leben durch Sterben? Schöpfung, Heilsgeschichte und Evolution*, 2.Aufl. Neuhausen-Stuttgart 1994.

und viele andere Fragen stellen sich dem Christen, der die Evolutionshypothese des Materialismus als Gesamtsystem belässt, aber an den entscheidenden Übergängen das Gottespostulat einbringt. Wird er damit dem biblischen Wort gerecht?

Zwei Möglichkeiten bleiben im Versuch, dem biblischen Bericht wie den uns bekannten naturwissenschaftlichen Fakten (die ihrerseits ja der Deutung und Einordnung bedürfen) im Wissen um die Unteilbarkeit der einen Wahrheit Gottes gerecht zu werden. Es gibt bibeltreue Advokaten für beide Verstehensvarianten. Da ist zum einen der so genannte *progressive (oder fortschreitende) Kreationismus*, d.h. jene Auffassung, die entsprechend 1Mo 1 – aber unter Zugrundelegung einer übertragenen Deutung der dort genannten Schöpfungstage – mit Gottes fortschreitendem, gezieltem schöpferischem Handeln (über lange Zeiträume hin) rechnet. Der durch seine heilsgeschichtlichen Studien bekannt gewordene Erich Sauer kann dieser Auslegungsrichtung zugerechnet werden.[193] „Entscheidende Grundvoraussetzung" für heilsgeschichtliches Bibelverständnis war für ihn „der Glaube an den göttlichen Offenbarungscharakter und die geschichtliche Glaubwürdigkeit der Heiligen Schrift, einschließlich der Buchstäblichkeit der biblischen Urgeschichte... und der Zuverlässigkeit der alt- und neutestamentlichen Endprophetie."[194] Zweifellos wollte er die Heilige Schrift nicht anders verstehen, als sie ihrer eigenen Aussageabsicht nach verstanden werden will. Ob ihm dies gelungen ist, darf diskutiert werden.

Zum andern ist da die Position des *eigentlichen Kreationismus*, wie er – bei Variationen im Einzelnen – vom ʼInstitute for Creation Researchʼ in den U.S.A., in verschiedenen Veröffentlichungen von A.E. Wilder-Smith sowie den Publikationen der Studiengemeinschaft WORT + WISSEN vertreten wird, wobei neben dem Versuch, dem biblischen Text gerecht zu werden, ein besonders starker

---

[193] So etwa in seiner Studie E. Sauer, *Der König der Erde*, Wuppertal 1959, 320 S.
[194] E. Sauer, *Gott, Menschheit und Ewigkeit*, 2.Aufl. Wuppertal 1955, S.5.

Akzent auf die Beschäftigung mit naturwissenschaftlichen Erkenntnissen (übrigens einschließlich eines Eintretens für mikroevolutionäre Prozesse) und die Auseinandersetzung mit der Interpretation der bekannten Befunde im Rahmen der Evolutionstheorie gelegt wird.[195] Als Nicht-Naturwissenschaftler kann ich manche der Interpretationen aus Bereichen wie Biologie, Geologie, Paläontologie oder auch der Astrophysik dabei nicht eigenständig überprüfen. Der eigentliche Kreationismus rechnet in der Tendenz mit einer eher jungen Erde – nicht zuletzt, weil er die hypothetischen Zeitpostulate einer nur mit Zufallsentwicklungen rechnende atheistischen Evolutionstheorie entbehren kann; er rechnet mit der Erschaffung einer reichen Artenvielfalt von Anfang an in relativ kurzer Zeit durch den schöpferischen Logos und mit einem allmählichen Verfall der Schöpfung seit dem Sündenfall. Er bezieht in seine Überlegungen auch stark die in 1Mo 6-9 geschilderte globale Sintflut und ihre geologischen Folgen mit ein. Er arbeitet aber vor allem heraus, hochkomplexe Designmerkmale in der Natur sowie der von der Forschung bis heute nicht ansatzweise reproduzierbare hohe Organisationsgrad in allen Bereichen des Mikro- und Makrokosmos rational nachvollziehbar auf eine hinter allem Gewordenen stehende höchst kreative Intelligenz hinweist, die das biblische Schöpfungszeugnis als einen Glaubensartikel erscheinen lässt, der zugleich auch rationalem Verstehen zugänglich ist. Wer vertritt, dass diese hochkomplexe, effektive, optimal abgestimmte und im Kleinsten wie im Größten immer wieder bewundernswert schöne Schöpfung durch blinden Zufall nach dem Prinzip `Trial and Error´ entstanden ist, braucht zumindest so viel Glauben, wie derjenige, der an den Schöpfer als Urheber des Universums glaubt. Hier schlägt das eigentliche Herz des Kreationismus.

---

[195] In Auswahl seien genannt: H.M. Morris, *Science, Scripture, and the Young Earth*, El Cajon 1983; A.E. Wilder-Smith, *Herkunft und Zukunft des Menschen*, Gießen 1966; ders., *Die Erschaffung des Lebens*, Neuhausen-Stuttgart 1972; W. Gitt, *Logos oder Chaos*, Neuhausen-Stuttgart 1980; ders., *Das biblische Zeugnis der Schöpfung*, Neuhausen-Stuttgart 1983; R. Junker / S. Scherer, *Entstehung und Geschichte der Lebewesen: Daten und Deutungen für den schulischen Bereich*, Gießen 1986; N. Pailer, *Im Zeichen der Schöpfung*, Holzgerlingen 2000.

Frederic Howe hat in einer Folge von zwei Aufsätzen den progressiven und den eigentlichen Kreationismus mit dem exegetischen Befund der Genesis verglichen. Er kommt zu dem Ergebnis, dass keines der beiden Modelle ganz auszuschließen ist, dass aber der eigentliche Kreationismus der Aussageintention von 1Mo 1 ungezwungen näher steht.[196]

Mit diesen Aussagen ist lediglich ein Weg markiert, der sich für eine heilsgeschichtlich orientierte und der Heiligen Schrift als Gottes Offenbarung verpflichtete Hermeneutik als Startpunkt zu gehen anbietet. Die Exegese der Urgeschichte muss die eigentlichen Inhalte aufzeigen. Und zweifellos ist die Entdeckung der Details naturwissenschaftlicher Erkenntnis eine spannende Forschungsaufgabe, vor der sich Christen nicht zu scheuen brauchen, denn sie begeben sich damit auf eine Entdeckungsreise auf den Spuren des Schöpfers. In einer Zeit, in der ein Forschungsgebiet wie die Biotechnologie gerade erst begonnen hat, dem Schöpfer auf die Finger zu schauen und zu entdecken, welche genialen Lösungen `die Natur´, oder sagen wir besser: die Schöpfung für Probleme bietet, die wir Menschen nach Jahrtausenden unserer Kulturgeschichte noch nicht befriedigend gelöst haben – in einer Zeit, in der die Gehirnforschung dem komplexesten Gebilde des Universums, das aller menschlicher Computertechnologie unendlich überlegen ist, mehr und mehr auf die Spur kommt, müssen Christen sich wirklich nicht ihres Schöpfers schämen und Verneigungen vor einem blinden `Zufall´ machen, der – wenn ihm nur genügend Zeit eingeräumt wird – für die Entstehung des gesamten Mikro- und Makrokosmos zuständig sein soll. Zu Recht sagt Art. XX der `Chicago-Erklärung zur biblischen Hermeneutik´ (1982)[197]: „Wir bejahen, dass angesichts dessen, dass Gott der Urheber aller Wahrheit ist, alle Wahrheiten, biblische und außerbiblische, übereinstimmend und zusammengehörig sind, und dass die Bi-

---

[196] F.R. Howe, „The Age of the Earth: An Appraisal of some Current Evangelical Positions (Part 1+2)", *Bibliotheca Sacra*, 142 / 1985, S.23-37 und 114-129.

[197] Nicht zu verwechseln mit der `Chicago-Erklärung zur biblischen Irrtumslosigkeit´ (1978).

bel Wahrheit spricht, wenn sie Dinge berührt, die die Natur, Geschichte oder irgendetwas anderes betreffen. Ferner bejahen wir, dass außerbiblische Fakten in einigen Fällen zur Klarstellung dessen, was die Schrift lehrt, und zur Korrektur fehlerhafter Interpretationen beitragen. Wir bestreiten, dass außerbiblische Auffassungen je die Lehre der Schrift widerlegen oder Vorrang vor ihr haben."

Seit den Tagen der frühen Kirche bekennen Christen mit den Worten des Apostolischen Glaubensbekenntnisses: „Ich glaube an Gott, den Vater, den Allmächtigen, den Schöpfer des Himmels und der Erde." Sie sollten bei diesem Bekenntnis bleiben. Eine Reduktionstheologie, die sich nicht mehr auszusagen wagt, dass die biblische Offenbarung von der Schöpfungsoffenbarung Gottes spricht, kann nicht der Weg sein. Das Wahrnehmen des Schöpfungshandelns Gottes als Teil der Heilsgeschichte aber führt zum Lob des Schöpfers: „Herr, wie sind deine Werke so groß und viel! Du hast sie alle weise geordnet, und die Erde ist voll deiner Güter!" (Ps 104,24). Wenn Christen dieses Lob nicht anstimmen, wer dann?

7

GESCHICHTE UND HEILSGESCHICHTE: HERMENEU-TISCHE ÜBERLEGUNGEN

Seit jeher war heilsgeschichtliches Denken der Feind geschichtsloser theologischer Systeme. Als im 2. Jahrhundert die gnostische Ideenreligion weithin ihre faszinierende Wirkung ausübte, setzte der Kirchenvater Irenaeus diesen Gedankengebäuden einen biblisch-heilsgeschichtlichen Entwurf entgegen.[198] Im 20. Jahrhundert sah sich die existentialphilosophische Überfremdung biblischen Glaubens in der Theologie Rudolf Bultmanns und seiner Schüler durch nichts so herausgefordert wie durch biblische Heilsgeschichte.[199] Immer wieder stellten Exegeten fest, dass sich heilsgeschichtliches Denken bei biblischen Autoren findet.[200] Es verwundert von

---

[198] Siehe dazu A. Bengsch, *Heilsgeschichte und Heilswissen: Eine Untersuchung zur Struktur und Entfaltung des theologischen Denkens im Werk `adversus haereses' des Hlg. Irenäus von Lyon*, Leipzig 1957.

[199] Bultmann sprach gerne von Christus als dem `Ende der Geschichte' (ders. *Das Urchristentum im Rahmen der antiken Religionen*, Zürich 1949, S.203f) und lehnte von da aus jede Heilsgeschichte ab; vgl. ders., „Heilsgeschichte und Geschichte", *ThLZ*, 11 / 1948, Sp.659-666. Dagegen argumentierte der heilsgeschichtliche Theologe Oscar Cullmann, *Christus und die Zeit*, 2.Aufl. Zürich 1962; ders., *Heil als Geschichte*, 2.Aufl. Tübingen 1967; sowie ders., „Gottes Heilsplan für die Weltgeschichte", *Evang. Kommentare*, 7 / 1974, S.730-733.

[200] Um nur einige Beispiele – mit durchaus unterschiedlichen Akzentuierungen – zu nennen: R. Bauckham, „The Restauration of Israel in Luke-Acts", in: J.M. Scott (Hrsg.), *Restauration*, Leiden 2001, S.435-487; O. Betz, „Die heilsgeschichtliche Rolle Israels bei Paulus", *ThBeitr*, 9 / 1978, S.1-21; F.F. Bruce, „Salvation History in the New Testament", in: E.J. Sharpe / J.R. Hinnells (Hrsg.), *Man and his Salvation*, Manchester 1974, S.75-90; H. Flender, *Heil und Geschichte in der Theologie des Lukas*, München 1965; J. Gerloff, `*Verflucht und von Christus getrennt': Israel und die Heidenvölker. Eine Studie zu Römer 9-11*, Holzgerlingen 2002; J. Heller, „Die Etappen der alttestamentlichen Heilsgeschichte", in: F. Christ (Hrsg.), *Oikonomia*, Hamburg-Bergstedt 1967, S.3-10; E. Hilgert, „Symbolismus und Heilsgeschichte in den Evangelien", in: *Oikonomia*, S.51-56; J. Hester, „The

daher nicht, dass sich in der Kirchen- und Theologiegeschichte eine lange Reihe von Vertretern unterschiedlicher Entwürfe heilsgeschichtlicher Theologie finden: Justin, Irenäus, Clemens von Alexandrien, Augustin, Joachim von Fiore, Luther, Calvin, J. Coccejus, H. Witsius, C. Vitringa, P. Poiret, J.A. Bengel, J.N. Darby, J.Chr.K. von Hofmann, A. Schlatter, E. Sauer, O. Cullmann und viele andere. Wir können sie hier nicht im Einzelnen behandeln; und eine umfassende Geschichte heilsgeschichtlicher Theologie ist noch nicht geschrieben.[201]

`Heir´ and Heilsgeschichte: A Study of Galatians 4:1ff", in: *Oikonomia*, S.118-128; Th. Hoppe, *Die Idee der Heilsgeschichte bei Paulus: Mit besonderer Berücksichtigung des Römerbriefes*, Gütersloh 1926; G. Maier, „Die Geschichtsprophetie des Danielbuches", in: H. Stadelmann (Hrsg.), *Glaube und Geschichte*, 2.Aufl. Gießen 1988; D. Ravens, *Luke and the Restauration of Israel*, Sheffield 1995; Cl. Rogers, „Paulus und die Heilsgeschichte", in H. Stadelmann (Hrsg.), *Epochen der Heilsgeschichte*, Wuppertal 1984, S.55-66; R. Schmitt, *Abschied von der Heilsgeschichte? Untersuchungen zum Verständnis der Geschichte im Alten Testament*, Frankfurt / Bern 1982; J.A. Soggin, „Historie und Heilsgeschichte im Alten Testament", *ThLZ*, 89 / 1964, Sp.721-735; H. Stadelmann, „Biblische Apokalyptik und heilsgeschichtliches Denken", in: ders. (Hrsg.), *Epochen der Heilsgeschichte*, Wuppertal 1984, S.86-100; R. Walker, *Die Heilsgeschichte im ersten Evangelium*, Göttingen 1967, R. Yarbrough, *The `heilsgeschichtliche´ Perspective in Modern New Testament Theology*, (Diss. masch.) Aberdeen 1985.

[201] Vgl. aber C.B. Bass, *Backgrounds to Dispensationalism*, 1960; A. Bensch, *aaO.*; Fr. Bovon, "L´Histoire Ecclésiastique d´Eusèbe de Césarée et l´histoire du salut", in: F.Christ (Hrsg.), *Oikonomia*, Hamburg-Bergstedt 1967, S.129-139; E. Busch, „Der Beitrag und Ertrag der Föderaltheologie für ein geschichtliches Verständnis der Offenbarung", in: *Oikonomia*, S.171-190; H. Dörries, *Geist und Geschichte bei Gottfried Arnold*, Göttingen 1963; H. Faulenbach, *Weg und Ziel der Erkenntnis Christi: Eine Untersuchung zur Theologie des Johannes Coccejus*, Neukirchen-Vluyn 1973; G. Flechsenhaar, *Das Geschichtsproblem in der Theologie Johannes von Hofmanns*, Gießen 1935; E. Geldbach, *Christliche Versammlung und Heilsgeschichte bei John Nelson Darby*, Wuppertal 1971 [2.Aufl. 1972]; ders., „Johann Albrecht Bengel und die Endzeiterwartung", in: H. Stadelmann (Hrsg.), *Epochen der Heilsgeschichte*, Wuppertal 1984, S.22-29; H.

Nun stellt sich allerdings die Frage, ob man heute noch guten Gewissens hermeneutische Überlegungen zum Thema ʻHeilsgeschichteʼ anstellen kann. Nach der Meinung mancher neuerer Theologen hat die Rede von Heilsgeschichte keine Berechtigung mehr. So fällt Franz Hesse in seinem Büchlein *Abschied von der Heilsgeschichte* das Urteil: Die „Theologie der Heilsgeschichte, wie auch immer sie aussehen mag, leidet an einer unter den Menschen weit verbreiteten Art von Fehlsichtigkeit, dem Astigmatismus. Das infolge unregelmäßiger Krümmung der Hornhaut fehlsichtige Auge des Astigmatikers vermag einen Punkt nicht als solchen zu erkennen, sondern sieht ihn als ʻStabʼ..., als Linie. Die Theologie der Heilsgeschichte vermag das von Gott gesetzte Heil nicht als den Punkt zu sehen, der er faktisch ist, allein gegeben und gesetzt in dem Christus crucifixus. Wo nur ein Punkt ist, sieht sie eine Linie, die sich aus vielen anscheinend gleich wichtigen Punk-

---

Grundmann, *Studien über Joachim von Floris*, (Diss.) 1927; ders., *Neue Forschungen über Joachim von Fiore*, Münster 1950; H.G. Hermesmann, *Zeit und Heil: Oscar Cullmanns Theologie der Heilsgeschichte*, Paderborn 1979; J. Hesselink, „Calvin and Heilsgeschichte", in: *Oikonomia*, S.163-170; G.A. Krieg, *Der Mystische Kreis: Wesen und Werden der Theologie Pierre Poirets*, Göttingen 1978; G. Müller-Fahrenholz, *Heilsgeschichte zwischen Ideologie und Prophetie: Profile und Kritik heilsgeschichtlicher Theorien in der Ökumenischen Bewegung zwischen 1948 und 1968*, Freiburg 1974; G. Sautter, *Heilsgeschichte und Mission: Zum Verständnis der Heilsgeschichte in der Missionstheologie*, Gießen 1985; K.H. Schlaudraff, ʻ*Heil als Geschichte*ʼ? *Die Frage nach dem heilsgeschichtlichen Denken, dargestellt anhand der Konzeption Oscar Cullmanns*, Tübingen 1988; M.A. Schmidt, "Zum Problem der Heilsgeschichte in der Hochscholastik", in: *Oikonomia*, S.155-162; G. Schrenk, *Gottesreich und Bund im älteren Protestantismus: Vornehmlich bei Johannes Coccejus*, Gütersloh 1923 [Nachdr. Gießen 1985]; E. Schrupp, „Die Heilsgeschichte bei Erich Sauer", in: *Epochen der Heilsgeschichte*, S.11-21; K.G. Steck, *Die Idee der Heilsgeschichte: Hofmann – Schlatter – Cullmann*, Zollikon 1959; P. Toon (Hrsg.), *Puritans, the Millennium, and the Future of Israel: Puritan Eschatology 1600-1660*, Cambridge 1970; G. Weth, *Die Heilsgeschichte: Ihr universeller und ihr individueller Sinn in der offenbarungsgeschichtlichen Theologie des 19. Jahrhunderts*, München 1931.

ten zusammensetzt. Das Heilsgeschehen legt sich ihr auseinander in eine Reihe einander folgender Heilstatsachen, und so entsteht, wenn man auch noch die alttestamentlichen Geschehnisse einbezieht, eine ganze Heilsgeschichte. Weil aber das Heil, das Glaube und Theologie meinen, nirgendwo in der Geschichte `enthalten´ ist, weil die Geschichte darum auch nicht auf dieses Heil hinführen kann, sollte man endlich Abschied nehmen von dem Theologumenon der Heilsgeschichte."[202] Hesse kommt zu seinem Urteil, weil er in Sinne der Existentialtheologie das Heilsgeschehen auf ein punktuelles Geschehen in der Innerlichkeit des Menschen reduziert und auf Grund der weltanschaulichen Voraussetzungen seiner historisch-kritischen Theologie das Handeln Gottes in der Geschichte, von dem das Alte wie das Neue Testament spricht, in Frage stellt.

Mit welcher Berechtigung kann man heute von `Heilsgeschichte´ sprechen?

1. Sinn und Berechtigung des theologischen Konzepts `Heilsgeschichte´.

Zwei Fragen sollen uns zunächst beschäftigen: Was ist mit dem Begriff `Heilsgeschichte´ gemeint? Und: Gibt es, biblisch gesehen, eine Berechtigung für heilsgeschichtliches Denken?

1.1 Der Begriff `Heilsgeschichte´:
Ernst Käsemann hat einmal die Forderung erhoben, das Wort „Heilsgeschichte" müsse „wie alle gefährlichen Worte" möglichst genau definiert werden.[203] Dieser berechtigten Forderung ist gar nicht so leicht nachzukommen, was in der Geschichte des Begriffes begründet liegt.

Vermutlich war der Erlanger Theologieprofessor *Johann Christian Konrad von Hofmann* (1810-1877) der Erste, der den Begriff `Heilsgeschichte´ gebraucht hat.[204] Eine genaue Begriffsbestim-

---

[202] F. Hesse, *Abschied von der Heilsgeschichte*, Zürich 1971, S.66f.
[203] E. Käsemann, „Rechtfertigung und Heilsgeschichte im Römerbrief", in: *Paulinische Perspektiven*, 1969, S.112.
[204] So A.J. Greig, „A Critical Note on the Origin of the Term Heilsgeschichte", *Expository Times*, 87 / 1975/76, S. 118f; vgl. ders.,

mung hat er jedoch nicht hinterlassen. Und sein eigenes heilsgeschichtliches System dürfte kaum den Anspruch erheben, die allein mögliche Norm heilsgeschichtlichen Denkens zu sein. In Ermangelung einer feststehenden Begriffsbestimmung könnte man auf den Gedanken kommen, den Begriff von seinen Wortbestandteilen her lediglich als Kombination der Wortbedeutungen von „Heil" und „Geschichte" zu definieren. Solch ein etymologisches Verfahren postuliert – wie oben in der Einleitung schon ausgeführt -Franz Hesse, um den Begriff dann gleich insgesamt (auf Grund seines eigenen aktualistischen Heilsverständnisses) als sinnlos abzulehnen.[205] Hesses Forderung erweist sich allerdings als willkürlich. Von Hofmann, der den Begriff prägte, benutzte ihn austauschbar mit anderen Ausdrücken. Die von ihm gemeinte Sache war demnach keineswegs auf einen eng gefassten Wortsinn von ʼHeilsgeschichteʼ begrenzt. Häufig spricht er von „heiliger Geschichte"; oder auch von „weissagender Geschichte" (= „Geschichte, welche den künftigen Christus lehrt"), von „Geschichte der Erfüllung" (= „Geschichte, welche den erschienenen Christus lehrt"); oder auch in Anlehnung an den biblischen *oikonomia*-Begriff von der „göttlichen Haushaltung" und von der „Geschichte des Heils".[206] ʼHeilsgeschichteʼ rein vom Literalsinn der Wortkomponenten her zu definieren, hätte bereits bei v.Hofmann eine Verengung des gemeinten Konzepts bedeutet. Und zudem ist zu bedenken, dass es die Sache heilsgeschichtlicher Theologie längst gab, ehe der Begriff geprägt wurde. So sprach bereits Gottfried Menken (1768-1831) von der „Geschichte der Anstalt Gottes zur Seligkeit und Herrlichkeit der Menschen durch Jesus Christus" bzw. von der „Geschichte eines fortgehenden Gotteswortes und Gotteswerkes"[207] – ganz abge-

---

"Some formative Aspects in the Development of Gerhard von Radʼs Idea of History", *Andrews University Seminary Studies*, 16 / 1978, S.316 (Fn. 7).

[205] F. Hesse, *aaO.*, Zürich 1971, S.7.

[206] Beiläufig zusammengetragen aus J.Chr.K. v.Hofmann, *Weissagung und Erfüllung im alten und neuen Testament*, Bd.1, Nördlingen 1841, (*passim*).

[207] G. Menken, *Versuch einer Anleitung zum eignen Unterricht in den Wahrheiten der Heiligen Schrift*, 3.Aufl. 1832, Überschrift zu Kap. V sowie *ebd.*, Kap V § 23.

sehen von den unterschiedlichen Entwürfen heilsgeschichtlichen Denkens von den Kirchenvätern bis heute. Von daher sollte man `Heilsgeschichte´ nicht auf den unmittelbaren Wortsinn verengen, sondern als ein Konzept sehen, das theologisch definiert sein will.

Ohne hier in eine Diskussion mit anderen Definitionen und Umschreibungen von `Heilsgeschichte´ eintreten zu können[208], schlagen wir folgende Begriffsbestimmung als Arbeitsgrundlage für die-

---

[208] Theologisch, und doch nahe am Wortsinn, definiert H. Ott, „Heilsgeschichte", *RGG³*, Bd.III / 1959, Sp.187: „Unter H. verstehen wir ... den Inbegriff des göttlichen Handelns am Menschen, sofern dieses Handeln einerseits seinem Inhalt nach Heil, Gnade, andererseits aber als ein den Menschen in den Grundlagen seines Daseins treffendes in eminentem Sinne Geschichte ist... H. heißt das göttliche Handeln, sofern es in Analogie zu menschlich-innerweltlicher Geschichte verstanden wird als ein Nacheinander göttlicher Taten (Heilstatsachen), die sich nach einem vorgefassten Plane Gottes abspielen." – Ganz ähnlich umschreibt den Begriff L. Goppelt, „Paulus und die Heilsgeschichte", in: *Christologie und Ethik*, 1968, S.226: „Der Begriff `Heilsgeschichte´ will nach herkömmlichem Sprachgebrauch besagen, dass sich Gottes Handeln auf das Heil hin und durch Geschichte vollzieht, und zwar in einer zeitlichen Abfolge von Akten, die seinem Heilsplan entspricht und die ganze Menschheitsgeschichte von `Adam´ bis zur Vollendung umspannt. Dieser Gestalt der Heilshoffnung entspricht ein Glaube, für den mit der gegenwärtigen Bekundung Gottes immer auch ihr geschichtliches Woher und Wohin verbunden ist. `Geschichte´ ist dabei rein formal die als Zusammenhang gesehene Abfolge des gesamtgeschichtlichen Verhaltens in der Zeit." – In dem von mir hrsg. Sammelband *Epochen der Heilsgeschichte*, Wuppertal 1984, betont W. Künneth den pneumatologischen Aspekt („Die `Heilsgeschichte´ repräsentiert demnach die Wirkungsgeschichte des Heiligen Geistes in Raum und Zeit"; *ebd.*, S.31); H. Hempelmann hebt ihre Kampfesstruktur heraus („Unter `Heilsgeschichte´ verstehen wir ... inhaltlich den unsere ganze Geschichte bestimmenden, im Kreuz Jesu zwar entschiedenen, aber bis zur Wiederkunft Jesu noch fortdauernden Prozess des Kampfes der göttlichen mit der satanischen Wirklichkeit... Heilsgeschichte besteht... im Wachsen des Reiches Gottes durch die Sammlung der Kinder Gottes..."; *ebd.*, S.54); während Cleon Rogers die doxologische Zielgerichtetheit der Heilsgeschichte hervorhebt („`Heilsgeschichte´ umfasst den Plan Gottes zum Heil der Menschheit und die Ausführung dieses Plans in der menschlichen Geschichte mit dem Endziel, Gott allein Ehre zu bringen"; *ebd.*, S.55).

ses Kapitel vor: *Heilsgeschichte ist das nach Gottes Heilsplan durch sein Einwirken in Tat und Wort gestaltete, trotz Umwegen und `Sprüngen´ in sich zusammenhängende und dabei in Kontinuität und Diskontinuität verlaufende Geschehen in der Geschichte, das uns als solches in der biblischen Offenbarung erschlossen ist und als sein Ziel die Verherrlichung Gottes hat.*

Auf einige Aspekte dieser Definition sei hier hingewiesen. Sie geht davon aus, 1. dass hinter dem heilsgeschichtlichen Geschehen Gottes Plan steht, der letztlich auf Gottes Verherrlichung abzielt; 2. dass Heilsgeschichte ein Geschehenszusammenhang ist, der durch den Einbruch des Offenbarungshandelns und Offenbarungsredens Gottes in die Geschichte zustande kommt; 3. dass es sich dabei um wirkliches Geschehen handelt, das von kontingenten (wir sprachen von „Umwegen" und „Sprüngen") und doch zusammenhängenden Vorgängen gebildet wird; und 4., dass es in der Progression dieser Offenbarungsgeschichte kontinuierlich durchgehende Linien, aber auch Einschnitte und Neueinsätze gibt, durch die sich verschiedene Epochen der Heilsgeschichte voneinander abheben.

1.2 Die biblische Berechtigung für heilsgeschichtliches Denken:

Dass heilsgeschichtliches Denken in der Theologie des 20. Jahrhunderts vielfach abgelehnt wurde, hat mit deren historisch-kritischen Voraussetzungen zu tun, nicht aber damit, dass dieses Konzept etwa der Bibel unangemessen wäre. Heinrich Ott stellt fest: „Die Anschauung von einer H. scheint sich zwar beim unbefangenen Vernehmen der biblischen Zeugnisse unmittelbar aufzudrängen. Indes wird sie, sobald wir bewusst von einem inspirationsgläubigen Biblizismus abrücken, problematisch...".[209]

Dabei kommt bereits jeder Christ, der das Apostolische Glaubensbekenntnis spricht, mit heilsgeschichtlichen Kategorien in Berührung – angefangen vom Bekenntnis zur Schöpfung der Welt durch Gott, über eine geschichtlich gemeinte Reihe von

---

[209] H. Ott, *aaO*, Sp.188.

Heilstatsachen im Leben Jesu, bis hin zu seiner Wiederkunft, der allgemeinen Totenauferstehung und dem Weltgericht. Schon im alten Israel gehörte es zum Glaubenszeugnis, sich im Gottesdienst zum geschichtlichen Offenbarungshandeln Gottes zu bekennen. In seiner kürzesten Form lautete das dann so: „Wir waren Knechte des Pharao in Ägypten, und der Herr führte uns mit mächtiger Hand aus Ägypten, und der Herr tat vor unseren Augen große und schlimme Zeichen und Wunder in Ägypten an dem Pharao und an seinem ganzen Hause und führte uns von dannen aus, dass er uns hierher brächte und uns das Land gäbe, das er unseren Vätern geschworen hat" (5Mo 6,21-23; vgl. 26,5-9; Jos 24,2-13). – Das Alte Testament schildert ausführlich die durch Gottes erwählendes Handeln begründete und durch Gottes Zuwendung immer neu ermöglichte Geschichte Israels, eingebettet in das urgeschichtliche Offenbarungshandeln Gottes von der Schöpfung der Welt bis zur Erwählung der Väter. Und in der Zeit des Niedergangs Israels sind es dann die Propheten, die gegenwärtige und kommende Unheilsgeschichte als Gerichtshandeln Gottes ansagen und zugleich die Kontinuität der Treue Gottes zu seinem Volk verkünden, die sich in seinem Heilshandeln bis hin zur messianischen Zeit, dem (Gerichts-)Tag des Herrn und dem künftigen Heil äußert.

Jesus selbst öffnet seinen Jüngern den Blick für heilsgeschichtliche Zusammenhänge, wenn er ihnen – rückwärts blickend – die alttestamentlichen Schriften als ein auf Zukunft ausgerichtetes, ihn ankündigendes Wort erschließt (Lk 24,25ff+44ff). Damit deutet er die Gegenwart als Zeit der Erfüllung; und er spricht – vorwärts blickend – von der Zukunft des Menschensohnes mit den vorangehenden apokalyptischen Geschehnissen (Mt 24).

Auch Paulus argumentiert betont heilsgeschichtlich, wenn er (2Kor 3) dem Alten Gottesbund vom Sinai den jetzt gegebenen Neuen Bund gegenüberstellt und dem vorübergehenden Charakter des Alten Bundes das dauerhafte Wesen des Neuen entgegensetzt. In Gal 3 + 4 erläutert er die Zeit des Gesetzes als ein `Intermezzo´ in Gottes Heilsplan. Er betont in diesem Zusammenhang die Nachordnung des Gesetzesbundes vom Sinai zu dem vorangehenden und bleibend gültigen Abrahamsbund. Das Kommen Christ („als die Zeit erfüllt war") deutet er als Ende des Gesetzes. An anderer Stelle erklärt er, dass die Ökonomie der Gemeinde ein Geheimnis war, das Gott erst seinen neutestamentlichen Aposteln und Propheten offenbart hat; und dass diese Gemeinde eine neue Heilskörperschaft bildet, die von der Ordnung des alten Bundesvolkes Israel unterschieden ist. Diese Gemeinde besteht aus geretteten Juden und Heiden. Mit ihrer Entstehung beginnt ein neues Missionszeitalter, das erst mit der Wiederkunft Christi endet (Rö 16,25f; Eph 3,1-12; Kol 1,24ff). Zugleich weiß Paulus aber auch, dass Gottes Geschichte mit seinem alten Bundesvolk Israel nicht einfach abgebrochen ist, sondern – wenn die `Vollzahl der Heiden´ in die Gemeinde eingegangen ist – ihre Fortsetzung und Erfüllung finden wird (Rö 9-11). Und er weiß von einer künftigen `Ökonomie der Fülle der Zeiten´, die in Kreuz und Auferstehung Jesu zwar grundsätzlich schon realisiert ist, ihre geschichtliche Erfüllung aber noch finden muss, wenn „alles unter ein Haupt zusammengefasst wird in Christus" (Eph 1,9f; 1Kor 15,22-28).

Heilsgeschichtliches Denken ist offensichtlich in der Bibel selbst verwurzelt. Eine Auslegung der Heiligen Schrift, die das Selbstverständnis der biblischen Schriften und ihre Aussageintention ernst nimmt, lädt geradezu dazu ein, das Gesamte des Handelns Gottes in der Geschichte in seiner Kontinuität und Diskontinuität synthetisch in den Blick zu nehmen und in seiner Entfaltung zu beschreiben.

2. Das Verhältnis von `Geschichte´ und `Heilsgeschichte´.

Zwei Fragenkreise sollen uns zum Verhältnis von Geschichte und Heilsgeschichte beschäftigen: 1. die Frage danach, ob wir es bei heilsgeschichtlichen Ereignissen mit historischer Wirklichkeit oder nur mit einer religiös-romanhaften Geschichtskonstruktion zu tun haben; und 2. die Frage, in welcher Beziehung Weltgeschichte und Heilsgeschichte zueinander stehen.

2.1 `Heilsgeschichte´ - eine übergeschichtliche Glaubenskonstruktion?

Kurt Frör spiegelt in seinem Buch über biblische Hermeneutik die Problemlage treffend wider: „Die großen heilsgeschichtlichen Entwürfe der Vergangenheit konnten alle noch von der Voraussetzung ausgehen, dass die Bibel das Geschehen im ganzen historisch getreu wiedergibt. Heute macht uns die historische Kritik nachdrücklich darauf aufmerksam, dass die historische Faktizität der Überlieferung nicht ohne weiteres unterstellt werden kann, ja dass sich die faktischen Ereignisse weithin sogar sehr wesentlich von der sakralen Tradition unterscheiden. Die wirkliche Geschichte muss erst in einer mühevollen und nie endgültig abgeschlossenen Forschungsarbeit ermittelt werden... Damit tritt neben das Bild der Heilsgeschichte, die Israel aus seinem Glauben heraus entworfen hat, als eine Art Doppelgänger das Bild der wirklichen geschichtlichen Abläufe, wie es sich der Forschung darstellt."[210] Es wird deut-

---

[210] K. Frör, *Biblische Hermeneutik*, München 1971, S.97. – Im Übrigen hat es um die Frage des Verhältnisses von Geschichte, Heilsgeschichte und Historie in der alttestamentlichen Wissenschaft eine lange Debatte gegeben. Eine Auswahl der wichtigsten Diskussionsbeiträge sei hier genannt: F. Baumgärtel, „Das alttestamentliche Geschehen als `Heilsgeschehen´", in: *Geschichte und Altes Testament (Festschrift A. Alt)*, 1953, S.13-28; ders., „Das hermeneutische Problem des Alten Testaments", *ThLZ*, 79 / 1954, Sp.199-212; G. v.Rad, *Theologie des Alten Testaments. Bd.1*, 6.Aufl. München 1969 [1.Aufl. 1957], S.117-128, und *Bd.2*, 6.Aufl. München 1975 [1.Aufl. 1960], S.437-447; ders., *Das erste Buch Mose (ATD)*, 9.Aufl. Göttingen 1972 [1.Aufl. 1949], S.1-26; F. Hesse, „Die Erforschung der Geschichte Israels als theologische Aufgabe", *KuD*, 4 / 1958, S.1-20; ders., „Zur Frage der Wertung und Geltung alttestamentlicher Texte", in: *Festschrift F. Baumgärtel*, 1959, S.74-96; ders., „Kerygma oder geschichtliche Wirklichkeit?", *ZThK*, 57 / 1960, S.27-40; R. Rendtorff, „Geschichte und Überlieferung", in: *Festschrift G. v.Rad*, 1961, S.81-94; J. Hempel, „Die Faktizität der Geschichte im biblischen Denken", in: *Biblical Studies in Memory of H.C. Alleman*, 1960, S.67-88; J.A. Soggin, „Alttestamentliche Glaubenszeugnisse und geschichtliche Wirklichkeit", *ThZ*, 17 / 1961, S.385-398; M. Sekine, „Vom Verstehen der Heilsgeschichte. Das Grundproblem der alttestamentlichen Theologie", *ZAW*, 75 / 1963, S.145-154; J. Barr, „Revelation through History in the Old Testament and in Modern Theology", *Interpretation*, 17 / 1963, S.193-205; J.A. Soggin, „Geschichte,

lich, mit welchem modernen Selbstbewusstsein hier dem gläubigen `Bild der Heilsgeschichte´ Israels die `wirkliche Geschichte´ entgegengesetzt wird. Der historisch-kritische Forscher weiß wie es wirklich war – im Gegensatz zu dem biblischen Geschichtsschreibern. Für ihn handeln die biblischen Erzählungen entsprechend nicht von `Geschichte´, sondern erzählen (mythologische) `Geschichten´.[211] Religiöse Wahrheiten werden so von der historischen Wirklichkeit getrennt.

Historie und Heilsgeschichte im Alten Testament", *ThLZ*, 89 / 1964, Sp.724-736; F. Hesse, „Bewährt sich eine `Theologie der Heilstatsachen´ am Alten Testament?" *ZAW*, 81 / 1969, S.1-18; ders., *Abschied von der Heilsgeschichte*, Zürich 1971; G.F. Hasel, „The Problem of History in Old Testament Theology", *Andrews Univ. Sem. Studies*, 8 / 1970, S.23-50; J. Barr, „Story and History in Biblical Theology", *JR*, 56 / 1976, S.5ff; A.J. Greig, "Some formative Aspects in the Development of G. v.Rad´s Idea of History", *Andrews Univ. Sem. Studies*, 16 / 1978, S.313-331; J.J. Collins, "The `Historical Character´ of the Old Testament in Recent Biblical Theology", *CBQ*, 41 / 1979, S.185-204. – Heute wird von der sog. Kopenhagener Schule unter starker Beachtung der Medien von der Archäologie her argumentiert, dass den alttestamentlichen Geschichten im Wesentlichen keine Fakten entsprächen: siehe I. Finkelstein / N.A. Silberman, *Keine Posaunen vor Jericho: Die Archäologische Wahrheit über die Bibel*, München 2002, popularisiert durch die Titelstory von M. Schulz, „Die Erfindung Gottes: Der leere Thron", SPIEGEL, 52 (vom 21.12.2002), S.136-147, widerlegt von A. Schick, *Irrt die Bibel? Auf der Suche nach König David und Salomo – Mythos oder Wahrheit?*, Hammerbrücke 2004; vgl. auch W.G. Dever, *What did the Biblical Writers know & when did they know it? What Archaeology can tell us about the Reality of Ancient Israel*, Grand Rapids 2001; K.A. Kitchen, *On the Reliability of the Old Testament*, Grand Rapids 2003.

[211] Vgl. dazu J. Barr, „Story and History in Biblical Theology", S.5: „The long narrative corpus of the Old Testament seems to me, as a body of literature, to merit the title of story rather that that of history. Or, to put it in another way, it seems to merit entirely the title of story but only in part the title of history…". Solche `Geschichten´, die nicht wirklich `Geschichte´ sind, weil sie vom Handeln Gottes in Raum und Zeit reden, werden dann als paradigmatische Geschichten oder Mythen bezeichnet: J.J. Collins, "The ´Historical Charcter´…", S.196: „Specifically, the nature of `acts of God´ such as the Exodus may be illuminated by regarding them as para-

Ein Beispiel dafür ist der – als 'positiver Theologe' bekannte – ehemalige Heidelberger Professor für Altes Testament, *Gerhard von Rad*. Weil er seine gesamte zweibändige 'Theologie des Alten Testaments' als Darstellung alttestamentlicher 'Heilsgeschichte' konzipiert, analysieren wir an seinem Beispiel wie im Denkrahmen historisch-kritischer Theologie 'Geschichte' und 'Heilsgeschichte' einander zugeordnet werden.

In seiner Theologie unterscheidet von Rad zwei unterschiedliche Geschichtsbilder. Auf der einen Seite steht für ihn – ohne die weltanschauliche Bedingtheit der historisch-kritischen Methode genügend zu reflektieren, deren Voraussetzungen bereits ihre Ergebnisse bedingen – als 'Tatsache' das historisch-kritische Geschichtsrekonstrukt: „Die historisch-kritische Geschichtswissenschaft hat in den letzten 150 Jahren ein imponierend geschlossenes Bild der Geschichte des Volkes Israel erstellt. In diesem Werdeprozess ist das alte Bild von Israels Geschichte, das die Kirche gläubig dem Alten Testament entnommen hatte, Stück um Stück abgetragen worden. Dieser Prozess ist nicht mehr rückgängig zu machen... Die historisch-kritische Wissenschaft hält es für unmöglich, dass ganz Israel am Sinai war, dass Israel en bloc das Schilfmeer durchschritten und die Landnahme vollzogen hat, sie hält das Bild, das die Überlieferungen des Buches Exodus von Mose und seinem Führeramt zeichnen, für ebenso ungeschichtlich wie die Funktionen die das deuteronomistische Richterbuch den 'Richtern' zuschreibt...". Diese Geschichtsrekonstruktion ist für von Rad „rational und 'objektiv', d.h. sie baut mit Hilfe der 'historischen Methode' und unter der Voraussetzung der Gleichartigkeit alles historischen Geschehens an einem kritischen Bild der Geschichte, so wie es in Israel wirklich gewesen ist".[212] Dass die genannte Voraussetzung der 'Gleichartigkeit alles historischen Geschehens' gerade nicht 'objektiv', sondern weltanschaulich

---

digmatic stories or myths, whose significance lies in their expression of some recurring aspect of the human condition."
[212] Für beide Zitate s. G. v.Rad, *Theologie des Alten Testaments. Bd.1*, 6.Aufl. 1969, S.119f.

voreingenommen ist, ignoriert er. Die geht ja (im Anschluss an E. Troeltsch, siehe Kap. 3, Abschn. 1.2) davon aus, dass es heute kein wunderhaftes Eingreifen Gottes in Geschichtsabläufe gibt – und es deshalb damals auch kein solches Handeln Gottes in der Geschichte gegeben haben kann. Sie streitet damit gegen eine Grundvoraussetzung der biblischen Offenbarung, die von eben solchem Handeln Gottes durchgängig berichtet.

Von dem historisch-kritischen Bild der Geschichte Israels unterscheidet von Rad das vom Glauben Israels entworfene Bild der Heilsgeschichte. Dieses orientiert sich nach seiner Überzeugung zwar nicht an den realen historischen Vorgängen, sondern widerspiegelt bekenntnismäßig die Erfahrung der Glaubenden und hat sich in einem Überlieferungsprozess durch immer neue Interpretation entwickelt. Trotzdem aber will von Rad es nicht einfach als 'ungeschichtlich' abtun. Auch in der Form der Dichtung, in Mythen und Sagen könne wirkliches Erleben ausgedrückt werden. Besonders in Band 2 seiner *Theologie* betont er, dass es sich sowohl bei der historisch-kritischen Anschauung, als auch bei der heilsgeschichtlichen Darstellung, die das AT selbst bietet, jeweils um ein legitimes Geschichts*bild* handele. Auch die (dichterisch-theologische) Heilsgeschichtsdarstellung des Alten Testaments gehe auf Geschichtserfahrungen zurück, die Israel mit Jahwe (zwar nicht so, wie dargestellt, in der Gegenstandswelt, aber wohl im Rahmen der Innerlichkeit der Bewusstseinswelt) gemacht habe. Und im Übrigen kenne Israel die Reflexion über die Historizität von Ereignissen gar nicht.[213]

---

[213] G. von Rad, *aaO.*, Bd.1, S.117-128, sowie Bd.2, S.437-447 (bes. S.443ff). Franz Hesse, „Bewährt sich eine 'Theologie der Heilstatsachen' am AT?", S.8, bemerkt zu letzterem Punkt: „Von Rads nicht explizit ausgesprochener Schluss lautet offensichtlich: Wo das Alte Testament selbst nirgendwo über die Historizität von Ereignissen reflektiert, ist auch für uns die Frage theologisch irrelevant, ob ein im Alten Testament bezeugtes Ereignis historisch ist oder nicht. Gegen diesen Ausweg aus der Aporie sind aber Bedenken anzumelden. Das Alte Testament reflektiert darum nicht über die Historizität von Ereignissen, weil diese absolut feststand. Zweifel an der Historizität gibt es in größerem Ausmaß erst seit dem Aufkommen der historisch-kritischen Forschung." – Nach A.J. Greig, „Some Formative

Von Rad macht nun entschlossen die alttestamentliche Zeugniswelt dieser gläubig-dichterischen ʿHeilsgeschichteʾ zum Gegenstand seiner *Theologie des Alten Testaments*. Und er versteht es, diese vermeintlichen Glaubenskonstrukte tiefsinnig, ehrerbietig und durchaus fromm darzustellen. Trotzdem sollte man sich nicht täuschen lassen über den kritisch-rationalistischen Unterbau und den immensen Wirklichkeitsverlust dieses Heilsgeschichte-Verständnisses. Die ʿAllgemeinen Vorbemerkungenʾ zu Gerhard v.Rads Genesis-Kommentar können dies bewusst machen.[214]

Die israelitische Heilsgeschichtsdarstellung beginnt für ihn mit dem ʿJahwistenʾ – einem von der historisch-kritischen Theologie angenommenen hypothetischen Verfasser von Teilen des Textes der ersten vier Bücher Mose – in der salomonischen Aufklärungszeit. Diesem stand in irgendeiner Form das so genannte ʿKleine Credoʾ (5Mo 6,20-24; 26,5-9; Jos 24,2-13) zur Verfügung, ein bekenntnishafter Text über die Landnahme Israels, der aus der Richterzeit stammte. Aus diesem Credo nahm der ʿJahwistʾ nun den äußeren Geschehensrahmen für die Landnahme und ihre Vorgeschichte und baute in diesen Rahmen eine große Zahl Sagenüberlieferungen ein, die in der Mehrzahl Ätiologien (nämlich Kultlegenden und ethnologische Stammessagen) waren, aber auch kleine novellistisch ausgestaltete Dichtungen sowie Erzählungen von schwankartigem Charakter, die – und dies ist nun wichtig – ursprünglich gar nichts mit der Landnahmetradition des Credo zu tun haben mussten. Für den ʿJahwistenʾ waren diese Sagen lediglich Stoff, den er inhaltlich verändern und sich nutzbar machen konnte. Von Rad spricht von einem „tiefgreifenden Wandel", „einschneidenden Wandlungen" und einer „sehr tiefgreifenden inneren Umschich-

---

Aspects in the Development of G. v.Radʾs Idea of History", S.313-331, sieht in v.Rads Geschichtsbegriff vor allem den Einfluss von Wilhelm Dilthey nachwirken.

[214] G. v.Rad, *Das erste Buch Mose: Genesis Kapitel 1- 12,9 übersetzt und erklärt* (ATD), 9.Aufl. Göttingen 1972 [1.Aufl. 1949], S.1-26. Wir nennen im Folgenden die jeweiligen Seitenzahlen in Klammern im Text.

tung des Sinnes jener Erzählungen", die durch den „Jahwisten" ihrem ursprünglichen geschichtlichen Ort und Sinn entrissen und einem neuen Sinngefüge eingebaut wurden (S.4-6). Ich frage zum ersten Mal: Wie steht es um den Wirklichkeitsbezug eines so zustande gekommenen 'Heilsgeschichte'-Gebäudes?

Weiter habe der 'Jahwist' die ursprünglich unabhängige, alte Sinaitradition, die ihre Form „wahrscheinlich einer kultischen Feier" verdanke (S.7), in die Landnahmetradition eingebaut. Zwei Traditionen, die geschichtlich gar nichts miteinander zu tun gehabt haben sollen, werden so literarisch verbunden. Zusätzlich wird in der Vorgeschichte der Landnahmetradition die 'Väterüberlieferung' ausgebaut. Dabei sammelt der 'Jahwist' (und später der – ebenfalls hypothetische – 'Elohist' und danach die – wieder hypothetisch aus den Mosebüchern herauskonstruierte – 'Priesterschrift') geschichtlich und geographisch nicht zusammenhängende „Sagenkränze" und ätiologische Einzelerzählungen. Diese versteht v.Rad ihrerseits bereits als Mischtraditionen: Sie gingen teils auf Elemente zurück, die die halbnomadischen Ahnen des späteren Israel mit ihrer – hypothetisch postulierten – Vatergottreligion an palästinische Heiligtümer verpflanzt hätten, wo sie sich mit den alten heidnisch-kanaanäischen Überlieferungen vermischt haben sollen (S.8). Diese synkretistische Sagenmischung habe der 'Jahwist' nun seinerseits – statt sie im Kontext der vermeintlichen alten Vatergottreligion zu interpretieren – „'anachronistisch' ganz in die Vorstellungswelt hineingenommen, die er und seine Zeit sich von dem Handeln Jahwes am Menschen gemacht hatten" (S.8). Ich frage wieder: Welch ein Wirklichkeitsfundament hat hier noch die 'Heilsgeschichte' und der so rekonstruierte Glaube Israels?

Dieser 'Väterüberlieferung' und 'Landnahmetradition' habe der 'Jahwist' dann noch die 'Urgeschichte' vorgebaut. Obwohl er auch hier verschiedenste traditionelle Elemente mit heranziehen konnte, war er im Blick auf die Urgeschichte letztlich doch „ganz auf sich gestellt und frei geworden zur Entfaltung seiner eigensten Vorstellungen" (S.9). Dass die Urgeschichte für von Rad Mythos ist, steht nicht in Zweifel. – Was hat den 'Jahwisten' zu seinem mit traditionellen Versatzstücken durchsetzten – nennen wir es einmal: –

Glaubensroman motiviert? Es war „eine neue Gotteserfahrung" (S.15) in seiner Zeit. Aus ihr heraus komponierte und schrieb er seinen `Heilsgeschichts´-Entwurf – wobei v.Rad (etwa im Blick auf die geniale Gestaltung von 1Mo 12,1-3) durchaus einmal auch von „der Vollmacht seiner prophetischen Erleuchtung" sprechen kann. Im Ganzen aber geht es um ein großes, frommes Sagengewebe, wobei die Sagen eben eine „andere Geschichte" beschreibt, „eine innere, eine, die sich auf einer anderen Ebene abspielt, eine Geschichte innerer Erlebnisse, Erfahrungen und seltsamer Führungen, eines Arbeitens und Reifens an Lebensgeheimnissen, und für Israel hieß das: eine Geschichte mit Gott" (S.18).

Im Nebel ferner Vergangenheit mag hinter der Sage auch noch ein gewisses „historisches Faktum" stehen (S.18). Aber es ist vielfältig gebrochen, verändert und in neue Sinnzusammenhänge gestellt. `Heilsgeschichte´ nach v.Rad bleibt eine gläubig-dichterische Literarkonstruktion, die in einer Geschichte `primärer Fakten´ (F. Hesse) nicht verankert ist, sondern aus inneren Gotteserlebnissen heraus in eine romanhafte Darstellung hineinprojiziert wurde. Das historisch-kritische Konstrukt, das v.Rad dabei als `wirkliche Geschichte´ bezeichnet, ist eine Aneinanderreihung von gelehrten Hypothesen, Vermutungen und Behauptungen, die sich aus einer Reihe von Voraussetzungen ergeben, so unter anderem, a. dass es anders gewesen sein müsse als in der Bibel beschrieben (wegen der wunderhaften Züge der biblischen Erzählungen); b. dass sich das gesamte Geschehen evolutionär entwickelt haben müsse, weswegen die reine Jahweverehrung nicht am Anfang, sondern erst am Ende dieses Konstrukts stehen darf; c. dass eine nachaufklärerische Theologie zwar Mühe hat, von einem welthaften Handeln Gottes im Raum historischer Abläufe zu sprechen, aber – weil sie nicht atheistisch sein will – doch mit innerlichen Gotteserfahrungen rechnet, die dafür verantwortlich sein sollen, dass das, was sich zwar historisch nicht ereignet hat, nun doch in biblischen Berichten zu lesen steht. Immer wieder findet sich dieses Muster in der modernistischen Theologie: `Auf Grund meiner weltanschaulichen Voraussetzungen muss ich davon ausgehen, dass das, was in der Bibel berichtet wird, so nicht geschehen sein oder gesagt worden sein kann – aber nun will ich durch meine gelehrten Hypothesen erklären, wie es dazu kam, dass es trotzdem so in der Bibel steht...!'´ Als Resultat findet sich eine `Heilsgeschichte´, die zur Kerygmatheologie ohne historisches Wirklichkeitsfundament verkümmert ist.

Wenn Theologie diese weltanschauliche Befangenheit nicht hat, wenn sie mit einem zur Transzendenz hin offenen Weltbild, das Gottes welthaftes Reden und Handeln in Raum und Zeit nicht ausschließt, an die biblischen Texte herangeht, wenn sie ihr Geschichtsbild aus den Texten selbst empfängt und nicht ein auf Innerweltlichkeit verengtes evolutionäres Geschichtsbild wie ein Prokrustesbett an die Texte heranträgt, wenn sie in Selbstbescheidung Zurückhaltung in der phantasievollen Hypothesenfreudigkeit übt und letztere gerade nicht als Wissenschaftlichkeit ausgibt, wenn sie schließlich die (literarkritischen, religionsgeschichtlichen, form- und redaktionsgeschichtlichen) Hypothesen der letzten 200 Jahre nicht immer schon als Stand der Forschung voraussetzt, sondern kritisch hinterfragt, wird ein ganz anderes Bild der Heilsgeschichte dabei sichtbar werden. *Hans Möller* hat in den 60er Jahren – auf dem Höhepunkt deutscher Kerygmatheologie – folgende bemerkenswerten Sätze geschrieben: „Aus dem Dilemma herauszukommen ist nur dann möglich, wenn es gelingt, nicht die historische, wohl aber die historisch-kritische Sicht zu überwinden. Die Heilstaten Gottes müssen als wirklich geschehene Taten gesehen werden, die Heilgeschichte als wirkliche Geschichte, und das Wort Gottes muss einfach Wort Gottes bleiben und darf nicht aufgelöst werden in bloßes Zeugnis von einem ergangenen oder gehenden Reden Gottes. Die Bedeutsamkeit dessen, was das AT uns sagt, und die uns verpflichtende und ergreifende Mächtigkeit des Gotteswortes ist von der Tatsächlichkeit des Vorliegens von Gottes Wort nicht abzuheben, sondern darauf zu gründen."[215] Ein Heilsgeschichtsverständnis, das dem Selbstzeugnis der Heiligen Schrift entsprechen und nicht widersprechen will, wird diese Akzentuierung zu beherzigen haben.

---

[215] H. Möller, „Grundprobleme der alttestamentlichen Hermeneutik", *Bibel und Gemeinde*, 63 / 1963, S.19 [S.16-33 insg.]; zuerst abgedruckt in *Lutherischer Rundblick*, 10.Jg., Heft 2.

2.2 `Heilsgeschichte´ – Sinndeutung oder Sonderfall der Universalgeschichte?

Zur Klärung des Verhältnisses von Geschichte und Heilsgeschichte gehört auch die Frage, wie sich Weltgeschichte bzw. Universalgeschichte und Heilsgeschichte zueinander verhalten. Sind beide Größen deckungsgleich? Ist die heilsgeschichtliche Sicht nur eine theologische Sinndeutung der Weltgeschichte? Ist die Weltgeschichte vielleicht nur ein bestimmter Aspekt einer übergeordneten Heilsgeschichte? Oder ist Heilsgeschichte als ein besonderer Ereigniszusammenhang innerhalb der Universalgeschichte zu sehen?

In seinem Römerbrief-Kommentar schrieb *Karl Barth*: „Es gibt keine besondere Gottesgeschichte als Partikel, als Quantität in der allgemeinen Geschichte... Die sogenannte Heilsgeschichte ... ist nur die fortlaufende Krisis aller Geschichte, nicht eine Geschichte in oder neben der Geschichte."[216] Der junge Barth erweist sich hier noch als eher skeptisch gegenüber jeder `Heilsgeschichte´, vor allem, wenn es um eine besondere Geschichte in der Geschichte geht. Er will ja gerade nicht, dass Gott oder das Göttliche irgendwo in der Geschichte festgemacht wird. Denn: „Gott ist im Himmel, und du Mensch bist auf der Erde". Das betont die junge Dialektische Theologie in Anknüpfung an das alttestamentliche Predigerbuch (5,1) wieder und wieder und bringt damit Gott und Welt in eine weite Diastase. Das Grundanliegen, Heilsgeschichte nicht als eine besondere `Geschichte´ in der Geschichte zu sehen, behält Barth bei, entwickelt aber später in seiner *Kirchliche[n] Dogmatik* doch ein eigenes positives Verständnis von Heilsgeschichte: „Der Ausdruck ist sachlich richtig und wichtig: es geht in der Folge jener Ereignisse – von der Schöpfung bis zu dem mit der Geburt, dem Tod und der Auferstehung Jesu Christi sich ereignenden Anbruch der Endzeit, die unsere Zeit ist – in der Tat um die Beschaffung und Offenbarung des Heils... Aber eben diese Heilsgeschichte ist nicht nur *eine* Geschichte, *ein* Moment, nicht nur so etwas wie ein roter Faden im Geflechte der übrigen, der eigentlichen Geschichte... Die Heilsgeschichte ist aber *die* Geschichte, die *eigent-*

---

[216] K. Barth, *Der Römerbrief*, 3.Aufl. München 1923, S.34.

liche Geschichte, in der alle andere Geschichte beschlossen ist, zu der sie so oder so gehört, sofern sich nämlich die Heilsgeschichte in ihr spiegelt und illustriert, sofern alle andere Geschichte die Heilsgeschichte mit Zeichen, Vor- und Nachbildern, Beispielen und Gegenbeispielen begleitet. Es gibt aber keine andere Geschichte, die der Heilsgeschichte gegenüber ein selbständiges Thema hätte, geschweige denn eine allgemeine eigentliche Geschichte, in deren Zusammenhang die Heilsgeschichte eine Geschichte unter anderen wäre. Der Bund der Gnade ist *das* Thema *der* Geschichte. Die Heilsgeschichte ist *die* Geschichte."[217] Heilsgeschichte ist hier der tiefste Sinn der Geschichte, ist das Eigentliche, was Geschichte ausmacht; und die Weltgeschichte ihrerseits gehört ganz zu dieser Heilsgeschichte (sie weiß es nur nicht). Nun sind Weltschöpfung, Kreuz und Auferstehung uns tatsächlich offenbart als heilvolle Handlungen Gottes, die Bezug auf die Geschichte und ihr Ziel haben. Eine ʻHeilsgeschichteʼ aber, die nicht nur der rote Faden in der Geschichte, sondern *die* Geschichte sein soll, müsste auch alles geschichtliche Handeln der Menschen, auch alle Unheilsgeschichte wie ihre Kriege und das, was die Abendnachrichten im Fernsehen füllt, dem Begriff ʻHeilsgeschichteʼ zuordnen. Das scheint wenig sinnvoll.

Auch *Erich Sauer* sieht die ʻHeilsgeschichteʼ als etwas der Weltgeschichte Übergeordnetes an, sieht allerdings die *Offenbarungsgeschichte* als eine besondere Linie innerhalb der allgemeinen Geschichte: „Heilsgeschichte im vollen Umfange des Wortes ist also nicht ein eindeutig abgegrenzter Bezirk innerhalb der allgemeinen Geschichte, sondern Betrachtung und Sinndeutung der Gesamtgeschichte von Gott und vom Glauben her... Darum ist Heilsgeschichte in ihrem Gesamtumfang ʻTheologie der Weltgeschichteʼ. Gott selbst, als der Herr aller Geschichte, steht in ihr im Mittelpunkt. Inmitten der allgemeinen (ʻWeltʼ-) Geschichte hebt er eine besondere (die ʻOffenbarungsʼ-) Geschichte an ... In jener wirkt er

---

[217] K. Barth, *Kirchliche Dogmatik*, Bd. III.1, S.63f. – Die Entwicklung in der Barthʼschen Sicht von ʻHeilsgeschichteʼ schildert gut H.J. Kraus, „Das Problem der Heilsgeschichte in der ʻKirchlichen Dogmatikʼ", in: *Antwort: Festschrift für Karl Barth*, Zürich 1956, S.69-83.

vornehmlich als der `verborgene´ Gott, in dieser vornehmlich als der sich `offenbarende´ Gott. In ihm selbst aber haben sie beide, Weltgeschichte und Offenbarungsgeschichte, ihre gemeinsame, zentrale Einheit. Von ihm aus gesehen gehören sie beide zur `Heils´geschichte."[218] Nach dieser Konzeption ist Heilsgeschichte uns aber nur nach ihrer einen Seite hin, nach der der `Offenbarungsgeschichte´ zugänglich und als solche erkennbar. Das heilsgeschichtliche Moment der Weltgeschichte wäre dagegen nicht erkennbar, da hier der `verborgene´ Gott wirkt. Da sich die Offenbarungsgeschichte auch innerhalb der Weltgeschichte vollzieht, gibt es zwei übergeordnete theologisch relevante Geschichtsbegriffe (Heilsgeschichte und Weltgeschichte), innerhalb derer die Offenbarungsgeschichte jeweils einen Teilbereich ausmacht. Dies trägt eher zur Begriffsverwirrung als zu ihrer Klärung bei – zumal über den `weltgeschichtlichen´ Teil der Heilsgeschichte wegen der Verborgenheit Gottes keine Aussagen gemacht werden können. Immerhin wird stark betont, dass Gott der Herr der *ganzen* Geschichte ist.

In *Wolfhart Pannenbergs* universalgeschichtlicher These, die stark an Hegel erinnert, ist „die Geschichte als ganze Gottes Offenbarung"[219], womit die Geschichte als Heilsgeschichte gezeichnet wird. Diese Konzeption verwischt den Offenbarungsbegriff der Bibel: Offenbarung wird zu einem jedem erkennbaren Prädikat der Geschichte. Pannenbergs Entwurf scheint mehr geschichtsphilosophisch geprägt, als an der biblischen Offenbarungsgeschichte orientiert.

Wird Heilsgeschichte als etwas der Universalgeschichte Übergeordnetes gesehen, bleibt sie ein erkenntnismäßig nur teilweise zu fassendes Postulat und die Frage bleibt ständig offen, wie sich jedes beliebige Ereignis der Weltgeschichte konkret zur Heilsgeschichte verhält. Letzteres ist auch ein Problem derer, für die

---

[218] E. Sauer, *Das Morgenrot der Welterlösung*, 6.Aufl. Wuppertal 1976 [1.Aufl. 1937], S.106f [Fn.5].
[219] W. Pannenberg, *Offenbarung als Geschichte*, 4.Aufl. Göttingen 1970, S.18.

'Heilsgeschichte' der tiefste Sinn der gesamten Weltgeschichte ist. Wird hier die Gefallenheit der Welt mit ihrer Geschichte genügend gesehen? Und wird das konkrete biblische Zeugnis vom Offenbarungshandeln Gottes *in* der Geschichte – und nicht *als* Gesamtgeschichtsprozess – genügend berücksichtigt?

Mir scheint wichtig zu betonen, dass die Heilsgeschichte in konkreter Geschichte verwurzelt ist, dass die Universalgeschichte der Ort der Heilsgeschichte ist, dass die Heilsgeschichte aber zugleich eine sehr besondere Geschichte Gottes in der Geschichte ist. Im dunklen Feld der Weltgeschichte, die zugleich Sünden- und Abfallsgeschichte ist und auf das „Himmel-und-Erde-werden-vergehen" zuläuft, hat Gottes spezielles Offenbarungshandeln in Erwählung, Errettung und Führung seines Volks sowie in der Erschließung seines Willens und seiner Absichten eine Leuchtspur geprägt, die als eine bestimmte Ereignisfolge im großen universalgeschichtlichen Geschehen von der Schöpfung bis zu den 'Letzten Dingen', erschlossen durch die biblische Offenbarung, als Heilsgeschichte sichtbar wird. Oscar Cullmann betont zu Recht, dass zwischen Weltgeschichte und Heilsgeschichte sorgsam unterschieden werden muss, ohne beide auseinander zu reißen. Für ihn ist „Heilsgeschichte zwar zur Geschichte gehörig, und doch nicht mit ihr gleichzusetzen, da sie nur eine schmale Linie innerhalb der Geschichte bildet."[220] – Der Sachverhalt lässt sich m.E. so fassen: Gott handelt (von der *ordo rei* [der Sache] her gesehen) als der Schöpfer, Erhalter und Richter der Welt gewiss auch in der Universalgeschichte. Sie ist seiner Souveränität nicht entzogen, auch in all ihrem Abfall und Widerstand nicht. Doch sein Handeln ist uns hier (von der *ordo cognitionis* [also: erkenntnismäßig] her betrachtet) kaum zugänglich. Für unser Erkenntnisvermögen handelt er in den Zusammenhängen der Weltgeschichte vor allem als der verborgene Gott, der *deus absconditus*, wenngleich auch hier – im Erweis seiner allgemeinen Gnade wie in seinem Gerichtshandeln – etwas von seiner Realität verspürt werden kann. Unter 'Heilsgeschichte' verstehe ich dagegen Gottes geschichtliches Offenbarungshandeln, soweit es uns in seinem Geschehensein und seinem Zusammenhang durch

---

[220] O. Cullmann, *Heil als Geschichte*, S.137 (s. schon ab S.131ff).

die biblische Offenbarung (und also nicht durch unseren spekulativen Zugriff!) erschlossen ist. Die Bibel muss uns zeigen, wo Gott als der offenbar Werdende, der *deus revelatus*, gehandelt und gesprochen hat und handeln wird. Diese Heilsgeschichte umfasst manchmal nur einen ganz schmalen Ausschnitt innerhalb der Universalgeschichte – wir denken an die in den Evangelien und in der Apostelgeschichte bezeugten Offenbarungsgeschehnisse. Andernorts wird uns ein sehr breites Feld der Geschichte als Heilsgeschichte erkennbar – so in der biblischen Urgeschichte, bei manchen Fremdvölkersprüchen der Propheten und besonders auch in der Geschichtsprophetie der biblischen Apokalyptik.[221]

In jedem Fall sind wir von dieser Sicht her der Aufgabe gründlich enthoben, heilsgeschichtliche Theologie als Geschichtsspekulation zu treiben. Heilsgeschichtliche Theologie ist vielmehr – gewissermaßen `biblizistisch´ – zu einem exegetisch sauberen Erforschen und Erkennen der biblischen Aussagen zum Wirken Gottes in der Geschichte (im jeweiligen Zusammenhang) gerufen und hat diese in ihrem Bezug auf reale Geschichte ernst zu nehmen.

3. Epochen der Heilsgeschichte.

Wer die Bibel in ihrer chronologischen Entfaltung betrachtet, erkennt unschwer, dass sie in wesentlichen Teilen eine Geschichte göttlicher Offenbarung erzählt. Erinnert sei nur an folgende Stichworte: Schöpfung – Sündenfall – Sintflut – Neuanfang und Bund Gottes mit Noah – Erwählung Abrahams und Bund Gottes mit ihm – Gottes Geschichte mit den Stammvätern Israels – Israel in Ägypten – Exodus und Gesetzesbund am Sinai – Landnahme und Richterzeit – Konstitution der Monarchie und geteiltes Reich – Der Weg ins Gericht des Exils – Die Verheißungen der Propheten und die Restitution des Volkes Gottes nach dem Exil – Das Kommen des Messias in Jesus von Nazareth: Wirken, Sterben, Auferstehung und Himmelfahrt – Das Kommen des Geistes und die Entstehung der Gemeinde aus christusgläubigen Juden und Heiden – Die Endzeit mit ihren Gottesgerichten und der Wiederannahme Israels als Volk – Die Wiederkunft Jesu und der Antritt seiner Herrschaft –

---

[221] Siehe dazu unten Kap. 8.

Der neue Himmel und die neue Erde. Vollständigkeit ist bei diesen Stichworten nicht angestrebt. Dass es in dieser Geschichte Gottes mit den Menschen markante Unterschiede gibt, fällt jedem Leser auf. Im Lauf der Theologiegeschichte hat man daher immer wieder versucht, die Offenbarungs- bzw. Heilsgeschichte in unterschiedliche Perioden einzuteilen.

3.1 Versuche der Periodisierung der Heilsgeschichte:
Ein Blick in die Theologiegeschichte macht deutlich, dass es ganz unterschiedliche Heilsgeschichtsgliederungen gab. Ohne Vollständigkeit zu beanspruchen, wollen wir im Folgenden einen Überblick dazu geben.[222]
(1) *Die Dreiteilung der Heilsgeschichte:* Bereits im rabbinischen Judentum findet sich eine Aufteilung der Heilsgeschichte, die sowohl für die Drei- wie für eine Vierteilung der Geschichte Bedeutung gehabt haben könnte: „In der Schule des Elijahu wurde gelehrt: 6000 Jahre wird die Welt bestehen, 2000 Jahre der Nichtigkeit, 2000 Jahre der Torah und 2000 Jahre der messianischen Zeit. Die Meinung der Schule Elijahus hat den Sinn: Die Welt wird 7000 Jahre bestehen; davon entfallen 2000 Jahre auf die Zeit ohne Torah, 2000 Jahre auf die Zeit der Torahherrschaft…, 2000 Jahre auf die Zeit des Messias, … und 1000 Jahre auf den Weltensabbat" (Babylonischer Talmud b.*Sanh.*97a, Baraita). – Wo man nicht mehr mit einem 1000-jährigen Weltensabbat rechnet, wie ihn die Erklärung des Talmuds nennt, kommt man zu einer Dreiteilung der Geschichte. Diese findet sich schon bei *Augustin* (*De Trinitate* IV.4,7; *De div.quest.qu.* LXVI). Und in einer fälschlich dem Prosper v.Aquitanien zugeschriebenen Schrift aus der Zeit Augustins mit dem Titel *De Promissionibus et Praedictionibus Dei* wird die Zeit `vor dem Gesetz´ (*ante legem*) von der Zeit `unter dem Gesetz´ (*sub lege*) und der `Zeit der Gnade´ (*tempus gratiae*) unterschieden. Bei *Gregor dem Großen* (Papst 590-604 n.Chr.) wird diese

---

[222] Der größte Teil des theologiegeschichtlichen Materials der folgenden Darstellung wurde dem informativen Aufsatz entnommen von Roderich Schmidt, „Aetates mundi – Die Weltalter als Gliederungsprinzip der Geschichte", *ZKG*, 67 / 1955/56, S.288-317. Das übrige Material entstammt der eigenen Lektüre zur Geschichte heilsgeschichtlichen Denkens.

Dreiteilung aus den drei Vigilien von Lk 12,35-40 allegorisch abgeleitet und entsprechend den drei Lebenszeitaltern bezeichnet: Kindheit [*pueritia*] ugend [(*adolescentia vel juventus*] und Reifealter [*senectus*] (*Homiliarum in Evangelia*, Lib.I, Hom.XIII).[223] – Bei *Joachim von Fiore* (+ 1202 n.Chr.) findet sich eine ganz andere Dreiteilung. Er unterscheidet das Zeitalter des Vaters (Alter Bund), das Zeitalter des Sohnes (bis ca. 1260 n.Chr.) und das Zeitalter des Geistes (ab ca. 1260 n.Chr.), wobei er für deren Dauer aus Mt 1 die Zeit von jeweils 42 Generationen ansetzt. Die ältere Dreiteilung findet sich später wieder bei dem Föderaltheologen *H. Witsius* (1636-1708 n.Chr.), der die Heilsgeschichte in drei ʽÖkonomienʼ (*ante legem, sub lege, post legem= sub gratia*) einteilt (*De Oec.*, Lib.III, §§5ff.11.20).

(2) *Die Vierteilung der Heilsgeschichte:* Die Aufteilung der Geschichte in vier Epochen kann sich einerseits an der oben zitierten Talmudaussage (b.*Sanh*.97a) orientieren, die sich an den 7000 Jahren einer in Analogie zur Schöpfungswoche von 1Mo 1 entworfenen ʽWeltenwocheʼ orientiert: 2000 Jahre der Nichtigkeit, 2000 Jahre unter der Torah, 2000 Jahre der Messiaszeit und dann 1000 Jahre Weltensabbat. – Ein anderer Ansatz findet sich bei *Ambrosius* (ab 373 n.Chr. Bischof von Mailand), der die vier Paradiesströme von 1Mo 2,10f im Anschluss an Philo (*leg.alleg.* c.19) allegorisch auf die vier Kardinaltugenden hin auslegt und diese mit den vier Weltaltern in Verbindung bringt: 1. *prudentia* / Klugheit: die Zeit bis zur Sintflut; 2. *temparantia* / Enthaltsamkeit: die Zeit bis Mose; 3. *fortitudo* / Tapferkeit: die Zeit bis Christus; 4. *iustitia* / Gerechtigkeit: die Zeit bis zum Weltende (*De Paradiso*, Lib.I.c.3). Später hat der Föderaltheologe *C. Vitringa* (1659-1722) die Heilsgeschichte ganz ähnlich eingeteilt (*Typus doctrinae profeticae*, 1708, S.2-8; dann *speziell S.73-89*; 89-105; 106-145; 146-172): 1. Schöpfung bis Sintflut; 2. Sintflut bis Erlösung aus Äpypten unter Mose; 3. Landnahme bis Inkarnation Christi; 4. Jesu Erdenzeit bis zu seiner Wiederkunft.

(3) *Die Fünfteilung der Heilsgeschichte:* Aus dem Gleichnis von den Arbeitern im Weinberg (Mt 20,1-16) hat man ver-

---

[223] Siehe auch Bruno von Segni, *Commentarium in Lucam*, pars II,27: „Tres enim vigiliae, tria tempora sunt, ante legem, sub lege et sub gratia."

schiedentlich die Fünfteilung der Heilsgeschichte abgeleitet. In diesem Text sendet der Herr am Morgen sowie zur dritten, sechsten, neunten und elften Stunde Arbeiter in seinen Weinberg. Allegorisch angewandt – und nicht dem Literalsinn folgend – ergibt sich daraus folgende heilsgeschichtliche Epochenspekulation bei *Origenes* (+ 254 n.Chr.): 1. Adam bis Noah; 2. Noah bis Abraham; 3. Abraham bis Mose; 4. Mose bis Christus; 5. Christus bis Weltende (*Comm.in Matth.*, c.31-36). Auch *Hiernonymus* (+ 420 n.Chr.) benutzte diese Einteilung und errechnete sogar unter Zugrundelegung der Weltwoche mit 6000 Jahren Dauer das Kommen Christi auf die 11.Stunde, d.h. das Jahr 5500 jüdischer Zeitrechnung (*Comm.in Matth.* Lib.III, c.20; vgl. *Comm.in Micha*, I.4). Die gleiche Gliederung findet sich auch bei *Gregor dem Großen*, der schon – wie wir oben sahen – die Dreigliederung der Heilsgeschichte erwähnt hatte (*XL Homiliarum in Evangelia*, Lib.I, Homilia XIX). Im Mittelalter begegnet dieses Gliederungsschema häufig.

(4) *Die Sechsteilung der Heilsgeschichte:* Aufgrund der angenommenen Analogie `Schöpfungswoche´= `Weltenwoche´ kommt bereits der *Barnabasbrief* (ca. 130 n.Chr.) zu folgender Sechsteilung der Geschichte (Kap.15,3-5): „Vom Sabbat heißt es am Anfang bei der Schöpfung: `Und Gott schuf in sechs Tagen die Werke seiner Hände, und er vollendete sie am siebten Tag und ruhte an ihm und heiligte ihn´. Passt auf, Kinder, was die Worte bedeuten: `Er vollendete sie in sechs Tagen´. Das bedeutet, dass der Herr das All in 6000 Jahren vollenden wird. Denn der Tag bezeichnet bei ihm 1000 Jahre. Er selbst aber bezeugt es mir mit den Worten: `Siehe, ein Tag des Herrn wird wie 1000 Jahre sein´ … `Und er ruhte am siebten Tag´ – das bedeutet: Wenn sein Sohn gekommen ist und die Zeit der Gesetzlosen beendet, die Gottlosen richtet und die Sonne, den Mond und die Sterne verwandelt, dann wird er recht ruhen am siebten Tag." Sollte der Barnabasbrief mit dem `Weltensabbat´ das Millennium meinen und nicht die Ewigkeit nach dem Weltgericht, wäre sein Entwurf allerdings für den Geschichtsablauf siebenteilig. – Auch der junge *Augustin* (354-430 n.Chr.) schließt von der Schöpfungswoche auf die Weltenwoche (*De Genesi contra Manichaeos* XII,33+35; *Ennarratio in Ps.*

XCII,1; *De trinitate* IV,4.7; *Joannis Ev. Tractatus* IX,6.2; *DCD* XXII,30.5). Die Ansetzung der einzelnen Einschnitte zwischen den Zeitaltern wird bei ihm teils aus Mt 1 (je 14 Generationen Dauer), teils aus 1Mo 5 und 10 entnommen: Adam bis Noah (10 Gen.); Noah bis Abraham (10 Gen.); Abraham bis David (14 Gen.); David bis Babylonisches Exil (14 Gen.); Babylonisches Exil bis Christi Geburt (14 Gen.); Christi Geburt bis Weltende. In Ablehnung des Millenniums wird der Weltensabbat nun in die neue Schöpfung verlegt. Die Zeitalter werden (in *De div.quest. qu.* LVIII.2) in Beziehung zu den Lebensaltern gesetzt: Kleinkindesalter (*infantia*); Knabenalter (*pueritia*); Heranwachsendenalter (*adolescentia*); junges Erwachsenenalter (*iuventus*); reifes Erwachsenenalter (*gravitas*); Greisenalter (*senectus*). – Im Hochmittelalter schreibt *Eike von Repgow* im *Sachsenspiegel* (Landrecht I.3, §1; ca. 1220 n.Chr.): „daz an Adame diu erste werlt began; an Noe die andere; an Abraham diu dritte; an Moyse diu virde; an David diu funfte; an Gottis geborde [= Geburt] diu seste". Und *Luther* (1483-1546 n.Chr.) spricht vom Zeitalter Adams, Noahs, Abrahams, Davids, Christi und des Papstes (*W.A.* Tr.5,5300); als einen 7.Tag bezeichnet er den `Ewigen Sabbat´ (*W.A.* 53,12).

(5) *Die Siebenteilung der Heilsgeschichte:* Die `Chronik´ des *Eusebius* (+ 339 n.Chr.) – fortgesetzt durch *Hieronymus* (+ 420 n.Chr.) – gliedert die bisherige Geschichte in sieben Etappen: 1. Adam bis Sintflut; 2. Sintflut bis Abraham; 3. Abraham bis Mose; 4. Mose bis zum ersten Tempel; 5. erster Tempel bis Einweihung des zweiten Tempels; 6. zweiter Tempel bis Kommen Christi; 7. Kommen Christi bis 325 n.Chr. [Hieronymus: bis 378 n.Chr.]. Die sieben Zeitalter enden also jeweils zur eigenen Lebenszeit, und man erlebt (325 n.Chr. mit dem Konzil von Nicäa bzw. 378 n.Chr. mit dem Aufstieg des Theodosius d.Gr. [?]) den Anbruch eines neuen Zeitalters der Staatskirche. – Ganz anders hatte zunächst der *junge Augustin*, bevor er den frühchristlichen Gedanken eines Millenniums fallen ließ, die Heilsgeschichte in Entsprechung zu den Schöpfungstagen eingeteilt (*Sermo* 259,2): 1.Tag: Adam bis Noah; 2.Tag: Noah bis Abraham; 3.Tag: Abraham bis David; 4.Tag: David bis babylonisches Exil; 5.Tag: Exil bis Kommen Christi; 6.Tag: Kommen Christi bis Christi Wiederkunft; 7.Tag:

Sabbat der Heiligen auf Erden. Erstaunlich ist, dass in dieser Aufgliederung mit Mose kein Einschnitt angesetzt wird. – In neuerer Zeit spielt die Siebenteilung wieder eine größere Rolle. *Pierre Poiret* (1646-1719) kommt in seiner *Oeconomie Divine* (1687) zu folgender Sicht: 1. Adam bis Sintflut; 2. Sintflut bis Mose; 3. Mose bis Salomo; 4. Salomo bis Menschwerdung Christi; 5. Menschwerdung Christi bis Ende des irdischen Lebens Jesu; 6. Zeit der Kirche; 7. Millennium. Die Abschnitte 1.-4. fasst er zusammen zur `Oeconomia ante reparationem Jesu Christi´ (der Ökonomie vor der Wiederherstellung durch Jesus Christus); die Abschnitte 5.-7. zur `Oeconomia post reparationem Jesu Christi´ (der Ökonomie nach der Wiederherstellung durch Jesus Christus). – Im Gefolge der Heilsgeschichtsanschauung von *J.N. Darby* (1800-1882), der streng zwischen Ökonomien für Israel und für die Gemeinde unterschied, allerdings selbst noch kaum eine systematisch durchgeführte Siebenteilung der Heilsepochen bot (*Collected Writings* Bd.II, S.568-573), kam es zu folgender Epochengliederung bei *C.I. Scofield* in der von ihm herausgegebenen Studienbibel (1909), die im evangelikalen Raum weite Verbreitung fand und in deren Neuausgabe 1967 (*Die neue Scofieldbibel*, Fn. zu 1Mo 1,28) zu lesen ist: „Sieben Heilszeiten ... werden in dieser Ausgabe der Bibel unterschieden: Unschuld (1.Mose 1,28); Gewissen oder moralische Verantwortung (1.Mose 3,7); menschliche Regierung (1.Mose 8,15); Verheißung (1.Mose 12,1); Gesetz (2.Mose 19,1); Gemeinde (Ap. 2,1); Königreich (Offb. 20,4)."

Die genannten Entwürfe dienen vornehmlich der Segmentierung der Heilsgeschichte. Einschnitte werden markiert, weniger aber durchgehende Linien. Die Vielfalt der Gliederungsentwürfe für die Heilsgeschichte mahnt darüber hinaus zur Vorsicht vor allzu dogmatischen Festlegungen im Einzelnen. Es dürfte sich sicherlich nicht empfehlen, auf der Basis allegorischer Auslegung oder als wichtig empfundener kirchengeschichtlicher Einschnitte Heilsgeschichtsepochen festzulegen. Denn Heilsgeschichte als Offenbarungsgeschichte des Handelns Gottes folgt aus dem, was die Schrift über Gottes Wirken in der Geschichte sagt, nicht aus Eisegese (Hineinlesen in bibl. Texte) oder Spekulation. Auch empfiehlt es sich nicht, das Gesetz zum

Gliederungsprinzip der gesamten Heilsgeschichte zu machen (`vor, unter und nach dem Gesetz´), denn der Fokus der Offenbarungsgeschichte ist die Christusoffenbarung und nicht die Torah. Und auch die Christusoffenbarung dient am Ende dem übergeordneten Ziel der Verherrlichung Gottes (1Kor 15,28; Eph 1,5f.12.14). – Die Vielfalt der Gliederungsentwürfe für die Heilsgeschichte lässt schon ahnen, dass die Heilige Schrift vermutlich kein heilsgeschichtliches Gliederungsschema explizit durchgeführt hat – sonst sollte die Auslegungsgeschichte einheitlicher sein. Trotzdem kann nur die Bibel selbst Grundzüge dessen deutlich werden lassen, was sie als Heilsgeschichte Gottes mit seinen Menschen offenbart.

3.2 Elemente der biblischen Heilsgeschichtsoffenbarung: Es kann in diesem, der heilsgeschichtlichen Hermeneutik gewidmeten Kapitel nicht darum gehen, einen umfassenden Gesamtentwurf der Heilsgeschichte zu zeichnen. Legt man die Bibel jedoch konsequent nach dem Literalprinzip aus[224], zeichnen sich unübersehbar bestimmte Elemente der biblischen Heilsgeschichtsoffenbarung ab.

(1) *Schöpfung und Neuschöpfung als Rahmen der Heilsgeschichte:* Nicht im Einzelnen entfaltet, sondern nur erwähnt werden soll, dass Schöpfung und Neuschöpfung den Rahmen biblischer Heilsgeschichte bilden, wie es die ersten und letzten Seiten der Heiligen Schrift deutlich erkennen lassen. Gott schafft den Himmel und die Erde und alles darin Seiende (1Mo 1+2). Und Gott schafft – nach allem, was sich zwischen dem Sündenfall (1Mo 3) und dem endzeitlichem Abfall (Offb 13-19; 20,7ff) bzw. Endgericht (Offb 20,11ff) zuträgt – einen neuen Himmel und eine neue Erde (Offb 21 und 22). Der Vorrang und die Überlegenheit des schaffenden Gottes gegenüber seiner Schöpfung liegen damit durchgehend zutage. Schöpfung wie Neuschöpfung dienen seinem Ruhm (Ps 19,2; Offb 22,3).

---

[224] Siehe dazu oben Kap. 5, These 5.

(2) *Die Königsherrschaft Gottes und die Zwei-Äonen-Lehre:* Als Schöpfer ist Gott der Souverän seiner Schöpfung. Trotz Sündenfall bleibt für das biblische Zeugnis in Geltung, dass Gott König ist. Ihm ist seine Schöpfung nicht entglitten. Das Alte Testament sieht Gottes Königsherrschaft sowohl universal als auch national: Er ist der Herrscher der Welt (2Kö 19,15; Ps 99,1-4) und er ist der König über Israel (2Mo 15,18; 5Mo 33,5; Jes 43,15). Dieses Thema zieht sich kontinuierlich durch die Heilsgeschichte. Und doch bleibt hinsichtlich der Königsherrschaft Gottes nicht immer alles gleich. Seiner aktuellen, eher verborgenen Herrschaft wird seine künftige Königsherrschaft gegenübergestellt (Jes 24,23; 52,7; Sach 14,9ff).

Diese künftige Königsherrschaft Gottes wird mit dem `Messias´ (Jes 9,5f; 2Sam 7,12f.16) bzw. mit dem `Menschensohn´ Dan 7,13f; vgl. 2,44) in Verbindung gebracht. Die alttestamentliche Hoffnung auf Errichtung des messianischen Königreichs für Israel hat mindestens vier Elemente: 1. die Landverheißung: Schon im Abrahmbund ist die Landverheißung Israel auf ewig gegeben (1Mo 13,14ff; 15,18ff). Von daher erstaunt nicht, dass die Hoffnung auf das messianische Reich auf Israel mit Jerusalem als Mittelpunkt zielt. Zu Beginn der messianischen Zeit wird Israel in sein Land gesammelt. Vom Zion aus wird der messianische König regieren; und die Völker werden zum Zion wallfahren (Jes 2,2ff; 11,10ff; 33,17-24; Jer 16,14ff; 23,3ff; Hes 36,24ff; 37,11ff.21ff). – 2. die Verheißung des davidischen Königs: In 2Sam 7,11ff wird im Davidsbund der Davidsspross verheißen, dessen Königtum ewig währen wird. Die Messiasprophetien vertiefen dieses Thema (Am 9,11f; Mi 4,7f; 5,1; Jes 9,5f; 11,1ff.9; Jer 23,3-6; 33,14ff.19ff; Hes.37,21ff). – 3. die Verheißung der geistlichen Erneuerung Israels: Themen sind die Hoffnung auf die Wiedervereinigung des zerstreuten 12-Stämme-Reiches (Hes 37,15-22) und auf die geistliche Erneuerung des Volkes (Jes 4,2ff; 10,20ff; 11,9; Jer 50,4f; Hes 36,24ff; 37,11-13; Hos 3,4f; Sach 12,10.12; 13,1.8f). – 4. die Verheißung idealer äußerer Zustände: Harmonie in der Natur (Jes 11,6ff); Ende der Kriege (Jes 2,4; Mi 4,3ff; Hos 2,18); reiche Ernten (Hes 36,8-11; Hos 2,19; Jes 65,21ff); besonderer

Glanz der Gestirne (Jes 30,26); Hilfe für die Notleidenden (Jes 35,3ff.10); lange Lebenserwartung (Jes 65,20).

Aus der Dialektik, dass Gott (eher verborgen) König ist und dass er (mit sichtbaren Wirkungen) König werden wird, bildet sich im Zusammenhang der Botschaft der Propheten und der Apokalyptik Israels die Zwei-Äonen-Lehre heraus. Hier zeigt sich eine deutliche Diskontinuität in der Heilsgeschichte: Im Kontrast zum Verfall der Jetztzeit steht die zukünftige Zeit messianischen Heils. Die biblische Apokalyptik sagt das Hereinbrechen der künftigen Königsherrschaft Gottes als ein endzeitliches Geschehen an: Den jetzigen Weltreichen wird durch das hereinbrechende Gottesreich ein Ende gesetzt (Dan 2,44; 7,13f). So zeichnet sich schon im Alten Testament ein eschatologischer Dualismus ab mit scharfen Konturen zwischen Jetzt und Dann. In der frühjüdischen Apokalyptik findet dieser Dualismus seine Ausprägung in der Lehre von den ʾzwei Zeitalternʾ (bzw. zwei ʾÄonenʾ): „Der Höchste hat nicht ein Zeitalter gemacht, sondern zwei" (4Esra 7,50).[225] Die Henochapokalypse spricht von ʾdiesemʾ und dem ʾkommenden Zeitalterʾ (Hen 71,15).

Jesus greift diese Themen auf. Die Zwei-Äonen-Lehre klingt deutlich bei ihm an: „Wer den Heiligen Geist lästert, erhält keine Vergebung, weder in diesem, noch im kommenden Zeitalter" (Mt 12,32). Das kommende Zeitalter bringt er in Verbindung mit dem „ewigen Leben" (Mk 10,30) bzw. mit der „Auferstehung" (Lk 20,35). Das Ende dieses gegenwärtigen Zeitalters hat mit seiner Wiederkunft zu tun (Mt 24,3ff) und mit dem Anbruch des Gerichts (Mt 13,39f.49f). Aber dabei bleibt Jesus nicht stehen. Während die zwei Zeitalter im Frühjudentum nacheinander angeordnet waren, macht Jesus deutlich, dass mit seinem Kommen und mit seinen göttlichen Machttaten die Königsherrschaft Gottes und damit das künftige Zeitalter schon

---

[225] Vgl. 4Esra 8,1; Apok.Baruch 14,13; 15,7; 2.Baruch 44,8-15; 48-50; 85; Testament Levi 18. – Teils wird in den außerbiblischen jüdischen Apokalypsen schon geäußert, dass der neuen ewigen Ordnung des kommenden Zeitalters ein vorübergehendes messianisches Zwischenreich auf der Erde vorangehen werde, 4Esra 7,28ff; Apok. Baruch 40,3.

begonnen haben (Mt 12,28; Lk 11,20f) – ohne dass deswegen das jetzige Zeitalter schon aufhören würde. Vielmehr überlappen sich beide. Mt 13,36-43 ist aufschlussreich: Diejenigen, die schon zur Gottesherrschaft gehören, befinden sich in dieser Welt (V.38); wenn das jetzige Zeitalter im Gericht enden wird, wird aus dem Bereich der Gottesherrschaft alles Böse entfernt werden (V.39-41); dann werden die Gerechten leuchten in der (künftigen) Gottesherrschaft (V.43). Es wird deutlich: die Gottesherrschaft hat bereits mit diesem Zeitalter zu tun – und erst recht mit dem künftigen!

Jesus betont die Gegenwart der Gottesherrschaft: „Das Reich Gottes ist nahe gekommen" (Mt 4,17). Da, wo er Menschen von dämonischen Mächten befreit, ist das Reich Gottes da (Mt 12,28; Lk 11,20). In seiner Person ist es inmitten seiner Zeitgenossen (Lk 17,20f). Und seinen Jüngern, so arm sie sind, ist jetzt schon die Gottesherrschaft geschenkt (Mt 5,3). – Und doch lehrt Jesus seine Jünger nach wie vor um das Kommen des Gottesreiches zu beten (Mt 6,10). Bis zum (endgültigen) Hereinbrechen der Gottesherrschaft sagt Jesus eine lange Zwischenzeit voraus (Lk 19,11). Vom „ewigen Leben", vom „Eingang in die Königsherrschaft Gottes" und vom „Leben im kommenden Zeitalter" kann Jesus in einem Atemzug reden (Mk 10,17.23.30). Nach dem Weltgericht, das auf die Wiederkunft des Menschensohnes folgt, werden „die Gesegneten" die Königsherrschaft Gottes „als Erbe antreten" (Mt 25,34). Dann, im künftigen messianischen Reich wird das große messianische Festmahl sein (Lk 13,28f). Fassen wir zusammen: Mit dem Kommen Jesu schiebt sich das künftige Heilszeitalter bereits segensreich in das gegenwärtige Zeitalter hinein. Beide Zeitalter laufen jetzt parallel. Doch am Ende wird nur noch das künftige Zeitalter mit der Segensherrschaft Gottes sein. Die gegenwärtige Zeit seit dem Kommen Jesu ist die Zeit der angebrochenen Erfüllung und der noch ausstehenden Vollendung, die Zeit des gleichzeitigen Schon-Jetzt und Noch-Nicht. Eine heilsgeschichtliche Theologie hat das zu berücksichtigen.

(3) *Die Bündnisse Gottes und ihre jeweilige Geltung:* Kontinuität und Diskontinuität in der Heilsgeschichte werden gerade im Zusammenhang der verschiedenen Bündnisse Gottes mit den Menschen deutlich: Sie konstituieren sowohl durchgehende Verheißungslinien als auch markante Einschnitte in der Geschichte der Offenbarung. Auf Seiten der reformierten ´Bundestheologie´ hat man sehr stark die *Einheit des Bundes* betont und damit die Kontinuität gegenüber der Diskontinuität zwischen Altem und Neuem Bund überbetont. Der Zürcher Reformator Zwingli und sein Nachfolger H. Bullinger wollten gegenüber der Täuferbewegung die Kindertaufe begründen. Hilfreich dafür erschien ihnen der Bundesgedanke: Gott hat einen Bund geschlossen, in den auch Kinder – früher durch die Beschneidung, jetzt durch die Säuglingstaufe – eingefügt werden. Hier liege im Alten wie im Neuen Testament derselbe Gnadenbund vor. Es sei lediglich – so wurde im Rahmen der alten katholischen Substitutionstheorie argumentiert – die Kirche an die Stelle Israels getreten.[226] Durch J. Coccejus (1603-1669) wurde die Bundestheologie weiter entwickelt. Gott habe früh zwei Bündnisse mit den Menschen geschlossen, die seither die Heilsgeschichte parallel durchziehen: den im Garten Eden geschlossenen ´Werkbund´, der im Lauf der Offenbarungsgeschichte immer mehr abgebaut werde, und den nach dem Sündenfall geschlossenen ´Gnadenbund´, der kontinuierlich in der gesamten Heilsgeschichte für Israel wie für die Kirche gilt. Ein differenzierteres Bild hätte sich allerdings ergeben, wenn man sich an die Bündnisse gehalten hätte, von denen die Bibel ausdrücklich spricht.

Da ist der *Noahbund*, den Gott nach der Sintflut mit Noah für die gesamte Menschheit schließt (1Mo 8,20-9,17). Nie mehr, solange die Erde steht, soll eine Flut die Erde verderben. Der Regenbogen soll das Bundeszeichen sein. Noah und die Menschheit hatten keinerlei Anspruch auf diesen Bund. Es war ein reiner Geschenkbund, den Gott von sich aus ohne Bedingungen stiftete. Weil Gott allein die Bundesverpflichtung auf sich nahm und der Bund nicht von menschlichem Gehorsam gegenüber Bundesbedingungen abhing,

---

[226] Siehe dazu R.E. Diprose, *Israel in the Development of Christian Thought*, Rom 2000, S.31-173.

konnte es ein „ewiger Bund" sein, der auf jeden Fall für den gesamten zugesagten Zeitraum gültig bleiben wird. Durch die ganze Heilsgeschichte hindurch bis zum Endgericht durch Feuer (2Petr 3) gilt dieser Bund kontinuierlich.

Auch im *Abrahamsbund* fällt auf, dass Gott sich hier alleine zur Bundeserfüllung verpflichtet. Immer wieder lesen wir in den Bundestexten das einseitige 'Ich will' Gottes: „Ich will dich zu einer großen Nation machen und will dich segnen, und ich will deinen Namen groß machen... Deinen Nachkommen will ich dieses Land geben" (1Mo 12,2-7). „Das ganze Land, das du siehst, will ich dir geben und deinen Nachkommen auf ewig..." (1Mo 13,14ff). Dies sind Verheißungen, die sich im künftigen Bund erfüllen sollten. Die Verheißung war zwar das Ergebnis des Gehorsams Abrahams gegenüber Gott, seine Heimat zu verlassen und in das Land zu gehen, das Gott ihm zeigen werde. Als dann aber Gott den Bund schließt, tut er dies ganz einseitig, nur von sich aus und übernimmt alleine die Garantie für die Bundeserfüllung: Bei der Bundesschlussendzeremonie (1Mo 15,7-21) fällt Tiefschlaf auf Abraham. Er hatte noch das Bundesopfer vorbereitet, die Hälften des Opfertiers geteilt, zwischen denen die Bundespartner üblicherweise hindurchgehen mussten, um zu dokumentieren: Wenn ich den Bund nicht einhalte, soll es mir wie diesem gespaltenen Tier ergehen... – und dann schläft Abraham ein! Nur Gott geht (im Symbol der Feuerfackel) zwischen den Tierhälften hindurch. Er allein nimmt damit die Bundesbedingungen auf sich. Auch der Abrahamsbund erweist sich damit als Geschenkbund. Und weil allein Gott für ihn gerade steht, ist er ein ewiger Bund.

Für das Verständnis der Heilsgeschichte ist dieser Abrahamsbund äußerst wichtig. Gottes Bund mit Abraham und seinen Nachkommen wird ewig bestehen. Das bedeutet, dass Gott sein Volk Israel nie gänzlich verstößt (Rö 11). Das bedeutet, dass durch Abraham und seine Nachkommenschaft – letztlich durch Christus als den Nachkommen Abrahams schlechthin (Gal 3,16) – Menschen aller Völker gesegnet werden. Das bedeutet, dass auch die geistlichen Nachkommen Abrahams, d.h. die durch den Glauben Gerechtfertigten, dauerhaft in die Segensverheißung des Bundes eintreten – wodurch eine Verbindung zwischen Israel und der Gemeinde geschaffen ist (Rö 4; Gal 3; vgl. Rö 11,11f). Das bedeutet auch, dass die auf ewig gegebene Landverheißung Israels für immer gelten wird und Israel von Gott her einen Anspruch auf sein Land hat. Der Abrahamsbund ist niemals durch menschlichen Ungehorsam aufgehoben worden[227] – und wird es niemals werden. Denn Gott steht für ihn.

Ganz anders der *Mosebund* bzw. Gesetzesbund. Dieser am Berg Sinai geschlossene (und im Transjordanland, 5Mose, sowie nach der Ansiedlung in Kanaan, Jos 24, bekräftigte) hat einen ganz anderen Charakter als die beiden vorangehenden Bünde. Hier ist Israel nun Bundespartner, dem Bundesbedingungen auferlegt werden. Etwa 2Mo 19,5f: „Wenn ihr fleißig auf meine Stimme hören und meinen Bund halten werdet, so sollte ihr mein Eigentum sein aus allen Völkern...". Oder 5Mo 28,15ff: „Es wird aber geschehen, wenn du der Stimme Jahwes, deines Gottes, nicht gehorchst, dass du darauf achtest, zu tun alle seine Gebote und seine Satzungen, die ich dir heute gebiete, so werden alle diese Flüche über dich kommen...". Kein Wunder, dass dieser Bund der Anlass für umfassende und notvolle Gerichte Gottes über seinen untreuen Bundespartner Israel wurde! Natürlich waren die weisen Gesetze und Satzungen dieses Bundes wertvoll für Israels Theokratie (5Mo 4,6-8). Und natürlich wies auch der Gesetzesbund Gnadenvorrichtungen wie die Opfergesetze auf, die es ermöglichten, dass auch unter dem Gesetz der Mensch auf Grund der Gnade Gottes Heil erfahren konnte – denn Heil gibt es in der ganzen Heilsgeschichte immer nur aus Gnade durch stellvertretende Sühneopfer (3Mo 17; Rö 3,23-26). Aber als ein Bündnis, dessen Gültigkeit auch von der Bundestreue eines menschlichen Bundespartners abhing, konnte dieser Gesetzesbund kein „ewiger Bund" sein und konnte nicht auf Dauer bleiben. In Gal 3 macht Paulus deutlich, dass der bleibend gültige Abrahambund nicht durch einen 430 Jahre später hinzu ge-

---

[227] Lediglich der Einzelne kann den Bund für sich ungültig machen, etwa indem er sich nicht beschneiden lässt (1Mo 17,14b), aber er macht damit den Bund an sich nicht ungültig, der auf ewig für Abraham und seine Nachkommenschaft gilt.

fügten Gesetzesbund abgelöst werden konnte. Nein, der Gesetzesbund hatte als „Zuchtmeister auf Christus hin" eine Zwischenfunktion und seine begrenzte Zeit. In Christus ist er an sein Ziel und Ende gekommen. Auch in 2Kor 3 macht Paulus deutlich, dass der Gesetzesbund (einschließlich der in Stein gemeißelten 10 Gebote – die allerdings zum Teil im Neuen Testament neu verfügt wurden) nicht „das Bleibende" ist, sondern durch den Neuen Bund abgelöst wird. So ist die Zeit des Gesetzes ein Interim in Gottes Heilsgeschichte. Im Kontrast zu der Kontinuität, die jeweils durch den Noah- und den Abrahamsbund begründet wird, bewirkt der Sinaibund Diskontinuität in der Heilsgeschichte.

Den *Davidsbund* schließt Gott mit David – noch zur Zeit des Gesetzesbundes – als einen in die Zukunft gerichteten Verheißungsbund, der auf ewig gelten soll: „Ich werde deinen Nachkommen nach dir erwecken ... und sein Königreich befestigen. Der wird meinem Namen ein Haus bauen, und ich werde sein Königtum befestigen auf ewig. Ich will sein Vater sein, und er wird mir Sohn sein... Und dein Haus und dein Königtum sollen vor dir beständig sein auf ewig" (2Sam 7,11ff). – Jeremia greift diese einseitige Bundesverpflichtung Gottes auf: „Siehe, Tage kommen, spricht Jahwe, da ich das gute Wort erfüllen werde, das ich über das Haus Israel und über das Haus Juda geredet habe. In jenen Tagen und zu jener Zeit werde ich dem David einen Spross der Gerechtigkeit hervorsprossen lassen... Denn so spricht Jahwe: Nie soll es dem David an einem Mann fehlen, der auf dem Thron des Hauses Israel sitze... Wenn ihr meinen Bund betreffs des Tages und meinen Bund betreffs der Nacht [d.h. den Noahbund] brechen könnt, so dass Tag und Nacht nicht mehr seien zu ihrer Zeit, so wird auch mein Bund mit meinem Knecht David gebrochen werden, dass er keinen Sohn habe, der auf seinem Thron König sei" (Jer 33,14ff.19ff). So unbrechbar wie dier Noahbund soll also auch der Davidsbund sein. – In Jesus, dem Davidssohn, findet dieser Bund seine Erfüllung (Lk 1,32f), im messianischen Friedensreich seine sichtbarste Verwirklichung.

Der *Neue Bund*, schließlich, soll an die Stelle des alten Gesetzesbundes treten. Noch zur Zeit des Gesetzesbundes, den Israel niemals halten konnte, wird er als ein von Gott garantierter, ewiger Bund verheißen: „Siehe, es kommen Tage, spricht Jahwe, da werde ich mit dem Haus Israel und dem Haus Juda einen neuen Bund schließen. Nicht wie der Bund, den ich mit ihren Vätern geschlossen habe, damals, als ich sie bei der Hand nahm und aus dem Land Ägypten herausführte; diesen Bund – meinen Bund! -: sie haben ihn gebrochen... Sondern das ist der Bund, den ich mit dem Haus Israel nach diesen Tagen schließen werde, spricht Jahwe: Ich werde mein Gesetz in ihr Inneres legen und ihnen ins Herz schreiben, und ich werde ihr Gott sein, und sie werden mein Volk sein..." (Jer 31,31ff). Wieder ist es Gott, der allein für diesen Geschenkbund steht („Ich werde...!"). – Dieser verheißene Neue Bund wird dann durch das vergossene Blut Christi – d.h. durch Gottes eigene Heilstat – gestiftet: „Dieser Kelch ist der Neue Bund in meinem Blut, das für euch vergossen wird..." (Lk 22,20), sagt Jesus bei der Einsetzung des Abendmahls. Paulus, als Heidenapostel, versteht sich als Diener dieses Neuen Bundes (2Kor 3). Und der Hebräerbrief macht deutlich, dass der Neue Bund den alten Gesetzesbund abgelöst hat (Hebr 8,6ff). Die Gemeinde Jesu Christi lebt im Neuen Bund. Vergessen wir aber nicht: Durch Jeremia war dieser Neue Bund dem Haus Israel und Juda verheißen. Und so werden auch sie noch in diesen Bund eingefügt in der Zeit der geistlichen Wiederherstellung Israels (Hes 36 und 37).

So prägen die Bündnisse Gottes wesentliche Inhalte der Heilsgeschichte: Sie ermöglichen Geschichte ohne ein vorzeitiges Ende im Gericht (Noahbund). Sie konstituieren auf ewig Israel als Gottesvolk samt seinem Land, ohne deswegen partikular auf das eine erwählte Volk beschränkt zu bleiben, sondern schließen Segen für die Völker mit ein (Abrahamsbund). Sie prägen die Theokratie Israels, machen zugleich aber die Ungenügsamkeit und damit Erlösungsbedürftigkeit eines irdischen Bundespartners Gottes deutlich (Gesetzesbund als ʻIntermezzoʼ). Sie garantieren die heilvolle Herrschaft des Davidsprosses (Davidsbund) und schenken einen neuen, ewigen Heilsbund Gottes, der an allen in Erfüllung geht – Juden und Heiden als Einzelne wie auch Israel als Volk -, die an den Messias und sein Erlösungsopfer glauben (Neuer Bund).

(4) *Die Heils-'Ökonomie' der Gemeinde:* Was sich im Abrahamsbund nur erst andeutet („in dir sollen gesegnet werden alle Geschlechter der Erde", 1Mo 12,3), wird erstmals den neutestamentlichen Aposteln und Propheten – und in Sonderheit dem Heidenapostel Paulus – offenbart: dass es eine neue Heils-'Ökonomie' (griech. *oikonomia*) gibt, in der Gott aus im Glauben an Jesus geretteten Juden und Heiden eine neue Heilskörperschaft bildet, die Gemeinde. Dies war vorher ein „Geheimnis". Paulus schreibt: „Mir ist durch Offenbarung das Geheimnis kundgetan worden ..., das in früheren Generationen den Söhnen der Menschen nicht kundgetan, jetzt aber seinen heiligen Aposteln und Propheten durch den Geist offenbart worden ist: Die Nationen sollen nämlich Miterben und Mit-Leib und Mitteilhaber der Verheißung sein, die es im Messias Jesus durch das Evangelium gibt... Mir, dem allergeringsten von allen Heiligen, ist diese Gnade gegeben worden, den Nationen den unaufspürbaren Reichtum des Christus zu verkündigen und ans Licht zu bringen, was die Heils-'Ökonomie' des Geheimnisses sei, das von den Zeitaltern her in Gott ... verborgen war, damit jetzt ... durch die Gemeinde die vielfältige Weisheit Gottes kundgetan werde" (Eph 3,3-10; vgl. Kol 1,25-27; Rö 16,25f). In denen, die zur neutestamentlichen Gemeinde gehören, erfüllt sich durch den Glauben an den Messias (als Bundesstifter, s.o.) der Neue Bund. Sie, die zur Gemeinde gehören, gehören damit auch zur eschatologischen Königsherrschaft Christi (Kol 1,13)[228], auch wenn sie noch als vergängliche Menschen auf dieser vergänglichen Erde leben. Sie erleben simultan das spannungsreiche Jetzt-Schon und Noch-Nicht derer, die dem 'alten' wie dem 'neuen Zeitalter' zugehören: Für sie ist jetzt schon der Tag des Heils (2Kor 6,2), aber auch noch die Zeit des Stückwerks (1Kor 13,10ff). Sie sind schon Bürger des Himmels (Phil 3,20), aber auch noch Bürger dieser Erde (2 Kor 5,6). Sie sind aus dem gegenwärtigen 'Äon' gerettet (Gal 1,4), leben aber noch in dieser Welt (Tit

---

[228] Siehe dazu das oben unter Punkt (2) zur Königsherrschaft Gottes und der Zwei-Äonen-Lehre Gesagte.

2,12). Sie haben schon das neue Leben (2Kor 2,16), warten aber noch auf das Erbe des ewigen Lebens (Gal 6,8). Sie sind schon erlöst (Eph 2,5) und warten zugleich noch auf die Erlösung ihres Leibes (Rö 13,11). Sie sind schon mit Christus auferstanden (Rö 6,4), erwarten aber noch die künftige Totenauferstehung (1Kor 15,23). – So zeigt sich das `Geheimnis´ der neutestamentlichen Heils-`Ökonomie´, die Gemeinde, zugleich als neuer Einschnitt in der Heilsgeschichte wie auch als Kulminationspunkt verschiedener heilsgeschichtlicher Linien der Verheißung und Erfüllung. Diese Zeit der Gemeinde ist die `letzte Zeit´ (1Joh 2,18), die der endzeitlichen Sammlung des Gottesvolkes aus den Heidenvölkern gewidmet ist; sie ist die Zeit globaler Weltmission (Mt 24,14; 28,18ff; Eph 3,1-13).

(5) *Die Restitution Israels als Gottes Volk:* Gott hat Israel aus allen Völkern als sein irdisches Volk erwählt (5Mo 7,6). Angesichts des – auf gegenseitiger Bundestreue beruhenden – Gesetzesbundes ist Israel Segen für Gehorsam, aber zugleich Fluch und Zerstreuung unter alle Völker auf Ungehorsam hin in Aussicht gestellt (5Mo 28). Aber trotz aller Gerichte über Israel hält Gott an Israel als seinem erwählten Volk fest. Seine Berufung Israels reut ihn nicht (Rö 11,29). Und wo sein Volk umkehrt, wird er es selbst aus weltweiter Zerstreuung wieder in sein Land bringen und national wie geistlich wiederherstellen (5Mo 30,1-6).

Schon im Geschichtswerk des Paulusbegleiters Lukas klingt das Thema der Restitution Israels wiederholt an (Lk 1,16f; 1,32f; 1,68-75; 2,25+32; 2,38; 21,24; 22,30; 24,21; Apg 1,6f; 3,19-21).[229] Im Römerbrief macht Paulus im Blick auf Israel in betonter Weise deutlich: 1. dass Gott sein Volk Israel nicht verstoßen hat (V.1); 2. dass die Judenchristen – zu denen Paulus selbst zählt – bereits in der Gegenwart ein `Rest´ sind, den Gott erwählt hat (V.2-6); 3. dass dieser Auswahl des Rests in der gegenwärtigen Zeit `die Übrigen´ Israels gegenüberstehen, die verhärtet und temporär als ver-

---

[229] Ausführlich behandelt in R. Bauckham, „The Restauration of Israel in Luke-Acts", in: J.M. Scott (Hrsg.), *Restauration: Old Testament, Jewish, and Christian Perspectives*, Leiden u.a. 2001, S.435-487.

worfen und als ausgebrochene Zweige gelten müssen (V.7ff.15.17ff.25); 4. dass Paulus sich trotz ihrer temporären Verwerfung jetzt schon missionarisch um die Rettung Einzelner bemüht (V.14), die dann zu dem oben genannten ʽRestʼ stoßen würden; 5. dass die jetzt heilsgeschichtlich im Vordergrund stehende Rettung der Heiden den Juden ein Anreiz zur Umkehr und zum Heil sein soll (V.11); 6. dass irgendwann die Vollzahl der zu rettenden Heiden zum Heil gekommen sein wird (V.25b); und 7. dass es dann auch wieder nicht nur einen geretteten ʽRestʼ Israels, sondern ihre ʽVollzahlʼ (V.12b) geben wird, wenn nämlich „ganz Israel gerettet werden wird": „Und so [bzw.: und dann][230] wird ganz Israel gerettet, wie geschrieben steht: Es wird vom Zion der Retter kommen, abwenden wird er die Gottlosigkeit von Jakob; und dies wird mein Bund mit ihnen sein, wenn ich ihre Sünden wegnehmen werde" (V.26-27). „Ganz Israel" – ein Ausdruck, der nur hier im Neuen Testament vorkommt – ist im Alten Testament, je nach Kontext, ein gebräuchlicher Begriff für die jeweilige zeitgenössische Gesamtheit der Zwölf Stämme Israels, der Repräsentanten der Zwölf Stämme, der Zehn Nordstämme oder – nach deren Deportation – des Stammes Juda; wobei sich in der frühjüdischen Literatur nur noch die ersten beiden Bedeutungen finden. Im Zusammenhang von Rö 11 ist deutlich, dass Paulus mit „ganz Israel" das Volksganze Israels meint – im Kontrast zum ʽRestʼ der Judenchristen jetzt oder der ʽVollzahl der (geretteten) Heidenʼ dann. Damit ist auch deutlich: Die Kirche ist nicht dauerhaft an die Stelle Israels als Gottesvolk getreten (wie es die unheilvolle und für viel Antise-

---

[230] Es gibt zwei Möglichkeiten, das *kai houtoos* zu Beginn von V.26 zu übersetzen: Entweder temporal-retrospektiv („und dann" – wenn also das zuvor Gesagte, das Erreichen der Vollzahl der Heiden, eingetroffen ist). Oder modal-prospektiv („und so" – nämlich so, wie es V.26-27 sagt, wird es bei der Errettung von ganz Israel zugehen: Der Retter – wohl der wiederkommende Christus – wird vom Zion kommen und die Sünde von Israel nehmen). – Zur möglichen temporalen Bedeutung von *kai houtoos* siehe P.W. van den Horst, „ʽOnly then will all Israel be savedʼ: A Short Note on the Meaning of *kai houtoos* in Romans 11:26", *JBL*, 119 / 2000, S.521-539; zur ganzen Diskussion siehe J.M. Scott, „And then all Israel will be Saved (Rom 11:26)", in: ders. (Hrsg.), *Restauration*, Leiden u.a. 2001, S.489-527.

mitismus in der Kirchengeschichte verantwortliche Substitutionstheorie besagt). Und die jetzige Bekehrung von Juden, die dadurch Glieder der Gemeinde Christi werden, ist lediglich die Sammlung des messianischen Rests. Wenn mit der Wiederkunft Christi die Zeit der Gemeinde zu ihrem Ende kommt, wird Gott sein erwähltes Volk Israel als Ganzes wieder annehmen. Israel ist in der Heilsgeschichte also ein Thema, das sich nicht einfach in der Geschichte der Kirche verliert. Es geht nicht nur um die Bekehrung individueller Juden. Es geht um die Wiederherstellung Israels (vgl. Apg 1,6f im Zusammenhang von Lk 21,24 und Dan 8,13) einschließlich der im Abrahamsbund auf ewig gegebenen Landverheißung und der Erfüllung der alttestamentlichen Verheißungen der Königsherrschaft Gottes in und für Israel in ihrer geistlichen wie irdischen Dimension.[231]

(6) *Die Realität der apokalyptisch-endzeitlichen Ereignisse:* Eine dem Literalsinn biblischer Texte verpflichtete Exegese wird der historisch-kritischen Entmaterialisierung biblischer Eschatologie[232] nicht folgen. Für sie gehören zur Realität der Heilsgeschichte – ohne hier eine umfassende Aufzählung anzustreben –etwa die von Jesus vorausgesagten Endzeitnöte (Mt 24,4-29), das Auftreten des Antichristen (2Thess 2,1-10; vgl. Mt 24,24f; 1Joh 2,18; Offb 13+17), die schon genannte Restitution Israels, die Wiederkunft Christi (Mt 24,29ff; 1Thess 4,13-18; 1Kor 15,23; Offb 19,11-16) und die endzeitlichen Gerichte Gottes (2Petr 3,10ff; Offb 6 bis 20). Von der Ankündigung der Dekadenzgeschichte der irdischen Weltreiche (Dan 2+7) bis zu der für die Endzeit geweissagten Periode der Gesetzlosigkeit (Mt 24,12; 2Tim 3,1ff) zeigt sich eine durchgehende, zum Tiefpunkt der Geschichte führende Linie. Andererseits markieren die Endzeitereignisse – im Frühjudentum als Vorwehen der

---

[231] Siehe dazu oben Abschnitt (2) zur messianischen Hoffnung der endzeitlichen Königsherrschaft Gottes, verbunden mit der Rückkehr Israels in sein Land und Jerusalem als Ort der Verheißung.

[232] So kritisiert von F. Beisser, „Wege und Irrwege christlicher Eschatologie", in: G. Maier (Hrsg.), *Zukunftserwartung in biblischer Sicht*, Wuppertal 1984, S.8ff.

messianischen Zeit gesehen[233] – als Abschluss der irdischen Dekadenzgeschichte einen tiefen Einschnitt, bevor der (im Kommen Jesu schon in die Geschichte eingebrochene) 'künftige Äon' vollends sichtbar offenbar wird.

(7) *Das künftige messianische Reich:* Lässt man sich in der Exegese vom Literalsinn biblischer Texte leiten, wie er sich von ihrem Kontext her ergibt, wird man nicht umhin kommen, in Offb 20,1-10 ein künftiges messianisches Reich angekündigt zu sehen. Schon in der frühjüdischen Apokalyptik rechnet man mit einem Reich des Messias zwischen der Zeit der Endzeitplagen und dem vollen Anbruch des künftigen Zeitalters: *4Esr 7,28-31* rechnet damit, dass es 400 Jahre dauert; *Syr.Baruch 29,3-30,1* erwartet paradiesische Zustände in diesem Messiasreich; und *ebd. Kap.36-40* wird ausgeführt, dass dieses Reich nach Abschluss der vier Weltreiche von Dan 2 beginnen wird, indem der Messias den gräulichen Fürsten des 4.Weltreiches beseitigen wird (vgl. *Hen* 91,12ff; *Sibyll* II.652ff). Bei Paulus klingt der Gedanke an das messianische Zwischenreich – zwischen Wiederkunft Christi und dem „Ende", wenn der Sohn die Königsherrschaft an Gott den Vater übergibt – möglicherweise in 1Kor 15,23-28 an. Explizit wird das Thema in Offb 20 behandelt. Zu Recht stellt Eduard Lohse in seinem Kommentar zur Johannesoffenbarung fest: „Die in Offb 20 ausgesprochene Erwartung des Tausendjährigen Reiches kann nur von den ihr zugrunde liegenden jüdischen Vorstellungen her verstanden werden" – fährt dann aber (dem Text zuwider) fort: „Sie kann aber nicht verbindlicher Inhalt christlicher Lehre und Verkündigung sein".[234] Demgegenüber lohnt es sich, die Mahnung von

---

[233] H. Strack / P. Billerbeck, *Das Evangelium nach Matthäus erläutert aus Talmud und Midrasch*, 7.Aufl. München 1978 [1.Aufl. 1926], S.950.

[234] E. Lohse, *Die Offenbarung des Johannes,* NTD, 3.Aufl. Göttingen 1971, S.105. – Noch deutlicher äußert diese Inkonsequenz Johannes Weiß, *Die Offenbarung des Johannes*, Die Schriften des NT Bd.II, Göttingen 1908, S.675: „Solange der Glaube an die Inspiration der Bibel zu Recht besteht, hat auch diese Meinung ihr theoretisches Recht, und es ist eine großartige, aber gesunde Inkonsequenz der Kir-

Hans Bietenhard zu hören: „Man könnte oft versucht sein, die wirkliche oder nur vorgegebene Schriftgemäßheit einer Theologie daran zu messen, ob sie bereit ist, die Erwartung eines tausendjährigen Reiches auszusprechen oder nicht."[235]

Der Kontext von Offb 20 macht deutlich: Kapitel 19 und 20 sind eng verbunden. 19,11ff beschreibt die Wiederkunft Jesu, wobei in V.15 die Anklänge an Ps 2,9 und Jes 11,4 sowie 63,1ff zeigen, dass der Christus zur Erfüllung seiner messianischen Aufgaben erscheint. Er kommt als „König der Könige und Herr der Herren", V.16. Daran knüpft Kap.20 an und beschreibt das königliche Herrschen des Gekommenen. – Weiterhin sprechen die Verse 19,19-20 von dem ʼTierʼ (Antichrist) und seinem ʼPseudoprophetenʼ, die der wiederkommende Christus beseitigt. Auch daran knüpft Kap.20 an, indem es in V.4 von den durch das ʼTierʼ getöteten Märtyrern spricht, die jetzt auferstehen und mit Christus 1000 Jahre herrschen. Auch Offb 20,10 greift auf 19,19f zurück: Nach den 1000 Jahren wird nun im Zusammenhang des Endgerichts auch der Satan in den Feuersee geworfen, „wo schon das Tier und der Pseudoprophet sind". Der Zusammenhang macht also deutlich: Die Beschreibung des Millenniums in Offb 20,1-7 bezieht sich auf die Zwischenzeit zwischen der Wiederkunft Christi (19,11ff) und dem Endgericht (20,11ff).[236]

Inhaltlich sei zu dieser Zeit der endzeitlichen Messiasherrschaft nur so viel skizziert: Der Satan wird entmachtet und auf 1000 Jahre „gebunden" (20,1-3), was nach seiner Ausstoßung aus dem Himmelsraum (12,7-13) und vor seinem Ende im Feuersee (20,7f.10) den vorläufigen Tiefpunkt seines Geschickes mar-

---

che gewesen, dass sie den Chiliasmus einfach abgelehnt hat, obwohl er so viel Schriftgrund hat wie nur irgend eine Kirchenlehre."
[235] H. Bietenhard, *Das Tausendjährige Reich*, 2.Aufl. Zürich 1955, S.10.
[236] Zu beachten ist auch, dass sich ab Offb 19,11 eine ununterbrochene Reihe von zusammenhängenden Visionsberichten findet, die jeweils durch „Und ich sah" verbunden sind (19,11.17.19; 20,1.4.12; 21,1). Wollte man ausgerechnet Offb 20,1-10 aus dieser Reihe herausnehmen, hieße das den Gedankenfluss zu verkennen.

kiert. Als Teilhabende an der Christusherrschaft werden die Märtyrer und Bekenner der Endzeit in 20,4 besonders hervorgehoben.[237] Ihre Auferstehung erfolgt zu Beginn des Tausendjährigen Messiasreiches (20,4d-5); die allgemeine Totenauferstehung zum Endgericht erfolgt erst mit dessen Ende (20,12ff). Das Millennium gehört noch nicht zur Neuschöpfung Gottes; es findet noch auf der alten gefallenen Erde statt. Lediglich das Böse ist – nach all den Nöten der Endzeit – für diese Zeit „gebunden". Kaum ist der Teufel wieder los, kommt es auch zur letzten Rebellion gegen Gott und seinen Christus (20,7f). Diese letzte Rebellion (der apokalyptischen Scharen von ʼGogʼ und ʼMagogʼ) wird in erstaunlicher Parallelität zwischen Hes 37ff und Offb 20ff gezeichnet: 1.) Der Nationalen Sammlung, geistlichen Erweckung sowie Wiedervereinigung Israels und dem Messiasreich von Hes 37 entspricht Offb 20,1-6 mit der Schilderung des 1000-jährigen Messiasreiches. 2.) Der in Hes 38-39 geschilderte Ansturm von Gog und Magog wird in Offb 20,7-10 in lediglich gekürzter Form wiedergegeben. 3.) Der Schilderung des Endzeittempels mit der Heiligen Stadt im befriedeten Heiligen Land von Hes 40-48 könnte die Schilderung der Zustände der Neuschöpfung und vom Himmel herabgekommenen Jerusalem in Offb 21-22 entsprechen. – Wenn es mit dem ersten Kommen des Messias und seiner zeichenhaften Aufrichtung der Königsherrschaft Gottes bereits einen entscheidenden Einbruch des ʼkünftigen Äonsʼ in das gegenwärtige Zeitalter gab (Mt 12,28; Lk 11,20; 17,20f), findet nun mit der Wiederkunft des Messias abschließend der stärkste Einbruch des ʼkünftigen Äonsʼ in den jetzigen Äon statt, ohne dass diese gefallene Schöpfung dadurch ihren Rebellionscharakter gegen Gott verlieren würde. Ihr ist gewissermaßen ʼnicht mehr zu helfenʼ. Es hilft nur noch der tiefe Einschnitt in die

---

[237] Weitere Überlegungen zu Teilnehmern an der Christusherrschaft sowie eine insgesamt umfangreichere Behandlung von Offb 20 bietet der Aufsatz H. Stadelmann, „Das Zeugnis der Johannesoffenbarung vom Tausendjährigen Königreich Christi auf Erden", in: G. Maier (Hrsg.), *Zukunftserwartung in biblischer Sicht*, Wuppertal 1984, S.151ff (insg. S.144-160).

Heilsgeschichte: das Vergehen von Himmel und Erde im Gericht (Offb 20,11) und die Erschaffung einer neuen Erde und eines neuen Himmels (Offb 21,1ff).

4. Hermeneutische Schlussüberlegungen.
Wer die Bibel konsequent – und das heißt auch: immer entsprechend des Selbstverständnisses der biblischen Schriften – nach ihrem Literalsinn auslegt, kommt nahezu zwangsläufig zu einem heilsgeschichtlichen Bibelverständnis. Er wird geschichtlich gemeinte Aussagen geschichtsbezogen verstehen – gleich, ob sie sich nun auf die Urgeschichte, die Geschichte Israels und der Gemeinde oder die Endgeschichte beziehen. Er wird jede Bibelaussage zunächst einmal an ihrem biblischen Platz entsprechend ihrem Zusammenhang und auf dem Hintergrund der vorangehenden Offenbarungsgeschichte verstehen – und nicht immer gleich die ganze künftige Offenbarungsgeschichte in eine frühere Schriftaussage hineinlesen. Er wird von daher auch die Zeiten und die jeweiligen Adressaten genau beachten: Was da zur Zeit der Vätergeschichte geschildert wird, wird aus der dieser Zeit gegebenen Offenbarung heraus verstanden – und nicht schon so als stünde die gesamte Gesetzesoffenbarung vom Sinai damals bereits in Geltung. Wenn von Israel unter dem Gesetz die Rede ist, ist das eben nicht die `Kirche´, sind das nicht `Christen´, sondern Israel unter dem Gesetz! Und wenn es um die neutestamentliche Gemeinde geht, ist diese eben nicht eine irdische Theokratie, die ihre religiösen Überzeugungen etwa unter Berufung auf alttestamentliche Gesetze mit staatlicher Gewalt durchsetzt.

Eine dem Literalprinzip folgende Exegese wird aber erst dann zur heilsgeschichtlichen Theologie, wenn sie nicht bei Einzeltexten stehen bleibt. Sie muss schon das Gesamte der biblischen Offenbarungsgeschichte sorgfältig ins Blickfeld nehmen und darin auf durchgehende Linien und Neueinsätze hinsichtlich dessen achten, was Gott jeweils im Zuge der fortschreitenden Offenbarung deutlich werden lässt und was damit von Gott her für die jeweilige Zeit gilt. Heilsgeschichtliche Theologie tritt damit als eigenständiger Ansatz neben andere Zugänge zur Bibel (und setzt diese zugleich voraus): Da ist der *exegetische Ansatz*, der biblische Texte induktiv historisch-philologisch auslegt. Da ist der *biblisch-theologische Ansatz*, der die eigenständige Ausdrucksweise und Botschaft der einzelnen biblischen Bücher und Autoren als deren unverwechselbare Theologie herausarbeitet und sie miteinander in ihrer gesamtbiblischen Entwicklung in Beziehung setzt. Da ist der *systematisch-theologische Ansatz*, der den Gesamtbestand der Heiligen Schrift voraussetzt und nun ihren Lehrgehalt zu bestimmten Themen zusammenstellt und formuliert und im Gespräch mit geschichtlichen und aktuellen Herausforderungen vertritt. Und da ist schließlich eben der (oft vernachlässigte) *heilsgeschichtliche Ansatz*, der die Entfaltung der biblischen Offenbarung im Raum der Geschichte in ihrer Kontinuität und Diskontinuität genau nachzeichnet und wahrnimmt, was Gott wie und für wen in seinem jeweiligen Handeln und Reden offenbart hat – und wie sich damit die Heilsgeschichte insgesamt nach Gottes Plan und zu Gottes Ehre entfaltet.[238]

Wer mit diesem heilsgeschichtlichen Ansatz die Heilige Schrift auslegt, wird auch in ihrer Anwendung nicht willkürlich verfahren, sondern jeweils beachten, was Gott wann für wen offenbart hat. Hier liegt nicht alles auf einer Ebene. Andererseits kann es nicht in das Belieben des jeweiligen Lesers gestellt sein, was aus der Bibel er auf sich anwenden will (und wie?) – und was nicht. Die lutherische Reformation hat die Bibelanwendung heilsgeschichtlich bestimmt. Entsprechend leitet das *Augsburger Bekenntnis* (1530) in Artikel 28 die Sonntagsheiligung nicht vom alttestamentlichen Sabbatgebot ab: „Denn es irren diejenigen sehr, die meinen, es sei die Ordnung des Sonntags anstelle des Sabbats als (heils)notwendig eingeführt worden. Denn die Heilige Schrift hat den Sabbat abgetan und lehrt, dass alle Zeremonien des alten Gesetzes nach der Eröffnung des Evangeliums unterlassen werden können. Und dennoch, weil es notwendig gewesen ist, einen gewissen Tag zu verordnen, damit das Volk wusste, wann es zusammenkommen soll, hat die christliche Kirche dazu den Sonntag verordnet…". *Martin Luther* hat, wenn es um die Anwendung alttestamentlicher Geset-

---

[238] Zu Kontinuität und Diskontinuität in der Heilsgeschichte, siehe auch oben Kap. 5, Abschn. 7.1.

zestexte geht, heilsgeschichtlich argumentiert: „Das Gesetz Mosis geht die Juden an, welches uns forthin nicht mehr bindet. Denn das Gesetz ist allein dem Volk Israel gegeben, und Israel hat es angenommen für sich und seine Nachkommen, und die Heiden sind hie ausgeschlossen... Darum dieser ganze Text geht die Heiden nicht an. Das sage ich um der Schwarmgeister willen. Denn ihr seht und hört, wie sie Mosen lesen, ziehen ihn hoch an, und bringen hervor, wie Moses das Volk mit Geboten regiert habe... Moses ist ein Mittler und ein Gesetzgeber gewesen des jüdischen Volks allein, denen hat er das Gesetz gegeben... Die Heiden sind dem Mose nicht schuldig, gehorsam zu sein; Moses ist der Juden Sachsenspiegel... Man muss mit der Schrift säuberlich handeln und fahren. Das Wort ist in mancherlei Weise geschehen von Anfang. Man muss nicht allein ansehen, ob es Gottes Wort sei, ob es Gott geredet habe [- was Luther voraussetzt; H.St.], sondern viel mehr, zu wem es geredet sei, ob es dich treffe oder einen andern."[239]

Wie an anderer Stelle in diesem Buch schon näher ausgeführt (siehe oben Kap.5, These 7) gilt es für einen Christen bei der Anwendung biblischer Aussagen, 1. die ganze Heilige Schrift als autoritatives Gotteswort ernst zu nehmen; 2. von dem auszugehen, was Gott für die Zeit der Gemeinde (zwischen Pfingsten und Christi Wiederkunft) verheißen und verordnet hat; 3. die der Gemeinde gegebenen Aussagen zunächst in ihrer tatsächlichen Aussageintention wahrzunehmen und diese ihre Aussageabsicht im Glaubensgehorsam in `direkter Anwendung´ in heutige Kontexte hinein angemessen umzusetzen; 4. Schriftaussagen, die in andere (frühere oder zukünftige) Abschnitte

---

[239] Martin Luther, „Sermon wie sich die Christen in Mosen sollen schicken" (1526), in: J.G. Walch (Hrsg.), *Dr. Martin Luthers Sämtliche Schriften*, Bd.III, Nachdr. der 2. überarb. Aufl., Groß Oesingen 1986, Sp.6.9.12f. – Für Luther war das mosaische Gesetz trotzdem Gottes Wort. Und vieles im Gesetz hat er durchaus auf sich und seine Hörer angewendet (so im gleichen `Sermon´), wenn es nämlich – wie die 10 Gebote – dem `Naturgesetz´ entsprach, wenn es sich um prophetisch auf die Erfüllung in Christus hinzielende Aussagen handelte, und wenn es um erbauliche Beispiele der Liebe, des Vertrauens usw. ging.

der Heilsgeschichte hinein gesprochen sind, ebenfalls zunächst ihrem Literalsinn nach auszulegen, und sie dann – im indirekten Weg über das Neue Testament – so anzuwenden, wie es der heilsgeschichtlichen Situation als Glied der Gemeinde des Neuen Bundes angemessen ist. Die Anwendung wird dabei grundsätzlich nicht der menschlichen Willkür überlassen, sondern ist immer daran gebunden, was von Gott und seiner fortschreitenden Offenbarung her gilt.

Wir sind damit im Nachdenken über `Heilsgeschichte´ einen weiten Weg gegangen. Heilsgeschichte hat sich uns als Offenbarung des realen Handelns und Redens Gottes in der Geschichte erwiesen, wie sie uns in der Heiligen Schrift selbst erschlossen ist, und wie sie im Ernstnehmen des Selbstverständnisses und der Aussageintention der biblischen Text erkannt, ausgelegt und in ihrer Kontinuität und Diskontinuität nachgezeichnet werden kann. Heilsgeschichtliches Bibelverständnis ist damit eine entscheidende Hilfe, die Heilige Schrift angemessen als Dokument der fortschreitenden Offenbarung zu verstehen und anzuwenden.

8

BIBLISCHE APOKALYPTIK UND HEILSGESCHICHTLICHES DENKEN

In einer Zeit des gesellschaftlichen und ökologischen Zerfalls macht sich mancherorts eine `apokalyptische Stimmung´ breit, die sich in Filmen wie „*Apocalypse Now*" ihren medialen Ausdruck verschafft. In den 80er Jahren des 20.Jahrhunderts hat man angesichts des atomaren Zerstörungspotentials davon gesprochen, die Apokalypse sei „eine Möglichkeit" geworden. `Apokalyptik´ hat dabei etwas mit Weltuntergang zu tun. Unter Christen stellt sich in diesem Zusammenhang die Frage nach der Erfüllung biblisch-endzeitlicher Aussagen, was sich in der Zunahme von mit prophetisch-apokalyptischen Themen befasster Literatur niederschlägt.[240] Selbst die Theologie hat ihr viel gescholtenes Stiefkind, die biblische und frühjüdische (bzw. spätisraelitische) Apokalyptik als Forschungsgegenstand wiederentdeckt.[241] Das heißt natürlich nicht, dass sie deshalb ihr zwiespältiges Verhältnis zu dieser Literatur schon abgelegt hat. Die Einschätzung, dass uns in der biblischen `Apokalyptik´ auch Gottes Offenbarung im Blick auf Geschichte und Zukunft zukommen könnte, hört man hier jedenfalls so gut wie nie.

Für den schriftgebundenen Ausleger gehört die biblische `Apokalyptik´ dagegen im Vollsinn zur Offenbarungsliteratur, die ihren Beitrag zu heilsgeschichtlichem Denken leistet. Wer sich als evan-

---

[240] M. Bärenfänger, „Neo-apokalyptische Literatur – wirklich neu?", *Theologisches Gespräch,* 5/6 / 1978, S.8-11.

[241] Vgl. die `Einleitung´ von Kl. Koch zu dem von ihm hrsg. Sammelband *Apokalyptik,* Darmstadt 1982, S.1-29. Vor allem in den U.S.A. floriert eine rege Apokalyptik-Forschung. P.D. Hanson, „Alttestamentliche Apokalyptik in neuer Sicht" (1971), in: Kl. Koch, *Apokalyptik,* S.440, bemerkt: „Apokalyptik ist Mode".

gelikaler Theologe heute mit der Apokalyptik beschäftigt, begibt sich – angesichts der Forschungslage – allerdings in einen theologischen Steinbruch. Viel Sichtungsarbeit wird noch nötig sein, bis das von weltanschaulich-kritischen Vorurteilen, subjektiven (Ab-)Wertungen und theologisch-historischem Hypothesengewirr verdunkelte Gebiet biblischer `Apokalyptik´ seinen vollen Ertrag für eine heilsgeschichtliche Theologie liefern kann.

1. Ist die Apokalyptik-Forschung reformbedürftig?

Der Begriff `Apokalyptik´ ist aus Offb 1,1 abgeleitet. Dort wird der Inhalt des letzten Buches der Bibel im Griechischen als *apokalypsis* = „Offenbarung" bezeichnet. Schon zu Beginn des letzten Jahrhunderts entdeckte man, dass es noch eine ganze Reihe ähnlicher Schriften gibt – nicht nur das Buch Daniel, sondern auch frühjüdische und auch frühchristliche Schriften, die mehr oder weniger ähnliche Merkmale wie die Johannesoffenbarung aufweisen.[242] Im NT zeigt sich diese Gattung noch in Mt 24 (Par.); 1Kor 15,22ff.45-56; 1Thess 4,2. Thess 1-2; 2Petr 3, und an anderen Stellen.

---

[242] D.S. Russel, *The Method and Message of Jewish Apocalyptic*, London 1964, S.37ff, nennt folgende Schriften: Daniel (165 v.Chr.!?); 1.Henoch (ab 164 v.Chr.); Jubiläenbuch (ca. 150 v.Chr.); Sibyllinen III.Buch (ab 150 v.Chr.); Testamente der 12 Patriarchen (spätes 2.Jhd, v.Chr.); Psalmen Salomos (48 v.Chr.); Assumptio Mosis (6-30 n.Chr.); Martyrium Jesajas (?); Leben Adams u. Evas (vor 70 n.Chr.); Apok. Abrahams 9-32 (70-100 n.Chr.); Test. Abrahams (1.Jhd. n.Chr.); 2.Henoch (1.Jhd.); Sibyllinen IV. Buch (80 n.Chr.); 4.Esr 3-14 (90 n.Chr.); 2.Baruch (nach 90 n.Chr.); 3.Baruch (2.Jhd.); Sibyllinen V.Buch (2.Jhd.). – Dazu findet er apokalyptische Züge u.a. in folgenden Qurnranschriften: Kommentare zu Jes, Hos, Mich, Nah, Hab, Zeph. und zu Ps.37; in der Damaskusrolle (CD), Gemeinderegel (1QS), Gemeinschaftsregel (1QSa), Segenssprüche (1QSb), Testimonia (4Qtest), Loblieder (1QH), Kriegsrolle (1QM), Buch der Geheimnisse, Midrasch üb. d. letzten Tage, Beschreibung d. neuen Jerusalem, Engelliturgie, Gebet d. Nabonidus und Genesis-Apokryphon. – Zum Teil wurden diese Schriften erst im 19. u. 20.Jhd. wiederentdeckt.

1.1 Merkmale apokalyptischer Schriften:

Zunächst lässt sich fragen: Gibt es *gemeinsame Merkmale* dieser ʾapokalyptischenʾ Schriften? Früher war man sehr schnell mit Aufzählungen bei der Hand, die ʾfeste Zügeʾ bzw. ʾStilelemente dieser Literaturgattungʾ angeben sollten – gerade so, als wären diese Elemente durchgängig vertreten. Genannt wurden dann ihre *Pseudonymität* und *Visionsberichte* (Himmel- und Höllenfahrten; Lehrgespräche mit einem ʾInterpretationsengelʾ), nachträgliche *Geschichtsüberblicke in Zukunftsform* (ʾvaticinia ex eventuʾ), der damit verbundene *Geschichtsdeterminismus* und *Geschichtspessimismus* (d.h. die Ansicht, dass es mit der Geschichte unweigerlich bergab geht), das Verständnis der *eigenen Zeit als Letztzeit,* die *Urzeit-Endzeit-Entsprechungslehre,* der *Dualismus* (Zwei-Äonen-Lehre; Licht/Finsternis-Gegensatz), der *Universalismus* (Völkergeschichte, Interesse am Gesamtkosmos) und zugleich der *Individualismus* (der ʾEinzelneʾ, nicht mehr das ʾBundesvolkʾ, steht im Zentrum), womit die *Lehre von der Auferstehung und dem Weltgericht verbunden* ist; schließlich die *Formenmischung in der Ausdrucksweise* (Bilderreden, Symbolsprache, Visionsberichte, Weisheitsreden, Paränesen, Gebete, usw.).[243] Vermutlich ließe sich die Liste noch erweitern.

Neuerdings findet man hier eine eher offene Forschungslage. So fragt O.H. Steck: „Kam über das Typische der Apokalyptik wenigstens in Umrissen ein Konsens zustande? Soll ein Rückfall in überlebte Scheinsicherheit vermieden sein, wird man dies noch für die heutige Forschungssituation entschieden in Abrede stellen müssen."[244] Die Wende leitete wohl Gerhard

---

[243] Zu dieser Aufzählung vgl. etwa Ph. Vielhauer, „Apokalypsen und Verwandtes – Einleitung", in: Hennecke / Schneemelcher (Hrsg.), *Neutestamentliche Apokryphen Bd.II,* ,S.408ff; sowie Kl. Koch, „Einleitung", S.12-18.

[244] O.H. Steck, „Überlegungen zur Eigenart der spätisraelitischen Apokalyptik", in: J. Jeremias (Hrsg.), *Die Botschaft und die Boten,* Neukirchen-Vluyn 1981, S.304; ähnlich J. Baumgarten, *Paulus und die Apokalyptik,* Neukirchen-Vluyn 1975, S.13.

von Rad mit seiner Feststellung ein: „Die allgemeinen Charakteristika, die man bisher zusammengestellt hat, um das Wesen der Apokalyptik zu umreißen, bedürfen einer Revision".[245] Was wirklich spezifisch apokalyptisch ist, was Hintergrund und Wesen dieser Gattung ausmacht, was Einzelzüge und was Gemeingut dieser – ja erst in der Moderne zusammengeordneten – Schriften sind, musste jetzt erneut gefragt werden. Von daher stellte auch die Definition des Apokalyptischen wieder ein offenes Problem dar.[246]

Für künftiges Arbeiten wird gelten dürfen: Die Ähnlichkeiten und die Verschiedenheiten der einzelnen Schriften müssen klarer auseinander gehalten werden; auch die Zusammengehörigkeit aller Schriften, die dieses oder jenes `apokalyptische Merkmal´ tragen, darf nicht einfach vorausgesetzt werden. Die einzelne Schrift muss wieder mehr zu ihrem Recht kommen. Von daher sollte es auch möglich sein, die Eigenheiten *biblischer* `Apokalyptik´ – und hier wieder die Eigenart der jeweiligen biblischen Schrift – konkreter herauszuarbeiten, ohne dass immer schon ein Gesamtvorurteil über das `Apokalyptische´ an die entsprechenden Texte herangetragen wird.[247]

---

[245] G. v.Rad, *Theologie des Alten Testaments* Bd. II, 6.Aufl. München 1975 [1.Aufl. 1960], S.328; es folgt der Nachweis, dass viele sog. `Charakteristika´ dieser Gattung gar nicht spezifisch `apokalyptisch´ sind. Er meint schließlich, der „Ausblick auf eine Geschichtsvollendung mit allen ihren Begleiterscheinungen (`Wehen des Messias´, Kommen des `Menschensohns´) ist wohl das sicherste Spezifikum des Apokalyptischen", *ebd.*, S.329). Vgl. H.W. Wolff, „Bibel. Das Alte Testament", *ThTh*, 7 / ²1975, S.158: „Über das Typische der Apokalyptik ist sich die Forschung nur in Umrissen einig".
[246] Vgl. G. von Rad, *aaO*, S.316: „Wer den Begriff Apokalyptik verwendet, sollte sich der Tatsache bewusst bleiben, dass es bisher noch nicht gelungen ist, ihn auf eine befriedigende Weise zu definieren."
[247] A. Oepke, „apokalypto", *ThWBNT*, Bd.III / 1938, S.580, differenziert hier schon, wenn er sagt: „Ihren Namen hat diese Literaturgattung von der letzten Schrift des NTs erhalten, die ... manche Verwandtschaft mit der hier gemeinten Literatur aufweist, ohne doch einfach in sie eingereiht werden zu können." Eine in Grundzügen durchgeführte Differenzierung der einzelnen biblisch-`apokalyptischen´ Schriften

1.2 Ursprung der Apokalyptik:

Auch im Blick auf den *Ursprung der Apokalyptik* ist manches in Bewegung gekommen. Die kritische Forschung hat in der Vergangenheit die Geburtsstunde der Apokalyptik in die Zeit der syrischen Religionsnot Israels (ca. 165 v.Chr.) gelegt. Damals hätte ein vom iranischen Dualismus beeinflusster, von der enzyklopädischen Bildung des Hellenismus herausgeforderter und von den unerfüllten Verheißungen der Propheten umgetriebener Frommer unter dem Pseudonym `Daniel´ das Danielbuch als erste `apokalyptische´, das Weltende für die unmittelbare Zukunft ansagende Schrift verfasst. Viele seien später – also nach 160 v.Chr. – in seine literarischen Fußstapfen getreten. Die Frage ist nur: Kommt man mit dieser zeitlichen Ansetzung des Ursprungs der Apokalyptik nicht viel zu spät?

Die Entdeckung von etwa 20 aramäischen Fragmenten des 1.Henochbuches in Qumran, die sich vom Anfang des zweiten bis ins vierte Jahrhundert v.Chr. hinaufdatieren lassen (!), veranlasst Klaus Koch zu der Äußerung: „Für die Apokalyptikforschung bedeutet das nicht weniger als einen Umsturz ... Die Entdeckung, dass Henoch generell älter [nämlich: als die makkabäische Aufstandszeit; H.St.] ist und also spezifische Apokalypsen schon im 3.Jh. längst vor jeder Verfolgung entstanden sind, macht eine Neuorientierung notwendig, deren Folgen sich noch nicht absehen lassen".[248] Sehr früh lassen sich in Israels Umwelt bereits Elemente aufspüren, die das Entstehen apokalyptischer Elemente im israelitischen Schrifttum begünstigt haben könnten: F.M. Cross verweist auf alte kanaanäische Wurzeln[249]; andere beginnen neu entdeckte

---

sowie eine Erörterung ihres jeweiligen Verhältnisses zur entwickelten außerbiblischen Apokalyptik bietet L. Morris, *Apocalyptic,* 2.Aufl. Grand Rapids 1974, S.75-101.

[248] Kl. Koch, `Einleitung´, S.10+11. – Auch die Tatsache, dass sich eine Anzahl Danielfragmente in Qumran gefunden haben, spricht gegen eine makkabäische Entstehungszeit; vgl. B. Waltke, »Die Abfassungszeit des Danielbuches", *Bibel und Gemeinde,* 77 / 1977, S.412f.

[249] F.M Cross, "New Directions in the Study of Apocalyptic", *Journal for Theology and the Church,* 6 / 1969, S.165, Fn.23: "With the recovery of the Canaanite mythic and epic poetry, certain judgments about the charac-

akkadische ʾApokalypsenʾ zu berücksichtigen[250]; zudem dürfte die mantische Offenbarungsweisheit der Babylonier zur Zeit des Exils ein Stimulus zur Verwendung apokalyptischer Ausdrucksformen gewesen sein[251]. Wer lediglich iranischen Dualismus in Rechnung stellt, setzt zu spät an. Auf diesem Hintergrund stellt sich die Frage, ob man in der alttestamentlichen Wissenschaft gut beraten war, gewisse ʾapokalyptischʾ gefärbten Passagen in den Prophetenbüchern (Jes 24-27; 34-35; Sach 9-14; u.a.) aus ihrem Kontext herauszuschälen und als anonyme spätere Zusätze zu betrachten. Dass der Alte Vordere Orient in verschiedenen Kulturen schon früh Elemente kennt, die sich in Israel in einer eigenen und nur hier so ausgeprägten Form zu proto-apokalyptischen und ʾapokalyptischenʾ Prophetien formten, macht deutlich, dass Apokalyptik – bei allen Anregungen von außen – ein Phänomen ist, das langsam und über Jahrhunderte hinweg in Israel reifen konnte.[252]

Apokalyptik muss daher ganz wesentlich als ein biblisch-israelitisches Phänomen gesehen werden. Zu diesem Reifen gab die israelitische Weisheitsüberlieferung einen nicht zu überse-

---

ter of apocalyptic syncretism must be modified... (Many) apocalyptic traditions go back through earliest Israel to Canaanite sources so that more continuities with the old biblical community must be recognized...".

[250] E.M. Yamauchi, "Hermeneutical Issues in the Book of Daniel", *JETS*, 23 / 1980, S.15f; A.K. Grayson / W.G. Lambert, "Accadian Prophecies", *JCS,* 18 / 1964, S.7-23; W.W. Hallo, "Accadian Apocalypses" *IEJ*, 16 / 1966, S.231-242; H. Hunger / S.A. Kaufman, "A new Accadian Prophecy Text", *JAOS*, 95 / 1975, S.371-375.

[251] Vgl. H.F. Müller, „Mantische Weisheit und Apokalyptik", *Supp. VT*, 22 / 1972, S.268-293; und H. Stadelmann, *Ben Sira als Schriftgelehrter,* Tübingen 1980, S. 246, Fn.2.

[252] Für einen relativ frühen Ursprung der Apokalyptik treten u.a. ein: P.D. Hanson, „Jewish Apocalyptic against its Near Eastern Environment, *RB, 78* / 1971; ders., *The Dawn of Apocalyptic,* Philadelphia 1975; R.J. Bauckham, "The Rise of Apocalyptic", *Themelios,* 3 / 1978, S.10-23; G.F. Hasel, "The Four World Empires of Daniel 2 against its Near Eastern Environments", *JSOT*, 12 / 1979, S.17-30.

henden Impuls.[253] Den ausgeprägtesten Hintergrund der Apokalyptik bildet m.E. jedoch die alt-israelitische Prophetie – wobei erstere auf letztere aufbaut und durch sie vorbereitet wird.[254] Dass dabei auch neue Betonungen und Wesenszüge auftreten konnten – wie übrigens die Prophetie selbst ja auch Entwicklungen durchmachte -, ist selbstverständlich.[255] Zu beachten ist jedoch, dass sich alle wesentlichen Züge der Apokalyptik bereits bei den großen Propheten Israels nachweisen lassen.[256] – Auch nach innerbiblischem Verständnis muss die kanonische ʼApokalyptikʼ als eine Sonderform der Prophetie gesehen werden. Schon die Septuaginta (LXX) ordnet Daniel den Propheten zu. Für Jesus war Daniel „Prophet" (Mt 24,15; vgl. Josephus, *Ant.* X. 11,7). Das Gleiche gilt für den Seher Johannes: Er weiß sich zum Propheten berufen (Offb 1,9-20), bezeichnet seine Schrift als „Worte der Prophetie" (1,3; 22,7.10.18f) und beansprucht für das Buch kanonische Autorität (22,18f). Man mag im Verlauf der fortschreitenden Offenbarung Veränderungen in Form und Inhalt biblischer Prophetie feststellen – z.B., dass die Apokalyptik die Zukunftsvorhersage betont (ohne dabei die Gegenwartsmahnung zu vergessen), während die Prophetie vor allem in die Gegenwart hineinsprach (oft jedoch gerade von der

---

[253] Daniel ist „Weiser" (Dan l,3ff; 2,48; 11,32ff; 12,3). – Vor allem G. von Rad, *aaO.*, S.319ff, trat für einen weisheitlichen Hintergrund der Apokalyptik ein; so jetzt auch O.H. Steck, *aaO.*, S.311-313. Dass Weisheitsdenken schon bei den Schriftpropheten (Jesaja, Amos) eine Rolle spielt, sollte man dabei aber nicht vergessen.

[254] Vgl. A. Sabatier, „Die jüdische Apokalyptik in neuer Sicht" (1900), in: Kl. Koch (Hrsg.), *Apokalyptik*, S. 94: „Die Apokalypse verhält sich zur Prophetie wie die Mischna zur Thora".

[255] Ein Prophetieverständnis, wie es H.W. Wolff, „Das Geschichtsverständnis der at-lichen Prophetie", in: *Ges. Stud. zum AT,* 3.Aufl., München 1973, S.289ff, unter Betonung ihrer gesamtgeschichtlichen und zukunftsbezogenen Aspekte vorlegt, macht es vorstellbar, wie sich Prophetie durch gewisse Umgewichtungen zur Apokalyptik entwickelt haben könnte.

[256] P.D. Hanson, „Alttestamentliche Apokalyptik…", S.450-462; vgl. W. Millar, *Isaiah 24-27 and the Origin of Apocalyptic,* Missoula 1976. – Gerade bei Hesekiel, Joel und Sacharja liegen Prophetie und Apokalyptik m.E. äußerst nah beisammen.

Zukunftsansage her). Doch wäre man schlecht beraten, würde man den Prophetiebegriff so eng fassen, dass die biblische `Apokalyptik´ und die apokalyptisch geformte neutestamentliche Prophetie von vornherein aus diesem Raster ausgestoßen würden.

1.3 Besonderheiten der Apokalyptik:

Gibt es *Besonderheiten der kanonisch-biblischen `Apokalyptik´*? Zunächst einmal wird festzustellen sein, dass es zweifellos Gemeinsamkeiten gibt zwischen biblischen und außerbiblischen `apokalyptischen´ Schriften. Denn die außerbiblisch-frühjüdische Apokalyptik hat sich ja auf dem Hintergrund der proto-apokalyptischen Teile des Alten Testaments und der Danielapokalypse entwickelt, und auch die entsprechenden neutestamentlichen Schriften gehen auf die genannten alttestamentlichen Wurzeln zurück. Gegenüber der außerkanonischen Apokalyptik weisen die apokalyptisch-biblischen Schriften aber – bei allen Unterschieden im Einzelnen – doch gemeinsame Grundzüge auf.

Wichtig scheint mir zum einen der Hinweis, dass die innerbiblische `Apokalyptik´ nicht pseudonym ist. Da werden keine Decknamen berühmter Heiliger aus uralter Zeit bemüht. Jesus macht seine Prophezeiungen als geschichtliche Person (Mt 24, Par.); Paulus schreibt in seinem eigenen Namen; und auch der Verfasser der neutestamentlichen Apokalypse, Johannes, identifiziert sich namentlich (Offb 1,1.4.9; 22,8). Allerdings ist es in der Theologie seit langem Mode, das Danielbuch als pseudonyme Schrift anzusehen. Ein unbekannter Autor des 2. Jahrhunderts v.Chr. habe unter dem Namen eines berühmten `Daniel´ aus der Exilszeit seine Visionsberichte veröffentlicht. Seltsam ist nur, dass es – außerhalb unseres Danielbuches – gar keine Hinweise auf diesen `berühmten Daniel´ gibt (abgesehen von der Erwähnung eines sonst unbekannten Dan´el in Hes 14,14.20; 28,3, der im Zusammenhang mit Noah, Hiob und dem Fürsten von Tyrus erwähnt wird)![257] Von daher be-

---

[257] Ob Dan'el mit Daniel identisch ist, ist keineswegs ausgemacht. Ein Dan'el erscheint schon in den Ras-Schamra-Texten des 14.Jhds. v.Chr.; vgl. D.W. Thomas (Hrsg.), *Documents from Old Testament*

stand keinerlei Anlass für einen etwaigen `Fälscher´ des 2.Jhds., ausgerechnet den Namen eines `Daniel´ aus der Exilszeit zu wählen.[258] Wer nicht aus weltanschaulichen Gründen eine Prophetie als unmöglich abtut, die von der Exilszeit über die Abfolge der Weltreiche (einschl. des Antiochus Epiphanes, ca. 165 v.Chr.) bis zum Anbruch des Gottesreiches Ereignisse vorhersagen kann, der wird durch die Archäologie und neuere Untersuchungen vielfache Gründe dafür finden, das Danielbuch entsprechend seinem Selbstzeugnis als echte prophetisch-apokalyptische Schrift des Weisen und Sehers Daniel aus dem 6.Jhd. anzusehen.[259] Daniel unterscheidet sich hierin von pseudonymen außerbiblischen Apokalypsen, gehört dagegen umso enger mit den entsprechenden neutestamentlichen Schriften zusammen.

Zum anderen ist die biblische `Apokalyptik´ jeweils in realer Geschichte verankert und verschleiert nicht – wie die außerkanonische Apokalyptik – ihren eigenen geschichtlichen Standort. Alle vier Danielgesichte sind datiert (Dan 7,1; 8,1; 9,1; 10,1), und auch schon Dan 1,1 beginnt mit einer historischen Situationsbestimmung.[260] Jesus antwortet in seiner Zukunftsrede aus gegebenem Anlass auf konkrete Fragen der Jünger (Mt 24,1ff).

Times, London 1958, S.124ff. Doch selbst wenn Hesekiels Dan'el = Daniel wäre, wüssten wir dadurch noch immer nichts Genaues über diesen Mann.

[258] Die Behauptung, es hätte eben doch eine – in Dan 1-6 sich niederschlagende – Überlieferung eines `Exils-Daniel´ gegeben, an die der spätere Verfasser der Danielvisionen angeknüpft habe, ist eine hypothetische Hilfskonstruktion, die die Pseudonymitätshypothese stützen soll und zu diesem Zweck von vornherein die Einheit des Danielbuches preisgibt. Vgl. L. Morris, *aaO.,* S.77f.

[259] S. dazu die Kommentar-Einleitung von G. Maier, *Der Prophet Daniel,* Wuppertal 1982, S.15-65; E.M. Yamauchi, „The Archaeological Background of Daniel", *Bibliotheca Sacra,* 137 / 1980, S.3-16; D.J. Wiseman (u.a.), *Notes on some Problems in the Book of Daniel,* London 1965. Siehe auch oben, Fn. 9.

[260] G. Maier, *aaO.,* S 66 (zu Dan 1,11: „Es gehört zum Wesen der biblischen Prophetie, dass sie mit einem bestimmten Standpunkt in der Geschichte verbunden ist. Das Danielbuch macht hier keine Ausnahme und unterscheidet sich gerade dadurch von der späteren Apokalyptik."

Paulus geht in 1Kor 15, 1Thess 4 und 2Thess 2 auf Problemlagen in seinen Gemeinden ein. Die eschatologischen Abschnitte münden jeweils in praktische Ermahnungen für das Hier und Heute ein.[261] Nicht anders steht es im 2.Petrusbrief. Der heilsgeschichtlich-eschatologische Abschnitt 2Petr 3,3-10 ist durch geschichtliche Vorgänge veranlasst und zielt unmittelbar auf gegenwartsbezogene Anweisungen (3,11ff). Auch der Seher Johannes verheimlicht nicht seinen geschichtlichen Ort (Offb 1,9f), und die Sendschreiben (Offb 2 und 3) machen den Bezug zur geschichtlichen Situation deutlich.

Schließlich sei noch auf eine Besonderheit der neutestamentlichen `Apokalyptik´ hingewiesen: Im Unterschied zu aller anderen Apokalyptik rechnet sie nicht einfach mit dem zeitlichen Nacheinander des vergehenden `alten´ und folgenden `neuen Äons´, sondern geht davon aus, dass in Christus der Einbruch des neuen Zeitalters in das gegenwärtige bereits erfolgt ist, so dass sich – bis zum Anbruch der Vollendung – ein zeitweiliges Nebeneinander der `Äonen´ ergibt. Dass dies eine veränderte Beurteilung der Geschichte ergibt, liegt auf der Hand. Im Folgenden wenden wir uns nun der Frage nach der Geschichtsschau der biblischen Apokalyptik zu.

2. Das Geschichtsbild der biblischen Apokalyptik

2.1 Heilsgeschichte – Fehlanzeige?

Gerhard von Rad stellt fest: „Die Geschichte war für Israel der Ort, an dem es Jahwe erfuhr und von dem aus allein es sich als Israel verstehen konnte"; das apokalyptische Geschichtsbild, dagegen, „scheint jedes Bekenntnischarakters zu ermangeln. Es weiß nichts mehr von jenen heilsbegründenden Taten Gottes, von denen aus ehedem ein Geschichtsbild entworfen wurde". Kurzum: Der „heilsgeschichtliche Ansatz der älteren Geschichtsbetrachtung (ist)

---

[261] J. Baumgarten, *aaO.*, S.109f, kommentiert dazu: „Trotz apokalyptischer Motive tritt Paulus also keine Flucht aus der Gegenwart in eine bessere Zukunft oder über die Existenz hinaus in den Kosmos an".

in der Apokalyptik preisgegeben – das Heilsgeschehen konzentriert sich... auf die Eschata".[262] Nun hat v.Rad allerdings eine sehr eigenwillige Vorstellung von `Heilsgeschichte´: Sie ist für ihn, wie wir oben (Kap.7, Abschnitt 2.1) näher dargelegt haben, 1. eine aus alten Bekenntnissen heraus entwickelte theologische Geschichtskonstruktion Israels, eine Art `Glaubensgeschichte´, die vermeintlich kaum etwas mit den tatsachlichen Vorgängen in Palästina zu tun hat; und 2. ist `Heilsgeschichte´ für ihn eine Geschichtsdarstellung, in der nur immer (vom Glauben vorausgesetztes) archaisches `Handeln´ Jahwes für die jeweilige Gegenwart aktualisiert bzw. in die Zukunft hinein projiziert wird. Eine unvermittelt einsetzende Neuoffenbarung von Jahwes zukünftigem Handeln (den `Eschata´) und seinem Handeln mit den Völkern wird aus dieser retrospektiven und ungeschichtlichen Glaubenskonstruktion namens `Heilsgeschichte´ ausgeklammert. Damit wird die biblische Heilsgeschichte missverstanden und verkürzt. Dass gerade die Apokalyptik Wesentliches zur Gesamtschau biblischer Heilsgeschichte beizutragen hat, kann dann nicht mehr gesehen werden.

Von Anfang der Geschichte Gottes mit den Menschen an hatten die jeweiligen Offenbarungsereignisse innerhalb der Geschichte `Heilsgeschichte´ konstituiert. Die Torah und die Geschichtsbücher des AT hatten diese Heilsgeschichte beschrieben. Die Propheten als Deuter vergangenen und künftigen (Heils)-Handelns Gottes für ihre Gegenwart reihen sich in die Heilsgeschichte ein.[263] Die Apokalyptik baut als ein in Israel verwurzeltes Phänomen auf diesem

---

[262] G. v.Rad, *aa0.*, S.321f (vgl. S.331f). Bezeichnend ist allerdings die Bemerkung auf S.332 (Fn.30): „Nur in dem Gebet Dan. 9,4ff wird auf Moses Tora und den Exodus angespielt. Aber dieser Text ist als sekundärer Einschub anzusehen...". Was nicht ins Schema passt, wird ausgeschieden. – Gewisse Korrekturen an von Rads Heilsgeschichtsverständnis nimmt schon J. Heller, „Die Etappen der alttestamtlichen Heilsgeschichte", in: F. Christ (Hrsg.), *Oikonomia*, Hamburg 1967, S.3-10, vor. Nicht zugänglich war mir A.J. Greig, `Geschichte´ and `Heilsgeschichte´ in Old Testament Interpretation with particular Reference to the Work of G. v.Rad*, (Diss.) Edinburgh 1974.
[263] S. dazu O. Cullmann, *Heil als Geschichte*, Tübingen 1965, S.71.

Hintergrund auf[264], bringt nun aber wesentliche Erweiterungen der heilsgeschichtlichen Geschichtsschau. Die Universal- und Endgeschichte rücken stärker ins Blickfeld, die Perioden des Geschichtsverlaufs werden als Dekadenzgeschichte bis zum Eschaton hin sichtbar, zugleich aber tritt die Botschaft von der künftigen Vollendung stark hervor.

2.2 Der universalgeschichtliche Horizont:
Während sich die bisherige Heilsgeschichte vor allem mit Israel beschäftigte – die Fremdvölker traten nur am Rande auf -, offenbart die Apokalyptik, beginnend mit dem Danielbuch, den Anbruch der ʾZeiten der Nationenʾ (vgl. Lk 21,24). Es ist nicht von ungefähr, dass Daniel gleich zu Beginn seines Buches den Abzug der heiligen Geräte von Jerusalem nach Babylon schildert (Dan 1,2): Der Schwerpunkt des Geschehens verlagert sich in das Machtzentrum der Nationen. Erst am Schluss des Buches wird das „Ende der Zerstreuung des heiligen Volkes" verheißen (12,7), worauf dann der Anbruch der Vollendung folgt. Für die Zwischenzeit aber verläuft die Heilsgeschichte im Horizont der einander ablösenden Weltreiche.[265]

Dan 2 prophezeit die Weltgeschichte vom neubabylonischen Reich an über das medo-persische, das griechische und römische Reich (inkl. seiner Nachfolgestaaten) bis zur Aufrichtung des Gottesreiches. Dan 7 setzt mit Medo-Persien ein, beschreibt dann das kommende Reich Alexanders des Großen, das Römer-

---

[264] Vgl. dazu Kl. Koch, „Spätisraelitisches Geschichtsdenken am Beispiel des Buches Daniel", in: ders. (Hrsg.), *Apokalyptik,* S.304: „Das Buch Daniel will also nur ein Anhang zu der bereits bekannten Geschichte Israels sein. Mit den vier Großreichen beginnt nicht die Geschichte überhaupt. Vielmehr geht ihnen die besondere Geschichte Israels voran, sie ist die notwendige Voraussetzung für die Entstehung jener weltumspannenden Reiche."
[265] A. Oepke, *aaO*, S.581, bemerkt: „Der Gedanke der Weltgeschichte taucht ... wohl zuerst im gesamten Kulturleben der Menschheit bei den jüdischen Apokalyptikern seit Daniel auf." Und A. Sabatier, *aaO*, S.92, bezeichnet angesichts dessen das Danielbuch gar als die „Quelle der Geschichtsphilosophie".

reich und die zukünftige antichristliche Weltmacht. Dann wird das ewige Reich des Menschensohns einsetzen, das seine Herrschaft über alle „Völker, Nationen und Sprachen" erstreckt (7,14). Die vorübergehende heilsgeschichtliche Engführung auf *ein* erwähltes Volk wird dann jedenfalls zur Universalität hin geöffnet sein. Dan 8 und 11 prophezeien Teilausschnitte der Geschichte, die auf Antiochus IV. Epiphanes, den Typus des künftigen Antichristen, hinauslaufen.[266] Eingebettet in den weltgeschichtlichen Rahmen wird übrigens in der Vision von den 70 Jahrwochen (Dan 9) ein Stück speziell Israel betreffende Heilsgeschichte offenbart. Die Johannesoffenbarung, die die Gesamtgeschichte als von Christus, dem Alpha und Omega (1,8; 22,13), umschlossen verdeutlicht, kennt ebenfalls die in das Antichristentum mündende Sukzession aufeinander folgender 'Könige' (Offb 17,9ff) und greift in der Prophetie von den (zweimal) dreieinhalb Jahren auf die Prophezeiung der 70.Jahrwoche Daniels zurück (vgl. Dan 9,25-27; Mt 24,15ff; Offb 11,2f; 12,6.14; 13,5). Die Weltgeschichte läuft in Etappen auf das Ende zu und kulminiert in der Eskalation des im Antichristen verkörperten Bösen in der künftigen Enderfüllung der 70.Jahrwoche, der 'Großen Trübsal' (Mt 24,15f.21.29; Offb 7,14; vgl. Dan 9,27), bzw. der 'Zeit der Bedrängnis Jakobs' (Jer 30,7). Dann aber wird Gott eingreifen.

2.3 Die Geschichtssouveränität Gottes:
Ganz wesentlich ist in dieser universalgeschichtlichen Schau, dass auch die Weltgeschichte Gottes Plan nicht entzogen ist, sondern Gott selbst die Gesamtgeschichte zu seinem heilsgeschichtlichen Ziel führt. Die Geschichtssouveränität Gottes – andere sprechen lieber von 'Geschichtsdetermination' – ist ein wesentlicher Gedanke der Apokalyptik. Dabei geht es nicht um einen blinden Determinismus, sondern um das persönliche Eingreifen Gottes in die Geschichte nach seinem Willen und Plan: Er schenkt Gunst, Weisheit und Amt (Dan 1,9.17.20), er rettet

---

[266] Zur hier vertretenen Deutung der Weltgeschichtsvisionen s. im Einzelnen den Danielkommentar von G. Maier, jeweils zu den einzelnen Kapiteln.

den Einzelnen (3,17.24ff), entfernt aber auch Könige aus ihrer Machtstellung (5,25ff) und beseitigt die Reiche der Welt (2,34.44f). „Es muss geschehen, was beschlossen ist" (Dan 11,36; vgl. 7,12; 9,24; 11.29.35b, u.ö.). Dieses göttliche `Muss´ charakterisiert auch neutestamentliche apokalyptische Stellen (Mt 24,6; Mk 13,7.10; 1Kor 15,25; 2Thess 2,6ff). Und für die Johannesoffenbarung gilt: „Der Geschichtsplan Gottes ist in dem `Buch mit den 7 Siegeln´ unabänderlich festgelegt und rollt nach ihrer Öffnung unaufhaltsam ab. Aber – und das ist ein christliches Element – das Buch liegt in den Händen des Lammes, das allein die Siegel zu lösen vermag, d.h., Christus ist es, der das Endgeschehen inauguriert."[267] So zeigt sich in der Apokalyptik, dass auch die Weltgeschichte Gottes heilsgeschichtlichem Plan untersteht, ohne deshalb aber als solche selbst zur `Heils-Geschichte´ zu werden. Vielmehr ist sie in Gottes Plan eingeordnet trotz des durchgängigen Gegensatzes, in dem die Weltreiche zum Gottesreich stehen, trotz der sie charakterisierenden Abfallsgeschichte und trotz der Verfolgungen, die Gottes Getreue von jenen Mächten zu erleiden haben.

2.4 Die Periodisierung des Geschichtsablaufs:
Das paulinische Denken in heilsgeschichtlichen `Ökonomien´ (Eph 1,10; 3,9) hat die heilsgeschichtliche Theologie (etwa bei Witsius, Vitringa, Poiret, Darby, Sauer) immer wieder dazu inspiriert, die Gesamtheilsgeschichte von der Schöpfung bis zum Eschaton in Epochen aufzugliedern. Bezeichnend ist nun, dass es – lange vor Paulus und seinen Nachfolgern – die Apokalyptik war, die (auf ihre Art) mit der Periodisierung der Geschichte begann.[268] So wird zunächst einmal der Ablauf der Weltgeschichte als Sukzession einander ablösender Weltreiche verstanden (Dan 2,31-45; 7,1ff; vgl. Offb 17,9ff), und zwar nicht nur als allgemeines Prinzip. Vielmehr soll die Folge, Zahl und

---

[267] Ph. Vielhauer, *aaO.*, S.436.
[268] Die Periodisierungstendenz setzt sich in ausgeprägter Weise in der außerbiblischen Apokalyptik fort, wobei jetzt teilweise die Gesamtgeschichte (von der Urzeit bis zur Endzeit), verbunden mit Aussagen über die Weltdauer, erfasst wird: vgl. 1Hen 10,12; 16,1; 18,16; 21,6; 52,85ff; 85-90; 91-93; Test.Levi 16-18; 4Esr 14,11ff.

Identität der Reiche dem Betrachter der Prophetie als Wegweiser durch die künftigen (schweren) Zeiten bis zum Anbruch des Gottesreiches dienen. Die Materialien der Völkerstatue in Dan 2 (Gold, Silber, Erz, Eisen, Eisen/Ton) markieren die Perioden der Weltgeschichte dabei als Dekadenzgeschichte.

Aber auch die Zeit der Unterdrückung Israels bis hin zur endlichen Befreiung wird periodisiert: und zwar in 70 Jahrwochen (Dan 4), wobei Jesus (Mt 24,15) die Enderfüllung dieser Prophetie erst für die Zukunft erwartet.

Die letzte Phase der Endzeit schließlich wird in 7 Abschnitten ablaufen (vgl. die `7 Siegel´ von Offb 5-8, die in sich wiederum die jeweils 7 Posaunen- und Zornschalengerichte schließen, Offb 8-11; 15-16). Und auch Paulus sieht Phasen im Ablauf des Endgeschehens: In 1Kor 15,20-28 und 1Thess. 4,13-18 betont er die chronologische Ordnung *(tagma)* im eschatologischen Geschehensablauf.

Die Apokalyptik lässt das Geschichts- und Endzeitgeschehen nicht auf ein bloßes `Dass´ des Sich-Ereignens reduziert werden, sie sperrt sich gegen geschichtslose Überzeitlichkeit. Sie hält vielmehr – trotz allen neuzeitlichen Lamentierens über die so verpönten `Endzeitfahrpläne´ – daran fest, dass auch die Endgeschichte ihre Zeit, ihre Progression und ihre offenbare Ordnung hat.

2.5 Der `gegenwärtige´ und der `kommende Äon´:
Eine für das Verständnis des Neuen Testaments besonders wichtige `Periodisierung´ ist die Aufteilung des Weltgeschehens in eine gegenwärtige und eine künftige Weltzeit, den `gegenwärtigen-´ und den `kommenden Äon´. Wir sind darauf im vorangehenden Kapitel (Kap.7, Abschnitt 3.2 (2)) schon näher eingegangen und ergänzen hier nur wenige Aspekte. Schon die alttestamentlichen Propheten kündigten gelegentlich eine neue künftige Weltordnung an (Amos 9,13ff; Jes 65,17). Im Danielbuch tritt dieser qualitativ-chronologische Dualismus deutlich hervor: In die gegenwärtige Abfolge irdischer Weltreiche bricht

ohne menschliches Zutun aus der Transzendenz das ewige Gottesreich ein (Dan 2,44: „Aber in den Tagen dieser Könige wird der Gott des Himmels sein Reich aufrichten, das in Ewigkeit nicht zugrunde geht ... Es wird alle diese Königreiche zermalmen und ein Ende mit ihnen machen"; vgl. 7,13f). Jesus nimmt auf diese – dann auch im Frühjudentum aufgegriffene und ausgebaute – Zwei-Äonen-Lehre Bezug (Mt 12,32; Mk 10,30 Par.; Lk 16,8; 20,34; vgl. Mt 13,24ff.36ff).

Mit dieser Zwei-Äonen-Lehre markiert die biblische Apokalyptik die gegenwärtige Weltzeit mit ihrer Dekadenzgeschichte als vergänglich und vorläufig. Die Einsicht, dass dieser ʹÄonʹ nicht bleibt, sperrt sich gegen jede Diesseitsvergötzung und führt zu einem gesunden Geschichtsrealismus. Auf der anderen Seite – und hier liegt die Betonung – bietet die Apokalyptik damit eine Botschaft der Hoffnung: Es kommt die Königsherrschaft Gottes, die nie vergeht (Dan 2,44f), der neue Himmel und die neue Erde, wo die Sünde und ihre Folgen für immer überwunden sein werden (Offb 21,1ff), wo Gott „alles in allen" ist (1Kor 15,28).

Das Besondere des Neuen Testaments ist nun, dass in Christus diese neue Ordnung, die Gottesherrschaft, schon angebrochen ist (Mt 12,18; Lk. 17,20f; u.ö.). In der Auferstehung Christi ist die Neuschöpfung erstlingshaft realisiert (1Kor 15,20). Wer „in Christus" ist, hat bereits Anteil an der Neuschöpfung (2Kor 5,17). Und doch ist zugleich das ʹJetztʹ noch eine Zeit des Stückwerks, der ein eschatologisches ʹDannʹ in der künftigen Vollendung gegenübersteht (vgl. 1Kor 13,10-12). Die in Christus angebrochene neue Ordnung existiert synchron zum noch immer andauernden ʹalten Äonʹ; doch auch das ʹnoch nichtʹ Erfüllte ist *in Christus* bereits realisiert und garantiert.[269] Daraus resultiert ein Geschichtsverständnis, dessen Spannung nicht aufgelöst werden darf: Das Heute ist nicht hoffnungslos, son-

---

[269] Zu der Spannung zwischen dem ʹSchon-erfülltʹ und ʹNoch-nicht-vollendetʹ im NT siehe etwa O. Cullmann, *aaO.*, S.147-165 u. 175-180.

dern hier und jetzt kann der Einzelne durch den Glauben an Jesus Christus die Heilsgüter der künftigen Welt schon als stückweise Vorweggabe erhalten; andererseits gibt es für die gegenwärtige kosmische Ordnung, der wir in unserer Leiblichkeit verhaftet sind, keine diesseitige Hoffnung. Sie muss vergehen, um dem Vollanbruch des neuen Zeitalters Platz zu machen. Geschichtsidealismus ist hier fehl am Platze. Selbst die im Neuen Testament (wie im Frühjudentum[270]) bezeugte messianische Königsherrschaft (das Millennium, Offb 20; vgl. 1Kor 15,23-28) – als die heilsgeschichtliche Epoche, die das intensivste Hineinragen des künftigen Zeitalters in das jetzige darstellt -, bringt letztlich nur den Beweis, dass selbst die temporäre Bindung des personifizierten Bösen und die unmittelbare Herrschaft Christi eine sündige Welt nicht grundlegend verändern, so dass sie in menschlicher Rebellion und göttlichem Gericht endet. Seine volle Gestalt zeigt der `neue Äon´ erst mit der Neuschöpfung von Himmel und Erde (Offb 21,1ff).

3. Ein Wort zum Schluss.

Das Geschichtsbild der biblischen Apokalyptik ist ein unaufgebbarer Teil und eine wesentliche Bereicherung heilsgeschichtlichen Denkens. Die Betonung der Endgeschichte, die Einbeziehung der Universalgeschichte in Gottes Geschichtsplan, die Periodisierung geschichtlicher Abläufe, die Betonung des Verfalls der diesseitigen Ordnung bei aller Klarheit der Schau für das gegenwärtige Wirken Christi und seine künftige messianische Herrschaft sowie die deutliche Botschaft von der Neuschöpfung und Vollendung, die allein Gott bringen kann

---

[270] R.H. Charles, „Prophetie und Apokalyptik" (1914), in: Kl. Koch (Hrsg.), *Apokalyptik*, S.177, sah die Entwicklung so: „Die alttestamentliche Prophetie sah einem ewigen messianischen Reich auf dieser gegenwärtigen Erde entgegen, das vom jüngsten Gericht eingeleitet würde. In der Apokalyptik durchlief diese Vorstellung jedoch eine fortschreitende Veränderung, bis die Hoffnung der Frommen sich statt auf ein Reich des materiellen Segens auf ein geistliches Reich richtete." – Tatsächlich stellen im Neuen Testament der `materielle´ und der `geistliche´ Aspekt des Reiches keine sich ausschließenden Gegensätze dar.

und auch bringen wird: Das alles gehört wesentlich zur Heilsgeschichte.

Wer die biblische Apokalyptik missachtet – und wenn es im Namen des ʽWas-Christum-treibetʼ geschieht (das man bei der Apokalyptik dann als nicht gegeben sehen will), der verkürzt die biblische Gottes- und Christusverkündigung. (Man beachte nur einmal die Zentralität der Christologie in der Johannesoffenbarung!). Denn es geht hier um die Geschichtsmächtigkeit Gottes und um den ʽTriumph des Gekreuzigtenʼ (E. Sauer). Allerdings darf nicht übersehen werden, dass ʽApokalyptikʼ nur einen Teil der Heilsgeschichte umfasst. Heilsgeschichtlicher Theologie ist das Ganze der biblischen Offenbarungsgeschichte zu bedenken aufgetragen – von der Urgeschichte und den großen Heilstaten Gottes mit Israel, über die Ein- bzw. Ausblicke der Propheten und die Geschichts- und Endgeschichtsschau der apokalyptischen Bibelabschnitte, hin zur Entfaltung der Christusoffenbarung, die von der Menschwerdung über die Zentralereignisse Kreuz und Auferstehung bis zur Wiederkunft Christi und der verheißenen Vollendung reicht. Heilsgeschichte führt in die Tiefe der Schrift und von hier aus in die Weite der Geschichtspläne Gottes.

9

GRUNDANLIEGEN BIBELTREUER AUSLEGUNG: ZUR VERSUCHUNGSGESCHICHTE JESU

Wie legen Evangelikale die Heilige Schrift aus?[271] Bei der Auslegung – und das heißt: dem rechten `Erkennen' – der Heiligen Schrift geht es darum, das von Gott durch Menschen gegebene Wort seinem Literalsinn und damit seiner Bedeutung und seiner Absicht gemäß zu verstehen und sich diesem Wort im Denken und Leben gehorsam zu stellen. Drei Grundaspekte sind bei der Auslegung hermeneutisch zu beachten: der pneumatische Aspekt, der historisch-philologische Aspekt und der heilsgeschichtliche Aspekt. In der Praxis teilen sich diese Aspekte in weitere untergliederte Fragestellungen auf und liegen im Vollzug oft ineinander, anstatt in schematischer Reihenfolge behandelt werden zu wollen. Im Folgenden soll in Grundzügen deutlich werden, worum es einer evangelikalen Exegese bei den genannten Grundaspekten geht.

1. Bemerkungen zum pneumatischen Ansatz.

Ein Fundamentalansatz kritischer Schriftauslegung scheint mir zu sein, dass die Bibel vom Exegeten zunächst nur als Menschenwort – und damit grundsätzlich wie jedes andere antike Buch – behandelt wird. Ich halte dieses Postulat für eine Halbwahrheit. In der Regel impliziert es bereits eine Fülle weltanschaulicher Voraussetzungen. Sachlich – oder zumindest methodisch – ausgeklammert wird dann a) das Zeugnis der Bibel

---

[271] Die folgenden Ausführungen wurden erstmals bei der `1. Konsultation zu Fragen der Schriftauslegung' in Celle, 16.-19. März 1988, einberufen von der Vereinigten Evangelisch-Lutherischen Kirche Deutschlands (VELKD) und der Konferenz Bekennender Gemeinschaften, vorgetragen. Bei dieser Konsultation stellten vier Referenten anhand von Mt 4,1-11 ihr Modell der Schriftauslegung vor: Neben dem Verfasser (FTA Gießen), Oberkirchenrat Dr. H. Barth (Landeskirchenamt Hannover), der heutige württ. Landesbischof und damalige Rektor des Albrecht-Bengel-Hauses Tübingen, Dr. G. Maier, und Prof. Dr. U. Schnelle (Universität Erlangen).

über ihren theopneustischen Ursprung, von Gott durch Menschen gegeben, mit seinen Implikationen für die Wahrheit ihres Inhalts, b) das Rechnen mit der Wirklichkeit des Berichteten als Folge des Ernstnehmens der Bibel als singuläres Dokument einer durch Gottes Eingreifen in die Historie geschaffenen Heilsgeschichte und c) die Konsequenz des Glaubensgehorsams gegenüber der erkannten Aussageabsicht des Bibelwortes.

Demgegenüber meine ich, sachgemäße Bibelauslegung muss von vornherein offen sein für die pneumatische Dimension der Schrift als singulärem Gotteswort, durch Menschen in historischen Situationen gegeben, sowie gegenüber dem Pneuma, das durch diese Schrift wirkt. Eine so auf das Pneumatische eingestellte Methode wird a) die Sprachlichkeit und Geschichtlichkeit der Bibel als so von Gott gegeben ernst nehmen, b) zugleich aber auch ihre göttliche Inspiration und ihren Wahrheitsanspruch; sie wird c) bereit sein, im Glaubensgehorsam das eigene Denken und Verhalten der erkannten Aussageabsicht des Bibelwortes zu unterstellen, und daher d) nur im Gebet um das Wirken des Geistes durch das Wort erfolgen können, das darauf zielt, dass die Schrift klar verstanden wird, und zwar nicht nur äußerlich (*claritas externa*), sondern auch innerlich (*claritas interna scripturae*).

Man könnte ja die Frage aufwerfen, ob es ein sachgemäßer Umgang mit der Bibel sei, wenn in einer Konsultation wie dieser ein Referent nach dem anderen die gleiche Perikope auf den Tisch legt, um sie zu methodischen Demonstrationszwecken zu benutzen. (Ähnliche Fragen erheben sich angesichts dessen, was an unseren Universitäten und Seminaren in exegetischen Veranstaltungen geschieht). Selbst, wenn wir gemeinsam dahin kommen, zu verstehen, was Mt 4,1-11 bedeutet, und dann die Exegese abbrechen, wäre dies noch kein sachgemäßer Umgang mit der Bibel. Sie ist weder zu bloßer Analyse noch bloß dazu gegeben, auf der semantischen Ebene zu gewissen Verstehensresultaten zu führen. Dies wäre allenfalls Erkennen im griechischen Sinn, nicht im biblischen – wo es darum geht, über die intellektuelle Wahrnehmung hinaus zur existentiellen Begegnung mit dem zu Erkennenden zu gelangen. Wenn der Evangelist sein Evangelium nicht nur schrieb, damit – gewissermaßen als Selbstzweck – verstanden werde, was er meint, wenn vielmehr er (und Gottes Geist, der durch ihn wirkt) weiterführende Absichten hat – etwa im Sinne des paulinischen "Dies ist euch zum Vorbild geschehen", 1Kor 10,6, oder des johanneischen "Diese Dinge sind geschrieben, damit ihr glaubt, dass Jesus der Christus ist, der Sohn Gottes" (Joh 20,31) – dann bliebe jede Exegese ein Torso, die auf der Ebene semantischen Verstehens abbricht. Das Kommunikationsziel wäre entweder gar nicht ins Blickfeld gelangt, oder wenn doch, hätte man es – vielleicht aus methodischen Gründen – ausgeklammert. In jedem Fall hätte Kommunikation im Sinn des Textes nicht stattgefunden. Und das kann unmöglich das Wesen einer sachgemäßen Exegese ausmachen.

Andererseits ist – biblisch gesehen – auch klar, dass keine menschliche Methode als solche den Glauben an Christus als den Sohn Gottes oder eine am erzählten Vorbild orientierte Nachfolge erzielen kann. Und daher kann eine sachgemäße Bibelauslegung, die auf biblisches Erkennen und damit auf geistliche Verwirklichung der biblischen Aussageabsicht zielt, nur in Offenheit auf den Geist Gottes hin mit der Bitte um Korrektur und um die Frucht des Glaubensgehorsams geschehen.[272]

---

[272] Martin Luther wäre eine Evangelienauslegung, die bloß am Verstehen des historischen Geschehens oder etwa der ʻTheologie des Matthäusʼ interessiert ist, völlig fremd gewesen. Er hat sich bei Texten, die vom Leben Jesu handeln, sogar nicht einmal mit exemplarischer Anwendung, die auf die Nachahmung Christi (*imitatio Christi*) zielt, begnügt, sondern jene Berichte "sakramental" interpretiert, d.h. als Gaben Gottes verstanden, durch die der Glaubende das empfängt, was ihm in Christus geschenkt ist. So in seiner Auslegung von Mt 1,1ff aus dem Jahr 1519: "Von Anfang an mahne ich, dass wir das ganze Leben Christi, alle Taten Christi, auf zweifache Weise auslegen: sakramental (*sacramenti vice*) und exemplarisch (*exempli vice*). Denn dem breiten, gewöhnlichen Volk der Christenheit wird Christus nur des Beispiels wegen gepredigt und nur wie ein Beispiel den Augen der Menschen vorgestellt, das man nachahmen soll, nicht anders als andere Heilige... Hat Christus ihnen also nichts voraus? O doch, sehr viel! Von Johan-

Dies alles meine ich, wenn ich von einem pneumatischen Ansatz für die Exegese spreche. Traditionell würde hier eingewendet, solche Fragen hätten mit ´Exegese´ nichts zu tun, sondern seien im privat-erbaulichen Umgang mit der Schrift oder – praktisch-theologisch – in der Predigtmeditation zu bedenken.[273] Doch gerade dieses Auseinanderdividieren bestreite ich im Interesse einer bibel- und damit sachgemäßen Exegese! Wo es auf Grund eines – dann gewiss nicht am biblischen Erkenntnisbegriff orientierten – Verständnisses von ´Exegese´ zum Abstrahieren von der Wahrheit und Gültigkeit biblischer Aussagen kommt[274], ist noch nicht verstanden worden, wie man

---

nes bekommst du ein Beispiel an Demut. Das Gleiche bekommst du auch von Christus. Aber höre, mit welchem Unterschied! Wenn ihr doch diesen Skopus des ganzen Evangeliums richtig befolgen würdet! Es kann nichts Heiligeres noch Schöneres gehört wie gelehrt werden. Von Johannes bekommst du ein Beispiel an Demut, nicht weil er selbst Demut zeigt, sondern weil man durch die Liebe zu seiner Tugend gefangen genommen ist und sich bemüht, die Taten dieses Mannes nachzuahmen, soweit man das kann. Von Christus freilich bekommst du nicht nur ein Beispiel, sondern zugleich die Tugend selbst, d.h. Christus stellt nicht nur den Anblick einer nachzuahmenden Tugend dar, sondern gießt auch die Tugend selbst in die Menschen aus. Und Christi Demut wird unsere Demut schon in unseren Herzen. Eben das ist es, was ich 'sakramental' (*sacramentaliter*) nenne, d.h.: Alle Worte, alle Geschichten der Evangelien sind gewisse Sakramente, d.h. heilige Zeichen, durch welche Gott in den Glaubenden wirkt, was immer jene Geschichten meinen" *(W.A.* 9,439-440).

[273] Vgl. etwa P. Stuhlmacher, "Hauptprobleme und Chancen kirchlicher Schriftauslegung", *Theol.Beitr.,* 9 / 1978, S.68f: „Tragen wir der jahrhundertealten Meditationserfahrung der Kirche hermeneutisch gebührend Rechnung, kommt das ´Sich-Verstehen vor dem Text´ erst in der methodisch auf der Ausarbeitung der biblischen Textwelt fußenden und seelsorgerlich sinnvoll gegliederten Meditation der Texte zum Ziel. Eben diese Meditation und nicht die Erforschung des Wortlauts der Texte ist der Ort, wo dem Verlangen nach einem über die historische Texterklärung hinausreichenden geistlichen Verstehensvollzug der biblischen Texte sinnvoll Rechnung getragen werden kann und muss."

verstehen soll – gleich, ob dieses Abstrahieren nur methodisch oder aber sachkritisch motiviert war. Es geht bei diesem pneumatischen Ansatz nicht um bestimmte methodische Schritte, sondern vielmehr um eine durchgehende, auf das Pneumatische eingestellte Haltung, die aber bei exegetischen Entscheidungen im Einzelnen und in der durchgehenden existentiellen Verpflichtung gegenüber dem Text konkrete Konsequenzen zeigt.

2. Aspekte der historisch-philologischen Analyse.

Es ist selbstverständlich, dass dieser kurze Beitrag keine umfassende biblisch-exegetische Methodenlehre bieten will. Die jeweiligen Methoden müssen den Fragen entsprechen, die der zu behandelnde Text stellt. Dabei gibt es keine starr festgelegte Reihenfolge der methodischen Einzelschritte. Manches, was in der Methodendarstellung auseinander tritt, vollzieht sich im lebendigen Vollzug der Exegese simultan.

2.1 Textabgrenzung und Prüfen der Textbasis:
Mit Mt 4,1-11 liegt eine deutlich abgegrenzte und in sich zusammengehörige Perikope vor. Kam mit 3,17 die Taufperikope zu Ende, wird nun mit „Danach" (*tote*) zur neuen Einheit – der Versuchungsgeschichte – übergeleitet. Umgekehrt zeigt sich zwischen 4,11 und 12 durch den Orts- und Subjektswechsel eine deutliche Zäsur.

Die Textbasis von Mt 4,1-11 bietet keine erwähnenswerten Probleme. Die Textüberlieferung ist in der Sache einheitlich. Kleine Abweichungen im Handschriftenbefund ergeben sich in

---

[274] Vgl. dazu E. Lerle, „Wahrheit und Verkündigung", *Fundamentum*, 1 / 1982, S.78f: „Die Reduktion der Gültigkeit gehört zum Wesen der historisch-kritischen Bibelauslegung... Auf dem Boden der historisch-kritischen Theologie ist lediglich Raum für die Feststellung, dass die Rechtfertigung, wie sie der Brief des Apostels Paulus an die Römer lehrt, zu den Eigenarten paulinischer Theologie gehört und dass sie in der Vergangenheit für den Apostel Paulus ihre Gültigkeit hatte. Es wirkt für die historisch-kritische Theologie wie ein Stilbruch, wenn man über die paulinische Rechtfertigungslehre so referiert, dass dabei der volle Wahrheitsanspruch und die volle Gültigkeit für Gegenwart und Zukunft zum Ausdruck kommt."

der Wortfolge bei einzelnen Versen und in kleinen Varianten vereinzelter Textzeugen, wobei der von Nestle/Aland (*Novum Testamentum Graece,* 26. Aufl.) abgedruckte Text nirgends wirklich unsicher ist.

2.2 Geschichtsanalyse:
Wer schreibt hier wann und wo an wen und warum? Das sind die Fragen, die – soweit möglich – die Geschichtsanalyse beantworten soll. Darüber hinaus geben die Evangelien der Geschichtsanalyse besondere Fragen auf. Denn erstens geht es bei einem Evangelium nicht einfach um das kreative Verfasserwerk eines Autors, sondern um die Aufnahme, Gestaltung und Wiedergabe einer auf Jesus zurückgehenden Überlieferung, die in der Vergegenwärtigung eines einzigartigen Geschehens Glauben begründen und prägen will; und zum andern liegt das Evangelium von Jesus, dem Messias, in vierfacher Gestalt vor, wovon die ersten drei Evangelien bei allen charakteristischen Eigenheiten so deutliche Ähnlichkeiten aufweisen, dass sich der Geschichtsanalyse das `synoptische Problem´ stellt.
Beginnen wir mit letzterem Fragenkomplex. Zumindest in Deutschland hat sich die 2-Quellen-Theorie durchgesetzt. Die Stellung zu dieser Theorie ist übrigens keine Glaubensangelegenheit, die Historisch-Kritische und Evangelikale trennt. Ich selbst habe diese Theorie an evangelikalen Seminaren gelernt und später vertreten. International gesehen ist in den letzten zwei Jahrzehnten allerdings so viel Bewegung in die Diskussion über die Entstehungsverhältnisse der Evangelien gekommen, dass mir die 2-Quellen-Theorie als ungenügend erscheint. Ich habe auch keine andere, nach allen Seiten hin ausgebaute Synoptikertheorie, die ich überzeugt vertreten könnte. Ich rechne mit einer in großer Überlieferungstreue weitergegebenen Jesustradition, die von frühen schriftlichen Aufzeichnungen unterstützt und in einer für die jüdische Gedächtniskultur charakteristischen, fest gefügten mündlichen Überlieferung weitergegeben wurde. Ob von daher noch mit einer literarischen Abhängigkeit der Evangelien untereinander zu rechnen ist, erscheint mir zumindest unsicher; für möglich halte ich auch eine unab-

hängige parallele Entstehung der Synoptiker.[275] Bis auf weiteres verzichte ich darauf, für die Evangelienauslegung von erkennbaren literarischen Abhängigkeiten der Evangelien untereinander und von der Priorität eines bestimmten Evangeliums auszugehen. Die Quelle 'Q' halte ich nicht für eine eigenständige, nachgewiesene Größe.[276]

Auf diesem Hintergrund ergeben sich Anfragen an die übliche Literar- und Redaktionskritik. Kritische Autoren, die in den Evangelisten gewissermaßen Literaturschaffende „mit Schere und Kleister" sehen, die aus ihnen zugänglichen Literarvorlagen ihre Berichte zusammensetzten, befremden mich manchmal, wenn sie bis in Halbverse hinein zwischen Tradition und Redaktion unterscheiden zu können meinen. Exegese wird da

---

[275] Ich erspare es mir, hier die literarische Diskussion um die synoptische Frage seit Ende der 60er Jahre zu dokumentieren. Namen wie Butler, Farmer, Orchard, Robinson und Stoldt haben u.a. die Diskussion belebt. Niedergeschlagen hat sie sich u.a. in den veröffentlichten Ergebnissen der Komposien in Münster (1976), San Antonio (1977), Cambridge (1979) und Tübingen (1982). Bemerkenswert erscheint mir neben R. Riesner, *Jesus als Lehrer. Eine Untersuchung zum Ursprung der Evangelien-Überlieferung,* Tübingen 1981 (inzw. in 3.Aufl.), auch das Buch meines Lehrers Bo Reicke, *The Roots of the Synoptic Gospels,* Philadelphia 1986 (bes. S.16-23 und 45-67). Hingewiesen sei auch auf den Kommentar zum Matthäusevangelium von Alexander Sand, *Das Evangelium nach Matthäus,* Regensburg 1986, S.21-27. Sand schließt sich angesichts der Forschungslage der Forderung J.A.T. Robinsons an, synoptische Studien zu treiben, „ohne die Priorität irgendeines einzelnen Evangeliums vorschnell festzulegen" (S.26). Er fordert „eine hypothesenfreie Auslegung" (S.27) und meint: „Auch ohne Zuhilfenahme einer a priori akzeptierten Lösung der Quellenfrage lassen sich die stilistischen und sachlichen Tendenzen des Mt.Ev. im strengen synoptischen Vergleich genügend und deutlich sichtbar machen."
[276] Vgl. J. Jeremias, *Neutestamentliche Theologie, Erster Teil: Die Verkündigung Jesu,* 2.Aufl., Gütersloh 1973, S.47: „Darüber hinaus erheben sich Zweifel, ob die Logienquelle Q je existiert hat." Und ders., *Unbekannte Jesusworte,* 4.Aufl., Gütersloh 1965, S.10, Fn. 3: „...die schriftliche `Logienquelle´ ist u.E. ein Produkt der Phantasie...".

leicht zum Spekulationsgeschäft. So folgerten noch Lohmeyer/Schmauch aufgrund dessen, dass Jesus nach Mt 9,14f in seinem späteren Dienst nicht gefastet hat, scharfsinnig für den Bericht von der 1. Versuchung in Mt 4: „Dann ist auch das Sätzchen: `Am Ende hungerte Ihn´, eine spätere Überleitung zu der ersten Frage des Versuchers, und es zeigt sich hier die Naht, die das Gespräch und die Erzählung, beide ursprünglich wohl selbständig, aneinanderheftet."[277] Und auch die Theorie, die in den Evangelisten vornehmlich Redaktoren sieht, deren theologische Eigenbetonung aus der – scheinbar nachweislichen – Abänderung der von ihnen benutzten Evangelien ersichtlich wäre, fällt für mich mit dem Wegfall der vermeintlich sicheren Grundlage einer Benutzungshypothese – gleich, ob diese nun mit der Markus- (2-Quellen-Theorie) oder der Matthäus-Priorität (Griesbach-Hypothese) rechnet. Im praktischen Vollzug sehe ich in diesen literarkritischen und redaktionskritischen Vorgehensweisen immer wieder das eine Problem, dass die Grundlage für die Exegese dann nicht der biblische Text in seiner vorliegenden Gestalt ist, sondern die Auslegung auf vorausgesetzten Hypothesengebäuden aufgebaut wird, deren Wahrscheinlichkeit mehr oder weniger umstritten ist. Im Blick auf die Versuchungsgeschichte wird dann etwa auf der Basis der 2-Quellen-Theorie hypothetisch rekonstruiert: a) Die Markusversion (Mk 1,12-13) sei ursprünglich und unabhängig, habe im Einzelnen jedoch den Rahmen der Matthäusversion literarisch beeinflusst; b) Matthäus und Lukas seien unterschiedliche Versionen einer in der `Q-Gemeinde´ entwickelten Versuchungsgeschichte, wobei dann durch Vergleich gefolgert wird, dass Matthäus die ursprünglichere Q-Fassung erhalten habe[278]; c) Auf Jesus selbst

---

[277] E. Lohmeyer, *Das Evangelium des Matthäus,* für den Druck erarbeitet und hg. von W. Schmauch, 2.durchges. Aufl., Göttingen 1958, S.55f.
[278] Einen ganz eigenen Weg beschreibt W. Wilkens, „Die Versuchung Jesu nach Matthäus", *NTS,* 28 / 1982, S.479-489, der zwar auch die Mt-Fassung für ursprünglich gegenüber Lk hält (letzterer habe Mt gekannt und benutzt), der aber bestreitet, dass die Versuchungsgeschichte aus `Q´ stamme. Sie sei eine schriftgelehrte Komposition des Mt, angeregt durch Mk.

könne diese Q-Geschichte nicht zurückgehen, da sich ein Geschehen, wie es Mt 4,1-11 schildert, historisch nicht zugetragen haben könne; vielmehr sei die Erzählung eine Entwicklung der ʿQ-Gemeindeʾ, in der sich deren Theologie niedergeschlagen habe, dass nämlich der Teufel mit seinen Versuchungen nur durch den rechten Rückbezug auf die Heilige Schrift überwunden werden könne; d) Matthäus habe diese Geschichte aus der Q-Tradition übernommen und ihr durch den Einbau in sein Evangelium eine andere theologische Hauptaussage gegeben: Es gehe ihm nicht mehr (wie der ʿQ-Gemeindeʾ) um die paränetische Anweisung wie der Versuchung zu begegnen sei, sondern um die christologische Aussage wie Jesus sich im Gehorsam zu seinem Vater als der Sohn Gottes bewährt habe; und im Übrigen habe Matthäus eine ganz andere ʿVorstellungʾ von der Überwindung des Teufels, als die ʿQ-Gemeindeʾ: In seinem Evangelium werde – so wird ein Kontrast konstruiert – der Teufel durch die pneumatische Vollmacht des Gottessohnes überwunden, indem dieser seine Herrschaft aufrichtet, nicht aber durch die Zuflucht zu Bibelworten. Hier baut eine Hypothese und beckmesserische Unterscheidung auf der anderen auf und es werden auf diesem Hypothesengrund weit reichende historische und theologische Folgerungen gezogen. Damit wird Bibelauslegung zu einem hochgradig spekulativen Unterfangen. Die Exegese ist mehr mit hypothetischen Vorformen des Textes beschäftigt als mit dem *sensus literalis* des vorliegenden Wortlauts. Die moderne historisch-kritische Exegese hat damit die Grundlage reformatorischer Schriftauslegung verlassen und hat die mittelalterliche Beschäftigung mit über dem Text liegenden Bedeutungsgeschichten (4-facher Schriftsinn!), die zu Lasten des vorliegenden Wortsinns ging, durch eine spekulative Beschäftigung mit unter dem Text liegenden Schichten vertauscht.[279]

---

[279] Vgl. dazu den lesenswerten Aufsatz von B.S. Childs, „The Sensus Literalis of Scripture: An Ancient and Modern Problem", in: H. Donner (Hrsg.), *Beiträge zur alttestamentlichen Theologie. Festschrift für Walter Zimmerli,* Göttingen 1977, S.80-93.

Wenn ich stattdessen dafür plädiere, dass die Exegese vom vorliegenden Text jedes einzelnen Evangeliums auszugehen hat, sehe ich mich in diesem Punkt im Einklang mit einer Tendenz neuerer Kommentare. In seinem 1987 erschienenen Markuskommentar betont Lührmann: „Auszulegen ist das Markusevangelium ... als ein fortlaufender Text, dessen einzelne Teile im Zusammenhang des ganzen Evangeliums zu sehen sind, nicht primär im Blick auf die jeweilige Verarbeitung von Tradition."[280] Und schon 1986 hat Sand in seinem Matthäuskommentar methodisch festgelegt: „Da eine sachgerechte Exegese jede einzelne Perikope und jedes Logion einer gründlichen Analyse unterziehen muss, werden alle kleinen und kleinsten literarischen Einheiten zunächst je für sich, dann im näheren Kontext und schließlich im Rahmen des Gesamtevangeliums zu deuten sein. Die Arbeitsweise, die dabei zu handhaben ist, wird daher von bestimmten [synoptischen, H.St.] Lösungshypothesen absehen...".[281] Es verhält sich mit der Evangelienauslegung wie mit Wortstudien: Die Wortbedeutung wird nicht durch die Synonyme bestimmt, sondern durch eine genaue Untersuchung des Begriffs in seinen diachronischen und synchronischen Bedeutungsspektren.[282] Die Synonyme (übertragen: der synoptische Vergleich) helfen allenfalls, durch Analogie und Kontrast, die ureigene Bedeutung des vorliegenden Begriffs (übertragen: der auszulegenden Evangeliumsstelle) herauszustellen. In diesem Sinne ist eine am einzelnen Evangelium beobachtende Kompositionsanalyse zu befürworten, die das Evangelium in seiner – letztlich von Gott gewollten – Endgestalt ernst nimmt und seine Absicht und Botschaft genau zu verstehen sucht. Das Evangelium ist in seiner vorliegenden Gestalt als verbindlich zu nehmen, im Einzelnen dem Literalsinn nach auszulegen und an-

---

[280] D. Lührmann, *Das Markusevangelium,* HNT 3, Tübingen 1987, S.20.
[281] A. Sand, *Das Evangelium nach Matthaus, S.*26.
[282] Diesen Vergleich verdanke ich meinem – inzwischen leider allzu früh verstorbenen – ehemaligen Kollegen Dr. Don Verseput an der FTA Gießen.

hand seines Aufbaus, seiner Schwerpunkte und durchgängigen Merkmale auf seine theologische Aussage hin zu befragen. Im Fall des Matthäusevangeliums, über dessen Entstehungsverhältnisse wir nichts Genaues sagen können, hilft uns dieser Ansatz, konkret und textbezogen zu arbeiten. Im Übrigen bleiben manche geschichtlich interessierenden Fragen im Dunkeln. Mit der frühkirchlichen Tradition scheint es mir zwar wahrscheinlich, dass wir es bei dem Evangelisten Matthäus mit dem gleichnamigen Apostel zu tun haben. Beweisen lässt sich dies aber so wenig, wie widerlegen. Vom Evangelium selbst her mit seinen Bezügen zum Alten Testament und Judentum drängt sich der Eindruck auf, dass er für eine palästinische Leserschaft schreibt. Sicheres lässt sich auch hier nicht behaupten. Deutlich aber ist, dass Matthäus seinen Lesern in katechetisch einprägsamer Form Jesus als den Sohn Gottes, den im Alten Testament angesagten aber von Israels Führern verworfenen Messias, nahebringen will.

2.3 Gattungsanalyse und Formgeschichte:
Die Perikope über die Versuchung Jesu gehört zur Geschichtenüberlieferung in den Evangelien. Die Formkritik hat sie als `Geschichtserzählung´ oder `Legende´ klassifiziert. Unter diesen Gattungsbezeichnungen werden erbaulich-religiöse Geschichten, meist biographischer Art, zusammengefasst. Drewermann geht noch weiter und kennzeichnet die Versuchungsszene zusammen mit der Szene vom Taufwunder und der Erzählung von der Verklärung Jesu als `echte Mythentradition´.[283]

Nun müsste deutlich sein, dass bei diesem Vorgehen zwei Ebenen vermischt werden. Zunächst geht es um die literarische Ebene, auf der ein Text einer bestimmten Gattung zugeteilt wird, in der Einzeltexte mit vergleichbaren Formmerkmalen zusammengefasst sind. In diesem Fall geht es um eine Gattung religiöser Erzählungen, die zum geistlichen Gewinn des Lesers vom Erleben einer Person berichten. Nun vermischt aber die Form-

---

[283] E. Drewermann, *Tiefenpsychologie und Exegese,* Bd.1, 3.Aufl., Olten und Freiburg i.Br. 1988, S.88.

kritik die literarische und die geschichtliche Ebene. Bestimmte literarische Formen werden mit einem Werturteil über die Historizität des Erzählten belegt. Gattungsbezeichnungen wie ʼLegendeʼ oder ʼMythosʼ tragen nämlich bereits das abfällige Urteil über den historischen Wirklichkeitsgehalt der so bezeichneten Perikope in sich.

Nach der Konstruktion der klassischen Formgeschichte (Dibelius) vollzieht sich im Prozess der mündlichen Überlieferung des Evangelienstoffes mit der Entwicklung immer längerer und komplexerer Formen zugleich ein Fortschreiten zu immer größerer Ungeschichtlichkeit. Die Predigt von Jesus habe sich aus einfachen Anfängen über das Paradigma, die Novelle, die Legende bis hin zum Mythos entwickelt.[284] In diesem ausschmückenden Prozess weg vom Historischen habe sich die glaubende frühchristliche Gemeinde kreativ betätigt und ihren eigenen Glaubensvorstellungen Ausdruck verliehen. Der Kern des formkritischen Geschichtsurteils lässt sich gut zurückführen auf den von Gerhard Ebeling (im Anschluss an Ernst Troeltsch) formulierten „generellen Grundsatz historischer Betrachtung, dass selbstverständlich alles natürlich und mit rechten Dingen zugegangen und die Überlieferung darauf zu reduzieren sei".[285]

---

[284] Selbstverständlich hat die Formgeschichte ihre Voraussetzungen, die hinterfragt werden müssen und können. Vgl. meine Gedanken zur Formkritik in dem an ein weiteres Publikum gerichteten Aufsatz: H. Stadelmann, „Die Entstehung der Synoptischen Evangelien: Eine Auseinandersetzung mit der formgeschichtlichen Synoptikerkritik", *Bibel und Gemeinde,* 77 / 1977, S.46-67. Lesenswert ist auch K. Haacker, *Neutestamentliche Wissenschaft. Eine Einführung in Fragestellungen und Methoden,* Wuppertal 1981, S.48-63.

[285] G. Ebeling, *Dogmatik des christlichen Glaubens,* Bd.II, Tübingen 1979, S.379. – In den 1980er Jahren begann sich dann mit Eugen Drewermann eine auf den gleichen kritischen Grundvoraussetzungen basierende psychologisierende Theologie zu artikulieren, die nun aber nicht die Reduzierung der Überlieferung auf den ʼhistorischenʼ oder doch zumindest theologischen Sachkern fordert, sondern die ʼUmkehrung des Standpunktesʼ will: Theologie habe mit dem Traum, dem Mythos zu beginnen, nicht mit der Geschichte; hier im Mythos und

Es wird damit deutlich, dass das Geschichtsurteil der Formkritik weltanschaulich begründet ist. Bei Hermann Gunkel, dem Vater der gattungsgeschichtlichen Forschung, ist dies noch deutlich ersichtlich. Die Sage ist für ihn ein Stück Volkspoesie, das „z.T. aus der Überlieferung, z.t. aber aus der Phantasie schöpft".[286] Dass es sich bei einer Erzählung um eine Sage handelt, steht für Gunkel dann fest, wenn sich a) für den Exegeten kein geordneter Weg denken lässt, „der von den Augenzeugen der berichteten Tatsache bis zum Berichterstatter führt" (S.IX), und b), wenn sie für den modernen Ausleger von seiner Weltanschauung her unglaubwürdig erscheint.[287] Gunkel selbst geht allerdings davon aus, dass die biblischen Autoren – im Gegensatz zu dem vermeintlich ʿbesser wissendenʾ Exegeten – die Geschichten als wirkliche Begebenheiten angesehen und geglaubt haben: „Man hält dagegen, dass Jesus und die Apostel diese Erzählungen offenbar für Wirklichkeit und nicht für Poesie gehalten haben. Sicherlich. Aber die N.T.lichen Männer haben in solchen Fragen keine besondere Stellung, sondern teilen darin die Meinungen ihrer Zeit" (S.VIII). Nicht die innerbiblische Evidenz ist hier Norm, sondern das moderne Wirklichkeitsverständnis. Und auch bei Rudolf Bultmann wirft sein späterer Auf-

---

Traum habe die Religion ihr kollektiv-psychologisches Fundament! E. Drewermann, *Tiefenpsychologie und Exegese,* Bd. I, S.92-100.

[286] H. Gunkel, *Genesis*, 4.Aufl., Göttingen 1917, S.IX.

[287] 17 *Ebd.*, S.X: „Das deutlichste Kennzeichen der Sage ist, dass sie nicht selten Dinge berichtet, die uns unglaubwürdig sind. Diese Poesie hat eine andere Wahrscheinlichkeit, als die im prosaischen Leben gilt, und vieles hält das antike Israel für möglich, was uns unmöglich erscheint. So werden in der Genesis viele Dinge berichtet, die unserem besseren Wissen widersprechen...". Und S.XI: „Anderes halten wir nach unserer modernen historischen Weltanschauung, die wahrlich nicht erdichtet ist, sondern auf der Beobachtung von Tatsachen beruht, für ganz unmöglich. Und möge der moderne Historiker in dem, was er für unmöglich erklärt, noch so zurückhaltend sein, so wird er doch mit Sicherheit behaupten, dass Tiere – Schlangen oder Eselinnen – nicht sprechen und nie gesprochen haben, dass es keinen Baum gibt, dessen Früchte Unsterblichkeit oder das Wissen verleihen, dass Engel und Menschen sich nicht fleischlich vermischen (6,1ff), dass man mit 318 Mann und etwelchen Bundesgenossen ein Welterobererheer nicht aufs Haupt schlagen kann (14,14ff), und dass kein Mensch 969 Jahre alt werden kann (5,27ff)."

satz mit dem Titel „Neues Testament und Mythologie" (*Kerygma und Dogma*, Bd.I, Hamburg 1948), der seine weltanschaulichen Prämissen in philosophischer und naturwissenschaftlicher Hinsicht nachträglich offen legt, ein deutliches Licht auf sein Vorgehen in seinem früheren formkritischen Hauptwerk (*Die Geschichte der Synoptischen Tradition*, Göttingen 1921), bei dem die Unmöglichkeit alles Übernatürlichen offenbar schon immer feststand – und der Leser sich bei jeder Perikope nur jeweils fragen musste, mit welcher Argumentation denn diesmal die Echtheit oder Historizität des Berichteten erledigt werden würde! Steht aus weltanschaulichen Gründen vorher schon fest, dass bestimmte Ereignisse nicht passiert sein können, besteht die `formgeschichtliche´ Aufgabe schlicht noch darin, eine Hypothese zu entwerfen, wie es geschichtlich-literarisch dazu gekommen sein könnte, dass diese (unmögliche) Geschichte nun doch in den Evangelien geschrieben steht. Diese gelehrte Phantasie nennt sich dann allerdings `Wissenschaft´.

Für die Versuchungsgeschichte des Matthäusevangeliums wird im Kommentar von Ulrich Luz deutlich, wie eben solche weltanschaulichen Vorurteile die Kennzeichnung der Geschichte als Mythos bestimmen. Für ihn ist der Text „keine bildhafte Darstellung eigener Erfahrungen Jesu, auch nicht Visionsbericht, sondern er will in mythischer Sprache wirkliche Begebenheiten [nämlich den Gehorsam Jesu gegenüber dem Willen des Vaters, H.St.] darstellen"[288]. Die Ursache für die mythologische Einordnung der Geschichte wird von Luz klar genannt: „In der Neuzeit geriet unsere Perikope in besonderer Weise ins Kreuzfeuer der Kritik. Sie erschien mythologisch, darum nicht nur unhistorisch, sondern auch unwahr. Ein Kernpunkt des Anstoßes war immer wieder das für einen modernen Menschen schwierige `anthropomorphe´, persönliche Auftreten des Teufels."[289] Ausgehend von der weltanschaulich bedingten Überzeugung der historischen Unmöglichkeit eines solchen Geschehens geht Luz jetzt aber einen Schritt weiter (als vergleichs-

---

[288] U. Luz, *Das Evangelium nach Matthäus,* 1. Teilband, Neukirchen-Vluyn 1985, S.100.
[289] U. Luz, *aaO.*, S.106.

weise Gunkel) und projiziert seine moderne Einschätzung zurück in den Evangelisten: Dieser habe das Theologumenon von der Erfüllung des Willens Gottes durch Jesus so ernst genommen, dass er dies zu Beginn des Berichts vom Wirken Jesu nicht durch eine „rein menschliche Geschichte" vermitteln wollte, sondern durch eine „mythologische Geschichte".[290] Diese Argumentation erscheint anachronistisch. Denn grundsätzlich geht die Bibel – und zweifellos ebenso der Evangelist – von der realen Wirklichkeit eines göttlichen wie satanischen Einwirkens in die Geschichte aus, und sieht in der Versuchungsgeschichte nicht einfach die mythologische Ausdrucksform einer theologischen `Wahrheit´, sondern Wirklichkeit, die sich zugetragen hat. Die Vereinnahmung des Matthäus für die moderne, nach-aufklärerische Sicht des Kommentators müsste hier vertauscht werden mit der Umkehr des von neuzeitlicher Weltanschauung geprägten Denkens zu der biblischen Sichtweise. Für diese ist der Versucher sowohl real wie personal und mächtig, in die Geschichtswelt einzugreifen.

Eine bibeltreue Auslegung, die das biblische Wirklichkeitsverständnis aufnimmt, wird sich daher einer weltanschaulich vorgeprägten Gattungsbezeichnung wie `Mythos´ oder `Legende´ nicht anschließen können, solange innerbiblisch wahrscheinlich ist, dass wirkliche Vorgänge geschildert werden sollen. Im vorliegenden Fall lässt sich nicht einmal eine eigene, fest umrissene Gattung `Versuchungsgeschichte´ feststellen. Vielmehr bietet sich im Bericht von der Versuchung Jesu ein einzigartiges Geschehen dar, das weder in konkreten alttestamentlichen Erzählungen von Prüfungen des Frommen – etwa durch Krankheit -, noch in Versuchungsgeschichten aus dem Bereich der Religionsgeschichte – etwa Herakles am Scheideweg – wirkliche Parallelen findet. Und selbst wenn es literarische Parallelen und damit eine klar auszumachende Gattung der `Versuchungsgeschichte´ gäbe, wäre damit noch nicht über die Historizität jeder der Geschichten entschieden, weil das Literarurteil nicht mit dem Geschichtsurteil verquickt werden darf.

---

[290] *Ebd.*, S. 107.

2.4: Die Kontextanalyse:

Die Geschichte der Versuchung Jesu steht in einem festen Verbund mit der vorangehenden Schilderung der Wirksamkeit Johannes des Täufers und der Taufe Jesu. Wie nirgends sonst in den synoptischen Evangelien finden wir hier eine festgefügte kontextparallele Triplexüberlieferung (T) im wesentlichen Gang der Handlung, ergänzt durch Duplex- (D) und Simplextraditionen (S). Eine Übersicht[291] kann dies verdeutlichen:

	Mt	Mk	Lk	
Johannes der Täufer	3,1-6	1,2-6	3,1-6	T, S*Lk*
Predigt des Täufers	3,7-10	-----	3,7-9 +10-14	D*Mt.Lk* S*Lk*
Taufe mit Wasser u.Geist u. (Mt / Lk:) Feuer	3,11-12	1,7-8	3,15-18	T D*Mt.Lk*
Gefangennahme d.Täufers	-----	-----	3,19-20	S*Lk*
Taufe Jesu	3,13-17	1,9-11	3,21-22	T, S*Mt*
Stammbaum Jesu	(1,1-17)	-----	3,23-38	S*Mt*, S*Lk*
Versuchung Jesu	4,1-11	1,12-13	4,1-13	T, D*Mt.Lk* S*Mt*
Wechsel nach Galiläa	4,12-17	1,14-15	4,14-15	T

Diese in den Evangelien einmalige Aneinanderfügung von kontextparallelen Triplextraditionen macht deutlich, dass den Evangelisten in der Evangelientradition ein im Wesentlichen fest gefügter Ereignisverbund überliefert war. Obwohl die Evangelisten sonst viel Freiheit haben und üben, die Jesusüberlieferung teils historisch-chronologisch, teils thematisch-theologisch anzuordnen, scheint mir diese fest gefügte Anordnung in allen drei Synoptikern

---

[291] Übernommen von Bo Reicke, *The Roots of the Synoptic Gospels*, S.35.

darauf hinzuweisen, dass es sich in diesem Ereignisablauf um die historische Geschehensfolge handelt, die sich eben so und nicht anders in allen Überlieferungen niedergeschlagen hat.

Vor allem besteht ein enger Zusammenhang zwischen dem Taufbericht und der Versuchungsgeschichte. (Lediglich bei Lk ist – was wir noch kurz kommentieren werden – der Stammbaum Jesu dazwischengefügt). Wird Jesus in der Taufe als der Sohn Gottes bestätigt („Dies ist mein Sohn, der geliebte", Mt 3,17), so wird sein Sohn-Sein, und damit seine Beziehung zum Vater, jetzt auf die Probe gestellt. In dem Ereigniszusammenhang von Taufe und Versuchung Jesu gipfelt der erste Hauptteil des Matthausevangeliums. Es folgt lediglich noch die Überleitung zum zweiten Hauptteil, bei dem es um die Wirksamkeit Jesu in Galiläa geht.

2.5 Hinweise zur Einzelexegese:

Auch evangelikaler Exegese geht es in der Auslegung um eine gründliche grammatisch-syntaktische Analyse sowie eine entsprechende Sach- und Begriffsanalyse. Das Beachten der Syntax sowie bestimmter, Sinneinheiten markierender Wörter ermöglicht die Strukturanalyse des Textes (die sich – besonders außerhalb des Bereichs der Narrativtexte – gut in einem, die Zusammenhänge und den fortschreitenden Gedankengang darstellenden Textschaubild visualisieren lässt). Die Einzelauslegung zielt auf das Erkennen des Literalsinnes des Textes. An diesem Literalsinn hat der Exeget nicht nur ein historisches, sondern zugleich ein theologisches Interesse, weil sich darin die Absicht nicht nur des menschlichen Autors, sondern zugleich der göttlichen Offenbarung ausspricht.

Exkurs: Wie schon lange vor der Historisch-Kritischen Methode der Literalsinn der Bibel gründlich methodisch erforscht wurde:

Immer wieder wird – fälschlich! – der Eindruck erweckt, als hätte erst die historisch-kritische Methode zu einer geordneten wissenschaftlichen Erforschung der biblischen Texte geführt. Tatsächlich hat lange vorher schon der Frühpietismus, der zu den Vorläufern evangelikaler Theologie gehört, eine hermeneutisch reflektierte methodische Auslegung der Heiligen Schrift gefordert und praktiziert. Wogegen man sich als nicht sachgemäß verwahrte, war lediglich die sachkritische In-Frage-Stellung biblischer Aussagen auf Grund zeitbedingter Maßstäbe der menschlichen Vernunft.

Anknüpfend an die Reformation ging es dem Frühpietismus darum, den exakten Literalsinn biblischer Texte zu erheben. Johann Jakob Rambach (1693-1735), der führende Hermeneutiker des Pietismus, schlug zur Erhebung des Literalsinns folgende Grundhaltungen und methodischen Schritte vor[292]:

I. Die *media interna generaliora* (Die allgemeinen internen Mittel):
   1. *oratio*: Gebet um den Geist, um geöffnete Augen und ein gehorsames Herz (angesichts der Gefahr, als Ausleger zu irren, und angesichts der Hoheit der Heiligen Schrift); Bd. I, S.344f.
   2. *meditatio*: aufmerksames Betrachten der Textaussagen in ihrer Gesamtheit als ein hörbereites Sich-Einstellen auf den Text; Bd. I, S.345.
   3. *tentatio*: die Bewährung, hier verstanden als `experientia spiritualis´: dass es im Inneren des Auslegers zu einer dem Wort Gottes gemäßen Erfahrung und Empfindung komme; Bd. I, S.346.

II. Die *media specialiora* (Die speziellen Mittel):
   1. *exegetica consideratio circumstantiarum:* Bedenken der geschichtlichen Umstände wie Absender, Adressaten, Zeit, Ort und Anlass; Bd. I, S.345-373.
   2. *exegetica indagatio affectus:* die Untersuchung der hinter den Gedanken stehenden Motive bzw. Empfindungen und Willensregungen sowie der Befindlichkeit der Autoren; Bd. I, 374-416.
   3. *exegetica investigatio scopi:* die Erforschung der zentralen Aussageabsicht einer Schriftstelle, eingebettet in den christozentrischen Gesamtskopus der Heiligen Schrift, den Skopus des jeweiligen biblischen Buches sowie des betreffenden Buchteils; Bd. I, S.417-501.

---

[292] J.J. Rambach, *Erläuterung über seine eigene Institutiones Hermeneuticae Sacrae*, hrsg. E.Fr. Neubauer, Bände I und II, Gießen 1738.

4. *exegetica collatio cum antecedentibus & consequentibus:* der Vergleich mit dem vorangehenden und folgenden Kontext im engen, weiteren und weitesten Sinn; Bd. I, S.502-528.
5. *exegeticum scrutinium ordinis textuumque sacrorum analysi:* die Untersuchung des Aufbaus, d.h. der Gedankenfolge eines Textes, eingebettet in die literarische Ordnung und chronologische Abfolge der kanonischen Bücher sowie in die Gliederung des betreffenden Buches oder Buchteils; Bd. II, S.1-42.
6. *exegetica consideratio vocum ac phrasium:* das Bedenken der Bedeutung der einzelnen Wörter und Ausdrücke einschließlich ihrer jeweiligen Emphasen, d.h. Betonungen, sowie besonderer Stilfiguren; Bd. II, S. 42-128 und 129-170 [Man beachte die Ausführlichkeit dieser philologischen Untersuchung, was für den Frühpietismus bei dessen Interesse an den biblischen Ursprachen sowie verwandter vorderorientalischer Sprachen durchaus typisch ist!].
7. *exegetica collatio parallelismi:* der Vergleich mit anderen Schriftstellen, die hinsichtlich der verwendeten Wörter oder der Inhalte parallel zu sein scheinen, mit der Absicht, Schrift durch Schrift zu erklären; Bd. II. S.171-197.

III. Die *Communicatio sensus inventi* (Die Kommunikation des gefundenen Textsinnes in einer textgemäßen Auslegung bzw. Predigt); Bd. II, S.328-339.

IV. Es wird deutlich wie es der frühpietistischen Hermeneutik darum geht, von der Grundhaltung des Exegeten an über die methodischen historisch-philologischen Arbeitsschritte bis hin zur Kommunikation der Ergebnisse alles dafür zu tun, den Textsinn intersubjektiv nachvollziehbar zu ermitteln. In dieser Tradition steht evangelikale Theologie.[293] Sie wird sich daher mit den historisch-kritischen

---

[293] Vgl. dazu auch die in neuerer Zeit im Rahmen des Arbeitskreises für Evangelikale Theologie (AfeT) entstandenen Methodenbücher zur Exegese des Alten und Neuen Testaments: M. Dreytza / W. Hilbrands / H. Schmid, *Das Studium des Alten Testaments*, Wuppertal 2002; und H.W. Neudorfer / E.J. Schnabel (Hrsg.), *Das Studium des Neuen Tes-*

Theologien nicht darum streiten, ob methodisch geordnetes historisch-philologisches bzw. wissenschaftliches Arbeiten legitim und nützlich sei. Sie wird sich aber sehr wohl über angemessene weltanschauliche Voraussetzungen und über die Angemessenheit weltanschaulich begründeter Sachkritik an der Bibel mit den Vertretern der Bibelkritik auseinandersetzen.

Doch zurück zu den exegetischen Einzelanmerkungen zur Versuchungsgeschichte Jesu. Anstatt hier nun auf alle analytischen Einzelpunkte ausführlich einzugehen, möchte ich mich auf die folgenden Punkte beschränken, die den Ansatz einer evangelikalen Exegese verdeutlichen können:

(1) *Die Wirklichkeit des Versuchers und der Versuchungen*: Wie wir oben in den gattungs- und formanalytischen Erwägungen (unter Hinweis auf den Kommentar von U. Luz) schon ausgeführt haben, ist in der historisch-kritischen Exegese die personale Wirklichkeit des Versuchers umstritten. Als typisch für die moderne Position kann gelten, wie der katholische Exeget Herbert Haag argumentiert. Zunächst verschafft er sich durch literargeschichtliche Überlegungen kritischen Freiraum. Der nur knappe Hinweis auf die Versuchung Jesu durch den Satan im „älteren Evangelium" (Mk 1,13) sei bei Matthäus und Lukas „zu einer längeren Erzählung ausgestaltet" worden, woraus die – keineswegs zwingende, weil von der Länge einer Erzählung auf ihre Historizität schließende – Folgerung abgeleitet wird: „Wir sind berechtigt, diese Erzählung als eine freie Ausformung der Urkirche anzusehen"; und: „Somit kann diese Erzählung nicht in jeder Einzelheit für uns verbindlich sein."[294] Trotzdem bleibt zunächst noch die für Haag anstößige Erwäh-

---

taments, Bd.1: *Eine Einführung in die Methoden der Exegese*, Wuppertal / Gießen 1999; Bd.2: *Spezialprobleme*, Wuppertal / Gießen 2000; sowie J. van Bruggen, *Wie lesen wir die Bibel? Eine Einführung in die Schriftauslegung*, Neuhausen-Stuttgart 1985.
[294] Herbert Haag, *Abschied vom Teufel*, 4.Aufl., Einsiedeln 1973 [1.Aufl. 1969], S.33.

nung des Teufels in allen drei Evangelien.[295] Es wird dann versucht, den ʼTeufelsglaubenʼ als eine aus fremden Religionen in den alttestamentlich-jüdischen Glauben allmählich eingedrungene und immer klarer hervortretende Vorstellung nachzuweisen (wobei aus entfernten religionsgeschichtlichen Analogien Kausalitäten konstruiert werden und das Phänomen fortschreitender Offenbarung gegen die Wirklichkeit des so Geoffenbarten gewandt wird). Auf dieser Basis wird dann gefolgert: „Nach allem, was wir bisher gesehen haben, dürfte uns klar geworden sein, dass die Satansaussagen des Neuen Testaments nicht zur verbindlichen Botschaft, sondern nur zum unverbindlichen Weltbild der Bibel gehören können."[296] Man wird allerdings den Verdacht nicht los, dass für Haag aufgrund seines modernen Wirklichkeitsverständnisses das Ergebnis schon zu Beginn der Untersuchung feststand. Denn die Bibel selbst gibt uns keinen Schlüssel zur Unterscheidung ihrer verbindlichen Kernbotschaft von ihrem vermeintlich unverbindlichen Weltbild – am allerwenigsten den, dass entfernte religionsgeschichtliche Analogien und der Nachweis fortschreitender Offenbarung innerhalb der Bibel deutlich machten, dass eine biblische Aussage unverbindlich und ohne Wirklichkeitsbezug sei.

Die Bibel – speziell das Neue Testament – rechnet dagegen genauso real mit dem Satan und seinen Mächten wie sie mit der Überwindung des satanischen Machtbereichs durch die Aufrichtung der Königsherrschaft Jesu Christi rechnet. Für die Bibel ist der Teufel oder Satan keine unpersönliche Macht, sondern eine dem Machtbereich Gottes zwar nicht entzogene, aber entgegenstehende Person der jenseitigen Welt (vgl. schon 1Mo 3,1ff mit Offb 12,9; 20,2; sowie Hiob 1,6-13; 2,1-7; 1Chron 21,1; Sach 3,1f; Mt 13,39; 25,41; Joh 8,37-44; 13,27; Apg 5,3; 10,38; 2Kor 11,14; Eph 4,27; 6,11; Hebr 2,14; 1Petr 5,8; 1Joh 3,8 u.ö.). Von daher wird der Exeget darauf verzichten, mit unsachgemäßen Methoden zu arbeiten, die gegen die durchgehende Aussage seines Erkenntnisgegenstandes streiten, und wird seiner Exegese keine Voraussetzungen zugrunde

---

[295] *Ebd.*: "Dennoch bleibt die formelle Aussage der Heiligen Schrift, Jesus sei vom Satan versucht worden."
[296] *AaO.*, S.47.

legen, die von vornherein die Wirklichkeit transzendenter Realitäten (außer vielleicht Gott) ausschließen. Er wird sich vielmehr auf die biblische Offenbarung einstellen und die biblischen Aussagen über geistige Wirklichkeiten, Mächte und Personen als Offenbarung jenseitiger Realitäten verstehen. Vielleicht ist die biblisch offenbarte personale Realität des Bösen ja für viele Zeitgenossen, die sich heute leider (!) dem Okkulten bis hin zum Satanismus öffnen, realer, als so mancher 'moderne' Theologe glaubt, der immer noch meint, die biblische Botschaft sei dem modernen Menschen nur unter Preisgabe jener Aussagen zu vermitteln, die nicht im Einklang mit dem (zur Transzendenz hin geschlossenen) Weltbild der letzten Generation – oder des letzten Jahrhunderts – stehen.

Biblisch gesehen ist also mit der Wirklichkeit des Versuchers als einer zur transzendenten Realität gehörenden Person zu rechnen. Wie steht es nun mit der Wirklichkeit der Versuchungen Jesu?

Wer nicht mit der Wirklichkeit des Versuchers rechnet, wird auch die historische Wirklichkeit der Versuchungen in Zweifel ziehen und in der Erzählung allenfalls einen von der Gemeinde gestalteten Mythos sehen. Doch auch bei solchen, die diesen Standpunkt nicht teilen, gibt es Fragen im Blick auf das Verständnis der Versuchungen. Kommt der Versucher hörbar oder gar sichtbar auf Jesus zu? Begibt sich Jesus real zum Tempelgebäude und auf einen hohen Berg? Oder finden alle drei Versuchungen in der Wüste statt und sind als innere bzw. visionäre Vorgänge zu verstehen, die Jesus durchlebt? Joseph Schmid, ein noch vor dem 2. Vaticanum schreibender katholischer Exeget, hält an der historischen Wirklichkeit des Versuchtwerdens Jesu in der Wüste fest, versteht den Versuchungsvorgang aber innerlich-geistig.[297] Don Carson lässt beide

---

[297] J. Schmid, *Das Evangelium nach Matthäus,* 3., von neuem umgearb. Aufl., Regensburger Neues Testament, Bd. 1, Regensburg 1956, S.67: „Als ein wirkliches äußeres Geschehen, bei dem Satan in sichtbarer Gestalt an Jesus herantrat und eine leibliche Ortsveränderung zwischen den einzelnen Akten stattfand, ist die Versuchung nicht zu verstehen... Ebenso denkbar und mit der Würde Jesu vereinbar... [ist die Annahme; H.St.], dass er dem Teufel einen Einfluss auf seine Phantasie gewährte...". Und S.68: „Es handelt sich bei der Versuchung Jesu durch den Teufel um einen geistigen Vorgang, und die ganze Begebenheit spielt in der Wüste, in der sich Jesus am Anfang wie am

Möglichkeiten, die der visionären und die der realen Wirklichkeit der Versuchungen, offen.[298] In der Tat ist die Frage nicht ganz leicht zu beantworten wie solch ein historisches Geschehen im Schnittfeld zwischen Immanenz und Transzendenz im Einzelnen zu denken ist. Analog war es hinsichtlich des Hineinwirkens des Transzendenten in das Immanente bekanntlich ja auch für den Apostel Paulus nicht leicht, bei seiner Schau transzendenter Wirklichkeiten sagen zu können, ob er „im Leib" oder „außerhalb des Leibes" gewesen sei (2Kor 12,2f). Und doch mag im Blick auf die seit Origenes immer wieder aufgetauchte Visionshypothese Ulrich Luz den Nagel auf den Kopf treffen, wenn er kommentiert: "Dazu hat Maldonat schon ganz richtig gemeint, die Evangelisten hätten es ja sagen können, wenn es in der Versuchung Jesu um Visionen oder Halluzinationen gegangen wäre"; und zitiert Maldonat [1533-1546] dann in einer Fußnote mit der Aussage, dass die Evangelisten nicht nur nicht gesagt hätten, die Versuchungen hätten sich per Vision ereignet, sondern andeuten, dass sie sich wirklich (*re vera*) zugetragen haben. Luz fügt dann hinzu: „Mehr ist in der Tat nicht zu sagen."[299] Ich stimme diesem Urteil zu. Vom Wortlaut her sieht es keineswegs so aus als wollten die Evangelisten einen visionären Vorgang schildern. Und die Intention der biblischen Schreiber ist für den Exegeten bindend. Im Übrigen sei zur Frage der historischen Wirklichkeit der Versuchungen als eines Faktums am Anfang des Wirkens Jesu verwiesen auf eine Studie von F. Neugebauer[300], die für die Historizität im Einzelnen argumentiert und – in Offenheit gegenüber der Evidenz – den Text gründlich auslegt.

Schluss befindet. Infolgedessen ist auch das `Herantreten´ des Teufels an ihn nicht als ein äußerlicher, `körperlicher´ Vorgang zu verstehen."
[298] D.A. Carson, *Matthew*, The Expositor´s Bible Commentary, Bd.8, Grand Rapids 1984, S.111.
[299] U. Luz, Das *Evangelium nach Matthäus*, 1. Teilband: Mt 1-7, Evangelisch-Katholischer Kommentar zum Neuen Testament, Bd.VI, Neukirchen-Vluyn / Zürich / Einsiedeln 1985, S.166. – Luz selbst sieht als Alternative zur Visionshypothese allerdings nicht das Rechnen mit einem realen Vorgang, sondern folgt seinerseits der mythologischen Interpretation der Versuchungsgeschichte.
[300] F. Neugebauer, *Jesu Versuchung: Wegentscheidung am Anfang*, Tübingen 1986.

(2) *Die Zusammengehörigkeit und Reihenfolge der Versuchungen*: Wenn es um die Zusammengehörigkeit der Versuchungen in einem historischen Ereignisverbund und um die historische Reihenfolge der Versuchungen Jesu geht, ist zunächst auf Folgendes hinzuweisen. Immer, wenn die Evangelisten Gottes heilsgeschichtliches Handeln in Jesus, dem Messias, beschrieben und uns so Gottes Wort übermittelten, taten sie es in der Freiheit, die Worte und Taten Jesu in chronologisch-historischer oder aber in thematischer Anordnung zu überliefern. Der Glaube an die Inspiration der Evangelien legt den Ausleger keineswegs auf die Sicht fest, der gesamte Evangelienstoff müsse chronologisch angeordnet sein.[301] Warum auch sollte eine chronologische Anordnung 'inspirierter' sein als eine thematische? Es kommt auf die jeweilige Aussageabsicht des Evangelisten an.

Vom Zusammenhang und Wortlaut in Mt 4 her ist zunächst einmal klar, dass Jesus im Anschluss an die Taufe vom Geist Gottes in die Wüste geführt und dort versucht wurde (V.1). Die Frage könnte sich nun erheben, ob nur die erste Versuchung (Steine zu Brot), die im Kontext der Wüste spielt, unmittelbar auf die Taufe folgt, und Jesus die zweite und dritte Versuchung (Tempel / Berg) später erlebt hat, der Evangelist sie aber thematisch mit der ersten Versuchung verbunden hat. Die Frage ist legitim, der Text deutet m.E. aber in eine andere Richtung.

a) Die wie eine Klammer wirkenden Aussagen von V.3 („Und der Versucher trat herzu...") und – nach der dritten Versuchung – V.11 („Da verließ ihn der Teufel...") deuten auf einen zusam-

---

[301] Vgl. dazu den Artikel XIII der *Chicago-Erklärung zur biblischen Irrtumslosigkeit,* von 1978: „Wir bejahen, dass es angemessen ist, die Irrtumslosigkeit als theologischen Terminus in bezug auf die völlige Wahrhaftigkeit der Schrift zu gebrauchen. Wir verwerfen die Ansicht, dass es angemessen sei, die Schrift nach Maßstäben von Wahrheit und Irrtum zu bewerten, die ihrem Gebrauch und Zweck fremd sind. Wir verwerfen ferner die Ansicht, dass die Irrtumslosigkeit von biblischen Phänomenen wie dem Fehlen moderner technischer Präzision..., thematischer Anordnung des Stoffes, unterschiedlicher Auswahl des Materials in Parallelberichten oder der Verwendung von freien Zitaten annulliert wird."

mengehörigen Ereignisverbund hin. b) Ein weiterer Hinweis auf die Zusammengehörigkeit der Versuchungen ergibt sich daraus, dass auch bei Lukas die Versuchungen als Block erscheinen und nicht über das ganze Evangelium verstreut sind. c) Im Übrigen fehlen jegliche Anhaltspunkte im Text, die auf eine ursprüngliche Nicht-Zusammengehörigkeit der drei Versuchungen hinweisen.

Was die Aufeinanderfolge der Versuchungen betrifft, ist schwer zu entscheiden, ob die zweite und dritte Versuchung bei Matthäus oder Lukas in der historischen Reihenfolge überliefert ist (Mt: Tempel – Berg // Lk: Berg – Tempel).[302] Dafür, dass Matthäus die historische Reihenfolge bietet, spricht: a) Der Gebrauch temporaler Verbindungswörter *(tote* = „danach", V.1 + 5; *palim* = „wiederum", V.8) als möglicher Hinweis auf die Absicht zu chronologischer Schilderung. Allerdings wird *tote* im Mt nicht immer streng chronologisch gebraucht. b) Inhaltlich gesehen bildet die dritte Versuchung, die dem Gottessohn die Anbetung Satans zumutet, eine Klimax, von der man vermuten würde, dass sie zum Abschluss an Jesus herangetragen worden sei. c) Für die ursprüngliche Aufeinanderfolge der ersten und zweiten Versuchung wie Matthäus sie bietet, könnte auch sprechen, dass gerade diese beiden Versuchungen auf das „Wenn du Gottes Sohn bist..." zielen (Mt 4,3+6) und dass hier die zweite Versuchung inhaltlich aus der ersten hervorgeht: „Verweist Jesus das erste Mal darauf, dass der Mensch von jedem Wort lebt, das von Gott kommt, liefert der Versucher nun solch ein Wort mit seinem Zitat aus Ps 91,1ff."[303] – Umgekehrt könnte Folgendes darauf hinweisen, dass Lukas thematisch ordnen will: a) Indem bei ihm die Versuchungsgeschichte mit der Tempelszene schließt, mündet sie geradezu gesamthaft in das Wort: „Du sollst den Herrn, deinen Gott, nicht versuchen" (Lk 4,12). b) Es finden sich bei Lukas keine Wörter, die auf eine chronologische Ordnungsabsicht schließen lassen. c) Bei der von Lukas

---

[302] Eine knappe, aber gute Diskussion zur Frage der Reihenfolge bei Mt und Lk bietet I.H. Marshall, *The Gospel of Luke: A Commentary on the Greek Text,* The New International Greek Testament Commentary, Exeter 1978, S.166f.
[303] Vgl. F. Neugebauer, *Jesu Versuchung,* S.63f.

geschilderten Reihenfolge der zweiten und dritten Versuchung sind die Schriftzitate Jesu in die alttestamentliche Reihenfolge gebracht (5Mo 6,13 und 6,16); und auch die geographische Reihenfolge (Mt: Wüste – Stadt – Wüstenberg // Lk: Wüste – Wüstenberg – Stadt) scheint bei Lukas eher in eine logische Ordnung gebracht zu sein. Andererseits ist das manchmal zu lesende Argument nicht schlüssig, Lukas habe aus thematischen Gründen die Versuchung im Tempel an den Schluss gestellt, um durch diese klimaktische Anordnung den endgültigen Triumph Jesu in Jerusalem (Kreuz und Auferstehung) vorzuschatten; denn mit der gleichen Logik könnte ein anderer sagen, Matthäus habe die Versuchung auf dem Berg betont an das Ende gestellt, um zu einer Gegenüberstellung von Versuchungsberg und Berg der Erscheinung des Auferstandenen (Mt 28) zu kommen. Insgesamt jedenfalls scheint in dieser Perikope Matthäus die chronologische, Lukas eine thematische Anordnung des Stoffes zu bieten.

(3) *Die alttestamentlichen Schriftzitate:* Rudolf Bultmann hat die These vertreten, die gegenüber Mk erweiterte Fassung der Versuchungsgeschichte bei Mt und Lk sei eine sekundäre Bildung, und zwar eine aus 5Mo 6+8 konstruierte schriftgelehrte Haggada, die der frühchristlichen Apologetik und Polemik entstamme.[304] Dagegen spricht allein schon, dass die Reihenfolge der verwendeten Schriftzitate in Mt 4 gerade nicht der Reihenfolge der entsprechenden Verse in 5Mo entspricht. Jesus zitiert bei der ersten Versuchung 5Mo 8,3, bei der zweiten 5Mo 6,16 und bei der dritten 5Mo 6,13.

In Mt 4,4 wird 5Mo 8,3 nach der Septuaginta-Fassung [griech. Übersetzung des AT] zitiert (allerdings unter Auslassung des Artikels und nicht nach dem etwas kürzeren Text von Codex D). Die allgemeinere Aussage des hebräischen Textes, der Mensch lebe „von allem, was aus dem Mund Jahwes hervorgeht", erhält damit

---

[304] R. Bultmann, *Die Geschichte der synoptischen Tradition,* 8.Aufl., Göttingen 1970, 1.Aufl. 1921, S.272; so auch – mit ausführlicher Argumentation – B. Gerhardsson, *The Testing of God's Son (Matt 4,1-11 & Par),* Lund 1966, Kap.1-4; zur Kritik, s. F. Neugebauer, *Jesu Versuchung,* S.7f.

die Form, er lebe „von jedem Wort, das aus dem Mund Gottes hervorgeht". Mt 4,7 zitiert 5Mo 6,16 nach der Septuaginta, was gegenüber dem Hebräischen nur die geringe Änderung der 2. Person Plural zur 2. Person Singular mit sich bringt. In Mt 4,10 finden sich (in wörtlicher Übereinstimmung mit Lk 4,8) zwei Abweichungen vom Septuaginta-Text (der seinerseits mit dem masoretischen / hebräischen Text übereinstimmt): Zum einen steht *proskyneseis* („du sollst anbeten") anstelle des von der Septuaginta gebrauchten *phobetheseis* („du sollst fürchten"), zum andern ist eingefügt: „du sollst ihm *allein (mono)* dienen". Erstere Änderung ergibt sich in Antwort zu der Zumutung des Satans (V.9): „...wenn du vor mir anbetest": Letztere dient der Betonung des im Zitat Gemeinten.[305]
Wesentlich für den Schriftgebrauch Jesu ist hier der alttestamentliche Kontext. Seine Antwort auf die erste Versuchung ist einem Zusammenhang entnommen (5Mo 8,2-6), aus dem folgende wichtige Punkte hervorgehen: a) Israel wird dort als „Sohn" bezeichnet (V.5); b) Israel wird von Gott auf die Probe gestellt (V.2+6); c) Es sollte deutlich werden, ob Israel Gottes Gebote halten werde (V.2b); d) Gott stillt den Hunger mit dem, was aus seinem Munde hervorgeht – damals war es das Manna (V.3). Und die beiden übrigen Zitate – bei der zweiten und dritten Versuchung (5Mo 6,16 und 6,13) – stehen in unmittelbarer Nähe zu dem `Schema´ („Höre, Israel...!") aus 5Mo 6,4f, in dem Israel zum Bekenntnis zu dem einen Gott und zu ungeteilter Gottesliebe aufgerufen wird – und beides nun bewahren soll durch Alleinverehrung Jahwes und durch Verzicht auf das Versuchen Gottes. Jesus reißt diese drei Zitate nicht aus ihrem Zusammenhang, sondern überträgt sie, dem Sinn ihres Kontextes entsprechend, treffend auf sich und seine Situation. Damit stehen wir vor der Frage nach der Bedeutung der Versuchungen.

(4) *Die Bedeutung der Versuchungen*: Mit einem Faktum ist in einem bestimmten Kontext zugleich Bedeutung gesetzt, vielleicht

---

[305] Nähere Ausführungen zur Textform finden sich bei R. Gundry, *The Use of the Old Testament in St. Matthew's Gospel,* Supplements to NOVUM TESTAMENTUM, Vol.18, Leiden 1975, S.66-69.

sogar ein Bedeutungsspektrum. Der Bericht vermittelt dann das Geschehen in der Einheit von Faktum und Bedeutung(en).

In ihrem ursprünglichen Kontext, und ebenso im Rahmen des Mt, das seinen Lesern Jesus als den Sohn Gottes vor Augen führt, kommt der Versuchungsgeschichte vornehmlich christologische Bedeutung zu. Für Jesus ist die Versuchung die gottgewollte[306] dreifache Bewährung seines Verhältnisses als `Sohn Gottes´ zum Vater. In der Taufe war Jesus als der geliebte „Sohn" proklamiert worden (Mt 3,17). Jetzt muss er sein Sohnsein gegen den Missbrauch des Sohnseins (Mt 4,3+6: „Wenn du Gottes Sohn bist...") bewahren. Er bewährt sich in der ersten Versuchung, indem er sein Sohnsein nicht zu einem selbstischen Wunder missbraucht, sondern sich zum vertrauensvollen Gehorsam gegen Gottes Wort bekennt. Er bewährt sich in der zweiten Versuchung, indem er das Versuchen des Vaters, das aufgrund eines missgedeuteten Psalmwortes des Eingreifen Gottes erzwingen will, ablehnt und dem Vater auch ohne solchen Wunderbeweis vertraut. Er bewährt sich schließlich in der dritten Versuchung, indem er die Proskynese vor Satan grundsätzlich zurückweist und in alleiniger Liebe und Verehrung dem Vater verbunden bleibt.

Indem Jesus so gegenüber der teuflischen Versuchung seine Sohnesstellung bewährt, wird er – und dies ergibt sich sogleich als Nebenbedeutung des Geschehens – zum Gegenstück zu Israel, das ganz analog in der Wüste als „Sohn" auf die Probe gestellt wurde, aber versagte. Die Wahl der Schriftzitate Jesu aus 5Mo 8+6 machen deutlich, dass diese Gegenüberstellung intendiert ist. Nicht anders als Israel, das vom Manna lebte, erwartet der `Sohn´ die Fürsorge für sein Leben aus Gottes Mund. Aber im Unterschied zu Israel bewährt sich dieser Sohn, indem er den Vater nicht „versucht" und ihm in ungeteilter Liebe allein dient.

---

[306] Vgl. V.1: Jesus wird „vom Geist in die Wüste geführt, um vom Teufel versucht zu werden". Das entspricht der Aussage von 5Mo 8,2, dass *Gott* vormals Israel in der Wüste auf die Probe stellte.

Insgesamt wird deutlich: Die Versuchungsgeschichte hat ursprünglich eine christologische Bedeutung und wird von Matthäus mit christologischer Absicht erzählt. Eine mögliche paränetische Absicht (d.h. die Bewährung Jesu in der Versuchung aufgrund der Berufung auf Gottes Wort als Vorbild für unser Verhalten in Versuchungen) tritt hinter der christologischen Bedeutung zurück.

Möglicherweise wird bei Lukas das christologische Bedeutungsspektrum der Versuchungsgeschichte noch um einen Aspekt erweitert, indem Lukas zwischen die Taufe und die Versuchungsgeschichte die bis auf Adam zurückgeführte Genealogie Jesu einfügt (wobei das Geschlechtsregister mit Adam endet und dann unmittelbar die Versuchungsgeschichte beginnt). Damit könnte die Absicht verbunden sein, anzudeuten, dass hier nun dem ersten Adam, der in der Versuchung fiel, der ʼzweite Adamʼ gegenübersteht, der sich in der Versuchung als treu bewährt.[307]

3. Die heilsgeschichtliche Reflexion.

Wir haben einleitend festgestellt, dass bei der Auslegung hermeneutisch drei Grundaspekte zu beachten seien: der pneumatische, der historisch-philologische und der heilsgeschichtliche. Die heilsgeschichtliche Reflexion fragt nach dem spezifischen Ort eines gegebenen Textes im Zusammenhang der in Kontinuität und Diskontinuität verlaufenden Offenbarungsgeschichte. Und sie bestimmt von dem gegebenen heilsgeschichtlichen Standpunkt des Exegeten – nämlich dem als Glied der Gemeinde Jesu Christi – aus wie der Text für ihn anzuwenden ist. Besonders wichtig und hilfreich ist diese offenbarungsgeschichtliche Bestimmung des Standortes und seiner Konsequenzen für die Anwendung bei solchen Texten, die – wie etwa solche des

---

[307] Die Adam-Christus-Gegenüberstellung in der Versuchungsgeschichte betont besonders Irenäus, obwohl er sich in seiner Auslegung auf Mt bezieht; s. dazu Irenäus, *Adversus Haereses* V.21.2-3, in: *Bibliothek der Kirchenväter: Des Heiligen Irenäeus Schriften,* II.Band, Kempten / München 1912, S.206-209.

Alten Testaments – ursprünglich einer anderen heilsgeschichtlichen Situation zugehören.

Bei Evangelienberichten wie der Versuchungsgeschichte stehen wir offenbarungsgeschichtlich an der Schwelle vom Alten zum Neuen Bund. Jesus wird als der `Sohn´ offenbart, und seine Einzigartigkeit als Sohn beginnt – in diesem Fall im Gegenüber zu dem versagenden `Sohn´ Israel – hervorzutreten. Die Dimension der Sendung des Sohnes deutet sich schon in dem satanischen Angebot der dritten Versuchung an: Ihm wird die Weltherrschaft offeriert. Jesus aber bleibt bei dem Weg, den er in der Taufe bekannt und angetreten hat: nämlich auf dem Weg der Niedrigkeit „alle Gerechtigkeit zu erfüllen" und sich gerade so als der „geliebte Sohn" zu bewähren. Am Ende dieses Niedrigkeitsweges, der über das Kreuz führt, steht dann der Sohn, dem „alle Macht im Himmel und auf Erden gegeben ist" (Mt 28,18). Diese universale Macht ist dann allerdings von Gott (vgl. dort das *passivum divinum)* gegeben, nicht vom Teufel. Die Versuchungsgeschichte erweist sich in diesem Zusammenhang als ein Text, der die inkarnatorische Niedrigkeitsgestalt des Gottessohnes deutlich werden lässt, bei der er zum gegenwärtigen Zeitpunkt auch konsequent bleibt. Die Erhöhung des Gottessohnes und seine Herrlichkeitsgestalt ist offenbarungsgeschichtlich einem anderen Zeitpunkt vorbehalten.

In der Versuchung stellt sich Jesus in Kontinuität zum Alten Bund, indem er sich auf das „Es steht geschrieben!" beruft. Zugleich wählt er die Schriftworte aus 5Mo 8+6 aber so, dass auch das Diskontinuierliche zu Israel, dem `Sohn´ Gottes des Alten Bundes, deutlich wird: Er wird auf die Probe gestellt wie jener `Sohn´, bewährt nun aber den Sohnesgehorsam und die Sohnesliebe.

Für die mögliche Anwendung erfordert dieser neutestamentliche Text keine besonderen heilsgeschichtlichen Überlegungen. Gemäß der Textintention würde eine sachgemäße Anwendung weniger auf die `Nachahmung Christi´ zielen, sondern entsprechend der christologischen Betonung des Textes das Lob Christi angesichts der verschiedenen Aspekte, die der Text anspricht.

Schlussbemerkungen.
Mit diesen Hinweisen soll die Beschäftigung mit Grundanliegen einer bibeltreuen Auslegung anhand der Versuchungsgeschichte zu Ende kommen. Wo liegt der Unterschied zwischen einer historisch-kritischen und einer bibeltreuen bzw. evangelikalen Auslegung? Er liegt a) nicht darin, dass etwa nur die hist.-krit. Exegese denkerisch Rechenschaft ablegen könnte von ihrem Vorgehen – dies tut evangelikale Exegese auch; er liegt b) auch nicht darin, dass erst die hist.-krit. Exegese in geordneten Arbeitsschritten vorginge – dies hat vielmehr bereits der vor-aufklärerische Frühpietismus getan (wir haben auf J.J. Rambach verwiesen, doch ließen sich Ähnliches an A.H. Francke oder J.A. Bengel zeigen), und es ist auch bei evangelikaler Exegese nicht anders; der Unterschied liegt c) auch nicht darin, dass etwa grundverschiedene Arbeitsschritte gegangen würden – es gibt vielmehr im Bereich der historisch-philologischen Analyse eines Textes formal ein weithin entsprechendes Vorgehen. Von diesen drei Überlegungen her ist der historisch-kritischen Methode bereits ihr Monopolanspruch auf ʽWissenschaftlichkeitʼ zu bestreiten. Es wäre zumindest zu sagen, dass es *zwei* wissenschaftliche historisch-philologische Herangehensweisen an die Auslegung der Bibel gibt: die historisch-kritische und – wenn man sie so nennen will – die historisch-biblische.[308] Beide arbeiten historisch und philologisch, beide haben bestimmte (teils sogar identische) Arbeitsschritte und beide sind in der Lage, hermeneutisch Rechenschaft abzulegen über ihr Vorgehen.
Die Frage ist, ob beide Methoden zugleich sach- bzw. gegenstandsgemäß sein können. Ich meine nein. Unsachgemäßes bei der historisch-kritischen Methode sehe ich, wenn sie a) die Bibel nur als Menschwort behandelt und sich der pneumatischen Dimension der Schrift als Offenbarungswort verschließt, b) in ihrer Arbeit von der Gültigkeit biblischer Aussagen abstrahiert und daher den Erkenntnisprozess auf der Verstehensebene abbricht, c) wenn sie sich

---

[308] Eingeführt hat den Begriff ʽhistorisch-biblische Methodeʼ G. Maier, *Das Ende der historisch-kritischen Methode*, Wuppertal 1974, S.47ff. Der Begriff will sowohl die historische Seite der Heiligen Schrift in der Auslegung ernst nehmen als auch den besonderen Offenbarungsanspruch und Gegenstand der Bibel.

gar sachkritisch gegen das in der Bibel Erkannte wendet, d) wenn sie sich von der Normativität des Textes in seiner Endgestalt abwendet und hypothetische Rekonstruktionen zur Basis theologischer Aussagen macht, e) wenn sie aufgrund weltanschaulicher Voraussetzungen biblische Berichte als mythologisch und historisch gesehen unwirklich einstuft, f) wenn sie aufgrund ihrer weltanschaulichen Befangenheit für die biblischen Aussagen über Transzendentes oder ein Geschehen im Schnittpunkt von Transzendenz und Immanenz nicht mehr offen sein kann und damit gegen eine Grundvoraussetzung ihres Gegenstandes streitet, g) wenn sie biblische Aussagen entgegen dem biblischen Selbstverständnis ihres historischen Wirklichkeitsfundamentes entkleidet, den 'theologischen Rest' religiös aber dann doch gelten lassen will, h) wenn sie sich in ihren historischen Rekonstruktionen und theologischen Interpretationen nicht strikt an die Intention des Textes in seinem Literalsinn bindet, oder i) wenn sie die offenbarungsgeschichtliche Einheit der Bibel in deren heilsgeschichtlicher Kontinuität bei aller Diskontinuität nicht mehr zu sehen vermag.

Wofür eine evangelikale historisch-biblische Exegese steht, kann hier nicht nochmals wiederholt werden. Grundlegend wichtig sind ihr aber das Sich-Einstellen auf die pneumatische Dimension der Schrift als Einheit von Gottes- und Menschenwort, das existentielle Geltenlassen biblischer Aussagen, das Ernstnehmen der historischen und philologischen Dimension des Bibelwortes in der Auslegung, dabei Zurückhaltung in der Hypothesenfreudigkeit, zugleich aber umso festeres Binden an die Intention des konkreten Textes in seinem Literalsinn sowie grundsätzliche Offenheit für das Wirklichkeitsverständnis der Bibel, auf das hin sich unser Denken zu weiten hat; Aufmerksamkeit für die Bedeutungsfülle heilsgeschichtlicher Fakten innerhalb der Einheit der biblischen Offenbarung und Gehorsam gegenüber dem erkannten Sinn des biblischen Wortes unter Berücksichtigung seines heilsgeschichtlichen Ortes.

10

SIND PAULUS UND LUKAS GESCHICHTLICH ZUVER-LÄSSIG? TESTFALL GALATERBRIEF

Ist die Bibel auch geschichtlich zuverlässig? Diese Frage wird immer wieder aufgeworfen. Skeptiker stellen ihre geschichtliche Zuverlässigkeit in Frage. In der historisch-kritischen Theologie herrscht seit langem die Tendenz, bei der subjektiven Suche nach einem `Kanon´ im Kanon zwischen notwendigen Vernunftwahrheiten und zufälligen Geschichtswahrheiten zu unterscheiden (so schon G.F. Lessing, 1729-81). An der Verbindlichkeit von theologischen Wahrheiten hält man fest, sofern sie der Vernunft einleuchten. Hinsichtlich geschichtlicher Aussagen relativiert man den Wahrheitsanspruch der Bibel. Wie aber steht es um den Wahrheitsanspruch der Heiligen Schrift, wenn sie lediglich in den (nicht überprüfbaren) theologischen Aussagen – oder zumindest manchen von ihnen – wahr sein soll, während ihr in den (überprüfbaren) geschichtlichen Aussagen und Berichten nicht zu trauen ist?

Evangelikale Christen haben immer auch die geschichtlichen Aussagen der Schrift ernst genommen und sich für ihre Historizität interessiert.[309] Im Neuen Testament war der Geschichtsschreiber Lukas als Verfasser des Lukasevangeliums und der Apostelgeschichte zeitweilig stark in die Kritik geraten. Lukas sei „in der Tat kein `Fakten-Historiker´, sondern ein `Fiktions-

---

[309] Zum AT: K.A. Kitchen, *On the Reliability of the Old Testament*, Grand Rapids / Cambridge 2003, 662 S.; A. Schick, *Irrt die Bibel? Auf der Suche nach König David und Salomo. Mythos oder Wirklichkeit?*, Hammerbrücke 2004. // Zum NT: C. Blomberg, *Die Historische Zuverlässigkeit der Evangelien*, Nürnberg 1998; F.F. Bruce, *Die Glaubwürdigkeit der Schriften des Neuen Testaments: Eine Überprüfung des historischen Befundes*, Bad Liebenzell 1976; H. Burkhardt, *Wie geschichtlich sind die Evangelien?*, Gießen 1979; Th. Mayer / K.H. Vanheiden (Hrsg.), *Steht Jesus dem Glauben im Weg? Glaube und intellektuelle Redlichkeit. Mit Beiträgen von Andreas Lindemann, Armin Baum und Gottfried Schröter*, Nürnberg 2001.

Historiker'", hatte Erhardt Güttgemanns noch dekretiert.[310] Inzwischen mehren sich die Untersuchungen die zeigen, in welch hohem Maße Lukas als exakter Historiograph anzusehen ist.[311] Weit mehr, als es die historisch-kritische Forschung lange Zeit wahrnahm, hatte man in der Geschichtsschreibung der griechisch-römischen Antike längst präzise Maßstäbe dafür, dass ein Historiograph zwischen dem wie es gewesen sein könnte (was Dichter beschreiben), und dem wie es tatsächlich gewesen ist (was der Geschichtsschreiber darzustellen hat), unterscheiden können muss, dass er sich an zuverlässige Quellen zu halten hat, nichts dazu erfinden soll, sondern berichten, wie ein Ereignis tatsächlich verlaufen ist. Diesen Maßstäben schließt sich Lukas in Lk 1,1-4 an.[312]

Ein Bewährungsfeld für die geschichtliche Zuverlässigkeit neutestamentlicher Aussagen ist die Frage nach der Historizität dessen, was die Apostelgeschichte schildert im Vergleich zu und in Korrelation mit Angaben in den Paulusbriefen, die sich auf dieselben Ereignisse beziehen. Solch ein Vergleich wurde schon hinsichtlich der von Lukas geschilderten Vorgänge ab der 3. Missionsreise des Apostels Paulus und der historischen Angaben in den Pastoralbriefen vorgenommen mit dem Ergebnis, dass sich die jeweiligen Aussagen sehr wohl zu einem schlüssigen Gesamtbild zusammenfügen lassen.[313] Hier nun soll

---

[310] E. Güttgemanns, „In welchem Sinne ist Lukas `Historiker'? Die Beziehung von Luk 1,1-4 und Papias zur antiken Rhetorik", *LingBibl*, 54 / 1983, S.20.
[311] So beispielsweise A.D. Baum, *Lukas als Historiker der letzten Jesusreise*, Wuppertal 1993, und C.J. Hemer, *The Book of Acts in the Setting of Hellenistic History*, WUNT 49, Tübingen 1989, 482 S.
[312] Siehe dazu den Aufsatz von A.D. Baum, „Lukas als antiker Historiker", *Bibel und Gemeinde*, 92 / 1992, S.286-296, mit Abdruck der wesentlichen historiographischen Aussagen griechischer und römischer Geschichtsschreiber.
[313] J. van Bruggen, *Die geschichtliche Einordnung der Pastoralbriefe*, Wuppertal 1981; B. Reicke, „Chronologie der Pastoralbriefe", *ThLZ*, 101 / 1976, Sp.82-94.

es um die Frage der Vereinbarkeit der in Apg 9-15 und Gal 1+2 Ereignisse gehen.[314]

1. Die Problemstellung.

In der Regel wird angenommen, dass das in Gal 2 wiedergegebene Gespräch des Paulus mit den `Säulen-Aposteln´ von Jerusalem über Fragen der Gesetzesverpflichtung der Heidenchristen das gleiche Ereignis schildert, wie das in Apg 15 beschriebene `Apostelkonzil´. Nun gibt es aber zwischen beiden Berichten eine ganze Reihe Unterschiede, was Lukas den Vorwurf einbrachte, er habe – verglichen mit den Aussagen des Augenzeugen Paulus (Gal 2) – das Bild des Apostelkonzils verzeichnet. Weiter ergibt sich die Schwierigkeit, dass Paulus in Gal 1,18ff; 2,1ff ausdrücklich nur von zwei persönlichen Jerusalembesuchen schreibt, Lukas bis zu diesem Zeitpunkt aber von drei solchen Besuchen berichtet (Apg 9,26; 11,20+12,25; 15,4). W.G. Kümmel, der hier für eine Mehrheit deutscher Neutestamentler schreibt, folgert: „Entweder ist das in Apostelgeschichte 15,1ff (= Gal. 2,1ff) berichtete Ereignis fälschlich hinter die Apostelgeschichte 13/14 erzählte Reise versetzt und fand in Wirklichkeit zur Zeit von Apostelgeschichte 11,30; 12,25 statt, dann ist die Apostelgeschichte 15,1ff. erwähnte Jerusalemreise eine fälschliche Verdoppelung; oder Apostelgeschichte 15,1ff. steht an der richtigen Stelle, dann beruht die Erwähnung einer Reise des Paulus nach Jerusalem in Apostelgeschichte 11,30; 12,25 zwischen den beiden Reisen Galater 1,18 = Apostelgeschichte 9,26 und Galater 2,1 = Apostelgeschichte 15,4 auf einem Irrtum. Ein Fehler im Bericht der Apostelgeschichte liegt in beiden Fällen vor."[315]

---

[314] Vgl. dazu auch die erfreuliche, die Vereinbarkeit der lukanischen und paulinischen Angaben erweisende Arbeit des Professors für Neues Testament an der Humboldt-Universität Berlin, C. Breytenbach, *Paulus und Barnabas in der Provinz Galatien: Studien zu Apostelgeschichte 13f.; 16,6; 18,23 und den Adressaten des Galaterbriefes*, Arbeiten zur Geschichte des antiken Judentums und des Urchristentums 38, Leiden 1996, 215 S.

[315] W.G. Kümmel, *Einleitung in das Neue Testament*, Heidelberg 1973, S.264.

Diese Schwierigkeit würde sich lösen, wenn der Galaterbrief noch vor dem Apostelkonzil (Apg 15) geschrieben wäre, und folglich der in Gal 2 erwähnte Jerusalembesuch des Paulus mit der in Apg 11 geschilderten Reise gleichzusetzen wäre. In diesem Fall wäre der Galaterbrief einige Zeit nach der ersten Missionsreise geschrieben, und die in Gal 1,2; 3,1 als `Galater´ bezeichneten Empfänger wären nicht etwa Leute aus dem um Ankyra (= Ankara) in Nordgalatien ansässigen Keltenstamm (`Galatai´ im Griech. = `Keltai´), sondern gläubig gewordene Einwohner der Gegend um Derbe, Lystra und Ikonium im Süden der von den Römern geschaffenen Provinz `Galatien´. Dass diese Lösung möglich ist, wird von deutschen Neutestamentlern allerdings allgemein bestritten. Wir werden sie daher im Folgenden überprüfen, indem wir – nach einem kurzen Abriss der Geschichte Galatiens – untersuchen, wer die Empfänger des Galaterbriefes waren und wie es um die chronologischen Beziehungen zwischen Gal 1+2 und den Berichten der Apostelgeschichte steht.

2. Die Geschichte Galatiens im Abriss.

Zwischen dem 6. und 4. Jahrhundert v.Chr. verließen die Kelten ihre Heimat im Donaubecken. Einige zogen westwärts nach Gallien und Britannien, andere süd-ostwärts nach Kleinasien. Erstere wurden `Gallier´ (lat. `Galli´) genannt; letztere `Keltai´ oder `Galatai´.[316]

Im 3.Jhd. v.Chr. kamen diese `Galatai´ nach Griechenland und Mazedonien, wo sie 279 v.Chr. in der Schlacht von Delphi gestoppt wurden. Drei ihrer Stämme (die Tolistobogen, Trocmen und Tectosagen) gelangten nach Kleinasien, wo König Nikodemes von Bithynien ihnen Siedlungsrecht in der Gegend von Ankyra einräumte. Von diesem Wohnsitz aus führten sie in der Folge manche Kriegszüge durch, bis König Attalus I. von Pergamon (241-197 v.Chr.) sie in verschiedenen Schlachten (zwi-

---

[316] Zur Geschichte Galatiens siehe P.W. Schmiedel, „Galatia", *Encyclopedia Biblica*, 1901; sowie W. Michaelis, *Einleitung in das Neue Testament*, 3.Aufl. Bern 1961, S.184.

schen 240 und 230 v.Chr.) besiegte und in ihr zugewiesenes Gebiet zurückverwies. Im 2.Jhd. v.Chr. kamen sie unter römischen Einfluss, doch wurde ihnen viel Freiheit gewährt. Nachdem sie den Römern gar im dritten mithridatischen Krieg (74-64 v.Chr.) geholfen hatten, wurde ihr General Dejotaurus zum `König von Galatien´ gemacht. Sein Nachfolger Amyntas vergrößerte in der Folge das nordgalatische Stammesgebiet durch Einnahme der südlichen Landschaften Pisidien, Isaurien, Lykaonien, Pamphylien, Phrygien und Zilizien. Als Amyntas 25 v.Chr. starb, verwandelte Kaiser Augustus dieses ganze Gebiet (mit Ausnahme Pamphyliens und Ziliziens an der Küste des Mittelmeers im Süden) in die neue römische Provinz `Galatien´, die nun nicht mehr nur das keltisch-galatische Stammesgebiet im Norden, sondern auch die verschiedenen Länder im Süden (= Südgalatien) einschloss.

3. Die `Gemeinden von Galatien´(Gal 1,2) – wo sind sie zu suchen?

Durch die Jahrhunderte wurde allgemein angenommen, Paulus habe Gemeinden im keltischen Nordgalatien gegründet, und an diese sei der Galaterbrief geschrieben. Die Ursache für diese Annahme, die erstmals 1748 durch J.J. Schmidt infrage gestellt wurde[317], dürfte darin liegen, dass bereits den Kirchenvätern das südgalatische Land um Derbe, Lystra und Ikonium nicht mehr als `Galatien´ bekannt war, weil diese Gebiete ab dem 2.Jhd. n.Chr. nicht mehr zur Provinz Galatien gehörten.[318] Wer also sind die „Gemeinden von Galatien" (Gal 1,2), an die Paulus seinen Brief richtet? Die Annahme, dass Paulus an die Gemeinden im nördlichen Keltenstammesgebiet geschrieben habe, bezeichnet man als *Nordgalatientheorie*; die Auffassung, dass er an die Gemeinden im Süden geschrieben habe, die er bei der

---

[317] Johann Joachim Schmidt, *Praelusio autumnalis de Galatis ad quos Paulus Litteras misit* (1748).
[318] Siehe dazu W.M. Ramsay, *The Church in the Roman Empire before AD 170*, 6.Aufl. London 1900, S.111; und F.F. Bruce, "Galatian Problems II: North or South Galatians", *Bulletin of the John Rylands Library*, 52 / 1970, S.247.

ersten Missionsreise gründete, als *Südgalatientheorie*. Wir werden im Folgenden beide Theorien überprüfen.

4. Die Nordgalatientheorie auf dem Prüfstand.
Die Nordgalatientheorie steht im Wesentlichen auf drei Beinen:

(1) *Die Annahme paulinischer Gemeindegründung in Nordgalatien*:
Zum einen wird angenommen, Paulus habe in Nordgalatien Gemeinden gegründet. Nun fällt aber auf, dass Lukas in der Apostelgeschichte zwar ausführlich über Gemeinden in Südgalatien berichtet, über solche in Nordgalatien aber nichts zu sagen hat. Verteidiger der Nordgalatientheorie weisen aber schnell darauf hin, dass Lukas ja auch nichts über Gemeindegründungen in Zilizien, Kolossä und Rom schreibt, obwohl es dort ohne Zweifel Gemeinden gab.[319] Und zum andern sei ja in Apg 16,6 und 18,23 angedeutet, dass Paulus auch nach Nordgalatien kam. Laut Apg 16,6 durchzog er nämlich auf der zweiten Missionsreise nach seinem Aufbruch von Derbe und Lystra „Phrygien und das galatische Land". Und die gleiche Route habe er auf der dritten Missionsreise genommen, als er „durch das galatische Land und Phrygien" zog, „wobei er alle Jünger [die – so wird angenommen – auf der zweiten Missionsreise zum Glauben kamen] stärkte" (Apg 18,23). Weil Lukas in der Regel geographische Bezeichnungen für Länder benutzt und möglichst nicht politische Provinznamen[320], wird angenommen, er wolle sagen, Paulus sei von Südgalatien aus nördlich durch Phrygien[321] in die nordgalatische Region gereist[322]. Diese beiden Reisen seien in Gal 4,13 angedeutet.

---

[319] P.W. Schmiedel, *aaO.*, Sp.1607.
[320] Etwa Apg 13,13 „Pamphylien"; 13,14 „Pisidien"; 14,6, „Lykaonien".
[321] Das griech. Wort „*phrygian*" in 16,6 wird dabei als Hauptwort aufgefasst.
[322] Einige Bestreiter der Nordgalatientheorie haben fälschlich behauptet, das keltische Stammesgebiet sei von Süden her nicht zu erreichen; siehe dazu J. Moffatt, *An Introduction to the Literature of the New Testament*, 3.Aufl. Edinburgh 1911, S.97. Doch war es lediglich

Eines lässt uns aber stutzen. In Apg 16,10 beginnt einer der 'Wir-Berichte' der Apostelgeschichte, der anzeigt, dass Lukas kurz nach der vermeintlichen Nordgalatienreise sich der Reisegesellschaft des Paulus anschloss. Wie könnte es angesichts dessen sein, dass er die gerade vorangegangene Gemeindegründungstätigkeit des Apostels im nordgalatischen Neuland unerwähnt ließ? Vielleicht müssen Apg 16,6 und 18,23 doch anders erklärt werden, als es die Nordgalatientheoretiker tun!

Das griechische Wort „*phrygian*" in Apg 16,6 kann zwar „Phrygien" heißen, kann – grammatisch gesehen – aber ebenso gut „phrygisch" bedeuten, also Adjektiv sein.[323] Und weil im Griechischen nur ein einziger Artikel steht, bietet es sich an zu übersetzen: Sie durchzogen „das phrygisch-galatische Land", d.h. jenen Teil der Landschaft Phrygien, der im Süden der Provinz Galatien liegt. Dies fügt sich ausgezeichnet in die Reiseroute des Paulus. Der Plan des Apostels war nämlich, die auf der ersten Missionsreise erreichten Städte wieder zu besuchen (Apg 15,36), weshalb er von Antiochien aus durch Syrien und Zilizien reiste (15,41) und zu den lykaonischen Städten Derbe und Lystra von Süden her gelangte (16,1). Hier mussten sie Lykaonien verlassen und durch das galatisch-phrygische Gebiet reisen (16,6), um über Ikonium ins pisidische Antiochien zu kommen.[324] Zu diesem Zeitpunkt war ihnen durch Offenbarung bereits klar geworden, dass sie von Antiochien aus nicht auf der augusteischen Heeresstraße weiter westwärts nach Ephesus reisen sollten, und so zogen sie nordwestwärts durch Mysien (16,7-8). Auf dieser Route sind sie niemals nach Nordgalatien gekommen! Und wenn es in 16,6 keinen Nordgalatienbesuch gab, dann auch nicht in 18,23, denn hier reiste Paulus durch ei-

---

schwierig, nicht aber unmöglich, Ankyra und Tavium von Süden anzugehen.

[323] Siehe dazu Colin Hemer, „The Adjective 'Phrygia'", *Journal of Theological Studies*, 27 / 1976, S.122-126; und ders., "Acts and Galatians Reconsidered", *Themelios*, 2 / 1977, S.84f.

[324] Dass Derbe und Lystra in Lykaonien liegen, Ikonium aber nicht, geht aus dem Vergleich von Apg 14,1+6 hervor.

ne Gegend, die er vorher bereits besucht hatte, denn „er stärkte die Jünger". Vielmehr ging dort seine Reise zunächst durch Südgalatien und dann in den asiatischen Teil Phrygiens. Von nordgalatischen Gemeinden ist bei dieser Sachlage im NT nirgends die Rede.

(2) *Der Charakter der `Galater'*:
Das zweite Argument für die Nordgalatientheorie hat nicht viel Gewicht. Es geht davon aus, dass nach Julius Caesar und anderen antiken Historikern die (keltischen) Gallier als wechselhaft, abergläubisch und ritualistisch bekannt waren. Weil nun die Empfänger des Galaterbriefes offenbar auch wechselhaft und ritualistisch waren, wird angenommen, dass sie ebenfalls Kelten waren und daher in Nordgalatien wohnten.[325] Das Argument steht insofern auf schwachen Füßen, als die gallischen und kleinasiatischen Kelten schon viel zu lang voneinander getrennt waren, als dass man von den einen auf die anderen schließen könnte; und zum andern Wechselhaftigkeit und Ritualismus viel zu verbreitete menschliche Eigenschaften sind, als dass man die Empfänger des Galaterbriefes auf Grund dieser Merkmale als nordgalatische Kelten identifizieren könnte.

(3) *Das Problem mit der Abfassungszeit des Galaterbriefes*:
Das dritte Argument hat mit der Abfassungszeit des Galaterbriefes zu tun. Waren die Empfänger des Briefes Nordgalater, kann der Galaterbrief kaum früher als auf der dritten Missionsreise geschrieben worden sein. Waren sie Südgalater – also aus der Gegend, die Paulus auf der ersten Missionsreise besucht hatte -, würde der Brief aus der Zeit der zweiten Missionsreise oder kurz vor ihr stammen. Für Lightfoot sprechen aber inhaltliche Gründe für eine Abfassung auf der dritten Missionsreise: Vom persönlichen und polemischen Charakter her gleiche der Galaterbrief dem 2. Korintherbrief, vom Inhalt her dem Römerbrief. Er folgert, dass der Galaterbrief auf der dritten Missions-

---

[325] Vertreten etwa von J.B. Lightfoot, *The Epistle of St. Paul to the Galatians*, London 1865, S.14ff (Nachdruck Grand Rapids 1957); dagegen: F.F. Bruce, *aaO.*, S.250.

reise von Mazedonien oder Achaia aus geschrieben wurde – und zwar zwischen der Abfassung des 2. Korintherbriefes und des Römerbriefes. Als Empfänger sieht er von daher die (vermeintlich) zu Beginn der dritten Missionsreise von Paulus besuchten Nordgalater (Apg 18,23).[326] Die Unsicherheit der geographischen Identifikation von Nordgalatien auf Grund von Apg 16,6 und 18,23 haben wir weiter oben schon aufgezeigt. Aber auch in sich ist Lightfoots Argument nicht schlüssig, weil der in ruhigem Ton vorgetragene Römerbrief den Abschluss des galatischen Streits um ein gesetzesfreies Evangelium bereits voraussetzt, und es sich nicht sagen lässt, wie lange die Klärung dieses Punktes schon zurücklag als der Römerbrief geschrieben wurde; und weil – was die Parallelen zur ʽTonart' des 2.Korintherbriefes betrifft – ganz allgemein festgestellt werden muss, dass die jeweilige ernsthaft strittige Situation unabhängig von der Abfassungszeit nach einer polemischen Stellungnahme rief. Und was schließlich das ʽpersönliche' Argumentieren im 2. Korintherbrief und Galaterbrief betrifft, auf das Lightfoot hingewiesen hat, zeigt schon die Tatsache, dass der eindeutig frühe 1.Thessalonicherbrief und der späte Philipperbrief gleichermaßen viel Persönliches enthalten, wie wenig dieses Argument für Datierungszwecke tauglich ist. Kann der Brief – wie wir später untersuchen wollen – mit anderen guten Gründen früher datiert werden, so wird Lightfoots Argument nicht sonderlich schwer dagegen wiegen.

5. Die Südgalatientheorie auf dem Prüfstand.
Wenden wir uns nun den Gründen zu, die zu Gunsten der Südgalatientheorie aufgeführt werden:

(1) *Gemeinden in Südgalatien sind belegt*:
Eins der besten Argumente für diese Theorie ist die Tatsache, dass das Neue Testament ausführlich über Gemeindegründun-

---

[326] J.B. Lightfoot, *aaO.*, S.40ff. Viele ʽNordgalatien'-Anhänger lassen den Gal aber schon etwas früher aus Ephesus geschrieben sein (siehe J. Moffatt, *aaO*, S.101f), was Lightfoots Argumentation aber schwächen würde.

gen in Südgalatien berichtet. Auf der ersten Missionsreise gründete Paulus sie zusammen mit seinen Begleitern und unterhielt später Kontakt mit ihnen (Apg 13+14; 16,1-6).

(2) *Erreichbarkeit der südgalatischen Gemeinden*:
Die Gemeinden im Süden der römischen Provinz Galatien waren geographisch gesehen weit einfacher für palästinische Juden und ihren gesetzlichen Einfluss erreichbar als die nordgalatischen Gebiete. Es ist kaum anzunehmen, dass diese Leute, gegen deren Lehreinfluss der Galaterbrief gerichtet ist, an den südgalatischen Gemeinden vorbeigezogen sein sollten, ohne einen uns bekannt gewordenen Schaden anzurichten, um – wie es die Nordgalatientheorie will – dann im schwer zugänglichen Keltengebiet unter Neubekehrten zu wirken.

(3) *Das schlüssige Gesamtbild*:
Wie unten noch im Einzelnen gezeigt wird, lässt sich nur mit der Südgalatientheorie ein historisches Gesamtbild entwerfen, das sowohl dem Bericht der Apostelgeschichte (Kap. 9-15) als auch den Darlegungen des Galaterbriefes (Kap. 1+2) gerecht wird. Nach der Nordgalatientheorie schwindelt entweder Paulus, wenn er von nur zwei Jerusalembesuchen bis zur Abfassungszeit des Galaterbriefes schreibt, oder aber Lukas irrt sich, wenn er von drei Jerusalembesuchen berichtet.

(4) *Der Sprachgebrauch des Paulus*:
Ein viertes Argument, das manchmal vorgebracht wird, ist, dass Paulus römische Provinznamen gegenüber Landschaftsnamen bevorzugt, besonders wenn es um Bezeichnungen seiner Missionsfelder geht. So gebraucht er in Rö 15,26 den Provinznamen „Achaia", während Lukas in Apg 20,2 für die gleiche Gegend die Landschaftsbezeichnung „Hellas" verwendet.[327] Von diesem Sprachgebrauch her könnte es nicht als ungewöhnlich gelten, wenn er die (südgalatischen) Bewohner von Derbe, Lystra

---

[327] Siehe hierzu W. Michaelis, *aaO.*, S.185. Wo es nicht um Missionsfelder geht, kann Paulus auch einmal geographische Bezeichnungen verwenden; so Gal 1,21 „Syrien"; oder auch 1Thess 2,14; 2Kor 1,16.

usw. als ʿGalaterʾ (Gal 3,1) anspricht, obwohl diese völkisch gesehen gar keine ʿGalatia = Keltaiʾ waren.[328] Damit wird ein oftmals gegen die Südgalatientheorie vorgebrachter Einwand hinfällig. Die Südgalatientheorie beweisen kann dieses Argument allerdings nicht, denn selbstverständlich waren auch Nordgalater ʿGalaterʾ. Doch zeigt es die Möglichkeit dieser Theorie, sobald sie sich auf Grund anderer Tatsachen empfiehlt.

(5) *Die Erwähnung von Barnabas*:
Ein fünftes Argument für Südgalatien ist, dass Barnabas in Gal 2,1ff erwähnt wird. Während er den südgalatischen Gemeinden von der ersten Missionsreise her selbstverständlich gut bekannt war, wäre er nordgalatischen Gemeinden gegenüber – die (vermeintlich) auf der zweiten und dritten Missionsreise gegründet wurden – ein Unbekannter. Durchschlagend ist allerdings auch dieses Argument nicht, denn Barnabas wird auch in 1Kor 9,6 erwähnt, obwohl er unseres Wissens nie in Korinth war.

(6) *Die Zusammensetzung der ʿKollekten-Delegationʾ*:
Ein letztes Argument, das manchmal zu hören ist, besagt, dass die ʿKollekten-Delegationʾ, die (nach Apg 20,4) Paulus am Ende der dritten Missionsreise nach Jerusalem begleitete, keine Nordgalater, jedoch zwei Südgalater einschloss, nämlich Gajus von Derbe[329] und Timotheus von Lystra. Dies könnte ein Argument gegen die Existenz von Gemeinden in Nordgalatien sein. Doch erwähnt Apg 20,4 auch keine Repräsentanten von Korinth, was zeigt, dass nicht alle von Paulus gegründeten Gemeinden in der Gesandtschaft vertreten sein mussten. Von daher lässt sich auch kein Schluss für oder gegen nordgalatische Gemeinden ziehen.

---

[328] Es ist übrigens inschriftlich belegt, dass sich Einwohner der verschiedenen Südgalatischen Landschaften als ʿGalaterʾ bezeichneten; siehe dazu W.M. Ramsay, *The First Christian Century*, London 1911, S.172-174, sowie C. Hemer, *Themelios*, 2 / 1977, S.84.

[329] Das griech. Manuskript D hat statt „Derbe" allerdings den Namen „Douberios", was ihn als Einwohner einer mazedonischen Stadt ausweisen würde. Doch ist diese Lesart fragwürdig.

Obwohl die Argumente (4) bis (6) nicht schlüssig sind, ergibt sich von den Argumenten (1) bis (3) her eine deutliche Empfehlung der Südgalatientheorie. Daran ändern auch einige *Gegengründe* nichts, die wir im Folgenden nennen wollen:
Ein *erster Einwand* ist, dass Paulus nach Gal. 4,13 als kranker Mann in Galatien evangelisierte[330], dass aber Apg 13+14 nichts von einer Krankheit des Apostels während der ersten Missionsreise berichten. Doch kann das Schweigen der Apostelgeschichte nichts beweisen. Man könnte ja auch fragen: Wo ist der Bericht von einer Erkrankung des Paulus in Nordgalatien?

Ein *zweiter Einwand* wird von Moffatt vorgebracht, indem er feststellt, im Galaterbrief gebe es keinerlei Hinweis auf eine Verfolgung des Apostels während seiner Missionstätigkeit unter den Briefempfängern, während es bei der südgalatischen

---

[330] Die Luther- und Elberfelder Übersetzung geben in Gal 4,13 das griech. „di'astheneian" so wieder: Paulus haben den Galatern „in Schwachheit" des Fleisches das erste Mal das Evangelium verkündet. Nach dieser Wiedergabe gibt der Apostel die gesundheitlichen Begleitumstände seiner Missionstätigkeit in Galatien an, wobei entweder auf sein dauerndes Gesundheitsproblem angespielt wird (vgl. 2Kor 12,7), oder auf die Folgen der Misshandlung während der ersten Missionsreise (vgl. Apg 13,19ff; 2Tim 3,11); so H. Ridderbos, *The Epistle of Paul to the Churches of Galatia*, Grand Rapids 1953, S.166f. – Doch nach Blass / Debrunner, *Grammatik des neutestamentlichen Griechisch*, 13.Aufl. Göttingen 1970, § 223.3, gibt „*dia*" mit dem Akkusativ im Griech. nicht die Begleitumstände, sondern die Ursache an. Es wäre also mit H. Menge zu übersetzen: „Ihr wisst vielmehr, dass ich euch das erste Mal (?), veranlasst durch leibliche Schwäche die Heilsbotschaft verkündigt habe." Falls diese Übersetzung wirklich unausweichlich sein sollte, und die Krankheit des Apostels somit den Grund seiner Missionstätigkeit (in Südgalatien) bilden sollte, wäre im Rahmen der Südgalatientheorie – die Erklärung von W.M. Ramsay, *St. Paul the Traveller and Roman Citizen*, London 1897, S.89-94, möglich, nach der Paulus auf der ersten Missionsreise im Küstenland Pamphylien (Apg 13,13f) eine ernste Erkrankung erlitt (Malaria?) und deshalb ins Hochland um das pisidische Antiochien zog, von wo aus dann die Evangelisierung Südgalatiens begann.

Missionstätigkeit doch „extrem stürmisch" zugegangen sei.[331] Dagegen lässt sich aber geltend machen, dass die in Gal 6,17 erwähnten „Wundmale (griech. *stigmata*) Jesu", die der Apostel an seinem Leibe trage, durchaus eine Anspielung auf seine Steinigung in Lystra sein könnten.

Ein *dritter Einwand*, den wir hier erwähnen wollen, ist, dass Paulus, wenn er wirklich an die Gemeinden in Südgalatien geschrieben hätte, in seinem Brief unbedingt die von ihm vollzogene Beschneidung des Timotheus (Apg 16,3) hätte rechtfertigen müssen, da er den Galatern ja das Beschneiden verbietet. Doch wird dieser Einwand hinfällig, sobald wir unten sehen werden, dass Paulus den Galaterbrief noch vor (!) jenem Ereignis schrieb. Eine Untersuchung der früh-paulinischen Chronologie wird dies untermauern. Chronologisch spricht das Argument eher gegen eine Spätdatierung des Galaterbriefes, und damit gegen die Nordgalatientheorie!

6. Die früh-paulinische Chronologie nach Gal 1-2 und der Apostelgeschichte.

6.1 Die Jerusalembesuche des Paulus:
Die Apostelgeschichte erwähnt fünf Jerusalembesuche des Paulus nach seiner Bekehrung: Apg 9,26-30; 11,27-20 und 12,25; 15,1-30; 18,22; 21,15-23,31. Davon sind lediglich die drei erstgenannten wichtig für unseren chronologischen Vergleich mit den in Gal 1+2 erwähnten Jerusalembesuchen des Apostels.

(1) *Der erste Jerusalembesuch*:
Es ist nahezu unbestritten, dass Apg 9,26-30 und Gal 1,18-24 den gleichen – und zwar ersten – Besuch des Paulus in Jerusalem beschreiben.[332] Allerdings möchten manche Ausleger Widersprüche zwischen den beiden Berichten nachweisen. Einer

---

[331] J. Moffatt, *aaO.*, S.99.
[332] Nur wenige Kritiker haben behauptet, Apg 9 beschreibe in Wirklichkeit denselben Besuch wie Apg 11,27ff ('Hunger-Hilfe-Besuch'), nur habe Lukas das nicht gemerkt und fälschlich zwei Besuche daraus gemacht. Siehe dazu den Bericht bei G. Ogg, *The Chronology of the Life of Paul*, London 1968, S.32f.

von ihnen, der hier ein Beispiel für „historische Irrtümer" in der Bibel sieht, stellt die Frage: „Ist Paulus nun bei seinem ersten Jerusalembesuch als Christ bei den Aposteln aus- und eingegangen (so Apg 9,27f) oder hat er nur Petrus besucht und keinen anderen Apostel gesehen, sondern nur noch Jakobus, den Bruder des Herrn (so Gal 1,18f)?"[333] Die Antwort ist, dass sich die beiden Berichte in der Sache gar nicht widersprechen, dass vielmehr Paulus und Lukas aus bestimmten Gründen unterschiedliche Wahrheiten betonen. Paulus geht es in Gal 1+2 um den Nachweis seiner Unabhängigkeit von den Aposteln hinsichtlich des Empfangs seiner Botschaft. Er zählt darum genau auf, dass er bei seinem ersten Besuch nur Petrus und Jakobus (der zur Zeit des Lukas als Führer der Jerusalemer Gemeinde selbstverständlich als `Apostel´ im weiteren Sinne galt) zu Gesicht bekommen hat. Lukas, der lediglich den ersten Kontakt des Paulus zu den Jerusalemern schildern will, spricht mehr allgemein davon, dass Paulus zu den `Aposteln´ kam. Hier ist kein Widerspruch. Die unterschiedliche Absicht führt zu verschiedener Betonung und Wortwahl. Doch geht es in der Sache um dasselbe.

(2) *Gal 2 und das Apostelkonzil*:
Umstritten ist nun aber, ob Gal 2 den `Hunger-Hilfe-Besuch´ (Apg 11,27ff und 12,25) oder den Besuch anlässlich des Apostelkonzils (Apg 15,1-30) schildern will.

Zumindest fünf Gründe werden für die Gleichsetzung von Gal 2 mit Apg 15 genannt[334]: 1. In beiden Fällen wird über die gleiche Angelegenheit gesprochen: es geht um die Heidenchristen und das Gesetz. 2. In beiden Fällen sind die gleichen Männer beteiligt. 3. Antiochien und Jerusalem sind sowohl in Gal 2 als auch in Apg 15 erwähnt. 4. Wenn sich Gal 2 auf das Apostelkonzil bezieht, bleibt genügend Zeit für die drei und die vierzehn Jahre

---

[333] K. Haacker, *Neutestamentliche Wissenschaft*, Wuppertal 1981, S.20.
[334] Siehe dazu St.D. Toussaint, „The Chronological Problem of Galatians 2:1-10", *Bibliotheca Sacra*, 120 / 1963, S.335f.

(Gal 1,18 und 2,1) zwischen der Bekehrung des Paulus und seinen zwei folgenden Jerusalembesuchen. 5. Wenn Gal 2 und Apg 15 das selbe Ereignis beschreiben, kann der Galaterbrief erst später, nämlich auf der zweiten oder dritten Missionsreise geschrieben worden sein, was ihn zeitlich in die Nähe des Römerbriefs sowie des 1./2. Korintherbriefs rücken würde, mit denen er (wie oben erwähnt) gewisse Gemeinsamkeiten hat.
Doch gibt es wenigstens drei Gründe, die gegen diese Gleichsetzung von Gal 2 und Apg 15 sprechen:

Der *erste* Gegengrund ist dieser: Es ist höchst unwahrscheinlich, dass Paulus in der Aufzählung seiner Jerusalembesuche in Gal 1+2 den 'Hunger-Hilfe-Besuch' (Apg 11) übersprungen und im Anschluss an den Besuch von Apg 9 sofort den Apostelkonzilsbesuch (Apg 15) erwähnt hätte. Denn seine Argumentation in Gal 1+2 baut ja auf einer sorgfältigen Aufzählung all seiner Begegnungen mit den Jerusalemer Gemeindeführern auf. Vertreter der Gleichsetzung von Gal 2 und Apg 15 möchten sich hier mit zweierlei Erklärungen helfen. Zum einen durch eine Trennung von Gal 1 und 2. In Gal 1 sei es die Absicht des Paulus, seine Unabhängigkeit von den anderen Aposteln zu beweisen, weshalb er auf seinen einzigen kurzen Jerusalembesuch als junger Christ hinweise. In Gal 2 dagegen habe er die ganz andere Absicht zu zeigen, dass seine Heidenmission von den Jerusalemer Führern befürwortet worden sei.[335] Doch ist diese Auslegung wenig überzeugend, weil schon die Erwähnung der vierzehn Jahre in Gal 2,1 (vgl. 1,18) zeigt, dass die Argumentation von Kap.1 weitergeht. – Zum andern wird gesagt, Paulus habe den 'Hunger-Hilfe-Besuch' deshalb nicht erwähnt, weil die Apostel damals nicht in Jerusalem gewesen seien, nachdem sie in Folge der herodianischen Verfolgung geflohen waren (siehe Apg 12,1-19).[336] Doch ist auch dies unwahrscheinlich, denn einerseits erwähnt Lukas die Apostel in Apg 11 wohl

---

[335] So G. Ogg, *aaO*, S.57.
[336] Dieses Argument erwähnt R.G. Hoerber, „Galatians 2:1-10 and the Acts of the Apostles", *Concordia Theological Monthly*, 31 / 1960, S.482.

deswegen nicht, weil es nicht ihre, sondern die Pflicht der Diakone war, die überbrachte Nahrungsmittelspende zu verwalten (vgl. Apg 6,2). Und zum andern ist angesichts von Apg 8,1 kaum anzunehmen, dass die Apostel auf Grund der Verfolgung Jerusalem verließen, denn nach der Aussage dieses Verses setzten sich alle Christen von Jerusalem ab, aber die Apostel blieben da! Und selbst wenn sich Petrus zur Zeit der herodianischen Verfolgung vorübergehend aus der Stadt entfernt haben sollte – was man aus Apg 12,17 schließen könnte, obwohl hier auch ein Ortswechsel innerhalb Jerusalems gemeint sein kann! - , könnte er zur Zeit des `Hunger-Hilfe-Besuches´ von Paulus und seinen Begleitern längst zurückgekehrt sein.[337] Wir können aus all dem zusammenfassend schließen, dass im Fall einer Gleichsetzung von Gal 2 und Apg 15 die Auslassung des `Hunger-Hilfe-Besuches´ von Apg 11 nicht überzeugend begründet werden kann.

Ein *zweiter* Grund gegen die Gleichsetzung von Gal 2 und Apg 15 ist, dass Paulus nach der in Gal 2 beschriebenen Unterredung keinerlei Verpflichtungen seitens der Apostel auferlegt wurden (Gal 2,6), während auf dem Apostelkonzil vier Verpflichtungen für das Verhalten im Rahmen der Heidenmission beschlossen werden (Apg 15,28ff: Enthaltung von Götzenopfern, vom Genuss von Blut, vom Genuss von nicht koscherem Fleisch und von der Unzucht). Wie könnte Paulus, wenn er in Gal 2 über das Apostelkonzil schreiben würde, es verfehlen den Beschluss des Apostelkollegiums an dieser Stelle mitzuteilen?

---

[337] Der `Hunger-Hilfe-Besuch´ (Apg 11,27-30 und 12,25) fand etwa drei Jahre nach der herodianischen Verfolgung (ca. 44 n.Chr.) statt, wie wir weiter unten zeigen werden. Lukas fügt den Verfolgungsbericht (Apg 12,1-24) lediglich deshalb an dieser Stelle ein, weil er nach seinem Bericht über die Vorgänge in der Gemeinde von Antiochien (Apg 1,19-30) nun seine Schilderung der Ereignisse in Jerusalem wieder „up to date" (also auf den neuesten Stand) bringen will. Das „Zu jener Zeit" in Apg 12,1 ist ein ziemlich dehnbarer und relativer Begriff.

Wenn man – wie Harrison[338] – dagegen einwendet, beim Beschluss des Apostelkollegiums gehe es um kirchliche Fragen (die Lukas interessieren), während Paulus nur an den theologischen Ergebnissen der Beratungen interessiert sei, so ist dies ein recht schwaches Argument. Denn in der Tat ist ja das Apostedekret das zusammengefasste Endergebnis der theologischen Beratungen des Apostelkonzils mit einem heilsgeschichtlich bemerkenswerten Inhalt.

Ein *dritter* Gegengrund gegen die genannte Gleichsetzung ist, dass Gal 2 von einem eher privaten Gespräch zwischen Paulus und den drei führenden Aposteln von Jerusalem spricht, während Apg 15 eine offizielle Zusammenkunft beschreibt, die von vielen besucht war.

Im Ergebnis lässt sich zusammenfassend sagen, dass eine Gleichsetzung von Gal 2 mit Apg 15 zwar nicht unmöglich ist, aber doch sehr unwahrscheinlich und problematisch erscheint.

(3) *Gal 2 und der `Hunger-Hilfe-Besuch´*:
Wenden wir uns nun der Frage nach einer möglichen Gleichsetzung des in Gal 2 beschriebenen Jerusalembesuchs des Paulus mit dem in Apg 11 geschilderten `Hunger-Hilfe-Besuch´ zu. Sechs Überlegungen lassen sich zu Gunsten dieser Gleichsetzung nennen:

Als *erstes* ist zu beachten, dass es Paulus in Gal 1+2 darauf ankommt, keinen seiner Jerusalembesuche unaufgezählt zu lassen. Wenn es also in Gal 1,18-24 um den Jerusalembesuch von Apg 9,21-29 geht, muss folglich Gal 2,1-10 identisch sein mit dem in Apg 11,27-30 und 12,25 geschilderten `Hunger-Hilfe-Besuch´.

---

[338] E.F. Harrison, *Introduction to the New Testament*, Grand Rapids 1971, S.237f.

Zweitens: Der Besuch von Gal 2 wurde – wie Paulus ausdrücklich vermerkt – durch eine Vision angeregt (Gal 2,2), was ja für den ˋHunger-Hilfe-Besuch´ zutrifft (Apg 11,27ff).

Drittens: Paulus wurden anlässlich des in Gal 2 beschriebenen Gesprächs mit den Aposteln keinerlei Verpflichtungen hinsichtlich irgendwelcher Gesetzesrücksichten auferlegt (Gal 2,6), was man von dem Apostelkonzil nicht sagen könnte (Apg 15,20+28).

Viertens: Paulus wurde im Anschluss an den Besuch in Gal 2 nur gebeten, künftig der Armen eingedenk zu bleiben (Gal 2,10), was ausgezeichnet zum ˋHunger-Hilfe-Besuch´ passt. In Apg 15 dagegen ging es um ganz andere Fragen.

Fünftens: In Gal 2 scheint es sich um eine Absprache im kleinen Kreis zu handeln, während Apg 15 eine Konferenz im größeren Rahmen schildert. Solch eine private Unterredung könnte gut am Rande des ˋHunger-Hilfe-Besuchs´ (Apg 11) in Jerusalem stattgefunden haben.

Sechstens: Das Fehlverhalten des Petrus in Antiochien (Gal 2,11-14) wäre leichter zu verstehen, wenn ihm dieser Rückfall in Gesetzlichkeit und Distanzierung von Heidenchristen aus falscher Rücksichtnahme auf Judaisten nach einer nur privaten Absprache in der Sache zwischen leitenden Aposteln und Paulus unterlief, als wenn er nach dem offiziellen Beschluss des Jerusalemer Konzils noch immer solch ein Verhalten an den Tag legte.

Diese Gründe lassen eine Gleichsetzung von Gal 2 mit Apg 11 wahrscheinlicher erscheinen als mit Apg 15. Doch werden gegen diese Gleichsetzung von Gal 2 und Apg 11 auch Einwände erhoben. Mit ihnen müssen wir uns im Folgenden auseinandersetzen.

Als *erster Einwand* wird auf Gal 2,5 hingewiesen, wo Paulus im Blick auf jenen Jerusalembesuch schreibt, er habe damals

„Für euch" – d.h., so wird gesagt, für die Galater – gekämpft. In diesem Fall könne der Besuch von Gal 2 erst nach der ersten Missionsreise angesetzt werden und eben nicht schon zur Zeit von Apg 11. Doch wird sich das „Für euch" nicht speziell auf die Galater, sondern auf die Heidenchristen allgemein beziehen. Zumal der Anlass für das Apostelkonzil von Apg 15 weder Süd- noch Nordgalater waren, sondern Streitfragen, die die Gemeinde von Antiochien hinsichtlich ihrer Heidenchristen verunsicherten (Apg 1,1ff).

Der *zweite Einwand* geht von Gal 4,13 aus, wo das griechische „*to próteron*" oft mit „das erste Mal" übersetzt wird. Nach dieser Übersetzung muss Paulus bis zur Abfassung des Galaterbriefes mindestens zwei Mal in Galatien gewesen sein (erste und zweite Missionsreise). Und zu diesem späten Zeitpunkt hätte das Apostelkonzil (Apg 15) natürlich schon stattgefunden und würde nun von Paulus erwähnt.[339] Doch kann „*to próteron*" adverbiell genommen auch einfach „einst, früher, vorher" bedeuten (vgl. Joh 6,62; 9,8; Eph 4,22; 1Tim 1,12f).[340] Und selbst wenn der erste von zwei Besuchen gemeint sein sollte, könnte dabei immer noch auf die beiden Besuche der südgalatischen Städte im Rahmen der ersten Missionsreise angespielt sein (Apg 14,20b-21).

Als *dritter Einwand* wird manchmal angeführt, dass das Problem der Beschneidung von Heidenchristen ja schon vor der ersten Missionsreise bestanden haben müsste, wenn Gal 2 wirklich mit dem Besuch von Apg 11 gleichzusetzen wäre.[341] Nun, dass das tatsächlich der Fall gewesen sein kann, geht aus der Tatsache hervor, dass sich Heiden ja schon vor der ersten Missionsreise bekehrt haben, wie Apg 10 und 11,19f berichten.

Ein *vierter*, gewichtiger *Einwand* besagt, dass eine Gleichsetzung von Gal 2 und Apg 11 mit der frühpaulinischen Chrono-

---

[339] So W.G. Kümmel, *aaO.*, S.263f.
[340] Siehe dazu R.G. Hoerber, *aaO.*, S.488.
[341] So J. Moffatt, *aaO.*, S.92.

logie unvereinbar sei.[342] Mit dieser Problematik müssen wir uns im Folgenden genauer auseinandersetzen:

7. Daten im Leben des frühen Paulus.

Nehmen wir den 14. Nisan (etwa April) des Jahres 33 n.Chr. als das wahrscheinlichste Datum der Kreuzigung Jesu[343], so wäre es angesichts all der Ereignisse von Apg 1-8 wohl zu früh, die Bekehrung des Paulus schon im Jahr 34 n.Chr. anzusetzen. Hier ist auch mit zu bedenken, dass Paulus später von Damaskus zu einem Zeitpunkt floh (Apg 9,23ff), als Aretas diese Stadt regierte (2Kor 11,32). Diese Position hatte Aretas aber vor 34 n.Chr. noch nicht inne; vermutlich gewann er sie erst im Jahr 37 n.Chr. als Caligula Kaiser in Rom wurde.[344] In diesem Fall war die Bekehrung des Paulus frühestens 35 n.Chr., d.h. drei Jahre vor seiner Flucht aus Damaskus (vgl. Gal 1,17f; Apg 9,23ff).[345] War seine Bekehrung aber 35 n.Chr. und sein zweiter Jerusalembesuch (nach Gal 2,1ff) vierzehn Jahre danach[346], so stellt sich die Frage, ob dieser Jerusalemaufenthalt chronolo-

---

[342] So E.F. Harrison, *aaO.*, S.277.

[343] H.W. Hoehner, „The Significance of the Year of Our Lord's Crucifixion for New Testament Interpretation", in: R.N. Longenecker / M.C. Tenney (Hrsg.), *New Dimensions in New Testament Study*, Grand Rapids 1974, S.115-126.

[344] D. Guthrie, *New Testament Introduction*, 3.Aufl. Downers Grove 1970, S.665. Im Einzelnen siehe dazu G. Ogg, *aaO.*, S.19-23.

[345] Von manchen Autoren wird behauptet, seine Bekehrung könne frühestens 36 n.Chr. gewesen sein, weil die Steinigung des Stephanus (Apg 7), bei der Saulus anwesend war, erst in diesem Jahr stattgefunden haben könne, in dem es gerade keinen römischen Prokurator in Judäa gab und die Juden somit selbst Todesurteile vollstrecken konnten. Doch könnte die Steinigung des Stephanus als spontaner Ausbruch von Fanatismus seitens der jüdischen Autoritäten und ihrer Helfershelfer auch schon früher stattgefunden haben. Zur Diskussion siehe G. Ogg, *aaO.*, S.11f.

[346] Wir gehen davon aus, dass die „14 Jahre" in Gal 2,1 – genau wie die „3 Jahre" in Gal 1,18 – von der Bekehrung an gerechnet werden müssen und nicht vom Ende der zunächst genannten Dreijahresperiode an; gegen Th. Zahn, *Einleitung in das Neue Testament*, Bd.2, Leipzig 1900, S.630.

gisch gesehen tatsächlich noch der `Hunger-Hilfe-Besuch´ gewesen sein kann. Wir meinen: Ja.

Fand das lebensverändernde Damaskuserlebnis des Paulus im Sommer 35 n.Chr. statt, und zwar vor dem Monat Tischri (September / Oktober), mit dem das zivile jüdische Jahr begann, und ist der `Hunger-Hilfe-Besuch´ im Herbst 47 n.Chr. (nach Tischri) anzusetzen, so liegt zwischen beiden Ereignissen nach der jüdischen Zeitrechnungsart, nach der angebrochene Jahre als ganze zählen, ein Zeitraum von 14 Jahren. Tatsächlich weisen auch alle bekannten Tatsachen darauf hin, dass der `Hunger-Hilfe-Besuch´ im Herbst 47 n.Chr. stattfand:

Nach Josephus (*Ant.* 20,2.5/51) ereignete sich die große Hungersnot in Palästina zur Zeit der Prokuratoren C. Cuspius Fadus und Tiberius Alexander, von denen – soweit uns bekannt ist – der erste sein Amt im Jahr 44 n.Chr. antrat und 45 n.Chr. noch innehatte, der zweite aber bis 48 n.Chr. regierte.[347] Der Amtswechsel fand also irgendwann 46-47 n.Chr. statt, und nach Josephus ist der Beginn der Hungersnot in diese Zeit zu legen. Wichtig ist weiter, dass das jüdische Jahr 47/48 n.Chr. (ab Tischri 47 n.Chr.) ein Sabbatjahr war, währenddessen weder gesät noch geerntet werden durfte.[348] – Die Ereignisse lassen sich von da aus wie folgt rekonstruieren: Im Sommer 47 n.Chr. gab es in Judäa eine Missernte. Die Christen in Antiochien, die durch eine Prophetie bereits für die kommende Hungersnot ihrer Glaubensgeschwister in Judäa sensibilisiert waren (Apg 11,27ff), sandten – als sie von der Missernte hörten und angesichts des die Lage noch verschärfenden beginnenden Sabbat-

---

[347] J. Jeremias, „Sabbatjahr und neutestamentliche Chronologie", in: ders., *ABBA: Studien zur neutestamentlichen Theologie und Zeitgeschichte*, Göttingen 1966, S.234f.
[348] Siehe dazu J. Jeremias, aaO., S.233-235, der diese Zusammenhänge aufzeigt. Leider meint Jeremias, Apg 11 und 15 beschrieben das gleiche Ereignis, und Lukas habe sich geirrt, wenn er zwei Jerusalembesuche daraus „machte". Lukas müsse nun von seinen modernen Kritikern korrigiert werden. – Jeremias datiert seinen kombinierten `Hunger-Hilfe-´und Apostelkonzilsbesuch in das Jahr 48 n.Chr.

jahres – im Herbst 47 n.Chr. durch eine Gesandtschaft unter Beteiligung des Paulus Hilfe für die hungernden Christen in Judäa. Die Tatsache, dass in Judäa angesichts des Sabbatjahres vor dem Frühjahr 49 n.Chr. keine Ernte zu erwarten war, deckt sich übrigens aufs Beste mit der Prophetie des Agabus bezüglich eines weltweiten Hungers unter dem Kaiser Claudius (Agp 11,28): In Griechenland fand die Hungersnot nämlich im Jahr 48/49 n.Chr. statt (Eusebius), in Rom 50/51 (Orosius; Tacitus; Suetonius), so dass sich eine weltweite Hungerbewegung zeigte, die 47 n.Chr. in Palästina begann und sich bis 51 n.Chr. in westlicher Richtung bis Italien ausbreitete.[349]

8. Ergebnis.

Es zeigt sich also: Die Gleichsetzung von Gal 2 mit dem `Hunger-Hilfe-Besuch´ von Apg 11 ist in bester Harmonie mit allen bekannten Tatsachen. Hier gibt es keinerlei Widersprüche zwischen Lukas und Paulus. Die Aussagen der beiden fügen sich mit allen bekannten geschichtlichen Daten wie Mosaiksteine zu einem harmonischen Bild.

Die bei diesem Besuch getroffene private Abmachung zwischen Paulus, Barnabas und den drei Jerusalemer `Säulen-Aposteln´ konnte die Frage nach der Gesetzesfreiheit oder Gesetzesverpflichtung der Heidenchristen in der jungen Kirche noch nicht allgemein klären. Vielmehr folgten Jerusalemer Judaisten dem Paulus nach Antiochien, stifteten dort Unruhe (Gal 2,11-14; Apg 15,1) und reisten ihm offenbar auch auf der ersten Missionsreise nach, was in der Folge eine Verwirrung der jungen Galaterchristen in der Gesetzesfrage bewirkte. Kurz nach seiner Rückkehr nach Antiochien[350] hörte Paulus von der Verwirrung,

---

[349] Zur Hungersnot siehe auch K.S. Gapp, „The Universal Famine under Claudius", *Harvard Theological Review*, 28 / 1935, S.258-265.

[350] Vgl. dazu das „So bald" (griech. „*tachéoos*") in Ga 1,6. – Die Aussage des Lukas in Apg 14,28, dass Paulus und Barnabas „eine nicht geringe Zeit" in Antiochien waren, bezieht sich nicht auf die Zeitspanne zwischen dem Ende der ersten Missionsreise und dem Apostelkonzil, sondern auf den gesamten Aufenthalt in der Heimatgemeinde Antiochien zwischen der ersten und zweiten Missionsreise. So gesehen ergibt sich kein Widerspruch zwischen Gal 1,6 und Apg 14,28.

die in den südgalatischen Gemeinden entstanden war. Doch konnte er nicht sogleich selbst wieder nach Galatien reisen, weil angesichts der auch in Antiochien aufgetretenen Probleme zunächst die Reise zum Jerusalemer Apostelkonzil (Apg 15,2) nötig wurde. Erst dort konnte dann die Frage nach den heilsgeschichtlichen Konsequenzen des Anbruchs der messianischen Zeit und der Entstehung der Gemeinde für die Frage der Verpflichtung von Heidenchristen auf das Gesetz einvernehmlich geklärt werden. Der Apostel schrieb den Galaterbrief statt eines persönlichen Besuches direkt vor der Abreise nach Jerusalem im Spätsommer 49 n.Chr. als Manifest für ein gesetzesfreies Evangelium. Dieses Evangelium hat der Apostel Paulus demnach von seinem ersten Brief an vertreten, so wie ihm das in Konsequenz seines Damaskuserlebnisses von Anfang an offenbart worden war.[351]

Als Christen müssen wir uns nicht scheuen der Heiligen Schrift zuzutrauen, dass sie auch dann, wenn sie historische Fragen berührt, zuverlässig ist. Der verschämte Rückzug auf 'theologische Wahrheiten' bei gleichzeitiger Preisgabe des Vertrauens in die geschichtliche Zuverlässigkeit der Schrift ist eine Reduktionstheologie, die der Inspiration der Heiligen Schrift nicht gerecht wird. Im Glauben dürfen wir davon ausgehen: Wenn Gott sich durch Menschen offenbart, ist dieses Wort – wie es seit Martin Luther evangelische Überzeugung ist – in seiner Menschlichkeit klar und verständlich und zugleich in seiner Göttlichkeit wahr, gleich welche Gegenstände es berührt. Dieser Glaube soll und darf sich dann in der Arbeit am biblischen Wort bewähren. Er ist ein Glaube, der das Verständnis sucht (*fides quaerens intellectum,* so Anselm von Canterbury). Er sucht das exakte Verstehen des Wortlauts der Schrift, um den jeweiligen Literalsinn zu erkennen. Und er sucht auch zu verstehen wie die in der Schrift genannten geschichtlichen Aussa-

---

[351] Wie dem Paulus mit seiner Bekehrung durch die Christuserscheinung vor Damaskus alle wesentlichen Inhalte seiner Evangeliumsverkündigung von Anfang an vermittelt wurden, entfaltet sehr gründlich S. Kim, *The Origin of Paul's Gospel*, WUNT II.4, Tübingen 1981.

gen zueinander und zu allen uns sonst bekannten Fakten passen. Diese vom Vertrauen in Gottes Wort getragene historische Arbeit ist kein ungeistlicher Rationalismus, will auch nicht mit menschlichen Nachweisen die Göttlichkeit der Bibel beweisen. Diese historische Arbeit ist die Liebesmühe, die sich derjenige gibt, der Gott und sein Wort liebt. Das genaue Beobachten, Abwägen und Argumentieren mag genauso mühsam sein wie das mühevolle exakte Beobachten in der philologischen Exegese. Dieses Kapitel hat uns davon einen kleinen Eindruck vermitteln können. Und doch: Diese Liebesmühe lohnt sich. Denn es geht um die uneingeschränkte Wahrheit des Wortes Gottes.

VI. Bibeltreue in der Bewährung

11

DIE BIBEL ALS KRAFT UND NORM IM GEMEINDEBAU

Gibt es so etwas wie `Gemeinde nach Gottes Bauplan´?[352] Wenn ja, dann hat Gemeindebau auch etwas mit praktizierter Bibeltreue zu tun. Das gilt einerseits im Allgemeinen. Wenn die Bibel etwas Verbindliches über Wesen und Ordnung, Auftrag und Dienst der christlichen Gemeinde zu sagen hat, erweist sich die Treue zu Gottes Wort unter anderem darin, dass ich diese Aussagen der Heiligen Schrift für den Gemeindebau als verbindlichen Maßstab nehme. Dass dies heute häufig nicht geschieht, kann unterschiedliche Ursachen haben. Es kann tatsächlich mit Bibelkritik zusammenhängen: dass man historisch-kritisch widersprüchliche ekklesiologische Aussagen aus dem Neuen Testament herausliest – und diese dann entweder nur in Auswahl gelten lässt oder insgesamt relativiert. Es kann aber auch einfach (bei aller theoretisch bezeugten Bibeltreue) mit praktischer Vernachlässigung biblischer Aussagen zu tun haben: dass man schlicht versäumt, die eigene Tradition oder Gemeindepraxis an der Heiligen Schrift zu messen, dass man sich nie im Detail mit dem beschäftigt hat, was die Bibel zum Thema `Gemeinde´ sagt, oder dass einem erfolgreiche Gemeindebau- bzw. Gemeindewachstumsmodelle als erstrebenswert angepriesen worden sind, die durchaus biblische Elemente enthalten, aber kritisch am neutestamentlichen Gemeindebild gemessen werden müssten. – Andererseits wird sich gelebte Bibeltreue auch ganz spezifisch im Gemeindeleben auswirken. Wenn das Wort Gottes den Glauben und damit die Gemeinde schafft, wird die jeweilige Haltung zur Bibel Folgen für das Gemeindeleben haben – zum Wohl oder Wehe! Wir nehmen also den Gemeindebau als ein erstes Bewährungsfeld für die

---

[352] Vgl. den Titel von A. Kuen, *Gemeinde nach Gottes Bauplan*, Wuppertal 1975.

Frage nach der Bibeltreue, die uns in diesem Buch beschäftigt. Dabei ergeben sich eine Reihe interessanter Beobachtungen.

1. Liberale Gemeinden wachsen nicht.

In der Studie von Christian A. Schwarz über *Natürliche Gemeindeentwicklung* findet sich als ein Ergebnis der Untersuchung von über 1.000 Gemeinden in 32 Ländern unter anderem die nüchterne Beobachtung, dass `liberale Theologie´ an der Spitze der Negativfaktoren für Gemeindewachstum steht.[353] Das wundert nicht angesichts des von Schwarz nachgewiesenen Zusammenhangs zwischen Qualität des Gemeindelebens und Quantität des Gemeindewachstums. Man darf zwar nicht den falschen Schluss ziehen, dass wenn Liberalismus dem Gemeindebau schadet, ihm Traditionalismus nützt. Vielmehr erweist sich Traditionalismus als zweitstärkster Negativfaktor für Gemeindewachstum. Man verwechsle aber nicht Traditionalismus mit Bibeltreue! Der Traditionalist nimmt die Traditionen wichtig, er hält unbedingt an bestimmten, von Menschen geschaffenen Formen fest. Er versucht so, mit den Formen und Rezepten von gestern und vorgestern die Menschen von heute zu erreichen. Er versucht das, was sich in einer Kultur bewährt hat, eins zu eins in die Kultur einer anderen Zeit oder eines anderen Kontinents (etwa auf dem Missionsfeld) zu übertragen. Mit `Bibeltreue´ hat das wenig zu tun. Bibeltreue würde bedeuten, sich an die Bibel zu binden – nicht an menschliche Überlieferungen und kulturell bedingte Formen. Dem bibeltreuen Christen wie auch bibeltreuen Gemeinden stellt sich damit die Aufgabe, in der jeweiligen Kultur – und das heißt ja auch: in dem jeweiligen Land, in der jeweiligen Zeit – für den Gemeindebau die Bibel gelten zu lassen. Die biblischen Aussagen sind getreu in immer wechselnde kulturelle Kontexte hinein zu `übersetzen´. Dabei sind die jeweiligen Erscheinungsformen der Kultur am Maßstab der Bibel zu prüfen. Es gilt das Unbiblische abzuweisen und das Gute zu behalten. Biblische Sachverhalte nehmen so eine kulturelle Ausdrucksform an, die – wie eine gute Bibelübersetzung – das getreu abbildet, was

---

[353] Chr.A. Schwarz, *Die natürliche Gemeindeentwicklung: nach den Prinzipien, die Gott selbst in seine Schöpfung gelegt hat*, Emmelsbüll / Kassel / Wuppertal 1996, S.46.

die Schrift sagt bzw. will. Man nennt dies `Kontextualisieren´ der Bibel. Mit unbiblischer `Anpassung´ an den Zeitgeist hat das nichts zu tun.[354]

In den 1990er Jahren war ich (mit anderen Leitern christlicher Werke) nach Bonn in das Konrad-Adenauer-Haus eingeladen worden. Es ging um die Entchristlichung unserer Gesellschaft und wie man ihr begegnen könne. Der damalige Bischof der Hannoverschen Landeskirche, Horst Hirschler, sollte referieren. Er führte aus, wie hilfreich doch die heutige Theologie mit ihrer Bibelkritik dafür sei, dem modernen Menschen unnötige Glaubenszumutungen zu ersparen. Sein Beispieltext dafür war die Geschichte vom Seewandel Jesu (Mt 14,22-33): Natürlich müsse man den heutigen Zeitgenossen sagen, dass das so wörtlich nicht passiert sein könne, sondern eine mythische Geschichte sei. Aber die Geschichte enthalte doch die schöne Wahrheit, dass Jesus in den Stürmen des Lebens zu uns komme. – Nach dem Vortrag stand ein Politiker in der Reihe vor mir auf und fragte, wie es denn komme, dass die Kirchen trotzdem so leer seien, obwohl die Kirche diese historisch-kritische Theologie doch schon seit Jahrzehnten, wenn nicht Jahrhunder-

---

[354] Thom Rainer, *Effective Evangelistic Churches: Successful Churches Reveal what Works and what Doesn't*, Nashville 1996, S.47, trifft diese Unterscheidung: "*Contextualization* means that the church understands its community or context. This awareness indicates that the church knows certain ways to reach the lost and unchurched at their point of need. *Accommodation* means that the church has let the world dictate its standards and values. The gospel no longer is authoritative; all authority resides in culture." – Bibeltreue Kontextualisation ist übrigens nicht ökumenisch-befreiungstheologischer Kontextualisation zu verwechseln: Erstere geht von der Bibel aus und bringt diese in unterschiedlichen Kontexten zur Geltung und zum Ausdruck. Letztere geht vom Kontext aus (dem geradezu offenbarungstheologische Qualität zugeschrieben wird) und unterzieht von daher die Bibel einer situationsbestimmten Uminterpretation. (M. Hamel, *Bibel – Mission – Ökumene*, Gießen 1993, S.30ff.35ff.40f.78ff.126f.134f.147f.215ff.238ff.259.270f, bezeichnet dies als kontextuale Relectura bzw. Neulesung der Schrift). Grundsätzlich gilt: So, wie ich Gedanken nicht ohne (sprachliche oder visuelle) Zeichen ausdrücken kann, kann ich biblischen Sachverhalten auch nicht ohne eine in Kultur eingebettete Form Gestalt geben.

ten, praktiziere. Ja, meinte der Bischof, das hätte viele Gründe; vielleicht wären die Kirchen noch leerer, wenn die moderne Theologie die Anpassung an die heutige Zeit nicht geleistet hätte. Wieder stand der Politiker auf: Aber in seinem Wahlkreis kenne er einige Kirchen, in denen die Pfarrer die Bibel offenbar schlicht so glaubten und predigten, wie es da stünde. Und diese Kirchen seien voll!

Tatsächlich füllt die moderne Bibelkritik nicht die Kirchen, sondern sie leert sie. In den U.S.A. gibt es längst Untersuchungen die zeigen, dass Denominationen, die sich dem theologischen Liberalismus öffnen, unweigerlich schrumpfen.[355] Eine vergleichende Langzeitstudie dreier Denominationen macht deutlich, dass in den Vereinigten Staaten zwischen 1776 und 1990 die Kirche die deutlichsten Einbrüche erlebt hat, die sich dem Liberalismus am stärksten geöffnet hat. Letzteres traf für die Methodistenkirche zu, während bei der zwischen Konservatismus und Liberalismus schwankenden Katholischen Kirche noch keine eindeutige Tendenz erkennbar war und sich bei den Südlichen Baptisten, die sich am stärksten gegen Bibelkritik abgrenzten, ein bemerkenswertes Gesamtwachstum und die größte Stabilität zeigten.[356] Aber nicht nur die Bibelhaltung, sondern der Bibelgebrauch spielt eine Rolle: In einer umfassenden empirischen Untersuchung des Gemeindewachstums bei den Südlichen Baptisten stellte Thom Rainer fest, dass bei den 576 Gemeinden mit dem stärksten Bekehrungswachstum pro Jahr die Predigt des Wortes Gottes den Hauptwachstumsfaktor bildet.[357] Der Bibelfaktor und Gemeindewachstum haben offenbar – positiv wie negativ – etwas miteinander zu tun.

---

[355] Siehe dazu Th.C. Reeves, *The empty Church: Does Organized Religion matter anymore?*, New York 1996; als Gegenstück siehe die schon ältere Studie von Dean M. Kelley, *Why Conservative Churches are Growing: A Study in Sociology of Religion*, Macon 1986 [1.Aufl. 1972].
[356] R. Finke / R. Stark, *The Churching of America, 1776-1990: Winners and Losers in Our Religious Economy*, New Brunswick 1992.
[357] Th. Rainer, *Effective Evangelistic Churches*, S.14f und 49ff.

Während die theologisch liberalen Kirchen in Westeuropa sich selbst marginalisieren – allein in Deutschland, dem Mutterland der Bibelkritik, halbierte sich die Evangelische Kirche innerhalb der letzten 50 Jahre nahezu von 43 Millionen (1950) auf jetzt 26 Millionen Mitglieder[358] –, wachsen evangelikale Kirchen in der Zwei-Drittel-Welt in einer in der gesamten Kirchengeschichte nie da gewesenen Weise. Wie *Klaus Wetzel* feststellt, übersteigt inzwischen „die Zahl der protestantischen Christen der südlichen Hemisphäre die Zahl der protestantischen Christen der westlichen Welt".[359] Würden diese Kirchen mit westlicher Bibelkritik infiziert, würde ihr missionarisches Wachstum umgehend gebremst. Zumindest für den katholischen Bereich fordert Alexander M. Schweitzer solch eine Erziehung kirchlicher Basisgruppen in der Zwei-Drittel-Welt hin zu einem historisch-kritischen Umgang mit der Bibel. Der Generalsekretär der Katholischen Bibelföderation, die mit insgesamt 300 Bibelorganisationen in 126 Ländern arbeitet, will damit ein Gegenprogramm zu den missionarisch aktiven Bibelkreisen evangelikaler einheimischer Gemeinden etablieren. Bei

---

[358] Natürlich kann man als Ursachen für die Schrumpfungsprozesse auch auf gesellschaftliche Entwicklungen verweisen: den Kommunismus in der DDR und die Folgen der 68er Revolution in der BRD. Bezeichnend ist aber, dass sich diese gesellschaftlichen Herausforderungen in Deutschland derart auf die Kirchen auswirkten, während etwa die Katholische Kirche in Polen oder die Freikirchen in Rumänien unter dem Angriff der linken Ideologie eher erstarkten. 200 Jahre Bibelkritik hatten der Kirche offenbar die Kraft genommen, eine Alternative zur Ideologie der alten oder neuen ʻLinken' sein zu können. Vielmehr hatte man in Ost wie West den Eindruck, dass die jeweilige Gesellschaft die Kirche ʻmissionierte' – statt dass dies umgekehrt gelungen wäre.

[359] Kl. Wetzel, „Gemeindebau und Gemeindewachstum in der Zwei-Drittel-Welt", in: H. Stadelmann (Hrsg.), *Bausteine zur Erneuerung der Kirche*, Gießen: TVG Brunnen, 1998, S.305 (S.288-313); vgl. ders., *Wo die Kirchen wachsen: Der geistliche Aufbruch in der Zwei-Drittel-Welt und die Folgen für das Christentum*, Wuppertal: R.Brockhaus, 1998. In Asien, Afrika und Lateinamerika wuchs die Zahl der Protestanten zwischen 1900 und 1990 um mehr als das Vierzigfache von 7 Millionen auf 296 Millionen.

kritischer Lektüre mache das Lesen der heiligen Texte „frei" und wecke „ein Gefühl, modern zu sein".[360] Dass damit aber gerade jenes Mittel propagiert wird, das gegen jegliches Gemeindewachstum immunisiert, wird übersehen. Wenn Rö 10,17 sagt, dass der Glaube aus der Predigt kommt, die Predigt aber aus dem Wort Gottes, und wenn die Kirche die `Gemeinschaft der Glaubenden´ ist, dann ist es nicht verwunderlich, dass es einen engen Zusammenhang zwischen Bibelhaltung, Bibelgebrauch und Gemeindewachstum gibt. Umgekehrt ist zugleich festzuhalten, dass der theologische Liberalismus den Menschen von heute offensichtlich nicht den Weg in die Kirche ebnet, sondern ihn verbaut. Wenn die Vertreter der Kirche selbst nur noch teilweise glauben was in der Bibel steht, wer will dann sein Leben schon auf solch eine vermeintlich unzuverlässige Grundlage stellen? Wenn in der Bibel nur noch das an Lehren bzw. Werten gelten darf was Theologen in subjektiver Argumentation (und jeder wieder anders) gelten lassen, verwundert es dann, wenn sich der moderne Mensch seine Religion lieber gleich selber bastelt und die für ihn gültigen Werte individuell bestimmt, statt sich auf Kirche einzulassen? Lebendige und glaubwürdig vermittelte Bibeltreue wird damit zu einer Überlebensfrage für die Kirche der Zukunft.

2. Der vernachlässigte Bibelfaktor in der Gemeindewachstumsbewegung.

Untersucht man die Gemeindewachstumsbewegung daraufhin, welche Rolle die Bibel in ihren Überlegungen und Theorien spielt, entdeckt man schnell, dass der Bibelfaktor hier eine weithin vernachlässigte Größe ist. Zumindest fällt dies immer wieder in Entwürfen auf, die aus den U.S.A. zu uns kommen (- wobei auf Thom Rainer als Ausnahme schon hingewiesen worden ist[361]). Schon der Vater der modernen Gemeindewachs-

---

[360] A.M. Schweitzer in: *Christ in der Gegenwart*, 56 / Nr.32, 2004, S.257.
[361] Vgl. auch Thom Rainers grundlegendes Buch über Gemeindewachstum: *The Book of Church Growth: History, Theology, and Principles*, Nashville: Broadman & Holman, 1993 (zu dem erstaunlicherweise C. Peter Wagner das Vorwort schrieb). Rainers Theologie des

tumsbewegung, *Donald McGavran*, kommt weithin ohne Berücksichtigung des Zusammenhangs von Bibel und Gemeindewachstum aus, obwohl er den Anspruch hat, eine 'grundlegende Einführung in die Theologie (!) des Gemeindeaufbaus' zu bieten.[362] Sicher, er begründet, dass Gott die Bekehrung von Menschen und damit das Wachsen von Gemeinden will; aber wenn er in Teil III seiner Studie den Gründen für Gemeindewachstum nachspürt, sind Bibel, Predigt, Lehre oder Schrifthaltung kein Thema – außer an einer Stelle, wenn er über Erweckung spricht: „Die Erweckungsgeschichte hat gezeigt, dass es zwei wesentliche Voraussetzungen für Erweckung gibt: Gebet und das Hören des Wortes Gottes."[363] Daraus werden jedoch keine grundsätzlichen Folgerungen gezogen. Andere soziologische und theologische Themen haben Vorrang.

Auch bei McGavrans Nachfolger *C. Peter Wagner* gehört der Bibelfaktor nicht zu den '7 Kennzeichen wachsender Gemein-

---

Gemeindewachstum beginnt gleich mit einem Kapitel über 'Bibliology and Church Growth' (S.87ff), in dem er schreibt: „Church growth admittedly draws from sources other than the Bible. Many of its principles come from social and behavioral sciences. Although church growth will continue to use these sources, the framework and foundation of the movement must be God's Word. A potential danger of the enthusiasm and pragmatism of church growth is the elucidating of principles without scriptural foundation. Though it is rare to hear of unbiblical church growth principles, the danger of an unbalanced hermeneutic does exist", *ebd.*, S.87. Und S.88: "The essence of church growth is to communicate to a lost world the living Word so that God's church may grow. Only a divinely given Bible could give us without error the written story of Jesus Christ and His commands...".Vgl. auch S.89: "Our definition states that church growth is a 'discipline which seeks to understand, through biblical, sociological, historical, and behavioural study, why churches grow or decline'. History, sociology, and other behavioural sciences must be viewed as tools rather than sources of authority for church growth. The Bible is the movement's source of authority."

[362] D.A. McGavran, *Gemeindewachstum verstehen: Eine grundlegende Einführung in die Theologie des Gemeindeaufbaus*, Lörrach: W. Simson, 1990.

[363] *Ebd.*, S.166; vgl. S.167f den Abschnitt 'Biblische Lehre'.

den'.[364] Der dynamische Pastor, eine mobilisierte Laienschaft, eine ausreichende Ausgangsgröße, eine gute Struktur, die Konzentration auf eine homogene Zielgruppe, funktionierende evangelistische Methoden und klare Prioritätensetzung sind nach Wagner das was zählt. Immerhin wird die Kommunikation des Evangeliums als eine inhaltliche Priorität genannt.[365] – Entsprechend ist die Rolle der Bibel auch bei *Christian A. Schwarz* kaum im Blickfeld, der seine `8 Qualitätsmerkmale´ wachsender Gemeinden aus dem Ansatz von C.P. Wagner weiterentwickelt hat.[366] In den Fragebögen[367], anhand derer die 8 Qualitätsmerkmale erhoben werden, die zu Gemeindewachstum führen sollen, klingt die Frage nach Bibel und Predigt nur an drei Stellen an. Und zwar zweimal da, wo `Leidenschaftliche Spiritualität´ gemessen werden soll und es immerhin in einer Frage darum geht, welchen Stellenwert die Bibel bei alltäglichen Entscheidungen des Einzelnen hat[368], und einmal da, wo es um den `Inspirierenden Gottesdienst´ geht und in diesem Zusammen-

---

[364] C.P. Wagner, *Your Church Can Grow: Seven Vital Signs of a Healthy Church*, 2.Aufl., Ventura: Regal, 1984, S.19-36+48; ausgeführt S.49-188.
[365] *Ebd.*, S.173.
[366] Chr.A. Schwarz, *Der Gemeindetest: Kybernetisch Gemeinde bauen*, Mainz-Kastel: C&P, 1991, S.16-51; ders., *Die natürliche Gemeindeentwicklung: Nach den Prinzipien, die Gott selbst in seine Schöpfung gelegt hat*, Emmelsbüll / Wuppertal: C&P, 1996, S.15-48. Die 8 Qualitätsmerkmale sind: 1) Zielorientierter Pastor / bzw. Bevollmächtigende Leitung; 2) Gabenorientierte Mitarbeiterschaft; 3) Leidenschaftliche Spiritualität; 4) Zweckmäßige Strukturen; 5) Inspirierender Gottesdienst; 6) Ganzheitliche Kleingruppen; 7) Evangelistische Diakonie / bzw. Bedürfnisorientierte Evangelisation; 8) Hoher Liebesquotient / bzw. Liebevolle Beziehungen.
[367] Im Blick sind hier die Fragebögen, die Christoph Schalk Mitte der 1990er Jahre in seiner Studie analysiert hat, siehe Chr. Schalk, *Organisationsdiagnose und Organisationsentwicklung am Beispiel von Kirchengemeinden*, unveröffentl. Diplomarbeit am Institut für Psychologie, Universität Würzburg 1994.
[368] Frage 21: „Ich lese persönlich gerne die Bibel"; und Frage 41: „Das Wort Gottes ist in meinen alltäglichen Entscheidungen die wichtigste Autorität".

hang der Spaßfaktor der Predigt abgefragt wird[369]. Um das Schriftverständnis als solches oder die Rolle der Bibel im Gemeindeleben geht es an keiner Stelle. – Erst recht vermisst man die Bibel als maßgeblichen Faktor im Gemeindebau bei dem Vater des Sucher-orientierten bzw. bedürfnisorientierten Zweigs der Gemeindewachstumsbewegung, *Robert H. Schuller*.[370] Aufbauend auf die Popularpsychologie von Norman Vincent Peale entwickelt er ein vom Menschen, seinen Bedürfnissen und Wünschen ausgehendes Gemeindewachstumskonzept, das wesentliche Prinzipien des verkaufsorientierten Marketing in den Mittelpunkt rückt, ohne sie einem biblischen Korrektiv zu unterwerfen. Kirche wird so zur Organisation, die Religion ʻverkauft' und dazu sieben Prinzipien für erfolgreiches Gemeindewachstum berücksichtigen muss: gute verkehrsmäßige Erreichbarkeit, ein Überangebot an Parkplätzen, ein vielfältiges Angebot, kundenfreundlichen Service, Unübersehbarkeit, optimistisches Denken in Möglichkeiten sowie guten Geldfluss.[371] Auf der praktischen Seite sind gegen Elemente wie diese keine grundsätzlichen Einwände zu erheben, insofern Gemeinde immer auch eine irdische Seite hat, die zu bedenken ist; aber wenn sie an Stelle biblischer Gewichtungen ins Zentrum rücken, hat man eine gesunde Gemeindeaufbautheologie durch erfolgsorientierte Gemeindewachstumsideologie ersetzt.

In der beachtlichen Untersuchung von *Michael Herbst* zum missionarischen Gemeindeaufbau in der Volkskirche[372] klingt die Bedeutung des Wortes Gottes für den Gemeindebau an we-

---

[369] Frage 25: „Es macht mir Spaß, im Gottesdienst den Predigten zuzuhören".

[370] Vgl. R.H. Schuller, *Self-Esteem: The New Reformation*, Waco: Word, 1982; ders., *Your Church has a fantastic Future*, Ventura: Regal, 1986; ders., *Prayer: My Soul's Adventure with God – A Spiritual Autobiography*, Nashville: T.Nelson, 1995. Dazu Kevin Miller / Dave Goetz, "How Schuller Shaped Your Ministry", *Christianity Today International Leadership Journal*, 18 (2/1997), S.114.

[371] Schuller, *Your Church has a fantastic Future*, S.245, 256, 271ff.

[372] M. Herbst, *Missionarischer Gemeindeaufbau in der Volkskirche*, 3.Aufl., Stuttgart: Calwer, 1993.

sentlichen Stellen an. So wird schon in der Einführung auf die
'Theologie des Wortes Gottes' (K. Barth) verwiesen und von
diesem (sowie der 3.These der Barmer Theologischen Erklärung) die Grundentscheidung übernommen, dass das „ganze
gemeindliche Leben ... am Wort Gottes zu orientieren" sei.[373]
Das gilt für Herbst ebenso für die gesamte Praktische Theologie, weshalb er die Folgerung zieht: „Die vorliegende Arbeit
möchte den Gemeindeaufbau von dieser Entscheidung einer
Theologie des Wortes Gottes her verstehen."[374] Es überrascht
von daher nicht, dass Herbst seinen Überlegungen zum volkskirchlichen Gemeindeaufbau zunächst neutestamentliche Perspektiven zur Gemeinde als 'Bau' voranstellt[375], dass er jede
normative Orientierung der Praktischen Theologie an Empirie
und traditioneller Praxis (mit Theodosius Harnack) als Sackgasse kritisiert[376] und schließlich bei der Beschreibung der kybernetischen Grundentscheidungen für den Gemeindeaufbau
erstens den (geistlich erneuerten) Pfarrer wesentlich als 'Diener
am göttlichen Wort' versteht[377] und zweitens als wesentliche
Bausteine des kybernetischen Programms katechetische Kurse
und Kreise benennt[378]. Trotzdem stehen Überlegungen zur biblischen Verkündigung und zur Geltung der Heiligen Schrift
nicht im Zentrum des Gemeindeaufbauprogramms von Michael
Herbst.[379] – Erfreuliche Ansätze zeigen sich auch bei *Klaus
Eickhoff*.[380] Er widmet der Bedeutung des Wortes Gottes für
die Gemeindeentwicklung zwar kein eigenes Kapitel in seinem
Buch, aber er kommt in verschiedenen Zusammenhängen auf

---

[373] *Ebd.*, S.35.
[374] *Ebd.*, S.36.
[375] *Ebd.*, S.74-103.
[376] *Ebd.*, S.110f.
[377] *Ebd.*, S.334f.
[378] *Ebd.*, S.393-408.
[379] Vgl. dazu auch die Dialogbeiträge von Michael Herbst („Warum unsere Volkskirche wieder zu einer Kirche für das Volk werden muss") und Helge Stadelmann („Weichenstellungen für die Zukunft der Gemeinden") in *idea-dokumentation* 10/2001, S.3-12 und 13-19.
[380] Kl. Eickhoff, *Gemeinde entwickeln für die Volkskirche der Zukunft*, Göttingen: Vandenhoeck & Ruprecht, 1992.

die Wichtigkeit der Bibel zu sprechen: So wenn er betont, dass der Gottesdienst im Zentrum des Gemeindeaufbaus stehe und die Predigt (mit Evangeliumsverkündigung und Lehre) im Zentrum des Gottesdienstes. Kirche sei überhaupt nur Kirche, wenn in ihr das Wort Gottes klar gepredigt werde.[381] Eickhoff spricht sich für eine ʼkraftvolle Frömmigkeitʼ aus, die eine aus dem Wort Gottes lebende Gottesbeziehung pflegt.[382] Ebenso für ʼvollmächtige Gemeindeleitungʼ, wozu der Heilige Geist durch das Wort Gottes und durch geistliche Begabungen befähigt.[383] Schließlich spielt in seinem kybernetischen Konzept, das mit ʼGewinnenʼ, ʼSammelnʼ, ʼSchulenʼ und ʼSendenʼ zu tun hat, die Bibel immer wieder eine wichtige Rolle, nicht zuletzt wenn es um das ʼSchulenʼ von Menschen geht.[384]

Und doch, wer etwa die Zeitschrift *Gemeindewachstum* (ab 1995 unter dem Titel *praxis*) sowie viele andere Veröffentlichungen der Gemeindewachstumsbewegung verfolgt, wird den Eindruck nicht los, dass bei all den vielen Tipps und Überlegungen zu Wachstumsfaktoren die Bedeutung des Wortes Gottes für qualitativen und quantitativen Gemeindebau weithin unterbelichtet blieb. Als ich Mitte der 1990er Jahre eingeladen wurde, der Gemeindewachstumsbewegung in einer Kolumne der Zeitschrift einen Rat zu geben, tat ich es unter der Überschrift „Nehmt den Bibelfaktor ernster!"[385] Ich wies damals darauf hin, man habe manchmal den Eindruck, der ʼBibelfaktorʼ tauche in der Gemeindewachstumsliteratur erst dann auf, wenn seinem Missbrauch gewehrt werden soll. Da wird dann freundlich besorgt vor Rechtgläubigkeitstests gewarnt oder vor einem bloß statistischen für wahr Halten bestimmter Glaubenssätze. Dass eine gesunde Spiritualität mit schriftgemäßem Glauben nicht nur zusammenpasst, sondern dass das persönli-

---

[381] *Ebd.*, S.121-147, insbesondere S.136-143 („Die Predigt").
[382] *Ebd.*, S.159ff.
[383] *Ebd.*, S.228.
[384] *Ebd.*, S.310-364, insbesondere S.331ff.
[385] H. Stadelmann, „Nehmt den Bibelfaktor ernster!", *praxis*, 61 (2/1995), S.9.

che geistliche Leben wie auch das Gemeindeleben krank werden, wenn die Basis biblischen Glaubens verlassen wird, müsste genauso oft gesagt werden. Wo zudem die Gemeinde bei der Predigt den Eindruck gewinnt, der Pastor habe in seiner Bibelübersetzung hinter jedem Satz ein Fragezeichen stehen, wird sie den Gottesdienst nur bedingt als inspirierend erfahren. Vermutlich werden nur wenige Gemeindeglieder das Bedürfnis verspüren, zu solch einer Predigt ihre Nachbarn und Freunde einzuladen. Kurz: Wenn Gott durch Wort und Geist Gemeinde baut, wundert es nicht, wenn liberale Gemeinden schrumpfen. Natürlich wachsen tote `orthodoxe´ Gemeinden auch nicht. Das ist auch nicht anders zu erwarten. Denn der `Bibelfaktor´, um den es hier geht, hat nicht mit einem bloßen Lippenbekenntnis zur Bibel zu tun, sondern mit Verstehen, Vertrauen, Gehorchen, Ausleben und Umsetzen des Wortes Gottes. Wo die Heilige Schrift in diesem Sinne der zentrale Faktor im Gemeindeleben ist, wird mit gesundem Gemeindeaufbau und mit kontinuierlichem Wachstum zu rechnen sein.

Schon im Alten Testament nämlich gehören Wachstum und Verwurzelt-Sein in Gottes Wort untrennbar zusammen (Ps 1,2-3). Die Urgemeinde, die sich beständig der „Lehre der Apostel" aussetzte, erlebte ein phänomenales Wachstum. Wie *Wolfgang Reinhardt* in seiner Studie zum Wachstum des Gottesvolkes in der Apostelgeschichte nachgewiesen hat, war die Verkündigung und Lehre des Wortes Gottes geradezu der Gemeindewachstumsfaktor Nr. 1 in der frühchristlichen Gemeinde.[386] Bemerkenswert ist auch, dass die Apostelgeschichte für (qualitatives und quantitatives) Wachstum bezeichnenderweise den Ausdruck verwendet: „Das Wort Gottes breitete sich aus" bzw. „das Wort des Herrn wuchs und mehrte sich sehr" (Apg 6,7;

---

[386] W. Reinhardt, *Das Wachstum des Gottesvolkes: Untersuchungen zum Gemeindewachstum im lukanischen Doppelwerk auf dem Hintergrund des Alten Testaments*, Göttingen: Vandenhoeck & Ruprecht, 1995, S.312ff.; vgl. ders., „Faktoren des Gemeindewachstums nach dem exegetischen Befund der Apostelgeschichte", in: H. Stadelmann (Hrsg.), *Bausteine zur Erneuerung der Kirche*, Gießen: TVG Brunnen, 1998, S.111-151, insbesondere S.125-132.

12,24; 13,49; 19,20). Zudem ist gesundes Gemeindewachstum ohne geistlich veränderte Menschen undenkbar. Solche Veränderungen sind aber Auswirkungen der Dynamik des inspirierten Bibelwortes (2Tim 3,16f). Von daher verdient der `Bibelfaktor´ eine zentrale Stelle in allen Überlegungen, die mit Gemeindeaufbau, Gemeindeentwicklung oder Gemeindewachstum zu tun haben.

3. Gemeindebau nach Gottes Bauplan.

Die bisherigen Überlegungen haben bereits zweierlei nahe gelegt: Erstens, für Gemeindebau und Gemeindewachstum ist Bibeltreue entscheidend wichtig, während sich theologischer Liberalismus in jedem Fall negativ auswirkt; zweitens, der Bibel soll im Gemeindeleben eine zentrale Rolle zukommen – ein bloßes Lippenbekenntnis zur Heiligen Schrift ist zu wenig. Dazu kommt nun noch eine dritte Überlegung. Nämlich die Frage, inwieweit es zu praktizierter Bibeltreue gehört, das, was das Neue Testament über `Gemeinde´ lehrt, kontextuell übertragen als verbindlichen Maßstab für den Gemeindebau heute zu nehmen. Diese Frage so zu stellen, widerspricht – erstaunlicherweise – der Tradition des Protestantismus.

3.1 Weichenstellungen im Protestantismus:
Die reformatorischen Kirchen beanspruchen von ihrem Selbstverständnis her, in einem beständigen Reformierungsprozess zu stehen: Kirche ist für sie *ecclesia reformata et semper reformanda*[387]. Maßstab für diese Dauerreform muss nach reformatorischem Verständnis eigentlich die Heilige Schrift sein, die grundsätzlich als maßgebliche Norm (*norma normans*) verstanden wird. Allerdings scheint dieser Grundsatz von Anfang an nur inkonsequent angewendet worden zu sein, wenn es um die Gestalt und Ordnung der Kirche und ihres Gottesdienstes ging. Jedenfalls hat Luther seine Erkenntnisse zur Gestalt der Kirche nie mit der gleichen Vehemenz verteidigt wie seine Rechtferti-

---

[387] Der Ausdruck von der „reformierten und immer zu reformierenden Kirche" geht wohl auf den Theologen Jodocus van Lodenstein (1620-1677) zurück.

gungslehre. Gegen die dem späteren Calvinismus in manchem ähnelnde Gemeinde- und Gottesdienstreform vom Winter 1521/1522 in Wittenberg[388] schritt Luther – von der Wartburg herbeigeeilt – in seinen Invokavit-Predigten vom März 1522 drastisch ein. Auch wenn der Reformator darin das theologische Motiv der `Schonung der Schwachen´ gegen allzu konsequente Reformen ins Feld führte, ist nicht zu übersehen, dass politischer Druck seitens des Kurfürsten Friedrich des Weisen durch dessen Emissär Hans von der Planitz wie auch das Mandat des Reichsregiments vom 20.Januar 1522 und die daraufhin für die Fastenzeit angekündigte Visitationsreise des katholischen Bischofs Johann VII. von Meißen nach Sachsen den Hintergrund dazu bildeten.[389] Dass Luther die Kirche als `Geschöpf des Wortes Gottes´ begriff, steht außer Frage (*W.A.* 6,560,33ff; 7,721,12f; 2,430,6f). Die Predigt hatte für ihn eine alles überragende Stellung in Kirche und Gottesdienst. Sobald es aber um die Umsetzung neutestamentlicher Erkenntnisse in eine Kirchen- und Gottesdienstordnung ging, war der Reformator überaus zögerlich. In seiner Schrift `*Deutsche Messe und Ordnung des Gottesdiensts*´ von 1526 – die er ausdrücklich nicht als „Gesetz" verstanden wissen will – nennt er zwar die so genannte `Dritte Weise´, nämlich den Gottesdienst derer, die als gläubige Menschen mit Ernst Christen sein wollen; aber an deren Verwirklichung versucht er sich erst gar nicht. Er habe nicht die Leute dazu (*W.A.* 19,60 B). – Als im gleichen Jahr dann die reformatorischen Christen in Hessen unter Zustimmung ihres Landgrafen Philipp bereit waren, eine Kirche der Glaubenden – also nicht eine bloße Territorial- bzw. Staatskirche – zu errich-

---

[388] Vgl. die 6 Artikel der Wittenberger Gemeinde und die Umsetzung reformatorischer Erkenntnisse durch Andreas Bodenstein von Karlstadt.

[389] Vgl. die – in der Forschung allzu vernachlässigte – Arbeit von Hermann Barge, *Frühprotestantisches Gemeindechristentum in Wittenberg und Orlamünde*, Leipzig: M.Heinsius, 1909, S.48-207; ähnlich R.J. Sider, *Andreas Bodenstein von Karlstadt: The Development of his Thought 1517-1525*, Leiden 1974, sowie S. Looß / M. Matthias (Hrsg.), *Andreas Bodenstein von Karlstadt (1486-1541): Ein Theologe der frühen Reformation*, Wittenberg 1998.

ten und dies auf der Homberger Synode vom 21.-23. Oktober 1526 beschlossen[390], intervenierte Luther am 7. Januar 1527 gutachterlich und bezeichnete die Kirchenordnung in einem Brief als einen „Haufen Gesetze". Damit war dieses Modell einer Kirche der Glaubenden vom Tisch. Luther entschied sich spätestens 1527 für das Modell des landesherrlichen Kirchenregiments – womit die Grenzziehung zwischen dem staatlichen und kirchlichen Bereich, die er noch 1522 in seinen (zwischen dem 19. und 26. Oktober) im Schloss zu Weimar gehaltenen Predigten vertrat, revidiert wurde. – Und auch das *Augsburger Bekenntnis (Confessio Augustana)* von 1530, das den Ausgleich mit der Römischen Kirche auf der Basis eines unverzichtbaren Minimums suchte, beschränkte sich auf die Definition von zwei unveräußerlichen Kennzeichen für das Vorhandensein wahrer Kirche: dass nämlich das Wort Gottes rein gepredigt und die Sakramente ordnungsgemäß verwaltet werden (*C.A.* VII). Damit waren die Merkmale von Kirche auf zwei (sicherlich wesentliche, aber nicht hinreichende) kirchliche Handlungsvollzüge reduziert.[391] Die Fülle neutestamentlicher Kennzeichen von

---

[390] Siehe die dort verabschiedete `Reformatio Ecclesiarum Hassiae´, abgedruckt in H. Hermelink (Hrsg.), *Reformation der Kirchen Hessens von 1526: Die sogenannte Homberger Kirchenordnung*, Marburg: Verein für Hess. Kirchengeschichte / Elwert´sche Verlagsbuchhandlung, 1926; ihr zu Grunde lagen die – m.E. noch bemerkenswerteren – `Paradoxa´ des Lambert von Avignon, die dieser zur Vorbereitung der Synode erarbeitet hatte; abgedruckt in W. Schmitt, *Die Synode zu Homberg und ihre Vorgeschichte: Festschrift zur Vierhundert-Jahrfeier der Homberger Synode 1526-1926*, Homberg: Selbstverlag der Kirchengemeinde, 1926, S.51-67. Vgl. auch *Die Homberger Synode von 1526: Die Reformation in Hessen*, hrsg. Zweigverein Homberg / Efze im Verein für hess. Geschichte und Landeskunde Kassel e.V., 2. Aufl. Homberg 2002, 182 S.

[391] Uwe Swarat, „Notae ecclesiae: Woran ist die Kirche Jesu Christi erkennbar?", in: H. Stadelmann (Hrsg.), *Bausteine zur Erneuerung der Kirche*, Gießen: TVG Brunnen, 1998, S.169-190, weist darauf hin, dass damit die beiden wesentlichen heilsobjektiven Kennzeichen von Kirche genannt sind, dass aber – gerade im Sinne des unverzichtbaren Artikels der Glaubensrechtfertigung – als heilssubjektives Kennzeichen `das Bekenntnis des Glaubens´ fehlt. Denn erst da, wo es auf

Kirche kommt damit aber nicht einmal annähernd mehr ins Blickfeld.[392] Während Wortverkündigung und Sakramentsverwaltung als konstitutiv für Kirche gelten (was zweifellos richtig ist), fallen andere Merkmale neutestamentlicher Gemeinde auf den Rang von Adiaphora (`Mitteldinge´, die jeder anders halten kann) zurück.[393] Zweifellos ist die Rolle des rein zu lehrenden

---

Grund von Wort und Sakrament zum persönlichen Glauben kommt, entsteht Gemeinde bzw. wird ein Mensch der Gemeinde hinzugefügt. – Wie rein `objektiv´ Luther `Kirche´ konstituiert sehen konnte, macht das folgende Zitat deutlich: Wo „die tauff und das Evangelion ist, da sol niemand zweifeln, es seyn heyligen da, und soltens gleich eytel kind in der wigen seyn", *W.A.* 6, 301.

[392] P. Stuhlmacher, „Kirche nach dem Neuen Testament", *ThBeitr*, 26 (6 / 1995), S.301-325, nennt (S.322) folgende Kennzeichen neutestamentlicher Gemeinden, die Anlass für eine Reform der gegenwärtigen Volkskirche sein sollten: „das Bekenntnis zu dem einen Gott und zu Jesus Christus als dem einen Retter aller Glaubenden und Herrn der Welt; Lehre und missionarische Bezeugung des Evangeliums Gottes von Jesus Christus; die Taufe auf den Namen des dreieinigen Gottes; das Versöhnung stiftende Herrenmahl; die solidarische Lebensgemeinschaft der Glaubenden in Heiligkeit und Gerechtigkeit; die Einhaltung des Gebotes der Gottes-, Nächsten- und Feindesliebe" – und fügt dann an: „Aus nachbiblischer Perspektive wird man noch zwei weitere `notae ecclesiae´ hinzufügen dürfen: die Treue zur Bibel (aus Altem und Neuem Testament) und die Bereitschaft, sich vor Gott nicht als Ersatz, sondern als Vorhut des endzeitlichen Gottesvolkes und Gegenüber zu Israel zu verstehen." – Luther selbst geht übrigens manchmal über die beiden in der *C.A.* genannten „notae" hinaus: In seiner Schrift *Von den Konziliis und Kirchen* (1539) nennt er als Kennzeichen der Kirche: Gottes Wort, Sakrament der Taufe, Sakrament des Altars, Beichte, kirchliche Ämter, Gebet, Heilswirkung des Kreuzes (*W.A.* 50,628ff); und in seiner Schrift *Wider Hans Worst* (1541) nennt er außerdem: Ehrerbietung gegenüber der Obrigkeit, Anerkennung des Ehestandes, Ermahnung und Gebet für die Feinde sowie Fasten.

[393] B. Lohse, „Augsburger Bekenntnis I", *TRE*, 4 / 1979, S.623, kommentiert: „Aus dem reformatorischen Schriftprinzip wird nicht gefolgert, dass die Kirchenordnung ganz dem Vorbild des Neuen Testaments zu folgen hat. Vielmehr können diejenigen Riten beibehalten werden, die ohne Sünde beobachtet werden können und die für die gu-

Gotteswortes in der Kirche Luthers neu gewichtet – zumindest bis zum Einbruch vernunftbestimmter Bibelkritik in die protestantische Kirche der Aufklärung seit dem 18. Jahrhundert. Das konstantinische Modell von Großkirche wurde durch die Reformatoren aber letztlich nicht überwunden.[394]

Die Gemeinde bildenden Täufer der Reformationszeit, zumindest in der Schweiz, haben hier anders gedacht. Im Anschluss an Karlstadt vertraten sie schon früh einen Biblizismus auch in der Gemeindefrage und wollten diesbezüglich konsequenter vorgehen als Zwingli und der Rat der Stadt Zürich (sowie anderer Schweizer Städte).[395] Auch später war es in dem freikirchlichen Teil der Kirchen der Reformation, etwa der baptistischen Täuferbewegung, das Ideal, `Gemeinden nach dem Neuen Testament´ bzw. `nach apostolischem Vorbild´ zu gestalten.[396] –

---

te Ordnung in der Kirche nützlich sind. Abgeschafft werden sollen nur diejenigen, die dem Evangelium entgegen sind."
[394] Vgl. dazu nochmals P. Stuhlmacher, *aaO.*, S.312, der eine Rückbesinnung auf die vorkonstantinische Hausgemeinde als eigentlich „christentumsspezifische soziale Lebensform" zugleich als „kirchliche Lebensform der Zukunft" anregt und die Weichenstellung zur konstantinischen Großkirche als „höchst fragwürdige Entwickung" einstuft, die die Kirche dazu verleitet habe, „unter Berufung auf die bischöfliche Sakramentsvollmacht am biblischen Evangelium und Gebot einen Abstrich nach dem anderen zu machen und trotzdem den Anspruch aufrechtzuerhalten, Kirche Jesu Christi zu sein" – mit der Folge, „dass die Großkirche(n) seit langem nicht mehr an ihrem Bekenntnis erkannt, an ihrer Lehre gemessen und am heiligen Wandel ihrer Glieder identifiziert werden können" (vgl. dazu ebenfalls die Ausführungen zur Kirchenzucht, *aaO.*, S.320).
[395] Siehe A. Strübind, *Eifriger als Zwingli: Die frühe Täuferbewegung in der Schweiz*, Berlin: Duncker & Humblot, 2003, S.166-470.
[396] Siehe dazu P. Beasley-Murray / H. Guderian, *Miteinander Gemeinde bauen: Ein anderer Weg, Kirche zu sein*, Wuppertal / Kassel: Oncken, 1995, S.272: „Das Grundanliegen von Baptisten war und ist es nie gewesen, unbedingt eine eigene Denomination aufzubauen. Vielmehr waren und sind wir vor allem bestrebt, Gemeinde Jesu nach dem Bild des Neuen Testaments zu bauen."

Nur: Gibt es so etwas wie `Gemeinde nach dem Neuen Testament´?

3.2 `Gemeinde nach dem Neuen Testament´ – eine Fata Morgana?:
Die weithin im volkskirchlichen Rahmen arbeitende Zunft kritischer deutscher Neutestamentler geht in der Regel davon aus, dass es im Neuen Testament kein verbindliches Bild von Gemeinde gibt. Man verweist stattdessen auf ein buntes Spektrum unterschiedlicher und zum Teil widersprüchlicher Ekklesiologien.[397] Diese sind innerhalb der historisch-kritischen Theologie zum großen Teil allerdings hausgemacht: indem man etwa die Evangelien im Wesentlichen nicht als zutreffende Berichte dessen ansieht, was Jesus sagte und tat, sondern als Niederschlag von Theologien bestimmter Gemeindegruppen, die hinter den jeweiligen `Evangelisten´ stehen (mit der Folge, dass man z.B. aus dem Matthäusevangelium ein bestimmtes `Ge-

---

[397] Man folgt darin im Wesentlichen Ernst Käsemann, der unter Hinweis auf die vermeintliche Unterschiedlichkeit neutestamentlicher Gemeindevorstellungen davon sprach, dass das Neue Testament gerade nicht die Einheit der Kirche, sondern die Vielzahl der Konfessionen begründe; E. Käsemann, „Begründet der neutestamentliche Kanon die Einheit der Kirche?", *EvTheol*, 11 (1951/52), S.13-21; ders., „Einheit und Vielfalt in der Neutestamentlichen Lehre von der Kirche", *Ökumenische Rundschau*, 13 / 1964, S.58-63. – Den heutigen *status quo* kritischer neutestamentlicher Ekklesiologie dürfte J. Roloff, *Die Kirche im Neuen Testament*, Göttingen: Vandenhoeck & Ruprecht, 1993, repräsentieren. Einerseits sieht er, dass die neutestamentlichen Texte jeweils normativ von Gemeinde reden; andererseits sieht er dies in Spannung zu seinem kritischen Resultat, dass es scheinbar unvereinbare Modelle von Kirche im NT gebe: „Neutestamentliches Reden von der Kirche will deshalb als *normatives Reden* verstanden sein ... Dieser normative Anspruch scheint nun freilich durch die Beobachtung in Frage gestellt zu werden, dass im Neuen Testament eine *Vielzahl von Vorstellungen von der Kirche* nebeneinanderstehen. Es ist heute nicht mehr möglich, an das Neue Testament mit der Erwartung heranzugehen, in ihm eine einheitliche Lehre von der Kirche zu finden, die sich als solche, weil schriftgemäß, unmittelbar auf unsere gegenwärtigen Verhältnisse übertragen ließe" (*aaO.*, S.310).

meindebild' herausdestilliert, das man in Kontrast zu dem paulinischer Gemeinden stellt); oder indem man die Historizität dessen bezweifelt was die Apostelgeschichte hinsichtlich der frühchristlichen Gemeinden schildert (mit der Folge, dass man das dort geschilderte Vorhandensein von Ämtern in den 'charismatischen' Gemeinden der apostolischen Zeit nicht gelten lässt und Ämterstrukturen erst in späterer Zeit für möglich hält); oder indem man bestimmte Paulusbriefe für unecht erklärt und sie in die nachpaulinische Zeit datiert (mit der Folge, dass man den Epheser- und Kolosserbrief sowie die Pastoralbriefe dem Paulus abspricht und dann künstliche Gegensätze zwischen der Ekklesiologie dieser Briefe und den übrigen Paulusbriefen[398] konstruiert, anstatt Übereinstimmungen und Unterschiede komplementär bzw. als folgerichtige Weiterentwicklungen zu erklären). Teilt man diese kritischen Voraussetzungen (mit guten Gründen) nicht, ergibt sich ein anderes Bild. Es zeigt durchaus Unterschiede, die in der heilsgeschichtlichen Entwicklung vom Jüngerkreis des Messias Jesus über die Jerusalemer bzw. jüdisch-messianische Urgemeinde hin zu den heidenchristlichen Gemeinden begründet liegen und ein diachrones Reifen des neutestamentlichen Gemeindebildes dokumentieren. Dabei existieren zeitweise synchron verschiedene Gemeindestadien neben einander: etwa die zunächst noch von den Aposteln geleitete Jerusalemer Gemeinde und die ersten von Ältesten geleiteten heidenchristlichen Gemeinden – bzw. paral-

---

[398] Aus denen man zudem solche Verse eliminiert, die mit den vermeintlich späteren Schriften übereinstimmen. Vgl. dazu die Kritik von J. van Bruggen, „Apostolischer Gemeindebau: Widersprüchliche Ekklesiologien im Neuen Testament?", in H. Stadelmann (Hrsg.), *Bausteine zur Erneuerung der Kirche*, Gießen: TVG Brunnen, 1998, S.72f: „Es ist ... wissenschaftlich fragwürdig, wenn man ein Bild, das man aufgrund eines Teils der Quellen gezeichnet hat, verwendet, um einen anderen Teil der Quellen als weniger wichtig einzustufen... Die historischen Quellen werden hier auf ein Prokrustesbett gelegt!" v.Bruggen setzt sich in diesem Zusammenhang mit P. Stuhlmacher, *Biblische Theologie des Neuen Testaments, Bd.1: Grundlegung*, Göttingen: Vandenhoeck & Ruprecht, 1992, S.224f.308f.360ff, auseinander.

lel zu letzteren solche neu gegründeten Missionsgemeinden, die noch von einem Apostel (Paulus) oder Evangelisten (Timotheus) aufgebaut und geleitet werden und in denen es noch nicht zur Einsetzung von Ältesten gekommen ist. Deutlich ist in den Pastoralbriefen auch die Vorbereitung des Übergangs in eine nachapostolische Zeit. Und doch liegen hier nicht widersprüchliche Ekklesiologien vor.[399] Hinsichtlich der Gemeinde ist das Neue Testament wie ein Fotoalbum, das die gleiche Person von der Kindheit bis zum reifen Erwachsenenalter immer wieder porträtiert: Es zeichnet das immer gleiche neue Gottesvolk, das seine Existenz in Jesus, dem Messias, hat; aber es zeigt zugleich, wie dieses Gottesvolk sich entwickelt, entfaltet und strukturiert.

Das Neue Testament zeichnet aber nicht nur eine historische Entwicklung nach. Vielmehr macht es gleichzeitig deutlich, inwieweit das, was es da beschreibt, zugleich Vorbild und Vorgabe ist. Mit anderen Worten, das Neue Testament ist nicht nur deskriptiv, indem es eine Art kanonischer Kirchengeschichte nachzeichnet; es ist zugleich präskriptiv, indem es normative ekklesiologische Aussagen macht. Wie oben schon erwähnt, hat *Jürgen Roloff* ganz richtig beobachtet, dass das neutestamentliche Reden von der Kirche als ʼnormatives Redenʼ verstanden sein will.[400] Dass Roloff selbst diesen Anspruch auf Grund seines widersprüchlichen Rekonstrukts von Kirche im Neuen Tes-

---

[399] Vgl. J. v.Bruggen, *aaO.*, S.79f: „In Wirklichkeit ist diese Pluralität ... darauf zurückzuführen, dass das Neue Testament eine historische Anfangssituation dokumentiert, die ihre besonderen unwiederholbaren Merkmale hatte... Die Vielfalt der neutestamentlichen Angaben ist daher nicht das Resultat von Divergenzen zwischen vergleichbaren Gemeinden, sondern rührt daher, dass das Neue Testament über unterschiedliche Wachstumsphasen der neutestamentlichen Kirche berichtet. Die Pluralität ist nicht absolut oder prinzipiell, sondern virtuell. Es gibt im Neuen Testament keine widersprüchlichen Ekklesiologien, aber in seinen Schriften hat der historische Weg seinen Niederschlag gefunden, auf dem der Geist die Kirche von Jerusalem über Antiochien nach Rom geführt hat."
[400] J. Roloff, *aaO.*, S.310.

tament gleich wieder relativiert, steht auf einem anderen Blatt. Anhand einiger neutestamentlicher Beispiele soll dieses normative Reden von der Gemeinde illustriert werden.

Wenn Jesus in Mt 18,15-18 konkrete Anweisungen gibt wie seine Nachfolger einmal in der Gemeinde (ekklesia) disziplinarisch vorgehen sollen, ist dies tatsächlich als Weisung an den Einzelnen und die Gemeinde für das Handeln im Fall von vorliegender Sünde und Unbußfertigkeit gedacht. – Wenn Lukas in den Gemeindesummarien der Apostelgeschichte (Apg 1,14; 2,42-47; 4,31c-35; 5,12-16; 5,42) bestimmte Einzelzüge und Wesensäußerungen von ʻGemeindeʼ nennt, will er damit den Grundbestand dessen darstellen, was unveräußerlich zu ʻGemeindeʼ gehört. Das wiederum führt er seinen Lesern aber weniger als strenge Richtlinie vor Augen, sondern vielmehr als Einladung, die zeigt, was möglich ist, wenn Gott durch seinen Geist Gemeinde in Kraft setzt. *Ulrich Wendel* hat diese ʻeveniente'̓ Redeform in den Gemeindesummarien der Apostelgeschichte in ausführlichen gattungsanalytischen und exegetischen Untersuchungen herausgearbeitet.[401] Zu diesen von Gott ermöglichten, unveräußerlichen Lebensäußerungen von Gemeinde gehören: Beständigkeit; Gottesfurcht; Erfahrung der Wirkmacht Gottes; Gemeinschaftshaltung, die sich in gemeinsamem Gebet und innergemeindlichem Sozialausgleich zeigt; regelmäßige Versammlungen; Mahlfeiern in den (Haus-)Gemeinden; missionarische Außenkontakte (Tischgemeinschaften im Tempel); resultierender Jubel über Heil und Bekehrung; positiver Ruf der Gemeinde in der Öffentlichkeit (evtl. trotz obrigkeitlicher Widerstände); von Gott gewirktes Gemeindewachstum.[402] Vorausgesetzt für eine so funktionierende

---

[401] U. Wendel, *Gemeinde in Kraft: Das Gemeindeverständnis in den Summarien der Apostelgeschichte*, Neukirchen-Vluyn: Neukirchener, 1998; vgl. ders., „Bibelarbeit zu Apg 2,42-47", *JETh*, 12 / 1998, S.101-113.

[402] Vgl. *ebd.*, S.68ff u. 81 sowie S.120ff. Unterbetont erscheint bei Wendel die Rolle des Wortes Gottes (bzw. der ʻLehre der der Apostelʼ), die bei ihm möglicherweise unter die regelmäßigen Versammlungen subsumiert wird.

Gemeinde sind die Verkündigung des Wortes Gottes und die Taufe derer, die sich auf Grund der Predigt bekehrt haben. So kann – und so soll dann auch! – Gemeinde sein. – Oder greifen wir das normative Reden über Gemeinde auf, das sich bei Paulus – um nur ein Beispiel zu wählen – im 1.Korintherbrief findet: Dazu gehört die notwendige Zentralität der Verkündigung des gekreuzigten Christus, an der sich Heil und Unheil entscheidet (1,18-2,16); die notwendige Einheit der Gemeinde, die nur von ʹfleischlichenʹ Menschen vernachlässigt wird (1,13ff; 3,1-23); die Notwendigkeit konsequenter Gemeindezucht (5,1-13); die Differenzierung zwischen dem Rat zu eventueller Ehelosigkeit und dem notwendig zu haltenden Gebot zu konsequenter Reinheit und Treue in der christlichen Ehe (7,1-40); die notwendige Unvereinbarkeit von Gottesdienst und Götzendienst (10,14ff); die Unabdingbarkeit einer würdigen Abendmahlspraxis (11,17ff); die notwendige Ordnung im Gebrauch der Charismen innerhalb des Leibes Christi (12,1ff; 14,1ff); die Notwendigkeit des Respektierens der Ordnung Gottes für Mann und Frau, ohne deren Anerkennung es keine Anerkennung von Gott her gibt (14,34-40); und schließlich – noch einmal – die notwendige Verpflichtung auf das apostolische Evangelium vom gekreuzigten und auferstandenen Christus, ohne das es kein Heil gibt (15,1ff). – Die Beispiele ließen sich beliebig vermehren. Es mag genügen, abschließend darauf hinzuweisen, dass die Pastoralbriefe mit ihren Ordnungen für den Dienst eines Evangelisten (Timotheus), für das Beten und Lehren von Männern und Frauen, für das Ältesten- und Diakonenamt, usw., ausdrücklich in der Absicht verfasst sind, verbindliche Anweisung zu geben „wie man sich im Haus Gottes verhalten muss, das die Gemeinde des lebendigen Gottes ist, ein Pfeiler und die Grundfeste der Wahrheit" (1Tim 3,14f). Kurz, es hieße die ekklesiologischen Aussagen der neutestamentlichen Schriften grundlegend misszuverstehen, wenn man sie nicht als normativ gemeinte Lehre darüber liest, was und wie Gemeinde sein kann und soll.

3.3 Grundlinien neutestamentlicher Gemeinde:

Um das Gemeindebild, das sich im Neuen Testament entfaltet, zumindest in Grundzügen in den Blick zu bekommen, sei hier versucht, ein Minimum an unverzichtbaren Eckpunkten neutestamentlicher Gemeindelehre in Thesenform zu fassen.[403] Diese Thesen ließen sich zweifellos um viele Einzelzüge vermehren. Sie wollen nicht erschöpfend sein. Sie wollen aber doch einen Mindestbestand dessen skizzieren, was apostolische Gemeinde strukturell kennzeichnet. Der Leser sei herausgefordert zu prüfen, ob sich tatsächlich irgendwelche dieser Thesen streichen lassen, ohne dabei Abstriche an dem zu machen, was das Neue Testament tatsächlich von Gemeinde sagt.

These 1: Die neutestamentliche Gemeinde wird durch Jesus selbst gebaut (Mt 16,18). Er nimmt dazu Menschen in Dienst (Eph 4,11), die er für ihr Zeugnis mit der Kraft des Heiligen Geistes ausrüstet (Apg 1,8). Wesentliches Mittel des Gemeindebaus ist das Wort Gottes, das Glauben schafft und geistliche Auferbauung sowie Zurüstung zum Dienst bewirkt (Mt 28,18ff; Apg 2,42; 20,18-27; Rö 10,13-17; 1Kor 1,17f; Eph 2,20; 4,11-16).

These 2: Die neutestamentliche Gemeinde besteht ihrem Wesen nach nur aus Menschen, die als Geliebte Gottes durch das Evangelium zum Glauben gekommen sind und nun die Gemeinschaft der Heiligen bilden (Rö 1,7; 1Kor 1,2; vgl. Eph 2). Als solche leben sie als Kinder Gottes zusammen, berufen zu Einheit, Frieden und gegenseitiger Verantwortlichkeit (Rö 8,15; Eph 1,5; 2,19; 4,1-6; Apg 2,42+44f; Gal 6,2). Sie sind das Volk Gottes (1Petr 2,9ff), bilden den Tempel Gottes, in dem er als einem heiligen Ort wohnt (2Kor 6,16ff; Eph 2,19-21), und stel-

---

[403] Die Thesenform ist ein verkürztes Verfahren. Natürlich könnte man zunächst im Rahmen einer Theologie des Neuen Testaments die gemeindebezogenen Aussagen der einzelnen biblischen Schriftsteller bzw. Schriften erheben und daraus eine Ekklesiologie des Neuen Testaments erarbeiten, die ihrerseits dann im Rahmen der Dogmatik die Grundlage für eine Lehre von der Kirche bilden könnte. Die Thesen setzen die Kenntnis solcher Arbeiten voraus und formulieren Grundzüge des neutestamentlichen Befundes in synthetischer Kürze.

len den Leib Christi dar, dessen Haupt Christus ist, der durch unterschiedlich begabte Glieder wirkt (1Kor 10,17; 12,12ff; Eph 1,22f; 4,4-16).

These 3: Die neutestamentliche Gemeinde besteht aus Menschen, deren Glaube grundlegende Gestalt gewonnen hat im Bekenntnis zu Jesus (Mt 10,32; Rö 10,9) sowie in der Taufe. Die Taufe begegnet dabei immer als Bekehrungstaufe (Apg 2,37ff; 16,30ff; Kol 2,11-14; u.ö.), in der Gott durch den Glauben das gibt, was die Taufe zeichenhaft bezeugt: Übereignung an den dreieinigen Gott (Mt 28,19), Abwaschung der Sünden (Apg 22,16), Begraben der gottlosen alten Existenz und Auferstehung zu einem neuen Leben (Rö 6,3ff).[404]

These 4: Die neutestamentliche Gemeinde besteht zwar aus glaubenden, nicht aber aus perfekten Menschen. Sie sind jetzt schon mit Heil beschenkt, aber noch nicht vollendet. Und so zeigt die Gemeinde sich in allen ihren Gliedern als kämpfende Gemeinde (*ecclesia militans*) – als Gemeinschaft derer, die im Kampf mit den Anfechtungen der Sünde und des Teufels stehen (Gal 5,16ff; Eph 6,10ff).

These 5: Die neutestamentliche Gemeinde findet sich zugleich ihrem Wesen wie ihrer Berufung zuwider als Mischgestalt (*corpus permixtum*) vor, indem in sie – auf das Lippenbekenntnis des Glaubens hin – Menschen eindringen, die in Wahrheit nicht im wahren Glauben stehen, mithin nicht eigentlich zur Gemeinde gehören – und daher von ihr durch Gemeindezucht entweder zum rechten Glauben gewonnen oder ausgeschieden werden müssen (1Joh 2,19; 2Tim 2,16-21; Mt 18,15ff; 1Kor 5).

These 6: Die neutestamentliche Gemeinde ist als Gemeinschaft aller Glaubenden aller Orte und Zeiten universaler Leib Christi

---

[404] Vgl. die Ausführungen von Roland Gebauer, „Taufe und Ekklesiologie: Neutestamentliche Erwägungen zu einer biblisch erneuerten Praxis", in: H. Stadelmann (Hrsg.), *Bausteine zur Erneuerung der Kirche*, Gießen: TVG Brunnen, 1998, S.152-162.

(Eph 1,22f; 4,4-6). Aber auch die örtlichen Gemeinde ist nicht nur ein defizitärer Teil des Leibes Christi, sondern vollwertige Darstellung des Leibes Christi vor Ort (1Kor 12,13ff), wobei alle Christen eines Ortes die Gemeinde Jesu Christi an diesem Ort bilden (1Kor 1,2; 1Thess 1,1; Rö 16,1). Diese Ortsgemeinde kann zugleich in einzelnen (Haus-) Gemeinden Gestalt annehmen kann (Rö 16,5; Apg 2,46).[405] Abgelehnt wird im Neuen Testament dagegen eine Aufsplitterung der Gemeinde aus sündhaft-fleischlichen Motiven (1Kor 1,11ff; 3,3-17).

These 7: Die neutestamentlichen Gemeinden erscheinen als örtlich selbständige Gemeinden. Sie werden nicht von einem zentralen Kirchenregiment geleitet, sondern sind mit örtlichen Leitungsstrukturen ausgestattet. Zugleich stehen die örtlichen Gemeinden angesichts der Einheit des Leibes Christi in regem Kontakt miteinander (Rö 16,16; 1Kor 16,19), unterstützen einander (Rö 15,25ff), erhalten Hilfe und Korrektur durch den persönlichen und brieflichen überörtlichen Dienst der Apostel und anderer geistlicher Autoritäten (Apg 11,22f; Rö 1,10f; 1Tim 1,3f; 2Joh 12; Offb 2,1a). Indem Christus der Gemeinde örtliche und überörtliche Mitarbeiter gegeben hat (Eph 4,11: Apostel und Propheten als Bringer der grundlegenden Offenbarung des Neuen Testaments [vgl. 2,20; 3,3ff], Evangelisten als überörtlich gemeindegründende Mitarbeiter und dann Hirten/Lehrer als Leiter der entstandenen Ortsgemeinden), sorgt er für die Auferbauung seines gesamten Leibes.

These 8: In der neutestamentlichen Gemeinde finden sich von Anfang an Charisma und Amt in simultaner Koexistenz (Mk 3,14f; Apg 14,8ff+23; 1Kor 12,28). Die Urgemeinde als ʻcharismatischeʼ Gemeinde (1Kor 12) kennt zugleich die Ämter des Apostels (Apg 1,23ff; u.ö.), des Evangelisten (Apg 21,8; 2Tim 4,5), des Gemeindeältesten (Apg 14,23; 20,17; Tit 1,5ff), des Diakons (Apg 6; Rö 16,1), des Propheten und des Lehrers (Apg

---

[405] Vgl. das komplementäre Verständnis von ʻGemeindeʼ (*ekklesia*) als Universalgemeinde (Kol 1,18+24), Lokalgemeinde (Kol 4,16) und Hausgemeinde (Kol 4,15).

13,1). Dabei mag es ein Charisma ohne Amt geben, aber nicht ein Amt ohne Charisma, insofern ein vorhandenes Charisma nicht immer zu einem Amt führt, aber Voraussetzung für ein entsprechendes Amt ist.

These 9: In der neutestamentlichen Gemeinde gibt es ein Gegenüber von Gemeinde(versammlung) und gemeindlichen Ämtern wie Ältesten und Diakonen (Phil 1,1). Die Leitung der örtlichen Gemeinde liegt in den Händen der Ältesten, die immer als Kollegium, also in der Mehrzahl, vorkommen (Apg 20,17+28; 1Petr 5,2-4; Hebr 13,17). Diese örtlichen Leiter werden – je nach Aspekt ihres Dienstes – unterschiedlich bezeichnet: So wird die gleiche Personengruppe in Tit 1,5 `Älteste´, in Tit 1,7 `Aufseher´ genannt; der Tugendkatalog für `Älteste´ in Tit 1 entspricht dem für `Aufseher´ in 1Tim 2 (vgl. Apg 20,17+28); und nach 1Petr 5,1ff hat der `Älteste´ als `Hirte´ die Herde Gottes zu weiden und `Aufseher´ zu sein. Das gleiche Leitungsamt hat also unterschiedliche Aspekte, ohne dass die verschiedenen Amtsbezeichnungen im Sinne einer Hierarchie zu verstehen sind.

These 10: Die neutestamentliche Gemeinde ist Vorausgestalt und damit Teil des Reiches Gottes, in dem soziale und nationale Unterschiede überwunden sind (Kol 1,12f; Gal 3,28; Eph 2,11-18; Jak 2,1-5; vgl. Offb 7,9ff). Zwischen Männern und Frauen gibt es in der neutestamentlichen Gemeinde hinsichtlich des Heils keinerlei Unterschiede (Gal 3,28). Sie arbeiten überdies innerhalb der Gemeinde – anders als in der Synagoge – rege zusammen (Rö 16,1-16; Apg 18,26f), wobei jeder mit dem Charisma dient, das er empfangen hat (1Petr 4,10). Frauen haben das Amt der Diakonin bekleidet (Rö 16,1), sollen aber – anders als in vielen Kulten der griechisch-römischen Kultur – nicht das gemeindeleitende Hirten- und Lehramt ausüben (1Tim 2,11ff; vgl. 1Kor 14,33b-38).

These 11: Die neutestamentliche Gemeinde bildet zwar als heilige Gemeinde eines heiligen Gottes eine Kontrastgesellschaft zur Welt (Mt 5,48; 1Kor 1,2; Eph 5,25b-27). Sie ist zugleich aber missionarisch auf diese Welt bezogen und mit dem Evangelium in die Welt gesandt (Mt 5,13ff; 28,18ff; Eph 3,3-10).

These 12: Die neutestamentliche Gemeinde besteht aus Menschen aus Israel und aus den Nationen, die durch den Glauben an Jesus Christus das Heil gefunden haben (Mt 28,19; Rö 1,16; Gal 6,14ff; Eph 1,11-14). In der Gegenwart glaubt nur ein Überrest aus Israel an Jesus als den Messias, die Übrigen erkennen ihn nicht (Rö 11,2-7). Dafür sind gläubig gewordene Nicht-Israeliten in den 'Baum der Verheißung' eingepfropft worden (Rö 11,17-24). Sie sollen durch ihre Existenz Israel zum Glauben reizen (Rö 11,11). Auf keinen Fall aber ersetzt die Kirche Israel als Gottes Volk. Vielmehr wird Israel als Ganzes schließlich Jesus als seinen Messias erkennen und gerettet werden (Rö 11,1f.11f.25ff), weil Gottes Verheißung und Berufung unwiderruflich ist (Rö 11,29).

These 13: Dass es eine neutestamentliche Gemeinde als Körperschaft aus geretteten Juden und Heiden geben wird, war zu alttestamentlicher Zeit noch nicht bekannt, sondern wurde erst durch Christus seinen Aposteln und Propheten offenbart (Rö 16,25f; Eph 3,2-11). Von Kirche ist daher nicht schon in Bezug auf das Alte Testament zu reden.

These 14: Die neutestamentliche Gemeinde wird entsprechend der Verheißung von Jesus Christus nie aufhören zu existieren (Mt 16,18), sie wird vielmehr bis zur Wiederkunft Christi ihren Auftrag erfüllen (Lk 19,11ff; 1Thess 5,1-11). In der neuen Schöpfung als der Vollendung des Reiches Gottes werden die heilsgeschichtlichen Linien des alttestamentlichen und des neutestamentlichen Gottesvolkes zusammenkommen (Offb 21,9-14).

4. Die Notwendigkeit einer schriftgemäßen Kirchentheorie.
Zwischen Lehre und Leben, Theologie und Praxis soll es keine Kluft geben. Theologische Lehre soll nicht Theorie bleiben; und die Praxis darf nicht zur theologiefreien Zone entarten. Auch eine neutestamentlich bestimmte Lehre von der Gemeinde muss in gut überlegter Weise in die Praxis umgesetzt werden. Als Brücke zwischen der biblischen Gemeindelehre und ihrer gemeindlichen Um-

setzung entwickelt die Praktische Theologie eine so genannte Kirchentheorie, die Rechenschaft über die Prinzipien der Umsetzung gibt. Solch eine Kirchentheorie ist wie das Stellwerk auf einem Bahnhof: Hier werden die Weichen gestellt; und hier entscheidet sich, wohin die Reise geht.

4.1 Kirchentheorien mit wenig ausgeprägtem Schriftbezug: Die Weichenstellungen können sehr unterschiedlich ausfallen. Einige Beispiele sollen das erläutern.
1. In Russland begegnete mir einmal eindrücklich der vorreformatorische Denkansatz: In St.Petersburg sprach ich mit einem jungen *orthodoxen Theologen* über das Kirchen- und Gottesdienstverständnis der Orthodoxen Kirche. Als es darum ging, wie anders sich die heutige Kirche mit ihrer Hierarchie und Pracht doch darstelle im Vergleich zu den apostolischen Gemeinden des Anfangs, wurde mein Gesprächspartner lebhaft: Das seien zur neutestamentlichen Zeit doch sehr schlichte Anfänge gewesen! Inzwischen sei man viel weiter, habe dazu gelernt. Nein, zu den Anfängen wolle man nicht zurück. Man hörte da deutlich den Vertreter einer Kirche die keine Reformation erlebt hat. Der Gedanke, dass die aktuelle Praxis grundsätzlich an der Bibel zu messen und von der Bibel her zu reformieren sei, kam meinem Gesprächspartner gar nicht. Der in einer langen Tradition entstandenen Praxis wird Vorrang gegeben vor der Bibel als maßgebliches Kriterium.

2. Es gibt auch eine vermittelnde Position, die die biblischen Aussagen nur selektiv zur Geltung kommen lässt: Unter dem Namen ´Ekklesiologische Prolegomena zur Praktischen Theologie´ hat in den 1980er Jahren *Eberhard Hübner* solch eine Kirchentheorie entwickelt.[406] Er sucht einen Weg zwischen biblisch-dogmatischen Entwürfen, die mit der gegebenen volkskirchlichen Wirklichkeit nicht zusammenpassen, und soziologischen Konzeptionen kirchlicher Wirklichkeit, die kaum mehr theologisch danach fragen, was Gemeinde eigentlich sein soll. Sein Ausgangspunkt ist klar: Die

---

[406] E. Hübner, *Theologie und Empirie der Kirche: Prolegomena zur Praktischen Theologie*, Neukirchen-Vluyn: Neukirchener, 1985.

Praktische Theologie muss mit der wirklichen Kirche starten, so wie sie ihr in der jeweiligen Kultur vorgegeben ist. Für Deutschland heißt das: Sie muss von der protestantischen Volkskirche als einem gottgegebenen Fixpunkt ausgehen. Auf diese dürfe nun nicht die neutestamentliche Gemeindelehre als Maßstab angewendet werden, zumal nur die Funktionen, nicht aber die Institutionen der apostolischen Gemeinden zur Orientierung für heute dienen könnten. Als Kriterium für die Kirche wird das Evangelium von der Rechtfertigung des Sünders herangezogen. Aber nicht in dem Sinn, dass etwa gefordert würde, nur solche Menschen könnten Mitglied der Volkskirche sein, die durch den persönlichen Glauben an Jesus gerechtfertigt wurden. Vielmehr wird die gegebene Religionsgemeinschaft vom Evangelium her als Kirche identifiziert, und zwar in dem Glauben, dass Gott auch dieser Schar von Sündern die Rechtfertigung anbietet. Damit werden Kirche und Welt aber nicht mehr unterscheidbar – denn auch der ganzen Welt gilt das Angebot des Evangeliums. Trotz dieser Unklarheit soll zugleich aber in der empirischen Volkskirche mit dem Evangelium dem Geschenk einer Kirche des Glaubens der Weg bereitet werden.[407]

3. Verheißungsvoll erscheint zunächst die Kirchentheorie des Kieler Praktischen Theologen *Reiner Preul*.[408] Nicht nur, dass er in seine Überlegungen eine Skizze ´Neutestamentliche(r) Elemente´ als ´Voraussetzungen des reformatorischen Kirchenbegriffs´ aufnimmt (S.57-71). Er sieht eine in dogmatischer Ekklesiologie begründete Kirchentheorie erfreulicherweise auch als Maßstab zur Beurteilung und Verbesserung der gegebenen kirchlichen Verhältnisse auf den verschiedenen Handlungsfeldern (S.3). Leider spielt das Neue Testament für Preuls Gemeindelehre dann aber doch keine wesentliche Rolle, zumal er den Konsens der historisch-kritischen Theologie teilt, dass es eine in sich stimmige Ekklesiologie des NT nicht gebe (S.57). Seinen Gemeindebegriff richtet er am Verständnis der lutherischen Reformation aus, konkret an den beiden Merkmalen wah-

---

[407] *Ebd.*, S.201.294.297.301.
[408] R. Preul, *Kirchentheorie: Wesen, Gestalt und Funktionen der Evangelischen Kirche*, Berlin / New York: de Gruyter, 1997.

rer Kirche von Art. VII des Augsburgischen Bekenntnisses[409]: Wo es die Predigt von der Rechtfertigung des Sünders gibt und Gottesdienst mit Taufe und Abendmahl entsprechend der Einsetzung durch Christus gehalten wird, ist wahre Kirche vorauszusetzen.[410] Jeden weitergehenden Versuch, wahre Kirche zu gestalten, lehnt Preul ab (S.84f.102f.181f). Kirche ist für ihn im wesentlichen Bildungsinstitution, die das Gewissen und Wirklichkeitsverständnis von Menschen bildet, und Volkskirche, die mit allen zu kommunizieren sucht und von ihrem Wesen her demokratisch ist (S.140ff.178ff.204ff). Hinsichtlich ihrer Funktionen begleitet sie die Menschen an entscheidenden Punkten ihrer Biographie (S.242ff), stellt einen kulturellen Faktor dar (S.268ff) und nimmt zu politischen und gesellschaftlichen Themen Stellung (S.343ff.368ff). Am Ende ist mit dieser Kirchentheorie wieder der von der Praktischen Theologie begleitete *status quo* der protestantischen Volkskirche beschrieben. Eine Reformation auf der Basis der neutestamentlichen Gemeindelehre wird dieser Entwurf sicher nicht auslösen.

4. In jüngster Zeit geht die Tendenz dahin, sich in der Kirchentheorie noch deutlich weiter von der Gemeinde des Neuen Testaments zu entfernen. Leitbild der Avantgarde der neueren Praktischen Theologie ist nicht mehr die Konzentration auf die Kirche und die Frage, was die Kirche zu ihrer geistlichen Auferbauung tun soll (= ekklesiales Paradigma), sondern die Konzentration darauf, wie sich `Religion´ in der Gesellschaft äußert (= religiöses Paradigma). Im Kontext dieses neuen Denkrahmens hat *Martin Kumlehn* eine Kirchentheorie vorgelegt.[411] Ihm geht es ausdrücklich um eine „Umformung der traditionellen Ekklesiologie" (S.15). Der Ausgangspunkt für seine Kirchentheorie ist nicht mehr die Lehre von der

---

[409] „Es wird auch gelehrt, dass alle Zeit müsste eine heilige christliche Kirche sein und bleiben, welche ist die Versamlung aller Gläubigen, bei welchen das Evangelium rein gepredigt und die heiligen Sakramente laut des Evangeliums gereicht werden" (*C.A.* VII).
[410] R. Preul, *aaO.*, S.76-83.98-102.171f.200.
[411] M. Kumlehn, *Kirche im Zeitalter der Pluralisierung von Religion: Ein Beitrag zur praktisch-theologischen Kirchentheorie*, Gütersloh: Chr. Kaiser / Gütersloher, 2000.

Kirche. Er geht von den verschiedenen Ausdifferenzierungen von 'christlicher' Religiosität in der Kultur aus (S.17f und 171f). Eine (umgedeutete) Rechtfertigungslehre wird zur Begründung des religiösen Pluralismus herangezogen (S.247f). Die Kirche selbst soll einen „erfahrungsoffenen Zugang zur Vielfalt religiöser Praxis" gewinnen (S.246f) und ihrerseits in der Gesellschaft religionsvermittelnd fungieren[412]. Die Kultur mit all ihren zukunftsweisenden Aspekten soll vom Gedanken des Reiches Gottes her gedeutet und durchdrungen werden (S.236ff). Die Kirche als solche tritt in den Hintergrund und überlebt sich im Horizont des Reiches Gottes schließlich selbst (S.244). Solch ein – vom theologischen Liberalismus bestimmtes – Kirchenverständnis hat mit dem, wie sich die apostolische Gemeinde des Anfangs im Kontext der damaligen hochreligiösen Umwelt positioniert und verstanden hat, kaum mehr etwas gemeinsam.

4.2 Eckdaten einer schriftgemäßen Kirchentheorie:
Vor 70 Jahren machte die deutsche Evangelische Kirche die bittere Erfahrung, dass es plötzlich Mehrheiten gab, die sowohl die Botschaft als auch die Gestalt der Kirche 'zeitgemäß' verändern wollten. Damals brachte die Minderheit einer Bekennenden Kirche die Kraft auf, diesem Anspruch der so genannten 'Deutschen Christen' mit der *Barmer Theologischen Erklärung* vom 31. Mai 1934 zu widerstehen. In Art. 3 bekannte sie: „Die christliche Kirche ist die Gemeinde von Brüdern, in der Jesus Christus in Wort und Sakrament durch den Heiligen Geist als der Herr gegenwärtig handelt. Sie hat mit ihrem Glauben wie mit ihrem Gehorsam, mit ihrer Botschaft wie mit ihrer Ordnung mitten in der Welt der Sünde als die Kirche der begnadigten Sünder zu bezeugen, dass sie allein sein Eigentum ist, allein von seinem Trost und von seiner Weisung in Erwartung seiner Erscheinung lebt und leben möchte. Wir verwerfen

---

[412] „Um den Kontakt zur individuellen bzw. gesellschaftlichen Realität gelebter Religion (wieder-) herzustellen, muss die Kirche darum ihre Konzentration auf die binnenkirchlichen Erfahrungsräume christlichen Glaubens aufgeben und sich verstärkt als eine *religionsvermittelnde Organisation* begreifen"; *aaO.*, S.15.

die falsche Lehre, als dürfe die Kirche die Gestalt ihrer Botschaft und ihrer Ordnung ihrem Belieben oder dem Wechsel der jeweils herrschenden weltanschaulichen und politischen Überzeugungen überlassen." Damit war – deutlicher noch als in der Reformation – ausgesagt, dass nicht nur die Botschaft, sondern auch die Ordnung der Kirchen zu ihrem unveräußerlichen Bekenntnisstand gehört. Diese Erkenntnis gilt es angesichts heute herrschender weltanschaulicher, aber auch theologischer Mehrheitsmeinungen zu bewähren und umzusetzen. Eine Kirchentheorie, die hinter die Barmer Theologische Erklärung zurückfällt, kann keine gute Kirchentheorie sein.

Als Teil der Praktischen Theologie hat die Kirchentheorie die Aufgabe, eine kritisch-konstruktive Theorie zwischen Praxis und Praxis zu sein. Sie leitet 1. dazu an, die aktuelle Gestalt der Kirche (und wie es dazu gekommen ist) zu analysieren. Kirchen- und Theologiegeschichte stehen ihr dazu genauso zur Verfügung wie Kirchen- und Konfessionskunde oder auch Religions- und Kirchensoziologie. Sie hat 2. die Aufgabe, die vorfindliche Gestalt der Kirche kritisch zu beurteilen, und zwar unter dem Gesichtspunkt, wie es von der gegebenen Praxis zu einer besseren Praxis kommen könnte. Um den Ist-Zustand zu beurteilen und zu entscheiden, was vergleichsweise 'besser' ist, bedarf es eines Maßstabs. Die Norm für die Qualität der Praxis und Gestalt von Kirche kann nun aber weder die Tradition sein noch ihr Erfolg oder irgendwelche Erwartungen bzw. Ansprüche, die an sie herangetragen werden. Der primäre Maßstab um zu beurteilen, ob Kirche so, wie sie sich darstellt und wie sie aktuell handelt, geistlich gesehen 'gut' ist – und wie dies 'besser' werden kann -, kann allein die Heilige Schrift sein.[413] Dabei spielt hinsichtlich der Botschaft und Ordnung der Kirche das Neue Testament und sein normatives Reden von Gemeinde

---

[413] Sekundäre Qualitätsmaßstäbe – etwa ob und wie die Kirche organisatorisch, finanziell, kommunikativ, kirchenmusikalisch, architektonisch, usw., optimal fungiert – haben ihre Berechtigung, müssen aber prinzipiell hinter der Heiligen Schrift als primärem Kanon, an dem alles zu messen ist, zurücktreten.

die entscheidende Rolle. Von da aus kann die Kirchentheorie dann 3. Kriterien gewinnen, um Handlungsanweisungen für die Reform des *status quo* zu geben.[414]

Im Rahmen einer schriftgemäßen Kirchentheorie ist es wesentlich, dass der eigene kirchliche *status quo* theologisch nicht (in einer Art `Natürlicher Theologie´)[415] zur `Platzanweisung Gottes´ hochstilisiert wird. Dies wäre eine Immunisierungsstrategie, die letztlich Gott gegen sein Wort ausspielt. Eine Kirche, die sich als `Geschöpf des Wortes´ (*creatura verbi*) versteht und nicht zum Geschöpf menschlicher Ideen und Entwicklungen verkommen will, wird eine sich ständig anhand des Wortes Gottes reformierende Kirche bleiben wollen. Dabei gilt es, gleichermaßen unbestechlich den eigenen Ist-Zustand und den neutestamentlichen Soll-Zustand in den Blick zu nehmen. Aus der Differenz zwischen beidem ergibt sich ein zugleich schriftgemäßes und situationsbezogenes Gemeindeerneuerungsprogramm. `Situationsbezogen´ heißt dabei: Die tatsächliche Situation ist immer der Ausgangspunkt. Sie mag sich für eine gegebene volkskirchliche Gemeindewirklichkeit anders darstellen als für die einer bestimmten landeskirchlichen Gemeinschaft (gleich welches `Gnadauer Modells´)[416], und wieder anders für ei-

---

[414] Siehe dazu auch H. Stadelmann, „The Need for Ecclesiological Prolegomena in the Pursuit of Practical Theology", *Trinity Journal*, 19 NS (1998), S.219-233.

[415] Die so genannte `Natürliche Theologie´ leitet theologische Aussagen aus der Natur und Geschichte ab, indem sie diese als Offenbarungsquellen versteht. Tatsächlich kann immer nur anhand der speziellen Offenbarung, wie sie uns in der Heiligen Schrift gegeben ist, beurteilt werden, was in der Geschichte oder Natur tatsächlich offenbarungskonform ist!

[416] Innerhalb des Gnadauer Evangelischen Gemeinschaftsverbandes als Dachverband der Landeskirchlichen Gemeinschaften unterscheidet man seit Christoph Morgners Präsesbericht 1990 drei Modelle, nach denen Gemeinschaften – je nach dem Maß noch verbleibender Kirchenverbundenheit – arbeiten: 1. Ergänzender Dienst; 2. Partiell stellvertretender Dienst; 3. Alternativ stellvertretender Dienst; vgl. Chr. Morgner, *Gemeinschaftsbewegung in der Kirche: Eine Standortbestimmung. Brief an die Mitarbeiter in unseren Gnadauer Gemeinschaften*, Gnadauer Zentrale: Dillenburg 1991. Dazu kommt als im

ne bestimmte Gemeindegestalt in einer der klassischen Freikirchen oder einer der vielen unabhängigen Gemeindeneugründungen unterschiedlicher Couleur. Vom Standpunkt dieser Situation aus ist als Ziel konsequent das ins Auge zu fassen, was Gott in seinem Wort quasi als `Bauplan´ der Gemeinde bzw. Vision vorgibt. Dieses Ziel ist nicht einfach global zu fassen („Wir wollen `Kirche nach dem Evangelium´ bzw. `Gemeinde nach dem Neuen Testament´ darstellen"). Vielmehr ist zu entscheiden, was konkret zu ändern ist hinsichtlich Gestalt oder Botschaft dieser Gemeinde, um auf einem ihrer Praxisfelder zu spezifischen Reformschritten zu kommen.

Als Grundregel gilt dabei: Jeder Schritt in die richtige Richtung ist ein richtiger Schritt. Und mehr als einen Schritt nach dem anderen wird man nicht tun können. Denn die Kirchengeschichte beginnt nicht erst heute mit uns. Vielmehr hat sie – oft über sehr viele Schritte und lange Wege – zu dem heutigen *status quo* geführt. Von diesem *status quo* soll der Reformer aber nicht in einsamer Radikalität aufbrechen, sondern mit seiner ganzen Gemeinde Schritte mit dem Wort Gottes hin zu diesem Wort finden. Eine schriftgemäße Kirchentheorie intendiert von daher gewissermaßen kollektive Bibeltreue. Denn wenn um der Verbesserung an einer spezifischen Stelle willen die Einheit der Gemeinde zerreißt, hat man das, was man an dem einen Punkt an Schriftgemäßheit gewonnen hat, am anderen Punkt verloren. Von daher gehört zu einer schriftgemäßen Kirchentheorie auch die Einsicht, dass biblisch motivierte Veränderungen nur so gelingen können, dass es durch biblische Lehre in der Gemeinde zu biblischen Überzeugungen kommt, aus denen die Motivation für Veränderungen erwächst, die eine Gemeinde hinsichtlich ihrer Ordnung und ihres Zeugnisauftrags näher zur Bibel bringen. So kann sich Bibeltreue praktisch bewähren.

Grunde freikirchliche Variante das sog. `Modell 4´, das Gemeinschaften bezeichnet, die völlig selbständig von der Kirche ein volles Gemeindeprogramm gestalten.

12

DIE FRAUENORDINATION – EIN TESTFALL FÜR BIBELTREUE ?

Am 30. November 2004 diskutieren der Ratsvorsitzende der Evangelischen Kirche in Deutschland, Bischof Wolfgang Huber, und der Vorsitzende der katholischen Deutschen Bischofskonferenz, Kardinal Karl Lehmann, im Südwest-Fernsehen zum Thema `Ökumenische Eiszeit?´. Nein, von einer Eiszeit in den ökumenischen Beziehungen wollen beide nichts wissen. Die Sendezeit geht dem Ende zu; die Uhr ist kurz vor Mitternacht. Da fragt die Moderatorin, ob die evangelische Kirche sich beim Gelingen der Ökumene den Papst als Sprecher aller Christen vorstellen könne. Huber weicht aus: das sei augenblicklich überhaupt kein Thema für ihn. Vordringlicher sei etwas anderes, das habe er kürzlich auch dem römischen Ökumenebeauftragten, Professor Kasper, gesagt: für die reformatorischen Kirchen sei es im Prozess des ökumenischen Zusammenwachsens auf jeden Fall unabdingbar, dass die Befähigung von Frauen zum geistlichen Amt bis hin zum Bischofsamt von katholischer Seite akzeptiert werde! Das Publikum applaudiert, der Kardinal wechselt das Thema. Die Frauenordination aber steht als scheinbar zentrales reformatorisches Anliegen im Raum.

1. Die Frauenordination und die Kirchen der Reformation.

Tatsächlich hat sich in Sachen Frauenordination einiges getan im evangelischen Deutschland. Am 4. April 1992 wählt die Synode der Nordelbischen Evangelisch-Lutherischen Kirche die Zahnarzttochter und Theologin *Maria Jepsen* zur ersten lutherischen Bischöfin der Welt. Die Feministinnen jubeln. Endlich steht auch in der Kirche Frauen jeder Posten offen. Wenige Jahre zuvor wäre das noch undenkbar gewesen. Aber in Konsequenz der Frauenrechtsbewegung war es zwischen 1969 und 1991 allmählich in allen deutschen Landeskirchen zu einer Durchsetzung der Frauenordination gekommen. Mit den Worten: „Die Entscheidung, die vor uns liegt, bewegt sich nicht in einem schroffen Gegensatz von absolut falsch und absolut richtig. Gott leite uns mit der Kraft seines Heiligen Geistes"[417], hatte Bischof Herrmanns am 5. Oktober 1991 die Landessynode seiner Schaumburg-Lippischen Kirche zur Abstimmung über die Frauenordination aufgerufen. Mit großer Mehrheit stimmte auch diese letzte Landeskirche innerhalb der EKD an diesem denkwürdigen Tag für die Ordination von Pastorinnen. Damit wurde innerhalb von 22 Jahren gekippt, was fast 2000 Jahre gültig war. Und nicht nur das. Kaum war Frau Jepsen zur Bischöfin ernannt, formulierte eine Studie des Rates der EKD mit dem Titel *Frauenordination und Bischofsamt* unmissverständlich: „Die Kritik an der Wahl einer Frau in das evangelische Bischofsamt verlässt ... den Boden der evangelischen Kirche... Aber auch eine prinzipielle Kritik an der Frauenordination verlässt den Boden der in der evangelischen Kirche geltenden Lehre."[418] Diejenigen, die eben noch gegen die vermeintliche Ausgrenzung von Frauen angetreten waren, grenzten nun alle aus, die anderer Überzeugung waren als die Befürworter dieser kirchengeschichtliche Neuerung.

Martin Luther hätte, wenn es danach geht, in seiner lutherischen Kirche keinen Platz mehr gehabt. Dass Frauen im Rahmen des Allgemeinen Priestertums Zeugen Christi sein sollten, war für den Reformator zwar selbstverständlich (*W.A.* 12,289,101; 30/II,524,35). Auch dass christliche Frauen Nottaufen durchführen können, war für ihn kein Problem (*W.A.* 12,180,30ff). Aber aus biblischen Gründen schließt Luther aus, dass Frauen zum Predigtamt berufen sind: „Neyn, sant Paulus verbeuet das, wenn sich ein weyb hervor wolt thun in versamlung der menner tzu predigen!" (*W.A.* 10/III,171,5ff; vgl. 10/II,497,28-498,6; 26,46ff; 30/III 524,23ff; 50,633,12ff). Auch die lutherischen Bekenntnisschriften kennen keine Ordination zum weiblichen Predigtamt.

---

[417] Landesbischof Heinrich Herrmanns, „Beitrag für die Entscheidung zur Frauenordination", *idea-Dokumentation*, Nr. 28/91, S.23.
[418] Kirchenamt der EKD (Hrsg.), *Frauenordination und Bischofsamt*, Hannover 1992, S.3f.

Wenn Theologen heute die Frauenordination als die allein konsequente – ja, vielleicht sogar als die allein mögliche! – lutherische Position hinstellen, vertreten sie damit das, was Luther lebenslang abgelehnt hat.[419] Wie so oft muss hier Luther gegen seine liberalen (Neo-)Lutheraner in Schutz genommen werden. Sie werfen ihm vor, er sei eben noch in der mittelalterlichen Ständeordnung befangen gewesen. Der Reformator berief sich aber nicht auf die Gesellschaftsordnung, sondern auf die neutestamentliche Zuordnung von Mann und Frau. Sie spielen das Allgemeine Priestertum gegen das neutestamentliche Lehrverbot für Frauen aus. Der Reformator ließ aber aus Achtung vor dem Wort Gottes komplementär sowohl das Allgemeine Priestertum als auch den Ausschluss eines weiblichen Hirten- und Lehramtes in 1Kor 14 und 1Tim 2 als Gottes gültigen Willen gelten. Kurz: Luther war nicht bereit, sich eine Bibel in Auswahl zurechtzuschneiden, mit der man dann alles ʼbeweisenʼ kann, was den wechselnden Trends der Zeit entspricht. Sein: „Das Wort sie sollen lassen stahn!" galt für den Reformator auch dann, wenn es um die Frauenordination ging.

Tatsächlich kam es in den Kirchen der Reformation erst spät und nur allmählich zu einer Veränderung an diesem Punkt, der seit den apostolischen Zeiten weltweit kirchlicher Konsens war.[420] Dabei war die erste Frauenordination in der Kirchengeschichte nicht einmal bibelkritisch motiviert. Im Umfeld der

---

[419] Ein typisches Beispiel für solch eine liberale Vereinnahmung von Luther ist die Dissertation von Christine Globig, *Frauenordination im Kontext lutherischer Ekklesiologie: Ein Beitrag zum ökumenischen Gespräch*, Göttingen: Vandenhoeck & Ruprecht, 1994, vgl. S.23-48 und 143-182: Wenn man die Lehre vom Allgemeinen Priestertum im Licht von Gal 3,28 als Ermöglichung der Frauenordination interpretiere, hätte man Luther besser verstanden, als er sich selbst verstanden hat.

[420] Zum Zeugnis der Alten Kirche und biblischen Begründung der Ablehnung der Frauenordination in der Katholischen Kirche siehe Manfred Hauke, *Die Problematik um das Frauenpriestertum vor dem Hintergrund der Schöpfungs- und Erlösungsordnung*, Paderborn: Bonifatius, 1982, 496 S.

Erweckungsbewegung von Charles Finney hatten sich Christen unter Berufung auf die Bibel für die Abschaffung der Sklaverei engagiert. Als sich unter ihnen eine junge Frau, *Antoinette Brown*, für den geistlichen Dienst berufen sah, traten diese Erweckten nun auch unter Berufung auf Galater 3,28 („Da ist ... weder Mann noch Frau, sondern allzumal einer in Christus") für die Ermöglichung des Predigtamtes für Frauen ein. Am 15. September 1853 wurde Miss Brown in South Butler, New York, durch den Mitbegründer der American Wesleyan Methodist Church, Pastor Luther Lee, zur Pastorin ordiniert.[421] Erst hundert Jahre später, nämlich im Jahr 1956, wurde in einer liberalen Methodistenkirche in den U.S.A. wieder eine Frau als Pastorin ordiniert. Und am Palmsonntag 1960 fand in der lutherischen Staatskirche Schwedens die erste lutherische Ordination einer Pfarrerin statt. Zuvor hatte der schwedische Staat Druck auf die Kirche ausgeübt. Denn bei Staatsbeamten – und als solche wurden auch die Pfarrer angesehen – dürfe es generell keine Benachteiligung von Frauen geben.

Anders war die Diskussion innerhalb der Bekennenden Kirche in Deutschland verlaufen.[422] Sie hatte, als in der Kriegszeit viele Pfarrer im Feld waren und die Gemeinden keine Verkündiger hatten, als Notordnung im ethischen Konflikt den Predigtdienst von Frauen erlaubt (als ein Amt *sui generis*), aber zugleich die Ordination zur Pfarrerin abgelehnt. Das wollten feministisch engagierte Kreise in den 1960er Jahren mit prominenter Unterstützung ändern. In einem Geleitwort zum dem von Leonore Volz herausgegebenen Buch *Frauen auf der Kanzel?* schrieb der damalige Kirchentagspräsident (und spätere Bundespräsident) *Richard von Weizsäcker*: „Es ist nicht schwer, Beifall zu finden, wenn man sich öffentlich

---

[421] Luther Lee, „Woman's Right to Preach the Gospel: A Sermon, preached at the Ordination of the Rev. Miss Antoinette L. Brown" (1853), in: Donald W. Dayton (Hrsg.), *Five Sermons and a Tract by Luther Lee*, Chicago: Holrad House, 1975, S. 77-100.
[422] Vgl. Dagmar Herbrecht u.a. (Hrsg.), *Der Streit um die Frauenordination in der Bekennenden Kirche: Quellentexte zu ihrer Geschichte im Zweiten Weltkrieg*, Neukirchen-Vluyn: Neukirchener, 1997, 511 Seiten.

für die Frau auf der Kanzel einsetzt. Einer wachsenden Zahl von Menschen ist nur mit Mühe verständlich, dass hier überhaupt noch eine ernsthafte Frage bestehen könnte... Ich vermute, dass es wirklich nur noch eine Frage der Zeit ist, bis wir die Phase der Auseinandersetzungen über ʻTheologinnen-Gesetzeʼ hinter uns haben. Wir werden, wie ich meine, uns gemeinsam zur Erkenntnis durchringen, dass nicht das Weib, sondern der Unmündige in der Gemeinde schweigen möge, einerlei, welchen Geschlechts er sei, und dass Mann und Frau im geistlichen Amt nicht prinzipielle, sondern praktische Unterscheidungen nahe legen."[423] Weizsäcker hatte in seiner Prognose Recht: eine Landeskirche nach der anderen änderte ihre Position. In den Landeskirchlichen Gemeinschaften begann eine unübersichtliche Diskussion, die zu einer uneinheitlichen Praxis hinsichtlich Predigerinnen führte.[424] Evangelische Freikirchen

---

[423] Richard von Weizsäcker in: Leonore Volz (Hrsg.), *Frauen auf der Kanzel? Eine brennende Frage unserer Kirche*, Stuttgart: Quell, 1967, S.5.

[424] In dem vom Dienst von Diakonisssen geprägten Deutschen Gemeinschafts-Diakonieverband (DGD) vertrat Pastor Emanuel Scholz schon 1964, dass Frauen vor allem vor Frauen, bei einem Mangel an Predigern, aber auch bei besonderer Begabung das Predigtamt problemlos wahrnehmen könnten, E. Scholz, *Die Frau im Verkündigungs- und Zeugendienst der Gemeinde*, Marburg: Francke, 1964, S.49ff; für Norbert Schmidt, „Ausbildung von Frauen im Theologischen Seminar Brüderhaus Tabor" (Marburg: Tabor, März 1997), S.9+12, gilt, dass ein Text wie 1Tim 2,9ff „als kulturell nicht mehr relevant" zu lesen ist, und Stellen, die das Lehren von Frauen einschränken, „keine allzeit gültige Gemeindeordnung im Sinne von kanonischem Recht" seien. Von begabten Frauen in der Mission her sprach sich der damalige Leiter des Theologischen Seminars St.Chrischona, Reinhard Frische, programmatisch für „Frauen in den Verkündigungsdienst!", *Chrischona aktuell*, 10 (1/2001), S.3, aus. Im gleichen Sinn forderte der Präses des Gnadauer Evangelischen Gemeinschaftsverbandes, Christoph Morgner, eine verstärkte Einbeziehung von Frauen in den Verkündigungs- und Leitungsdienst, da dem keine biblischen Aussagen entgegenstünden angesichts dessen, dass strittige Stellen nur in ihrem historischen Zusammenhang zu sehen seien und Paulus in einer Zeit wie der heutigen, „in der Frauen ihr Abitur ablegen, Professoren- und Ministerämter bekleiden", ähnliches nicht schreiben würde (*ideaSpektrum*,

wie der Bund Evangelisch Freikirchlicher Gemeinden mit seinem Beschluss zur Frauenordination und Ermöglichung des Dienstes von Pastorinnen vom Mai 1992 folgten den protestantischen Landeskirchen – teils durchaus mit offen bibelkritischer Begründung[425]. Andere Freikirchen diskutieren diese Frage noch[426] oder

---

8/1993, S.8). – Anders votiert der Evangelische Verein für Innere Mission Augsburgischen Bekenntnisses (*Stellung und Dienst der Frau in der Gemeinde,* Karlsbad-Langensteinbach, 23. 10. 2004), der Siegerländer Gemeinschaftsverband (*Die Frau in der Gemeinde Jesu: Arbeitspapier*, Siegen-Weidenau: Ev. Gemeinschaftsverband Siegerland und Nachbargebiete, 18. 04. 1988) sowie die Evangelische Gesellschaft für Deutschland (*Leitlinien zum Dienst der Frau in der Gemeinde*, hrsg. Klaus Riebesehl, Radevormwald: Ev. Gesellschaft, 2004, 49 Seiten), die Frauenordination, hauptamtlichen Pastorinnen- und Ältestendienst von Frauen u.ä. ausschließen. Zurückhaltend votieren auch H. Hempelmann, *Gottes Ordnungen zum Leben: Die Stellung der Frau in der Gemeinde*, Bad Liebenzell: VLM, 2003, und W. Neuer, *Mann und Frau in christlicher Sicht*, Gießen: Brunnen, 1981.

[425] G. Wagner / I. Wieser, „Das Bild der Frau in der biblischen Tradition", *Theologisches Gespräch*, 3-4 und 5-6 / 1980, S.18-33: Dass Maria Magdalena als Zeugin des Auferstandenen nicht zum Apostel gewählt worden sei, könne nur mit dem damaligen jüdischen Vorurteil gegen Frauen zu tun haben (S.25f); Stellen wie Gal 3,26ff, 1Kor 7 u. 11,2-16 zeigten, dass Paulus zwar „die sozialen Konsequenzen der eschatologischen Gabe des Geistes prinzipiell erkannt (habe), mit ihrer Durchsetzung in der Praxis allerdings einige Mühe hatte" (S.28); bei Stellen wie 1Tim 2,11-15 und 1Kor 14,33b-35 handele es sich um „nachpaulinische Entwicklungen", die nicht von einem Apostel stammen könnten: diese Texte seien „als höchst bedauerliche Konzessionen an den alten Adam" und als ein „Rückfall" anzusehen (S.30+31). – Andere argumentierten nicht bibelkritisch, sahen in der Ordination von Frauen zum Pastorendienst im Fall der Begabung dafür aber einen „evangeliumsgemäßen" Weg in Übereinstimmung mit Gal 3,26ff und schwiegen sich über das entgegen stehende Schriftaussagen aus, so E.P. Brandt, „Theologischer Zwischenruf zur Diskussion um den Dienst der Frau", *Die Gemeinde*, 16/1990, S.4-5.

[426] So der Bund Freier evangelischer Gemeinden, vgl. das Votum der Bundesleitung für den 'Bundestag' vom 16. Sept. 2000 (*Frauen in der Gemeindeleitung*, Witten: Bundeshaus BFeG, 2000, 11 Seiten). Vgl. aber schon 1985 Gerhard Hörster, „Frauen auf die Kanzel?", *PUNKT*,

lehnen die Frauenordination ab[427]. In den U.S.A. ist bereits seit 20 Jahren auch unter Evangelikalen eine Tendenz festzustellen, sich nach und nach von einer neutestamentlich begründeten Zurückhaltung gegenüber der Frauenordination zu lösen und – weil man aus fundamentaltheologischen Gründen nicht bibelkritisch argumentie-

---

7-8/1985, S.8: „Eine Mitarbeit von Frauen in der Leitung von Gemeinden ist nach dem Gesamtzeugnis des Neuen Testaments nicht untersagt, aufgrund der Erlösungsordnung nahe liegend und aufgrund der seelsorgerischen Gemeindesituation empfehlenswert... Eine Mitarbeit von Frauen in der Verkündigung ist im Neuen Testament auf der einen Seite praktiziert und auf der anderen Seite in einem Brief ausdrücklich untersagt. Sie ist darum eine Ermessenssache." Vgl. auch G. Hörster, „`Einer Frau gestatte ich nicht...´: Frauen in der Gemeindeleitung – der biblische Befund", *Christsein Heute*, 21/2000, S.4-7, wo er (S.6f) unter Berufung auf eine längst widerlegte `Übersetzung´ von 1Tim 2,12, wie sie Catherine und Richard Clark Kroeger aufgebracht hatten, des Lehr- und Leitungsverbot von Frauen relativiert. Frau Kroeger hatte 1979 das dort gebrauchte Wort *authenteo* zunächst mit Fruchtbarkeitsriten in Verbindung gebracht, was in der Fachliteratur aber auf Ablehnung stieß: 1992 hatte sie dann als `Übersetzung´ vorgeschlagen: „sich als Urheber (des Mannes) bezeichnen", was ephesischen Frauen von Paulus verboten werde. Dazu dass sich diese Übersetzung nicht halten lässt sowie zu den immer neuen Interpretationsvorschlägen von Ehepaar Kroeger im Einzelnen, siehe H.S. Baldwin, „Ein schwieriges Wort in 1Tim 2,12", in: A.J. Köstenberger u.a. (Hrsg.), *Frauen in der Kirche: 1.Timotheus 2,9-15 kritisch untersucht*, Gießen: TVG Brunnen, 1999, S.69-88; und A.J. Köstenberger, „Eine komplexe Satzstruktur in 1.Timotheus 2,12", *ebd.*, S.89-113, speziell S.98ff. Die bereits als falsch erwiesene und offensichtlich vom Wunsch nach einem bestimmten Ergebnis bestimmte Übersetzung von 1Tim 2 wird nun bedauerlicherweise trotzdem auch auf deutsch weit publiziert, s. R. und C. Clark Kroeger, *Lehrverbot für Frauen? Was Paulus wirklich meinte*, Witten: R.Brockhaus, 2004.

[427] So die schweizerischen Freien ev. Gemeinden: *Die Frau in der Gemeinde: Eine theologische Stellungnahme des Bundes Freier Evangelischer Gemeinden in der Schweiz* (ohne Ort und Jahr, aber nach Mitte der 1990er Jahre); vgl. auch die Stellungnahme von M. Liebelt, *Frauenordination: Eine Bestandsaufnahme zur Kontroverse um die Frage nach der Ordination der Frau im freikirchlichen und evangelikalen Bezugsrahmen des Mülheimer Verbandes* (2001).

ren will – mit den unterschiedlichsten Interpretationen zu einer Unbedenklichkeitserklärung für das Lehr- und Leitungsamt von Frauen zu kommen.[428]

Eine ganz andere Frage ist, ob von Weizsäcker theologisch richtig lag. Immerhin waren es biblische Gründe, die die Kirchen weltweit durch die gesamte Kirchengeschichte hindurch davon Abstand nehmen ließen, Frauen zum Hirten- und Lehrdienst zu ordinieren. Werfen wir einen Blick auf die biblische Evidenz.

2. Die Frauenordination und der eigenständige Befund des Neuen Testaments.

2.1 Prolog in Ephesus:
Versetzen wir uns in unseren Gedanken einmal in die Stadt Ephesus. Man schreibt das Jahr 53, Frühjahr 53. Seit dem vergangenen Herbst wohnen Christen in dieser Stadt: ein Handwerkerehepaar mit Namen Aquila und Prisca. Vor einigen Monaten sind sie von Korinth hierher umgezogen. Der bekannte christliche Missionsstratege Paulus hatte sie darum gebeten. Ihr Haus soll in dieser heidnischen Hauptstadt ein Missionsstützpunkt werden für seine nächste Missionsreise.

---

[428] Vgl. dazu den informativen Beitrag von Robert W. Yarbrough, „Die Hermeneutik von 1. Timotheus 2,12", in: A.Köstenberger u.a., *Frauen in der Kirche*, Gießen: TVG Brunnen, 1999, S.185-245. Als Beispiel für solche `evangelikale´ Interpretationskünste, die widerständige biblische Aussagen als kulturell bedingte historische Schale vom evangeliumsbestimmten Kern lösen und so ohne offene Bibelkritik Reste eines von der Erlösung her überwundenen Patriarchats überwinden wollen, kann der im Rahmen der Kommission für Frauenfragen der Weltweiten Evangelischen Allianz entstandene Titel gelten: M.B. Smith / I. Kern (Hrsg.), *Ohne Unterschied? Frauen und Männer im Dienst für Gott*, Gießen: Brunnen, 2000, wo Rudolf Westerheide im Geleitwort (S.9) treffend bemerkt: „Wir machen alles so wie alle anderen auch – nur zwanzig Jahre später als die Gesellschaft und fünfzehn Jahre später als die liberalen Kirchen." Siehe dazu auch die Rezension von J. Eber in *JETh*, 15 / 2001, S.223f.

Heute morgen haben Prisca und Aquila zusammen mit anderen Christen am Hafen einen gesegneten Gottesmann verabschiedet: Apollos von Alexandria. Wenn jetzt in einigen Wochen noch Paulus eintrifft, wird bestimmt eine kleine christliche Gemeinde entstehen. Prisca und Aquila sind bereit, ihr Haus für die neue Gemeinde zur Verfügung zu stellen (vgl. Apg 18,18-19,1; 1Kor 16,19). Und dann werden sich neue Fragen ergeben: unter anderem auch Fragen nach den Diensten und geistlichen Ämtern in der wachsenden Hausgemeinde. Wie wird sich Aquila einbringen können, wie Prisca? Dass sie beide mit ihrem ganzen Einsatz Jesus dienen werden, ist eine Entscheidung, die in ihrem Leben schon lange gefallen ist. Im Missionsdienst mit Paulus haben sie im Einsatz für das Evangelium schon ihr Leben riskiert (Rö 16,3f). Zweifellos haben sie beide die Gnadengabe der Erkenntnis und der Lehre. Gerade in diesen Tagen haben sie diese Gabe einsetzen können. Nein, nicht in der Predigt in der Synagoge. Das war nicht ihr Amt. Ganz anders: Sie hatten Apollos bei sich zu Gast. Und da hat sich gezeigt, dass dieser begnadete Prediger und Kenner des Alten Testaments in der Tauffrage noch unsicher war. Ihm war nur die Johannestaufe bekannt. Da haben sie beide, Priscilla und Aquila, im Gespräch Apollos näher erklärt, was seit Jesus für die christliche Gemeinde gilt. Sie haben ihm die neutestamentlichen Ordnungen erklärt (Apg 18,25f). So setzen sie als Mann und Frau ihr Charisma ein. Sie wissen: Was sie an jenem Abend diesem Verkündiger im kleinen Kreis weitergeben konnten, wird er einmal von vielen Kanzeln weitersagen.

Was sollen sie angesichts ihres Charismas aber selbst tun, wenn die Gemeinde in Ephesus wächst? Wäre es dann gut und richtig, dass sie beide, zunächst natürlich zusammen mit Paulus, den Hirten- und Lehrdienst in dieser Hausgemeinde übernehmen? Sie sind doch schon länger mit Gemeinde vertraut als die anderen. Sie sind Gastgeber der entstehenden Hauskirche. Sie haben als Juden einen guten Durchblick hinsichtlich des Alten Testaments und sie kennen die Ordnungen Gottes für die neutestamentliche Gemeinde (oder, wie sie als Juden sagen würden, sie kennen den „Weg", die „Halakhah" Gottes). Sie haben diesen „Weg", diese Ordnungen Gottes – zumindest was die Tauffrage betrifft – ja gerade erst dem Apollos näher erklärt (Apg 18,26b).

Aber genau da liegt der springende Punkt: Was ist der „Weg Gottes", was ist seine „Halakhah" für die neutestamentliche Gemeinde, wenn es um Dienste, Ämter und Struktur der Gemeinde geht? Darauf kommt es an – auf Gottes Ordnung. Denn es ist ja seine Gemeinde! Also: Würde eine begabte Frau wie Prisca, die nach den Ordnungen Gottes für die Gemeinde fragt und die in der „Halakhah" Gottes unterwiesen ist, die von Jesus und den Aposteln für die Gemeinde vorgezeichnet wurde – würde solch eine Frau in der einen, heiligen und apostolischen Gemeinde des Neuen Bundes das Lehr- und Leitungsamt bzw. den Hirten- und Lehrdienst anstreben können? Das ist die Frage, um die es geht.

2.2 Ein Blick auf die Umwelt des Neuen Testaments:
Vielleicht denkt jetzt einer: Damals in der Zeit der Apostel würde eine Frau den Hirten- und Lehrdienst nur deswegen nicht für sich beansprucht haben, weil die Umwelt immer noch so frauenfeindlich war, dass eine Frau einfach aus Rücksicht auf die patriarchalischen Strukturen der Umgebung nicht Pastorin oder Ältestin werden konnte.[429] Vielleicht fällt ihm dann aber gleich schon selber ein, dass die ersten Christen damals an sich aber durchaus willens waren, gegen den Strom zu schwimmen. Vieles, was sie glaubten und taten, wurde von ihrer Umgebung

---

[429] Ähnlich W. de Boor, *Der erste Brief des Paulus an die Korinther*, 2.Aufl., Wuppertal: R.Brockhaus, 1973, S.248, zu 1Kor 14,33b-36: „Der Gesichtspunkt des Apostels, wenn er unseren Abschnitt in seinem Brief schrieb, ist einfach der: Die Gemeinde Jesu kann und darf der Frau nicht eine Stellung geben, die sie sonst in der Öffentlichkeit nicht hat und die dem sittlichen Empfinden der Zeit widerspricht. Dann heißt es aber für uns heute: die Gemeinde Jesu kann und darf der Frau nicht eine Stellung verweigern, die sie sonst in der Öffentlichkeit hat und die dem ganzen selbstverständlichen Empfinden der Zeit entspricht."

anders gemacht, anders gesehen, oder gar bekämpft. Doch für Gottes Wahrheit waren diese Christen bereit, Unverständnis (und Schlimmeres) zu ernten. Bevor wir also allzu schnell behaupten, die Urgemeinde hätte nur aus Rücksicht auf ihre Umwelt keine Pastorinnen gehabt, schauen wir uns lieber erst einmal an, was in der damaligen Umwelt galt – und was nach Gottes Ordnung in der christlichen Gemeinde gelten sollte.

Werfen wir zunächst einen Blick auf das *Judentum*. Was galt für den Tempel? Im Jerusalemer Tempel gab es einen abgestuften Zugang zum Heiligtum; die Frauen hatten ihren eigenen Vorhof (Josephus, *Contra Ap.* 2,8; *Bell.* V. 5,2). Priesterinnen hat es im Tempel Jahwes nie gegeben. – Und wie war es in der Synagoge? Zur Synagoge hatten Frauen selbstverständlich Zutritt (Philo, *Spec. leg.* 111,171), ja, sie stellten dort oft einen großen Teil der Zuhörer (j. *Ber.* 9d). Allerdings konnte ein Synagogengottesdienst erst stattfinden, wenn zehn Männer anwesend waren. Wie aus der Bauweise der antiken Synagogen geschlossen werden kann, saßen die Frauen von den Männern getrennt, oft auf einer eigenen Frauengalerie. Frauen, die sich dem Studium der Torah widmeten, dürften die Ausnahme gewesen sein. Eine solche Ausnahme war Berurja, die Gattin des Rabbi Meir, die durch ihre Gelehrsamkeit bekannt war (b. *Ber.* 10a). Dass Mädchen sich mit der Torah beschäftigten, war zwar nicht verboten (b. *Ned.* 4,3). Es gab aber Stimmen wie die von Rabbi Elieser, der vertrat: „Wer seine Tochter die Torah lehrt, ist wie einer, der sie Ausschweifung lehrt!" (b. *Sot.* 3,4). Und in der Mischna wird zu den vier Dingen, die die Welt ruinieren, gezählt, wenn eine Frau Pharisäerin wird (m. *Sotah* 3,4). In der Synagoge konnte man Lesen und Schreiben lernen anhand der Torah. Allerdings wurde in der Mischna ausdrücklich verboten, dass eine Frau als Lehrerin für diesen Elementarunterricht angestellt wird (m . *Kid.* 4,13). Frauen waren zwar zum persönlichen Gebet verpflichtet (dem Achtzehngebet, m. *Ber.* 3,3) , zum Mitsingen des Lobpreises (m. *Suk.* 3,10) und zum Entzünden der Chanukkalichter (b. *Schab.* 23a). Aber Leitungsfunktionen im Gottesdienst, etwa als Synagogenvorsteher, hatten sie nicht.[430] Und auch das Predigen in der Synagoge stand ihnen nicht zu. Ob eine Frau in der Synagoge zur Schriftlesung aufgerufen werden konnte, ist in der Überlieferung umstritten: Einerseits gibt es eine Tradition nach der unter den Sieben, die zur Schriftlesung ausgewählt wurden, auch eine Frau sein konnte; andererseits wird dies später ausdrücklich verboten (t. *Meg.* 4,11; b. *Meg.* 23a Bar.). Leider muss man sagen, dass hinter der Art und Weise, wie man in der Synagoge Frauen einschätzte, nicht immer die Frage nach den Ordnungen Gottes stand, wie sie im Alten Testament niedergelegt waren, sondern eine davon abweichende Abwertung der Frau. Josephus hat diese Haltung in die Worte gefasst: „Die Frau ist in jeder Hinsicht geringer als der Mann" (*c.Ap.* 2,24). Oder auch: „Die Zeugenaussage einer Frau soll wegen der Leichtfertigkeit und Unbesonnenheit ihres Geschlechts nicht anerkannt werden!" (*Ant.* IV.8,15). Rabbi Jehuda schließlich lehrte: „Drei Lobsprüche muss man an jedem Tag sprechen: Gepriesen sei Gott, dass er mich nicht als Heiden geschaffen hat! Gepriesen, dass er mich nicht als Frau geschaffen hat! Gepriesen, dass er mich nicht als Unwissenden geschaffen hat!" (t. *Berakh.* 7,18).[431]

---

[430] Auf einigen Inschriften aus Synagogen der Diaspora werden Titel wie „Synagogenoberhaupt" (*archisynagogos*), „Älteste" (*presbytera*), „Mutter aus der Synagoge" (*meter synagoges*) und „Patriarchin" (*archegissa*) für einzelne Frauen aus der wohlhabenden Schicht gebraucht. J.B. Brooten, *Women Leaders in the Ancient Synagogue*, Chico 1982, S. 149-151, hat daraus geschlossen, dass diese Frauen auch die entsprechende Funktion ausgeübt haben. G. Mayer, *Die jüdische Frau in der hellenistisch-römischen Antike,* Stuttgart 1987, S. 90f, widerlegt dies aber überzeugend mit dem Hinweis, dass auch Kinder, die solche Funktionen noch gar nicht ausüben konnten, derartige Titel trugen. Es geht offenbar in beiden Fällen um Angehörige einer Familie, in der sich das entsprechende Amt vererbt.

[431] Dass die Synagoge mit solchen Akzentuierungen deutlich hinter dem zurück blieb, was das Alte Testament positiv über die Rolle der Frau in Israel zu sagen hat, sei hier nur knapp erwähnt. Das Alte Testament zeigt uns Frauen die singen, beten, ihren Gott bezeugen und prophetisch reden (2Mo 15,20; 1Sam 2,1ff; Ri 4,4; 2Kö 22,14; Ps

Wie stand es nun im Blick auf die religiösen Pflichten und Dienste der Frau im römisch-hellenistischen *Heidentum*?

Es mag genügen, dass wir auf folgendes hinweisen. Frauen in Griechenland hatten zwar in der öffentlichen Volksversammlung, der Ekklesia, nicht das Rederecht.[432] Aber in vielen Kulten der Griechen und Römer hatten Frauen die führende Rolle. Im Demeter-Kult standen dem Oberpriester, dem angesehensten der athenischen Priester, verschiedene Gruppen von Priesterinnen zur Seite: eine ihm im Ansehen gleichgestellte leitende Priesterin (die *dadouchousa*), zwei Priesterinnen aus priesterlichem Adelsgeschlecht (*hierophantides* genannt), und eine Schar von jungfräulichen Priesterinnen. Beim Orakel von Delphi amtierte an oberster Stelle die Pythia, eine seherisch begabte Kultprophetin. Göttinnen wie Aphrodite, Artemis, Athena, Isis oder Vesta hatten ihre Kulte mit Priesterinnen bzw. mit aktiver weiblicher Beteiligung. Auch in den ekstatischen Kulten, wie dem Bacchuskult, und gewissen Mysterienreligionen spielten Frauen eine wesentliche Rolle. Ein Beispiel für die Bedeutung der Frau im griechischen Kult mag genügen. Auf einer Inschrift aus dem 1. Jahrhundert lesen wir folgende Widmung: „Der Stamm der Tethaden an Flavia Ammon, Tochter des Moschus, genannt Aristion, der Hohepriesterin des Tempels von Asia in Ephesus, Vorsteherin, zweifache Kranzträgerin, Priesterin von Massilia, Vorsteherin der Spiele, Ehefrau des Flavius Hermokrates, für ihre Exzellenz und anständiges Leben sowie ihre Heiligkeit".[433] Nicht nur eine hohe Achtung spricht aus diesen Worten. Es wird vielmehr auch klar, dass diese Hohepriesterin des Tempels von Ephesus höchste religiöse Ämter und Ehrenfunktionen innehatte.

68,12; Joel 3,1); und auch im Alltag Israels nehmen Frauen eine durchaus aktive und verantwortungsvolle Stellung ein (Spr 31,10ff; Ri 4-5; 1Sam 25,3ff; 1Kö 10,1ff; 2Kö 11,2f).

[432] *Oxford Classical Dictionary*, Oxford 1970, S. 376.
[433] H. W. Pleket, *Epigraphica II*, Leiden 1969, S. 11

Hätte in solch einer Umgebung die kleine Christengemeinde in Ephesus Anstoß erregt, wenn sie eine Frau wie Prisca schlicht zur `Pastorin´ gemacht hätte? Sicher nicht – höchstens bei den Juden in der Stadt. Aber die Synagoge in Ephesus wollte mit den Christen ohnehin nichts zu tun haben – und zwar aus ganz anderen Gründen (Apg 19,8f)!

Wenn wir im Vergleich zu den Juden einerseits und den Griechen und Römern andererseits nach den Ordnungen Gottes im Neuen Testament schauen, fällt auf, dass die Bibel nicht den Weg der Synagoge geht mit ihrer Frauenverachtung und ihrem weitgehenden Ausschluss der Frau aus dem aktiven Leben und Dienst der Synagogengemeinschaft. Und es fällt auf, dass sie genau so wenig den Weg des hellenistischen und römischen Heidentums geht, in dessen Kulten Frauen vielfach die Leitung ausübten und Priesterinnen waren.

2.3 Anders als die Synagoge: Der neue Weg des Neuen Testaments:

Schon Jesus hat die Frau in ganz anderer Weise geehrt und geachtet als die Synagoge seiner Zeit. Schon im Zusammenhang seiner Menschwerdung berichtet das Neue Testament von Frauen, die Dankpsalmen beten, die wir bis heute als Teil der Bibel haben (Lk 1,46), oder die prophetisch reden (Lk 2,36ff). Zu seiner Nachfolgerschar gehörten auch Frauen (Lk 8,1f). Frauen unterstützten seinen Dienst (Mt 27,55). Frauen nahmen an seiner Lehrunterweisung teil (Lk 10,38ff). Frauen bezeugen, was sie mit Jesus erlebt haben und lösen damit eine geistliche Bewegung aus (Joh 4,39). Der Auferstandene offenbart sich Frauen zuerst (Mt 28,9f; Joh 20,11ff) und Frauen werden die ersten Zeugen des Auferstandenen (Mt 28,7+10). Die Apostelgeschichte berichtet von Frauen, die aktiv an der häuslichen Unterweisung in biblischer Lehre beteiligt sind (Apg 18,26) oder die eine prophetische Begabung haben (Apg 21,9). Und auch Paulus spricht von Frauen, die seine Mitarbeiterinnen im Einsatz für das Evangelium waren, die sich in der Gemeinde einsetzten, ja, für Jesus plagten (Röm 16,3.6.12; Phil 4,2f). Er spricht von Frauen, die beten, und von Frauen, denen Gottes

Geist etwas Aufbauendes oder Seelsorgerliches zu sagen auf das Herz legt (1Kor 11,5ff). Für dieses Beten und prophetische Reden auch der Frauen gibt der Apostel dann nähere Anweisungen (1Kor 14,3f+26ff; vgl. 1Tim 2,9f). Ganz selbstverständlich finden sich auch Diakoninnen in den paulinischen Gemeinden (Röm 16,1). Überhaupt wird der Dienst von Frauen in der Gemeinde geschätzt und erwartet (1Tim 5,3ff.10). In der Familie sollen Mütter bzw. Großmütter ihre Söhne und Enkel im Glauben erziehen (2Tim 1,5; 3,15); und ältere Frauen sollen jüngere in christlicher Familienethik unterweisen (Tit 2,3f). Kurz, das Neue Testament ist voll von Hinweisen auf engagierte Frauen in der christlichen Gemeinde.

Daraus sollte nun aber keine falsche Folgerung gezogen werden. Man könnte angesichts all dieser Aussagen ja die Frage stellen: Liegt es nicht nahe, dass der Geist Gottes, der mit dem Neuen Testament für die christliche Frau die Fesseln der Synagoge sprengte, für Frauen und Männer vielleicht doch grundsätzlich die gleichen Aufgaben eröffnen will? Ist es möglicherweise die Absicht des Geistes Gottes, auch Frauen in den gemeindeleitenden Lehrdienst zu berufen und sie dafür mit seelsorgerlichen und lehrmäßigen Begabungen auszurüsten?

Für das gemeindeleitende Amt kennt das Neue Testament viele Namen. Solche, die diesen Dienst tun, heißen Leiter (Hebr 13,17), Aufseher (Phil 1,1; 1Tim 3,1), Vorsteher bzw. Bischöfe (1Thess 5,12), Hirten (Eph 4,11) oder Älteste (Tit 1,5). Dabei wird mit diesen verschiedenen Namen immer der gleiche Leitungsdienst bezeichnet, wie wir im vorangehenden Kapitel bereits ausgeführt haben (Kap. 11, Absatz 3.3, These 9). Schaut man sich die zentralen Stellen des Neuen Testaments an, die von ihrem Dienst sprechen, so erkennt man folgende Aufgaben:

- Sie leiten die Gemeinde in vorbildlicher Fürsorge und tragen vor Gott Verantwortung für sie (1Thess 5,12; Hebr 13,17; 1Petr 5,2-3);
- Sie schützen die Gemeinde und treten falscher Lehre entgegen (Tit 1,9; Apg 20,28-31);

- Sie kümmern sich seelsorgerlich um die Gemeinde und nehmen sich der Schwachen an (1Thess 5,12; Hebr 13,17; Apg 20,35);
- Im Bild gesprochen: Wie ein Hirte die Herde weidet – und das heißt: sie leitet, schützt und nährt -, so geben sie der Gemeinde Führung, Schutz und geistliche Nahrung (Apg 20,28; 1Petr 5,2f).

Nicht jeder, der im gemeindeleitenden Dienst des Ältesten / Hirten / Vorstehers / Aufsehers / Leiters steht, muss auch die Gabe des Predigens haben (vgl. 1Tim 5,17). Und doch ist umgekehrt mit dem Amt des Lehrers das des Hirten verbunden (Eph 4,11: „Hirten und Lehrer" sind hier mit einem Artikel zusammengefasst). Wer diesen kombinierten Dienst des Hirten und Lehrers ausübt, soll von der Gemeinde angemessen versorgt werden, wie die Anweisung von 1Tim 5,17+18 deutlich macht. Damit ist angedeutet, dass dieser Dienst für den Berufenen unter Umständen zum Beruf werden kann. Von hierher dürfte sich dann auch das Berufsbild des ʼPastorsʼ herleiten, das sich in den Kirchen der Reformation entwickelt hat.

Unsere Frage bleibt: Hat Gott in seiner neutestamentlichen Gemeindeordnung dieses gemeindeleitende Amt (also den Ältestendienst) bzw. das Hirten- und Lehramt (was das heutige Berufsbild des ʼPastorsʼ einschließt) für entsprechend begabte gläubige Frauen vorgesehen?

Manche möchten dies gerne bejahen. Sie verweisen darauf, dass im Kontext des Evangeliums „weder Mann noch Frau ist, sondern allzumal einer in Christus" (Gal 3,28). Richtig – aber diese Aussage hat nichts mit der Frage zu tun, ob Männer und Frauen die gleichen Aufgaben haben sollen. Der Vers spricht zur Rechtfertigung des Sünders, die für Frauen und Männer gleichermaßen allein aufgrund der Gnade durch den Glauben erfolgt. – Sie verweisen darauf, dass Männer vor Gott nicht mehr wert sind als Frauen, und zwar sowohl von der Schöpfung her, als auch von der Erlösung. Richtig – aber die Gleichwertigkeit von Mann und Frau ist nicht gleichbedeutend mit gleicher Aufgabenstellung für beide. – Sie verweisen darauf, dass doch auch Frauen Gaben der Lehre oder Leitung haben können. Richtig – aber sie vergessen, dass solche Gaben des Geistes Gottes innerhalb der Ordnungen gelebt werden sollen, die der gleiche Geist in der Schrift offenbart hat. – Sie verweisen darauf, dass das Neue Testament davon berichtet, dass Frauen prophetisch reden können (1Kor 11,5; Apg 21,9) und dass Prophetie ein die Gemeinde aufbauendes, seelsorgliches Reden sei (1Kor 14,3). Richtig – aber sie sehen nicht, dass solch ein Reden unter dem Eindruck, der Geist habe einem die entsprechenden Gedanken auf das Herz gelegt, nicht dasselbe ist wie biblische Predigt – und dass die jeweilige `Prophetie´ eine nicht autoritative Rede ist, die durch die Lehrer der Gemeinde geprüft werden muss. An diesem Prüfen beteiligen Frauen sich aber gerade nicht (1Kor 14,34ff). – Sie verweisen weiter darauf, dass schon Phöbe im Neuen Testament als `*Prostatis*´ bezeichnet werde (Röm 16,1-2) und dass dieses Wort mit `Vorstand´ übersetzt werden könne. Richtig – aber wenn sie daraus folgern, dass Phöbe `Vorsteherin´ der Gemeinde in Kenchreä gewesen sei, vergessen sie, dass das Wort genauso gut `Beistand´ heißen kann – ja dass es an der entsprechenden Stelle in Röm 16 sogar so übersetzt werden muss, weil dort Phöbe ausdrücklich als `Diakonin´ (und eben nicht als Vorsteherin) von Kenchreä bezeichnet wird – eine Diakonin, die zugleich ein erprobter `Beistand´ für Paulus war! – Aber gleich verweisen sie darauf, dass nach der Meinung mancher Ausleger in Röm 16,7 von einer `Apostelin´ Junia die Rede sei. Richtig, von solch einer Person und von Aposteln ist dort die Rede – aber sie übersehen, dass eine solche Übersetzung von Röm 16,7 auf tönernen Füßen stehen würde: Denn zum einen ist von der griechischen Textüberlieferung her unsicher, ob da von einem männlichen Junias oder einer weiblichen Junia die Rede ist; und zum anderen ist keineswegs ausgemacht ob hier gesagt sein will, dass dieser Junias bzw. diese Junia unter die Apostel zu zählen ist – oder nur, dass er oder sie bei den Aposteln ein gutes Ansehen genießt. Auch der klare neutestamentliche Befund, dass Jesus – bei aller Würdigung der Frauen – keine Frau in den Kreis seiner Apostel wählte, wird übersehen. Und so baut man auf eine unsichere Textüberlieferung und eine noch unsicherere Übersetzung einer auch ganz anders interpretierbaren dunklen Stelle gegen die klaren Aussagen anderer neutestamentlicher Stellen ein ganzes Lehrgebäude. Das aber ist alles andere als solide Theologie. – Sie verweisen schließlich darauf, dass Jesus Frauen zu Zeugen seiner Auferstehung berufen habe (Mk 16,7; Joh 20,17) – und dies entgegen aller jüdischer Vorurteile, die das Zeugnis von Frauen nicht gelten lassen wollten. Richtig, Frauen und Männer empfangen im Neuen Testament den Geist und bezeugen Jesus als den gekreuzigten Retter und auferstandenen Herrn. Hoffentlich sogar! Denn wer Jesus nicht bekennt vor den Menschen, den wird auch er nicht bekennen vor seinem Vater im Himmel (Mt 10,32f). Aber das macht Männer und Frauen noch nicht zu Pastoren und Pastorinnen! Das macht sie nicht zu Hirten und Lehrer in der Gemeinde des Neuen Testaments. Jeder Christ ist Zeuge von Jesus. Damit ist er oder sie aber noch nicht in ein bestimmtes Amt eingesetzt!

Ich frage daher: Wo findet sich ein biblischer Hinweis dafür, dass Gott für seine neutestamentliche Gemeinde angeordnet hat, Frauen in den gemeindlichen Lehr- und Leitungsdienst zu berufen? Ich habe das Neue Testament studiert – aber ich habe diesen Hinweis nicht gefunden. Ich habe die Abhandlungen derer gelesen, die als evangelikale oder liberale Feministen die Einführung des Pastorinnen-Amtes mit Überzeugung vorantreiben, aber die biblische Basis blieb trotz aller Interpretationsbemühungen immer mager. Man argumentiert allgemein mit dem Geist Jesu, dem Geist des Evangeliums und dem Anbruch des endzeitlichen Gottesreiches; man bemüht Verse und theologische Gedankengänge, die viel Positives über Frauen aussagen, nur leider nicht zum Thema `Pastorin' sprechen; und man baut gewichtige Folgerungen auf die Interpretation von ein, zwei dunklen Stellen, die – um das Mindeste zu sagen – einer ganz anderen Auslegung zugänglich sind, anstatt von hellen und klaren Stellen des Neuen Testaments auszugehen. Ganz zu schweigen von denjenigen, die unverhohlen Sachkritik am Neuen Testament üben und solche Schriftaussagen, die der gewünschten

Frauenordination entgegen stehen, offen kritisieren, als unbiblische Einschübe werten oder den entsprechenden Stellen den apostolischen Ursprung absprechen. Wer so vorgeht übersieht: Das Neue Testament räumt Frauen eine andere Stellung ein als die Synagoge; aber trotzdem schwingt das Pendel nicht durch bis zum unbegrenzten Lehr- und Leitungsdienst von Frauen.

2.4 Anders als die griechisch-römischen Kulte: Der neue Weg des Neuen Testaments:

In der griechisch-römischen Kultur, in der die Gemeinden der apostolischen Zeit lebten, hätte sich keiner gewundert, wenn christliche Gemeinden und ihre Gottesdienste von Frauen geleitet worden wären. In den vielerlei heidnischen Tempeln gab es eine breite Vielfalt: Kulte, die von Priestern geleitet wurden; Kulte, in denen Priesterinnen die führende Rolle spielten; und Kulte, in denen es beides gab. Das Neue Testament kennt aber weder weibliche Apostel, noch weibliche Ältestinnen, noch Hirtinnen und Lehrerinnen. Aber das ist nur die eine Seite. Wäre nämlich das Problem nur dies, dass ein klares Ja des Neuen Testaments zum Pastorinnen-Amt fehlt, wäre noch nicht ausgemacht, wie das Schweigen der Texte zu interpretieren wäre. Es könnte bedeuten, 1. dass es diese Ämter nicht geben soll; 2. dass es diese Ämter nicht gab, aber prinzipiell doch geben kann; oder 3. dass es diese Ämter zwar gab, sie aber aus unbekannten Gründen nicht erwähnt werden. Tatsächlich gibt es ja Themen, zu denen die Bibel nicht Ja sagt, aber auch nicht Nein. Sie lässt uns dann Freiheit, in Weisheit und im Sinne dessen, was insgesamt der Intention der Bibel entspricht, zu entscheiden, was wir tun sollen.

So ist es aber nicht, wenn es um das Leitungs- und Lehramt der Frau in der Gemeinde geht. Zu diesem Thema spricht die Heilige Schrift. Und sie spricht da, wo sie das Thema berührt, nicht im Sinne der Befürwortung eines gemeindlichen Lehr- und Leitungsamtes von Frauen. Wo aber die Schrift spricht, da gilt es zunächst genau zu verstehen, was sie sagt. Und hat man sie verstanden, ist der Glaubensgehorsam gefordert, der dem nachkommt, was sie sagt – gleich, was andere Stimmen sagen.

Menschlicher Widerspruch gegen das Sprechen der Schrift wäre Einspruch gegen Gottes Wort und damit Sünde.

In 1 Kor 14 sagt die Heilige Schrift: *„Wie in allen Gemeinden der Heiligen, sollen die Frauen schweigen in den Gemeindeversammlungen; denn es ist ihnen nicht gestattet zu reden, sondern sie sollen sich unterordnen, wie auch das Gesetz sagt. Wollen sie aber etwas lernen, so sollen sie daheim ihre Männer fragen. Es steht der Frau schlecht an, in der Gemeinde zu reden. Oder ist das Wort Gottes von euch ausgegangen? Oder ist's allein zu euch gekommen? Wenn einer meint, er sei ein Prophet oder Pneumatiker, der erkenne, dass es des Herrn Gebot ist, was ich euch schreibe. Wer aber das nicht anerkennt, der wird auch [von Gott] nicht anerkannt"* (Verse 33b-38).

Und in 1Tim 2,11-15 steht geschrieben: *„Eine Frau lerne in der Stille mit aller Unterordnung. Einer Frau gestatte ich nicht, dass sie lehre, auch nicht, dass sie über den Mann Autorität ausübe, sondern still sei. Denn Adam wurde zuerst gemacht, danach Eva. Und Adam wurde nicht verführt, die Frau aber hat sich zur Übertretung verführen lassen. Sie wird aber bewahrt werden durch die Kindsgeburt hindurch, wenn sie [die Frauen] im Glauben und in der Liebe und in der Heiligung bleiben mit Besonnenheit."*

In den letzten Jahrzehnten sind diese Verse massiv in die Kritik geraten. Wie oben schon erwähnt, werden 1Tim 2,11ff. und 1Kor 14,33b-35 von Theologen gelegentlich „als höchst bedauerliche Konzessionen an den alten Adam" abqualifiziert.[434] Nach der Mehrheitsmeinung in der historisch-kritischen Theologie stammen beide Texte nicht von Paulus; sie stimmten inhaltlich mit echten Paulusaussagen über die Frau oder über Adam und Eva nicht überein.

---

[434] G. Wagner / I. Wieser, „Das Bild der Frau in der biblischen Tradition", *Theologisches Gespräch*, 3-4/5-6 (1980), S.31

1Kor 14,33b-35 wird hypothetisch als nach-paulinische Glosse eines späteren Abschreibers angesehen, die aus Versehen in den Text gerutscht sei.[435] Die Verse 34 und 35 werden also als späterer Einschub gewertet, der nicht von Paulus stamme. Man verweist darauf, dass der so genannte `Westliche Text´ diese Verse erst nach V.40 bringe und nicht schon nach V.33. Dafür kann es allerdings ganz verschiedene Gründe geben. Festzuhalten ist aber, dass es keine einzige griechische Handschrift gibt, in der die Vv.34-35 fehlen würden, und dass die überwältigende Mehrheit der Textzeugen diese Verse an ihrem bekannten Ort, also im Anschluss an V.33, bringt. Trotzdem nehmen manche Kritiker an, diese Verse hätten ursprünglich nicht in 1Kor 14 gestanden. Irgendein Konservativer hätte sie – so wird hypothetisch angenommen – in der nachpaulinischen Zeit als persönliche Glosse an den Rand geschrieben; und spätere Abschreiber hätten sie dann teils nach V.33, teils nach V.40 in den Text eingefügt. Nur, warum gibt es dann nicht eine einzige Bibelhandschrift ohne diese Verse? Und warum hat dieser vermeintliche Glossator nicht gleich noch versucht, seine Glosse mit 1Kor 11 zu harmonisieren, wo doch von prophezeienden Frauen die Rede ist? Es scheint viel wahrscheinlicher, dass diese Verse ursprünglich dort hingehörten, wo sie heute in unseren Bibeln stehen und dass ein vereinzelter früher Abschreiber in der westlichen Tradition die Verse an das Ende des Kapitels stellte, weil er nicht sah, wie sie zum Thema `Prophetie´ passen, das Paulus im unmittelbar vorangehenden Kontext behandelt.[436]

Ähnlich wird *1Tim 2,11-15* – wie der gesamte 1. Timotheusbrief und die übrigen Pastoralbriefe – als pseudonyme Fälschung angesehen und damit *a priori* abgewertet.[437] Letztlich bestimmt dabei

---

[435] Beispielsweise H. Conzelmann, *Der erste Brief an die Korinther*, Kritisch-Exegetischer Kommentar über das Neue Testament, Göttingen: Vandenhoeck & Ruprecht, 1969, S.289f.

[436] Ausführlicher zum textkritischen Problem siehe Don Carson, "Silent in the Churches...", in: J. Piper / W. Grudem (Hrsg.), *Recovering Biblical Manhood & Womanhood,* Wheaton: Crossway 1991, S. 141-145.

[437] Beispielsweise J. Roloff, *Der erste Brief an Timotheus*, Evangelisch-Katholischer Kommentar zum Neuen Testament, Zürich: Benziger / Neu-

der Ausleger von seinen Hypothesen her, was er in der Bibel als apostolisch und verbindlich gelten lassen will und was nicht. Diese Pseudepigraphie-Hypothesen widersprechen aber nicht nur dem Wortlaut der biblischen Texte, die – etwa für den 1. Timotheusbrief – ausdrücklich paulinische Verfasserschaft beanspruchen (1,1; vgl. 1,12f.18); sie übersehen auch, dass Pseudepigraphie in der Antike allgemein, erst recht aber im frühen Christentum mit seinem hohen Wahrheitsethos als unakzeptabel galt.[438] Gegen paulinische Verfasserschaft werden in der Regel angeführt: die Sprache der Pastoralbriefe, die in den Pastoralbriefen vorausgesetzte Gemeindestruktur sowie die Schwierigkeit, die historischen Hinweise der Pastoralbriefe in dem Geschichtsrahmen der Apostelgeschichte unterzubringen. (Man wundert sich dabei teilweise, welcher Scharfsinn darauf verwendet wird, Paulus vor seinen eigenen Aussagen zu schützen – und ihn dafür den eigenen mitgebrachten Vorstellungen anzupassen...). Tatsächlich zeigt eine genaue Untersuchung des Sprachgebrauchs, dass es `den´ Sprachgebrauch der Pastoralbriefe gar nicht gibt, dass es vielmehr sprachliche Unterschiede zwischen den Pastoralbriefen gibt, die vergleichbar sind mit denen zwischen und zu den anerkannten Paulusbriefen und die sich von daher erklären, dass Paulus sich auf die jeweilige Situation einstellt.[439] Die Fragen um die Gemeindeordnung lösen sich, wenn man nicht von einem verengten paulinischen Gemeindeverständnis ausgeht, das charismatische Ordnung und Ämterstruktur gegeneinander ausspielt, stattdessen aber mit situationsbedingten

---

kirchen-Vluyn: Neukirchener, 1988, S.23ff + 126ff; oder auch M. Wolter, *Die Pastoralbriefe als Paulustradition*, Göttingen: Vandenhoeck & Ruprecht, 1988.

[438] Zur Auseinandersetzung mit der Pseudepigraphie-Hypothese im frühen Christentum und den Paulusschriften siehe Armin D. Baum, *Pseudepigraphie und literarische Fälschung im frühen Christentum*, WUNT 2, Tübingen: Mohr / Siebeck, 313 Seiten. Ähnlich, nur auf die Pastoralbriefe bezogen, siehe E. Schnabel, „Der biblische Kanon und das Phänomen der Pseudonymität", *JETh*, 3/1989, S.59-96.

[439] R. Fuchs, *Unerwartete Unterschiede: Müssen wir unsere Ansichten über die Pastoralbriefe revidieren?*, Wuppertal: TVG R.Brockhaus, 2003, S.89-174.

Nuancen in der Gemeindeentwicklung rechnet.[440] Und dass sich die historischen Situationsangaben der Apostelgeschichte und der Pastoralbriefe durchaus harmonisieren lassen, ist längst nachgewiesen worden.[441]

Die Verse 1Tim 2,11-15 werden teils (unter Voraussetzung der Pseudonymitäts-Hypothese) als situationsbedingte Anweisungen gesehen, die lediglich auf bestimmte, durch reiche anmaßende Frauen verursachte Missstände in Hausgemeinden zu Beginn des 2. Jahrhunderts antworten würden, aber darüber hinaus keine allgemeine Geltung beanspruchen dürften.[442] Gelegentlich wird dieser Abschnitt aber auch massiver kritisiert als „massive Abschweifung vom Thema", „späterer Nachtrag und Verfälschung", als Abschnitt, der „mit flachem Schlagwort und simplem Männerstolz" rechne, im Widerspruch zur Frauenfreundlichkeit von Jesus stehe und (V.13f) mit 1Mo 3 nicht in Einklang zu bringen sei.[443]

Andere vermeiden den Weg der Sachkritik an den biblischen Aussagen, relativieren deren Gültigkeit aber auf dem Weg der Uminterpretation[444]: In 1Tim 2 gehe es nur um eine situationsbedingte Anweisung für eine vorübergehende Maßnahme. Vermutlich habe eine einzelne Frau in der Gemeinde von Ephesus Schwierigkeiten gemacht. Sie habe möglicherweise ihrem Mann, der möglicherweise einer der Gemeindeleiter war, öffentlich in der Gemein-

---

[440] *Ebd.*, S.203ff.
[441] Etwa bei B. Reicke, „Chronologie der Pastoralbriefe", *ThLZ*, 101/1976, S.82-94; oder J. van Bruggen, *Die geschichtliche Einordnung der Pastoralbriefe*, Wuppertal: R.Brockhaus, 1981.
[442] V. Hasler, *Die Briefe an Timotheus und Titus (Pastoralbriefe)*, Zürich: TVZ, 1978, S.8+23ff.
[443] G. Holtz, *Die Pastoralbriefe*, 3.Aufl., Berlin: EVA, 1980, S.68.70.72-73.
[444] So beispielsweise Agnes A. Wilson, "The Hemiplegic Church", *Aware Magacine,* 72 (April 1993), S.27-29. Bemerkenswert erscheint, dass dieses christliche Magazin in den Kontext der britischen Brüdergemeinden gehört, die traditionell der Frauenordination grundsätzlich kritisch gegenüber standen.

de widersprochen. Zur Strafe dürfe sie nun eine Weile nicht mehr lehren. Sie solle jetzt erst einmal ein Kind zur Welt bringen, und wenn es dann in der Ehe gut weitergehe (so werden die Verse 12-15 interpretiert), dürfe sie auch wieder lehren. Natürlich dürfe man aus dieser seelsorgerlichen Maßnahme angesichts eines vereinzelten Eheproblems keine Anweisung für den Gemeinde- und Lehrdienst der Frau allgemein ableiten. – Und so wird durch eine hypothetische Konstruktion die Textaussage neutralisiert, was der Autorin umso leichter gelingt, als sie zuvor schon 1Kor 14,34 als entweder nicht-paulinisch oder uminterpretierbar erklärt hat (S. 27f). – Die Beispiele für eine interpretative Relativierung des Lehr- und Leitungsverbots für Frauen in 1Tim 2 ließen sich vermehren. Die einen begründen dies unter Hinweis auf die Umwelt damals: diese sei so frauenfeindlich gewesen, dass die Gemeinde es sich schon aus Rücksicht auf ihr Zeugnis nach außen nicht leisten konnte, Frauen zum Leitungs- und Lehrdienst zuzulassen. Aber wir haben schon gesehen, dass gerade für eine Gemeinde wie die in Ephesus (1Tim 1,3) – einer Stadt, in der Priesterinnen ganz selbstverständlich waren – dieses Argument nicht sticht. – Andere verweisen auf die Irrlehre, die die Gemeinde in Ephesus bedrohte und die der erste Timotheusbrief bekämpft: Dort sei eine gesetzliche, asketische, ja, gnostische Richtung eingebrochen (1,4ff; 4,1ff; 6,4ff.20), von der auch Frauen nicht unbeeinflusst blieben (5,15; vgl. 2Tim 3,6f). Und eben wegen dieses Einflusses der Irrlehrer auf die Frauen, so sagt man, werde in dieser speziellen Situation den Frauen das Lehren untersagt. Nur: von dieser Irrlehre waren nicht nur Frauen beeindruckt, sondern auch Männer! Da gab es eine ganze Reihe von kleinen „Gesetzeslehrern", wie Paulus sie nennt, in der Gemeinde (1,7); und Alexander und Hymenäus werden ausdrücklich als verführte Verführer genannt (1,19f; 2Tim 2,17f). Also wenn schon, dann müsste Paulus hier Frauen wie Männern das Lehren verbieten! Wir sehen, es wird dem Text nicht gerecht zu sagen, dieses Lehr- und Leitungsverbot für Frauen habe nur in der damaligen besonderen Situation seine Geltung gehabt. Treue zur Bibel lässt biblische Texte – gerade auch widerständige Texte – das sagen, was sie ihrem Wortlaut nach sagen wollen. Was diese ursprüngliche Textintention ist, darüber mag anhand der offenen Bibel mit exegetischen Gründen gestritten werden. Problematisch wird es, wenn der Text kritisiert statt ausgelegt wird; oder wenn Hypothesen dazu führen, dass der Wortlaut durch Interpretationskünste am Ende in sein Gegenteil verkehrt wird.

Wenden wir uns nun zunächst *1Kor 14* zu. Wir fragen: Was will Paulus in 1Kor 14,33b-38 lehren? Es hat viele Erklärungsversuche gegeben. Manchen wollen das `Schweigen´ der Frauen im Gottesdienst, das in V.34 angesprochen ist, absolut verstehen. Im Extremfall hieße dies, dass Frau sich auch nicht am Gotteslob im Singen beteiligen dürfen. Manche lassen das Singen zwar zu, würden aber bereits das Vorschlagen eines Liedes unter das Schweigegebot fallen lassen. Andere ziehen die Grenze beim Gebet: Frauen dürfen dann nicht laut beten in der Gemeinde. Damit geraten sie aber in Konflikt mit 1Kor 11,5ff, wo Paulus das Gebet der Frau erlaubt und regelt. Man löst den Konflikt, indem man 1Kor 11 auf das persönliche Gebet `im Kämmerlein´ oder im Privatbereich beschränkt und damit den öffentlichen Beteiligungsspielraum der christlichen Frau auf den der Synagoge reduziert. Aber das wird weder dem kulturellen noch dem literarischen Kontext gerecht. Da die jüdische und korinthische Frau lediglich in der Öffentlichkeit, nicht aber in Privaträumen verschleiert sein musste, macht 1Kor 11,5ff mit der Aufforderung beim Beten den Schleier aufzubehalten nur für das öffentliche Gebet Sinn, nicht aber für das Gebet im `Kämmerlein´. Und auch vom literarischen Zusammenhang her lässt sich 1Kor 11,1-16 nicht auf den Privatbereich beschränken – während es um Anweisungen für die Gemeindeversammlung (das "Zusammenkommen") erst ab V.17 ginge. Schon vorher geht es um das Verhalten in der Gemeinde: Kap. 1-4 um die Abwehr von Gruppierungen und Spaltungen in der Gemeinde; Kap. 5ff um Gemeindezucht; Kap.8ff um das Verhalten von Starken und Schwachen in der Gemeinde; und bereits in der zweiten Hälfte von Kap. 10 wird das Verhalten beim Abendmahl thematisiert. Die Frau entehrt nur dann ihr `Haupt´, d.h. ihren Mann (Kap. 11,5), wenn sie sich beim öffentlichen Beten entschleiert und damit das kulturelle Zeichen ihrer Zuordnung zum Mann, den öffentlich zu tragenden Ehefrauenschleier ablegt. – Gleiches gilt für diejenigen, die das `Schweigegebot´ auf das Äußern einer prophetischen Eingebung beziehen: auch dies war in 1Kor 11,5ff der christlichen Frau ausdrücklich erlaubt worden. Von daher meine ich, folgende Auslegung wird dem Text und dem Kontext am besten gerecht. Von V.29 an erklärt der Apostel wie es beim prophetischen Reden zugehen soll: nämlich in guter Ordnung und mit anschließender Prüfung der prophetischen Worte. Nach 1Kor 11 können durchaus auch Frauen prophetisch reden. Jetzt aber macht der Apostel deutlich, dass diese Frauen sich nicht am Prüfen der Prophetien in der Gemeinde beteiligen sollen. Die christliche Frau beteiligt sich zwar am geistlichen Lernen, bespricht Lehrfragen durchaus auch mit ihrem Mann, übt aber keine öffentliche Lehrfunktion aus wie dies beim Annehmen oder Verwerfen prophetischer Worte für die Gemeinde der Fall wäre.[445]

Diese Auslegung harmoniert mit der Lehraussage von *1Tim 2,11ff*. Je nachdem wie man dort den Zusammenhang von V.8 und V.9 versteht, sagt Paulus hier zunächst, dass Männer und Frauen gleichermaßen beten sollen – vorausgesetzt, es geschieht jeweils in der richtigen geistlichen Haltung.[446] Ausdrücklich spricht der Apostel in V.10 davon, dass Frauen sich zu Gott bekennen (was wohl kaum als allein im stillen Kämmerlein geschehend gedacht ist!). Aber zugleich setzt Gott eine bestimmte Grenze: Zu lehren und Autorität über den Mann auszuüben ist der Frau nicht gestattet (V.12). Dass hier ausgerechnet das Lehren und Leiten in einem Atemzug genannt wird, erinnert an den Dienst des Hirten und Lehrers (vgl. Eph 4,11), der das Lehr- und Leitungs-Amt in der Gemeinde wahrnimmt. Genau diese Funktion, von der dann ja auch gleich anschließend in 1Tim 3,1-7 die Rede ist, soll eine Frau nicht ausüben. Das Wort „Lehren" ist hier ganz normal positiv gebraucht – ist

---

[445] So schon M.E. Thrall, *I and II Corinthians*, Cambridge 1965, zur Stelle; J.B. Hurley, *Man and Woman in Biblical Perspective*, Grand Rapids 1981, S.185-194; W. Grudem, *The Gift of Prophecy in 1 Corinthians*, Washington 1982, S. 245-255; D. Carson, *aaO.*, S.151ff.

[446] A. Schlatter, *Die Kirche der Griechen im Urteil des Paulus: Eine Auslegung seiner Briefe an Timotheus und Titus*, 2.Aufl., Stuttgart: Calwer, 1958, S.83ff.

nicht einzugrenzen auf das Verbreiten von Irrlehren (was ja auch Männern verboten wäre!). Thomas R. Schreiner weist zu Recht darauf hin: „Die übrigen Bezugsstellen der Pastoralbriefe verdeutlichen, dass das Lehren in der öffentlichen Weitergabe von autoritativem Material besteht (vgl. 1.Tim 4,13.16; 6,2; 2.Tim 4,2; Tit 2,7). Insbesondere die Ältesten sollen viel Arbeit auf das Lehren verwenden (1.Tim 5,17), so dass sie die Irrlehrer widerlegen können, die ihre falsche Lehre verbreiten (1.Tim 1,3.10; 4,1; 6,3; 2.Tim 4,3; Tit 1,9.11). Es ist von größter Wichtigkeit, dass die richtige Lehre und das apostolische Erbe an die nächste Generation weitergegeben werden (2.Tim 1,12.14; 2,2)."[447] Dass Frauen diese autoritative Lehrfunktion in der Gemeinde nicht wahrnehmen sollen, heißt aber nicht, dass sie sich nicht mit biblischer Lehre beschäftigen sollten! Sie sollen lernen (V.11) – aber nicht lehren. Wenn es um das Lehren geht, sollen sie vielmehr still bleiben (V.11a+12b).

Welche Begründung gibt die Bibel für dieses ausdrückliche Verbot? Der Zusammenhang (Vv. 13+14) macht das klar. Nicht auf Grund der damaligen Umwelt, nicht auf Grund der speziellen Gefährdung der Gemeinde, nicht nur für den Sonderfall einer besonderen Anmaßung einiger Frauen damals, sondern auf Grund der Schöpfungsordnung und des Entschlusses Gottes, den er im Zusammenhang mit dem Sündenfall und dem Hören Evas auf den Verführer gefasst hat, soll die Frau in der Gemeinde das Lehr- und Leitungsamt nicht ausüben. Adam wurde zuerst geschaffen und Eva ihm als Gehilfin zugeordnet (1Mo 2,7+18). Darin liegt das Haupt-Sein des Mannes und damit seine Haupt-Verantwortung in Familie und Gemeinde begründet. Auf diese Schöpfungsordnung musste Eva, nachdem sie auf den Versucher gehört und in der Folge ihren Mann zur Sünde verführt hat, wieder hingewiesen werden: „Er soll Dein Herr sein!" (1Mo 3,16b).[448] Auf jene Grundtatsachen

---

[447] Th.R. Schreiner, „Eine Interpretation von 1.Timotheus 2,9-15", in: A. Köstenberger u.a. (Hrsg.), *Frauen in der Kirche: 1.Timotheus 2,9-15 kritisch untersucht*, Gießen: TVG Brunnen, 1999, S.145.
[448] J. Cochlovius, „Die Frau in der Bibel", in: G. Meskemper (Hrsg.), *Ansätze zu einem neuen Denken in Naturwissenschaft, Gesellschaft,*

des Menschseins weist Paulus hin, wenn er das Lehr- und Leitungsverbot für die Frau begründet. Nicht etwa die besseren Fähigkeiten des Mannes sind der Grund; auch nicht eine vermeintlich größere Anfälligkeit der Frau für Verführung. Sondern der souveräne Wille Gottes, wie er sich in der schöpfungsmäßigen Zuordnung von Mann und Frau äußert; und Gottes freier Willensentschluß, den er hier nun als neutestamentliche Konsequenz aus der Tatsache des Hörens der ersten Frau auf den Versucher kundtut, das sind die Gründe für dieses göttliche Nein.

Ganz entsprechend wird in 1Kor 14 das dort ausgesprochene Lehrverbot der Frau letztlich im Willen Gottes begründet. Drei Begründungen werden dort im Einzelnen genannt. Der erste Grund ist die übereinstimmende Praxis der Gemeinden: Auch in den übrigen Gemeinden nehmen die Frauen nicht an der lehrmäßigen Entscheidung über eine Prophetie teil: „Wie in allen Gemeinden der Heiligen sollen die Frauen schweigen...", heißt es in V.33b+34. – Der zweite Grund ist, dass diese Anweisung dem entspricht, was schon in der alttestamentlichen Torah steht. Die Frauen sollen, wenn es um Lehre geht, in der Gemeinde nicht das Wort ergreifen, „sondern sich unterordnen, wie auch das Gesetz sagt" (V.34b) – ein Hinweis, der sich wohl auf die im Gesetz genannte Schöpfungsordnung bezieht (vgl. 1Mo 2,20-24; 1Kor 11,80). – Der dritte Grund ist – so Paulus – ganz einfach, „dass es des Herrn Gebot ist, was ich euch schreibe. Wer aber das nicht anerkennt, wird von Gott nicht anerkannt" (Vv.37b-38).

Hier wird der ganze Ernst der Sache sichtbar. Reinhard Slenczka hat dies in seinem Plädoyer gegen die Einführung der Frauenordination vor der Synode der Evangelischen Kirche von Schaumburg-Lippe folgendermaßen auf den Punkt gebracht: „Wer für die Frauenordination entscheidet, entscheidet also gegen den Konsens der Kirchen, gegen das Gesetz Gottes und gegen das Wort des Herrn. Er entscheidet zugleich gegen solche Glieder der Gemeinde, die sich an dieses Wort gebunden wis-

---

Wirtschaft und Theologie, Neuhausen-Stuttgart: Hänssler, 1985, S.146ff [143-153].

sen."[449] – Wenn heute nicht nur Landeskirchen, sondern auch Freikirchen sich für die Berufung von Frauen als Pastorinnen entscheiden, entscheiden sie sich damit gegen Gottes Wort. Sie setzen damit zugleich Gottes Segen aufs Spiel. Denn wer dieses Wort Gottes zum öffentlichen Lehren der Frau nicht anerkennt, wird von Gott nicht anerkannt (1Kor 14,38). Ohne diese Anerkennung Gottes kann eine Gemeinde aber nicht leben. Sie läuft Gefahr, dass sie den Namen hat, dass sie lebt – und ist tot. Das ist immer das Risiko des Sündigens gegen Gottes Gebot.

Andererseits ist aus der biblischen Ablehnung des gemeindlichen Lehr- und Leitungsamtes der Frau nicht der Schluss zu ziehen, die Gemeinde solle hinsichtlich der Mitarbeit ihrer Frauen auf den Stand der antiken Synagogen zurück fallen! Frauen ist im Neuen Testament nicht jede Art von Lehren untersagt. Sie unterweisen die nächste Generation (2Tim 1,5; 3,15) und sind „Lehrerinnen des Guten" gegenüber anderen Frauen (Tit 2,3); sie sind an Lehrgesprächen auch gegenüber Männern beteiligt (Apg 18,26); und überhaupt erwartet das Neue Testament, dass Christen „einander lehren und seelsorglich ermahnen" sollen (Kol 3,16). Darüber hinaus sind sie Teil der betenden, singenden, von Gottes Geist geführten, Christus bezeugenden, dienenden, helfenden, und auch in der Gesellschaft Verantwortung tragenden Gemeinde. – Um an dem Prolog zu Teil 2 dieses Kapitels anzuknüpfen: Prisca, diese treue und begabte Mitarbeiterin des Paulus, ist nicht Hirtin und Lehrerin in ihrer Hausgemeinde geworden. Die Priesterinnen in den Tempeln von Ephesus waren ihre Schwestern nicht. Aber auch die Brüder Rabbiner aus der Synagoge konnten für ihr Leben und ihren Dienst nicht mehr den Maßstab setzen. Den setzte ein anderer – auf einem dritten Weg: dem Weg des praktizierten Talents in den Ordnungen des Neuen Testaments. Auf diesem Weg sind seither viele Priscillas – und viele Aquilas – im Segen unterwegs, bis heute.

---

[449] In: *Pro und kontra Frauenordination: Referate und Voten auf der schaumburg-lippischen Landessynode am 5. Oktober in Bückeburg*, idea-Dokumentation Nr. 28/91, S.11.

3. Gedanken zum Schluss.

Wir haben in der Überschrift zu diesem Kapitel die Frage aufgeworfen, ob die Stellung zur Frauenordination ein Testfall für Bibeltreue sein könne. Mir kommt zu dieser Frage eine Bemerkung von Professor Hans Bietenhard in den Sinn, die er seiner Monographie über das Millennium voranstellte: „Man könnte oft versucht sein, die wirkliche oder nur vorgegebene Schriftgemäßheit einer Theologie daran zu messen, ob sie bereit ist, die Erwartung eines tausendjährigen Reiches auszusprechen oder nicht. Zugegeben – es handelt sich hier um einen vorgeschobenen, extremen Punkt der Lehre, aber gerade an solchen Punkten lässt sich oft am allerbesten erkennen – wie an der Nadel eines Seismographen! – was in den letzten Tiefen der betreffenden Theologie für treibende Kräfte am Werke sind…".[450] Vielleicht ist ja auch die Stellung zum Hirten- und Lehramt von Frauen solch ein theologischer Seismograph. Gerade an den Punkten der Lehre, an denen die Kräfte des Zeitgeistes und der Gesellschaft besonders heftig rütteln, kann sich zeigen ob Christen im allgemeinen und Theologen im besonderen bereit sind Position zu beziehen, oder ob sie – im offenen Widerspruch oder in gelenkigen Interpretationen – daran gehen biblischen Boden zu evakuieren. Sicher, es könnte sein, dass geschichtliche Entwicklungen auch einmal zeigen, dass man biblische Sachverhalte bisher falsch verstanden hat. Dann wäre es keine Frage der Bibeltreue, vielmehr bloße Traditionstreue, diese Sichten beizubehalten. Es gibt aber auch eine rückgratlose exegetische Leidensscheu, die es vorzieht biblische Aussagen in Frage zu stellen, statt sich von den Zeitgenossen in Frage stellen zu lassen. Angesichts der biblischen Evidenz spricht manches dafür, das Ja oder Nein zur Frauenordination heute zu Recht als einen Testfall für wirkliche und nicht nur vorgegebene Treue zur Schrift zu sehen. Morgen heißt der Testfall vielleicht schon Trauung gleichgeschlechtlicher Paare oder Euthanasie oder Abrahamitische Ökumene. Morgen?

---

[450] H. Bietenhard, *Das tausendjährige Reich: Eine biblisch-theologische Studie*, Zürich: Zwingli, 1955, S.10.

13

BIBELTREUE AUSBILDUNG AUF ALLEN EBENEN

In Erziehung, Ausbildung und Studium fallen die Würfel für die Zukunft von Kirche und Gesellschaft. Das fängt in den Familien an. Hier werden in der Kindheit entscheidende Weichen gestellt, speziell im Hinblick auf die Werte und Verhaltensmuster der Menschen. Schule und Berufsausbildung prägen und bilden Wissen, Werte und Fähigkeiten des Menschen. Ein Studium vertieft fachbezogen und in wissenschaftlicher Weise das Können und die Kenntnisse, zugleich prägt es die Persönlichkeit hinsichtlich eigenständiger Überzeugungen und persönlicher Kritikfähigkeit anhand gewonnener Maßstäbe des Denkens. Nicht zu unterschätzen ist heute für die gesamte Entwicklung des Menschen das Heer der Miterzieher, vor allem in Form der Medien, die auf die Entwicklung von Werten, Wissen und Verhalten des Einzelnen von klein auf Einfluss nehmen. Der Zukunftsbereich Bildung kann Christen nicht gleichgültig sein. Wenn der Bibel prägende Bedeutung für das Leben zukommt, gehören Bibel und Bildung zusammen.

1. Erziehungs- und Ausbildungskrisen heute.

Wir leben in einem Land mit hoher Bildung. Trotzdem krankt das Erziehungssystem allein schon daran grundlegend, dass es immer weniger intakte Familien gibt. Die Generation X ist die Generation der Scheidungswaisen. Jede dritte Ehe in Deutschland wird geschieden. Im Jahr 2003 standen 383.000 Eheschließungen 213.975 Ehescheidungen gegenüber, wovon (laut Statistischem Bundesamt) 170.256 minderjährige Kinder als Scheidungswaisen betroffen waren. Nahezu drei Millionen Ein-Eltern-Familien prägen das Bild; bereits jedes siebte Kind hat als Bezugsperson nur einen Elternteil. Die seelisch destabilisierende Wirkung solcher, meist als traumatisch empfundenen, Familienumstände im prägbarsten Lebensalter wird als Hypothek ins weitere Leben mitgenommen. Die Sprösslinge heutiger Karriereväter und Powerfrauen wachsen als Schlüsselkinder auf, unterhalten von der elektronischen Großmutter im Rechteckformat. Statt von Vater und Mutter mit Liebe, Grenzsetzung und Vorbild erzogen zu werden, gewinnen Kinder häufig ihre Werte aus den elektronischen Medien – einschließlich ihrer Vorstellungen von Konsum, Sexualität und Gewalt. Und da, wo Eltern ihre Kinder noch selbst erziehen, sind die vermittelten Werte mangels anderer Maßstäbe ein Spiegel der aktuellen Gesellschaft und ihrer Trends. In dem aufwändigen Bildungssystem unserer Gesellschaft werden junge Menschen auf die zentralen Rollen des Lebens kaum vorbereitet: man kann die Schule bis zum Abitur besucht haben, ohne über die Rolle als Ehepartner und Erzieher der Kinder Wesentliches gelernt zu haben. Wer nicht das Glück hatte, zufällig in einem vorbildlichen Elternhaus aufgewachsen zu sein, ist als instinktloses Wesen auf zufällige Prägungen und gute Vorsätze angewiesen.

Zweifellos weist Deutschland – trotz nachdenklich machender Ergebnisse der Pisa-Studien – im Schulwesen, im Berufsbildungswesen und in den Hochschulstudiengängen ein hohes Niveau auf. Doch sind diese Institutionen weithin darin überfordert, Erziehungsdefizite und Wertedefizite sowie Fehlprägungen aus dem sozialen und medialen Umfeld auszugleichen. Im Gegenteil, diese Defizite wirken sich in Schulen zum Teil in solchem Ausmaß aus, dass Lehrer sich dem Maß an Disziplinlosigkeit, Aggression und Mängeln im Sozialverhalten häufig nicht mehr gewachsen fühlen und zu hohen Prozentsätzen entnervt in den vorzeitigen Ruhestand gehen.
Vielleicht ist es ein Stück der allgemeinen Gnade Gottes, dass Menschen zur Besinnung fähig sind, wenn Holzwege, die sie beschreiten, offensichtlich in die Sackgasse führen. Es ist zu hoffen, dass dies auch angesichts der unübersehbaren Folgen der Destruktion gottgewollter Werte und Institutionen in unserer Gesellschaft der Fall sein wird. In einem Aufsehen erregenden Buch[451] hat *Francis Fukuyama* analysiert, in welch bedenklichem Ausmaß es zu einem Zerbruch der geistig-ethischen Grundlagen und tragenden sozialen Institutionen der westlichen

---

[451] F. Fukuyama, *The Great Disruption: Human Nature and the Reconstitution of Social Order*, New York u.a.: Simon & Schuster, 1999.

Gesellschaft gekommen ist. Zugleich aber kommt er auf der Basis sozialhistorischer Studien zu der Prognose, dass die Talsohle dieser Entwicklung in absehbarer Zeit erreicht sein dürfte, bevor das Pendel zurück schwingt: Es liege in der menschlichen Natur, gewisse Irrwege wegen vordergründiger Vorteile zwar zu gehen und attraktiv zu finden, dann aber angesichts der unerwünschten Konsequenzen solcher Wege zu grundlegenden Korrekturen bereit und fähig zu sein. Um ein Beispiel zu nennen: Der Spaß- und Konsumgesellschaft waren Kinder eher im Weg; auch schienen Kinder die Option, eine Beziehung zu beenden und neue Beziehungen einzugehen, zu beeinträchtigen. So lange wie möglich kinderlos zu bleiben war `in´. Es war der Rentendiskussion im Kontext der Bevölkerungsprognose und einem Bundesverfassungsgerichtsurteil gegen die Benachteiligung von Familien vorbehalten, den Sackgassencharakter dieses Trends aufzudecken. Zumindest beginnen Politik und Medien über die Notwendigkeit einer Trendwende zu reden.

Allein auf dieses `Autokorrektursystem´ des Menschen zu bauen, wäre allerdings zu wenig. Christen gehen nicht nur von der allgemeinen Gnade Gottes aus, sondern von Gottes spezieller Offenbarung in seinem Wort. Auf dieser Basis haben Christen durch ihr Vorbild im Individualverhalten, in Ehe, Familie und Beruf sowie durch ihre Wertevermittlung in Erziehung, Gemeindeleben und Öffentlichkeit etwas in die nachchristliche Gesellschaft, in der sie leben, einzubringen. Sie gehen damit gerade nicht den Weg, sich als Einzelne und als Kirche unter Verleugnung biblischer Ethik und Lehre den Symptomen des Werteverfalls der Gesellschaft anzupassen. Auf dem Feld der Erziehung gewinnt damit eine christliche Pädagogik zunehmend kirchliche und gesellschaftliche Relevanz. Sie orientiert ihr Menschenbild, ihre Erziehungsziele und Erziehungsmittel an der Heiligen Schrift. Und sie bietet in christlichen Familien, Gemeinden und Bildungseinrichtungen exemplarische, wertebestimmte Erziehungsfelder an, die einen konstruktiven gesellschaftlichen Beitrag leisten, der weit über die kirchliche Binnenkultur hinausgreift.[452] Eine solche christliche Pädagogik, die mit dem `C´ ernst macht, erfordert die Bereitschaft zu prinzipieller Bibeltreue.[453] Allzu leicht verliert sie sonst ihre Erneuerungskraft, indem sie sich an aktuelle Trends anpasst und dabei ihre eigenen Grundlagen hinsichtlich Werten und Menschenbild, Erziehungszielen und –mitteln kompromittiert.

2. Krisen in der theologischen Ausbildung heute.
Leider ist nicht nur von Krisen im säkularen Erziehungswesen zu reden. Krisensymptome zeigen sich längst auch im Binnenbereich theologischer Ausbildung.

Vordergründig gibt es da ein quantitatives Krisensymptom. Seit Anfang der 1990er Jahre schrumpft die Zahl der Theologiestudenten. Sprach man Ende der 1980er Jahre noch von einer `Pfarrerschwemme´, die zu einem weitgehenden Einstellungsstopp von Pfarrern in den Landeskirchen führte, ist seither die Zahl der Theologiestudenten an deutschen Theologischen Fakultäten von rund 17.000 um etwa 10.000 Studenten gesunken.[454] Zwischen dem Wintersemester 1991/92 und dem Wintersemester 2001/02 sank die Zahl der Studierenden in evangelischer Theologie beispielsweise in München um 69,5%, in Erlangen um 67,3%, in Tübingen um 65,1%, usw. Lediglich in den neuen Bundesländern wuchs die Zahl der Theologiestudenten in Greifswald und Leipzig an.[455] An den Theologischen Fakultäten werden inzwischen Stellen gestrichen und die Sorge geht um, dass der Staat angesichts solcher Schrumpfungspro-

---

[452] Zu den biblischen Grundlagen christlicher Pädagogik vgl. M. Printz, *Grundlinien einer bibelorientierten Gemeindepädagogik: Pädagogische und praktisch-theologische Überlegungen*, Wuppertal / Zürich: TVG R.Brockhaus, 1996, S.26ff.63ff.119ff.
[453] Vgl. dazu den Entwurf von A. Mauerhofer, *Pädagogik nach biblischen Grundsätzen*, 2 Bde., Holzgerlingen: Hänssler, 2001.
[454] Vgl. H. Schmoll, „`Satt, gebräunt und voller Elan´: Die evangelisch-theologischen Fakultäten werben um Studenten", *Frankfurter Allgemeine Zeitung*, 2.April 1997, Nr.76.
[455] http://www.evlka.de/news/news.php3?id=522 sowie *ideaSpektrum*, 15/2002, S.12.

zesse die seit den Anfängen der Weimarer Republik bis heute geltende Vollfinanzierung der Pfarrerausbildung an Staatlichen Fakultäten zurückfahren könnte. – An evangelikalen theologischen Ausbildungsstätten steigt die Zahl der Studierenden seit der Jahrtausendwende wieder deutlich an.[456] Dem entspricht auch der Bedarf, der nicht an den Bedürfnissen einer seit 50 Jahren schrumpfenden Volkskirche[457] gemessen werden darf: unter weltmissionarischen Gesichtspunkten ist relevant, dass innerhalb von zwölf Jahren die Weltbevölkerung von sechs auf sieben Milliarden Menschen anwachsen wird. Die Weltmission steht vor der größten Herausforderung ihrer Geschichte. In Deutschland wächst die Zahl der unabhängigen Gemeinden, von denen allein seit 1980 rund 1.000 entstanden sind. Der Mitarbeiterbedarf in landeskirchlichen Gemeinschaften, freikirchlichen Gemeinden und christlichen Werken ist nach wie vor groß.

Die Talfahrt der Studierendenzahlen an den Theologischen Fakultäten ist allerdings nicht das einzige Krisensymptom. Ein Grundproblem wird oft ganz übersehen: Es besteht darin, dass die Kirche die akademische Ausbildung ihrer künftigen Gemeindehirten an säkulare Universitäten delegiert. Bereits seit dem 2. Mai 1873 gilt die 'Trienniumsregel': Dafür, dass der Staat für den Unterhalt der Theologischen Fakultäten sorgt, verpflichten sich die Landeskirchen, dass alle ihre Pfarrer min-

---

[456] So an der Freien Theologischen Akademie in Gießen von 94 Studierenden im Studienjahr 1999/2000 auf über 150 im Studienjahr 2004/05.
[457] Vgl. die Entwicklung der Evangelischen Kirche in Deutschland: 43,0 Mio. Mitglieder 1950, 36,4 Mio. 1970, 29,2 Mio. 1990, und 25,8 Mio. 2003; (die Katholische Kirche stagniert vergleichsweise: 25,2 Mio. 1950, 28,5 Mio. 1970, 28,2 Mio. 1990, 26,2 Mio. 2003); *ideaSpektrum*, 50/2004, S.6. [Bemerkenswert ist, dass – gegenläufig zum Mitgliederschwund – die Zahl der evangelischen Pfarrer in den letzten 30 Jahren von 13.500 auf 19.000 gestiegen ist. Ob das Erreichen der Kirchenmitglieder und Kirchenfernen mit dem Evangelium dadurch verbessert wurde, ist eine andere Frage, die weniger mit Quantität als mit biblisch bestimmter Qualität zu tun hat].

destens sechs sprachfreie Semester an diesen Fakultäten studieren müssen. Tatsächlich dauert das Uni-Studium in Theologie in Deutschland gar durchschnittlich 13,4 Semester. Die Universitäten sind säkulare Einrichtungen im säkularen Staat und weithin ein Spiegelbild der säkularen Gesellschaft. Bei der Berufung eines Theologieprofessors hat die Landeskirche zwar ein Einspruchsrecht und kann auf Entsprechung zu dem jeweiligen landeskirchlichen Bekenntnisstand achten. Tatsächlich ist der Theologieprofessor aber Staatsbeamter auf Lebenszeit, der niemandem Rechenschaft schuldig ist, wenn er Bibel und Bekenntnis von der Normgröße `Vernunft´ her interpretiert und die Spielräume großzügig nutzt, die ihm in Forschung und Lehre durch die Wissenschaftsfreiheit gegeben sind. Der verstorbene Erzbischof von Fulda, Johannes Dyba, hat die damit verbundene Problematik aus katholischer Sicht so kommentiert: „Bei uns ... führen theologische Selbstvermarkter das Wort, greifen Papst und Kirche an, verunsichern zahllose Gläubige, und scheuen nicht einmal davor zurück, den Kirchenhassern Munition zur Verächtlichmachung der Kirche zu liefern. Da zeigt sich eine Treulosigkeit, ein Verrat gegenüber der ursprünglichen Berufung, wie er bei Staatsdienern undenkbar, bei jeder Firma, jeder Gewerkschaft, jedem Sportverein unmöglich wäre. In der ob ihrer hierarchischen Strenge gescholtenen Kirche aber ist das möglich – wieso? Weil ihre Theologieprofessoren an den Fakultäten staatlicher Universitäten unabhängig sind und lebenslänglich auf hohem Niveau alimentiert werden, ohne jede Rücksicht darauf, ob sie ihrem Auftrag nachkommen, die Lehre der Kirche zu verkünden, oder ob sie diese Lehre ablehnen, angreifen oder lächerlich machen."[458] Nun wäre es ungerecht, die skizzierte Gefahr auf alle Theologieprofessoren zu übertragen.[459] Zweifellos gibt es ein breites Spektrum, wenn es um Bi-

---

[458] J. Dyba, „Staatstheologen", *Frankfurter Allgemeine Zeitung*, Mittwoch 5. April 1995, Nr.81, S.14.
[459] Vgl. dazu W. Fürst, „`Falsch und offenkundig ungerecht´: Bischof Dyba und die Universitätstheologie. Richtungskampf im Gefolge des II. Vaticanums", *Bonner General-Anzeiger*, Samstag/Sonntag, 3./4. Juni 1995.

bel- und Bekenntnistreue von Theologen geht. Und das Motiv für die Beheimatung der Theologie in der säkularen Universität ist durchaus ehrenwert: nämlich sich einzubringen in den Chor der Wissenschaften, die *universitas literarum*. Die Frage ist zunächst aber ganz praktisch, ob dies in apologetischer, gar missionarischer (d.h. der Sendung Christi in die Welt entsprechender) Weise tatsächlich geschieht. Oder ʽmissioniertʼ die säkulare Universität möglicherweise die Theologie und lässt sie tendenziell zur distanziert kritischen Religionswissenschaft verkommen? Wenn der Professor um eines (theologisch problematischen) Wissenschaftsbegriffs willen nicht mehr zugleich als Konfessor, d.h. Bekenner, auftreten zu können meint, oder wenn angesichts seines von anderen Disziplinen übernommenen Wissenschaftsbegriffs sein Bekennen auf einen Restbereich innerer Religiosität zusammengeschmolzen ist, während er weitgehend das kritisch in Frage stellt, was die Bibel über Gottes Offenbarungs- und Wunderhandeln im Raum der Historie sagt, dann hat die Theologie ihr Erstgeburtsrecht um das Linsengericht ihres Verbleibs an der säkularen Universität verkauft. Darüber hinaus stellt sich grundsätzlich die Frage, ob Theologie ihrem Auftrag als Funktion der Kirche angemessen nachkommt, wenn sie in die staatlichen Fakultäten auswandert. Die Kirche kann die Entwicklung ihrer Lehre sowie die Ausbildung ihrer Hirten nicht ohne Schaden an den Staat delegieren. Dabei ist das Problem nicht das zu leistende wissenschaftliche Niveau! Die (einstige) ʽerste der Wissenschaftenʼ sollte sich hinsichtlich ihrer wissenschaftlichen Leistungsfähigkeit nicht vor den übrigen Wissenschaften verstecken müssen. Aber wenn Theologische Fakultäten auftragsgemäß wirklich „rechte Pflanzgärten der Kirche" und „Werkstätten des Heiligen Geistes"[460] sein wollten, würden sie an der säkularen Universität ei-

---

[460] Vgl. die schon 1675 von Philipp Jacob Spener in seinen Reformvorschlägen für das Theologiestudium geäußerte Bestimmung: „Es sollte so gebessert werden, dass die Akademien, wie es recht und billig ist, auch als rechte Pflanzgärten der Kirche in allen Ständen und als Werkstätten des Heiligen Geistes erkannt werden." Ph.J. Spener, *Umkehr in die Zukunft: Reformprogramm des Pietismus – Pia desideria*, neu bearb. von E. Beyreuther, 3.Aufl., Gießen: Brunnen, 1983, S.68.

nen Fremdkörper darstellen, dessen Gestaltungsvorgaben jedes staatliche Hochschulgesetz sprengen würden.

Die Frage stellt sich, ob die nach-aufklärerischen Staats- und Volkskirchen den – finanziell lukrativen – Verbleib ihrer Theologischen Fakultäten an den staatlichen Hochschulen möglicherweise um den Preis der Anpassung an ein säkulares Wissenschaftsverständnis sowie einen säkularisierten Studienbetrieb erkauft haben. In Gestalt der von Ernst Troeltsch auf den Begriff gebrachten historisch-kritischen Methode und ihrer Folgen (siehe dazu Kap. 3 in diesem Buch) hat dieses Wissenschaftsverständnis seinen Ausdruck gefunden. Ein solches historisch-kritisches Theologieverständnis wird an den Theologischen Fakultäten der Universitäten im deutschsprachigen Raum heute – man kann wohl sagen: ausnahmslos – vertreten. Diese sachliche Feststellung leugnet in keiner Weise die menschliche Integrität und oft bewundernswerte Gelehrsamkeit der entsprechenden Fachvertreter, und übersieht auch nicht die erfreulich konstruktive Ausrichtung der Arbeit, wie sie sich in jüngerer Zeit an Fakultäten wie beispielsweise Tübingen ('neue Tübinger Schule'), Greifswald und Dortmund gezeigt hat beziehungsweise zeigt. Das Problem bleibt aber, dass die Theologischen Fakultäten faktisch ein historisch-kritisches Monopolisten-Kartell bilden, das seinen Alleinvertretungsanspruch für wissenschaftliche Theologie unbedingt zu verteidigen sucht.[461]

Um dieses Ziel zu erreichen fordert Spener das geistliche Vorbild der Dozenten, eine Betonung des geistlichen Lebens der Studenten, das Ernstmachen damit, dass Theologie nicht irgendeine Wissenschaft sei, sondern aus einem Gott hingegebenem Leben erwachsen muss, die Ausrichtung auf den geistlichen Dienst schon während des Studiums, die seelsorgerliche Begleitung der Studierenden und die Praktizierung von Theologie als *'habitus practicus'* (ebd., S.68-77). Vgl. auch das lesenswerte Buch von C.W. Kang, *Frömmigkeit und Gelehrsamkeit: Die Reform des Theologiestudiums im lutherischen Pietismus des 17. und frühen 18. Jahrhunderts*, Gießen: TVG Brunnen, 2001, 540 S.
[461] So haben Vertreter dieses Kartells im Herbst 2004 in einer Akkreditierungskommission, die über die Wissenschaftlichkeit von Studiengängen im Rahmen eines Hochschulgenehmigungsverfahrens der Frei-

Ein Diskurs auf Augenhöhe zwischen unterschiedlichen Theologieverständnissen, wie er in anderen Ländern selbstverständlich ist, findet im Land der Reformation bislang nicht statt. Man verhält sich so, als könne wissenschaftliche Theologie nicht bibeltreu, und bibeltreue Theologie nicht wissenschaftlich sein. Dabei räumt der weltanschaulich neutrale Staat den Kirchen Bekenntnisfreiheit nicht nur im Allgemeinen, sondern auch hinsichtlich der Theologie auf Hochschulebene ein, was sich schon daran zeigt, dass es unbeschadet der Wissenschaftsfreiheit evangelische und katholische Fakultäten, evangelische und katholische Religionslehrerausbildung gibt.[462] Theologie ist immer bekenntnisgebunden. Wie jede Wissenschaft, muss auch die Theologie ihrem Gegenstand angemessen sein. Ihr Gegenstand aber ist Gott in seiner Offenbarung, und das heißt im Kern: Gegenstand und Ausgangspunkt ihrer wissenschaftlichen Arbeit ist die Heilige Schrift. Diese Heilige Schrift entsprechend ihrem Selbstanspruch als Offenbarungswort Gottes zu bekennen, gehört zu den Axiomen der Theologie als Wissenschaft,

---

en Theologischen Akademie Gießen zu befinden hatte, dafür plädiert, theologischen Studiengängen die Wissenschaftlichkeit abzusprechen, denen ein bibeltreues Schriftverständnis zu Grunde liegt.

[462] In der Präambel zur Bekenntnisgrundlage der Freien Theologischen Akademie Gießen heißt es entsprechend: „Die Freiheit von Wissenschaft und Lehre entbinden Theologie und Kirche nicht von der Treue zur Heiligen Schrift als dem Grunddokument aller christlichen Theologie. Theologie ist – im Unterschied zur Religionswissenschaft – immer bekenntnisgebunden. Der weltanschaulich neutrale Staat respektiert angesichts des religiösen Diskriminierungsverbots (Art. 3 III GG), der Achtung des religiösen Bekenntnisses (Art. 4 I GG), des offenen Wissenschafts- und Freiheitsbegriffs (Art. 5 III GG), der Kompetenzbeschränkung des Staates in spezifisch religiösen Fragen (Art. 140 GG / Art. 137 I WRV) und der Gewährleistung von eigenständigen Lehrentscheidungen durch die Religionsgemeinschaften im Bereich der ‚res mixtae‘ (Art. 140 GG / Art. 137 III WRV) die Möglichkeit der Bekenntnisgebundenheit von Theologie im Bereich wissenschaftlicher Hochschulen." Vgl. dazu auch M. Heckel, *Die theologischen Fakultäten im weltlichen Verfassungsstaat*, Tübingen: Mohr / Siebeck, 1986, S. 26f.33-38.67.81.127-169.270ff.328ff.364ff.

die sie offen zu legen hat.[463] Sie wird als wissenschaftliche Disziplin diese ihre Prämissen rational verantworten, wird immer wieder die Grundlagen des eigenen Denkens (etwa hinsichtlich der Relation von Wahrnehmung, Deutung und Wertung oder hinsichtlich der Übereinstimmung des Gegenstands mit dem Denken über den Gegenstand) prüfen, wird die subjektive Sachkompetenz wissenschaftlich arbeitender Theologen sicherstellen und bereit sowie fähig sein, intersubjektiv die Angemessenheit der eigenen Methoden und Ergebnisse zu vertreten. Das macht die Wissenschaftlichkeit jeder Theologie aus. Adolf Schlatter hat dies auf den einfachen Begriff gebracht: „Wissenschaft ist erstens Sehen und zweitens Sehen und drittens Sehen

---

[463] Vgl. dazu W. Thieme, *Deutsches Hochschulrecht*, 2., vollst. überarb. u. erhebl. erw. Aufl., Köln u.a.: Carl Heymanns, 1986, S.163 zum Thema ʼTheologie als Wissenschaftʼ: „Der heutige Wissenschaftsbegriff ist durch die Aufklärung geprägt und knüpft vor allem an ein naturwissenschaftlich-erfahrungswissenschaftliches Verständnis an. Allerdings erschöpft sich Wissenschaft nicht darin. Auch die Geisteswissenschaften, die es überwiegend mit der Sinndeutung von Texten und der hermeneutischen Methode zu tun haben, sind Wissenschaften. Angesichts der Tatsache, dass der Wissenschaftsbegriff sehr unterschiedliche Phänomene erfasst und weitgehend nur historisch erklärt werden kann, bestehen keine grundsätzlichen Bedenken dagegen, auch die Theologie als Teil des Gesamtgebäudes der Wissenschaft zu begreifen... In der Tat lässt sich nach dem heutigen Wissenschaftsverhältnis Glauben nicht unter den Begriff der Wissenschaft bringen. Es ist [aber; HSt] gerade die Eigenart der Theologie, insb. der christlichen Theologie, dass sie auf einem Glaubensfundament beruht. Wollte man ihr dieses Fundament entziehen, so könnte sie allenfalls christliche Religionslehre sein, d.h. sie hätte ihr Wesen verändert... Zweifellos hat es die christliche Theologie – und allein um diese geht es hier – zunächst mit der ʼHeiligen Schriftʼ zu tun, deren Charakter als göttliche Offenbarung Grundlage ihres Forschens und Lehrens ist. Diese Eigenschaft wird nicht oder doch nur sehr bedingt wissenschaftlich-kritischer Betrachtung unterworfen. Sie wird vorausgesetzt. Jenseits dieser Prämisse allerdings und auf ihrem Boden wird die ʼHeilige Schriftʼ ebenso und prinzipiell mit denselben Mitteln und mit demselben wissenschaftlichen Ethos der Wahrheitssuche zum Gegenstand der Arbeit gemacht."

und immer und immer wieder Sehen."[464] Dieses exakte Sehen muss die Theologie gegenüber der Bibel als ihrem Gegenstand leisten. An dem, was sie da gesehen hat und sieht, formt und bewährt sich das Bekenntnis, das zur Theologie als Glaubenswissenschaft[465] notwendig gehört. Dabei ist das Bekenntnis nicht der erste Ausgangspunkt oder die prinzipielle Denkgrenze der Theologie, sondern das Bekenntnis ist als vom Gegenstand bestimmte Norm (*norma normata*) das zur Überzeugung verdichtete Ergebnis der individuellen wie über-individuell theologiegeschichtlichen Beschäftigung mit dem Gegenstand in der Kirche. Individuen, wie auch Institutionen und Kirchen, werden Bekenntnisse nicht leichthin preisgeben, wenn sich Erkenntnisprobleme auftun. Sie werden Probleme zu lösen versuchen, bei offen bleibenden Fragen Zurückhaltung üben, im ernsten Konfliktfall eine Konversion auf sich nehmen – aber prinzipiell auch bereit sein, das Bekenntnis vom Gegenstand (als *norma normans*) her in Frage stellen und revidieren zu lassen. So gehören in der Theologie Wissenschaftlichkeit und Bekenntnis zusammen. Und es gehört zum Ethos der Theologie, gegenstandsgemäß – und das heißt: schriftgemäß – zu sein. – Von daher kann nur bedauert werden, wenn sich an Theologischen Fakultäten schrift- und bekenntniswidrige Theologien im Namen der Wissenschaft finden. Und umgekehrt ist es dringend wünschenswert, dass sich Hochschulen in Verantwortung der christlichen Gemeinde etablieren, die eine zugleich wissen-

---

[464] A. Schlatter, „Atheistische Methoden in der Theologie?", in: ders., *Zur Theologie des Neuen Testaments und zur Dogmatik. Kleine Schriften* (hrsg. v. U. Luck), 1969, S. 142. Ebd. schreibt er: „Was uns als Mitgliedern der universitas literarum als unzerreißbare Pflicht obliegt, ist, dass wir in dem uns zugewiesenen Arbeitsbereich zum Sehen, zur keuschen, sauberen Beobachtung, zum Erfassen des wirklichen Vorgangs, sei er ein geschehener, sei er ein jetzt geschehender, gelangen."
[465] Zur Theologie als Glaubenswissenschaft siehe von katholischer Seite M. Seckler, „Theologie als Glaubenswissenschaft", in: W. Kern u.a. (Hrsg.), *Handbuch der Fundamentaltheologie*, Bd. 4: *Traktat Theologische Erkenntnislehre*, Freiburg i.Br.: Herder, 1988, S.212.

schaftliche und bibeltreue Theologie betreiben und sich als solche zum Segen von Kirche und Gesellschaft auswirken.

Nun zeigen sich Krisensymptome des aktuellen Theologiestudiums aber nicht nur in der Delegation der Pastorenausbildung an die säkulare Universität und in der Anwendung eines säkularen Wissenschaftsverständnisses auf die Theologie. Hinzu kommt der mangelnde Praxis- und Dienstbezug. Bereits in den 1980er Jahren kam eine innerkirchliche Studie zu dem kritischen Ergebnis, dass das gängige Theologiestudium angehenden Pfarrern die für die Praxis nötige ʻmissionarische Kompetenzʼ nicht vermittle: „Die Prägung, die Universität und Hochschulen vermitteln, ist latent am Leitbild des ʻMini-Wissenschaftlersʼ orientiert und übt in erster Linie innerwissenschaftliche Verständigungsformen ein, was dann zu Sprachbarrieren und Verständigungsproblemen im Alltagsumgang mit ʻnormalenʼ Menschen führt... Die Universität mit ihren theologischen Fakultäten ist auf dem Boden des Staatskirchentums und der Koinzidenz von Christentum und Gesellschaft entstanden. Zugespitzt formuliert: In einem Ausbildungssystem, das sich an der Volkskirche von gestern orientiert, werden heute die Mitarbeiter für die Volkskirche von morgen ausgebildet... ʻMissionarische Kompetenzʼ in dem beschriebenen Sinne wird eher durch Einübung und Training erworben als durch akademische Wissensvermittlung. Wenn also die Überlegungen zum neuen Stellenwert dieser Kompetenz in der Volkskirche von morgen zutreffend sind, so zeichnet sich möglicherweise die Notwendigkeit einer neuen Gewichtsverteilung zwischen Wissenschafts- oder Praxisorientierung der theologischen und kirchlichen Ausbildung ab."[466] Zwei vom Marburger Institut für Wirtschafts- und Sozialethik (Prof. W. Nethöfel) durchgeführte Befragungen unter hessischen Pfarrern (EKHN / EKKW) zu deren Berufszufriedenheit und Berufsleitbild ergab unter anderem, a. dass die Zufriedenheit tendenziell bei Berufssituationen wächst, die vom klassischen Pfarrerbild wegweisen, und b. dass Pfarrer bei praktischen Schlüsselkompetenzen wie Mo-

---

[466] „Strukturbedingungen der Kirche auf längere Sicht: Eine Studie der Evangelischen Kirche in Deutschland (EKD). Veröffentlicht im Juni 1986", *idea-Dokumentation,* 15/1986, S.27f.

tivation, Organisationsfähigkeit, Problemlösefähigkeit, Kommunikationsfähigkeiten, Personalführungsfähigkeiten und Einfühlungsvermögen jeweils eine – zum Teil deutliche – Differenz zwischen Soll- und Ist-Wert verspüren. Möglicherweise wirkt in der Theologie das Erbe des idealistischen Wissenschaftsbegriffs mit seiner Zurückhaltung gegenüber der Praxis besonders lange nach. Ein Symptom davon mag auch die Zögerlichkeit sein, mit der sich etwa die Evangelischen Fakultätentage von Rostock 2001 bis Frankfurt 2004 dem Thema der Einführung kürzerer und stärker praxisorientierter B.A.- / M.A.-Studiengänge genähert haben.[467] Der stark theoretisch ausgerichtete deutsche Diplomstudiengang in Evangelischer Theologie wird (trotz seiner 'Weltrekord-Länge' von durchschnittlich 13,4 Semestern) selbst auf europäischer Ebene innerhalb der Gemeinschaft Evangelischer Kirchen in Europa (ehemals: Leuenberger Kirchengemeinschaft) in zähen Rückzugsgefechten verteidigt.

Die Probleme des universitären Theologiestudiums haben Evangelikale in Deutschland immer wieder beschäftigt. So forderte der Theologische Konvent der Konferenz Bekennender Gemeinschaften in den evangelischen Kirchen Deutschlands auf einem Kongress, der vom 8.-11. April 1986 in Krelingen stattfand, klare Alternativen zur evangelischen Universitätstheologie, größere Freiräume und Arbeitsmöglichkeiten für bibeltreue evangelikale Theologie sowie eine stärkere Verantwortung der Gemeinden für die Theologenausbildung. Wenn keine größeren Freiräume für biblisch-reformatorische Theologie geschaffen würden (so P. Beyerhaus laut *ideaSpektrum*, 16/1986, S.3), müssten zwangsläufig Parallelstrukturen in Form von freien theologischen Hochschulen geschaffen werden.[468] Der Hauptvorstand der Deutschen Evangeli-

---

[467] Siehe dazu auch J. Kegler, „Der Bologna-Prozeß – Chance oder Gefahr für die theologische Ausbildung?", *Materialdienst des konfessionskundlichen Instituts Bensheim, 6/2004*, S. 119-122; G. Wasserberg, „Die Reform der theologischen Ausbildung", *Deutsches Pfarrerblatt*, 11/2003, S.568-571.
[468] Siehe „Für eine andere Theologenausbildung: Argumente und Tendenzen. Referate vom Theologischen Konvent der Konferenz Beken-

schen Allianz griff in seiner Herbstsitzung 1986 dieses Thema auf und verabschiedete ein Votum, das mit *Sorge um die Theologenausbildung* betitelt war und angesichts der Krisen, in die geistlich hoch motivierte junge Theologiestudenten an den Theologischen Fakultäten gestürzt werden, kritisch bemerkte: „Hier beobachtet der Hauptvorstand seit langem mit Sorge und Betroffenheit, dass aus dem Pietismus und der erwecklichen Jugendarbeit kommende Theologiestudenten im Laufe ihrer Universitätsausbildung im Glauben verunsichert werden und nicht selten scheitern. Sie verlieren dabei ihre ursprüngliche missionarische Ausrichtung und geistliche Motivation... Der Hauptvorstand sieht die Ursache vor allem in der Vorherrschaft einer kritizistischen Bibelauslegung... Der Hauptvorstand begrüßt studienvorbereitende und studienbegleitende Ausbildungseinrichtungen. Er hält darüber hinaus alternative Ausbildungsstätten neben den Theologischen Fakultäten für erforderlich".[469] In der Folge dieser öffentlichen Appelle kam es unter Federführung der Vereinigten Evangelisch-Lutherischen Kirchen Deutschlands / VELKD zu drei Hermeneutik-Konsultationen (Celle 1988, Bad Urach 1989, Rothenburg o.d.T. 1990), an der Vertreter der Kirchenleitungen, der Theologischen Fakultäten sowie der Bekennenden Gemeinschaften samt evangelikalen Ausbildungseinrichtungen teilnahmen. Als Ergebnis wurden in einem gemeinsamen Dokument Übereinstimmungen und umstrittene Punkte formuliert und als Konsequenz wünschenswerte Kompetenzen zur Schriftauslegung gefordert.[470] Von den Vertretern der Kirchenleitungen und der Theologischen Fakultäten wurde jedoch strikt abgelehnt, folgende Forderungen der evangelikalen Vertreter in das gemeinsame Dokument aufzunehmen: „1. Die historische Kritik darf in den Kirchen der Reformation nicht unbestritten als allein theologisch-sachgemäßer Umgang mit der Bibel gelten... 2. Der Zugang zum kirchlichen Dienst darf nicht mehr, wie zur Zeit, ausschließlich über ein historisch-kritisch bestimmtes Theologiestudi-

---

nender Gemeinschaften vom 8. bis 11. April 1986 in Krelingen", *idea-Dokumentation*, Nr. 9/86.

[469] Votum im „Allianz-Forum", eingeheftet in *ideaSpektrum*, 50/1986.

[470] Dokumentiert im *Jahrbuch für evangelikale Theologie*, 4/1990, S.99-105.

um möglich sein... 3. Es gehört zum geschichtlichen Gewordensein unserer Situation, dass die Ausbildung angehender Pfarrer der säkularen Universität übertragen ist... Zum anderen darf der Gemeinde die Verantwortung für die Ausbildung ihrer künftigen Hirten und Lehrer nicht entzogen werden... 4. Wir sehen eine Einführung in die biblische Grundlagenklärung ... als unverzichtbar an... Eine biblisch orientierte Studienbegleitung und alternative Studiengänge greifen diese Anliegen auf".[471] Die berechtigten Forderungen bekennender Christen haben bis heute zu keinerlei inhaltlichen und strukturellen Änderungen in der kirchlichen Theologenausbildung geführt. In den 1990er Jahren hatten die Theologischen Fakultäten wie die diversen evangelikalen Ausbildungsstätten und –initiativen zunächst vornehmlich mit einem deutlichen Theologiestudentenrückgang zu kämpfen. Evangelikale Ausbildungsalternativen nutzten die Zeit aber zugleich zu einem konsequenten Ausbau der Qualität ihrer Angebote.[472] Seit Beginn des neuen Jahrtausends erfahren evangelikale Ausbildungsstätten einen deutlichen Zulauf.[473] Und so steht konsequenterweise nun die Frage nach der staatlichen Genehmigung evangelikaler Hochschulen auf der Tagesordnung.[474] Der bibelkritischen deutschen Universitätstheologie, die seit 250 Jahren zunehmend die Pfarrerausbildung bestimmt hat (mit Folgewirkungen bis in den Bereich der landeskirchlichen

---

[471] *Ebd.*, S.105-106.

[472] Beispielsweise erlangte die Freie Theologische Akademie (FTA) in Gießen 1996 die Akkreditierung auf Master-of-Divinity Ebene durch die European Evangelical Accrediting Agency (EEAA); und im Jahr 2000 erfolgte die Validierung eines Master-Studienganges, wodurch an der FTA ein britischer `M.A. in Biblical and Theological Studies´ durch die Universität von Gloucestershire, Cheltenham, verliehen werden kann. – Andere Theologische Seminare und Bibelschulen innerhalb der Konferenz bibeltreuer Ausbildungsstätten (KBA, www.bibelschulen.de) haben analoge Qualifizierungsmaßnahmen ergriffen.

[473] So wuchs die genannte FTA Gießen zwischen 1999 und 2004 von 95 auf 155 Studierende.

[474] Die FTA Gießen hat 2004 beim Hessischen Ministerium für Wissenschaft und Kunst einen Antrag auf staatliche Genehmigung als Hochschule in privater Trägerschaft gestellt. Eine Entscheidung ist 2005 zu erwarten.

Gemeinschaften und Freikirchen hinein), kann eine konstruktive 'Konkurrenz' nur gut tun. Wenn nachweislich bibelkritische Theologie zu Schrumpfungsprozessen in Kirchen (und Freikirchen) führt[475], könnten inhaltliche und institutionelle Alternativen zum Hoffnungsschimmer am Horizont werden, speziell im entkirchlichten Europa, das ein starkes christliches Zeugnis braucht.

3. Das Dilemma des Religionsunterrichts.

Eigentlich sollte man sich über die Möglichkeiten des Religionsunterrichts freuen. Die Hessische Kultusministerin Karin Wolff schreibt zu Recht: „Die Staats-Kirchen-Verfasstheit in unserem Land bietet eine unglaubliche Chance für eine gute Kooperation und für eine selbstbewusste Darstellung von Kirche."[476] Den christlichen Kirchen stehen in der Tat alle Schulen offen. Sie können in allen Klassen – also 9 bis 13 Jahre lang – Schülern den christlichen Glauben nahe bringen. Der Staat stellt dafür die Räume und die Lehrmittel. Er bezahlt die Religionslehrer und die Hochschuleinrichtungen für Religionspädagogik. Er stellt den Religionsunterricht unter den Schutz des Grundgesetzes: „Der Religionsunterricht ist in den öffentlichen Schulen mit Ausnahme der bekenntnisfreien Schulen ordentliches Lehrfach. Unbeschadet des staatlichen Aufsichtsrechtes wird der Religionsunterricht in Übereinstimmung mit den Grundsätzen der Religionsgemeinschaften erteilt..." (GG § 7.3). Die Kirchen sind durch diese institutionelle Garantie des Staates geradezu aufgefordert, den Religionsunterricht gemäß ihrer Bekenntnisschriften bibeltreu zu gestalten. Religionsunterricht ist in Deutschland also – im Unterschied zu anderen europäischen Staaten – keine weltanschaulich neutrale Religionskunde.[477] Nein, hier wird 'Religion' in Entsprechung zu einem

---

[475] Siehe dazu oben Kap. 11, Abschnitt 1.
[476] K. Wolff, „Religionsunterricht – unverzichtbarer Teil des schulischen Lebens", *Evangelische Verantwortung*, 10/2001, S.1.
[477] Vgl. dazu nochmals Kultusministerin Wolff: „Dort, wo es um Sinn geht und transzendentale Fragen, kann ein religionskundlicher Unterricht nicht ausreichen. Es braucht authentische Partner, also Lehrerinnen und Lehrer, die aus ihrer Tradition und Haltung heraus Antworten geben können... Daher kann LER [d.h. die brandenburgische Kon-

bestimmten Glaubensbekenntnis gelehrt. So jedenfalls sieht es das Grundgesetz. Und die Kirchen haben das zunächst auch, mehr oder weniger, umgesetzt. Bis in die 1960er Jahre hinein galt das Konzept der 'Evangelischen Unterweisung'. Seither ist nicht nur die Methode geändert worden. Im Bekennen und Unterweisen scheinen die Kirchen und ihr Religionsunterricht merkwürdig kleinlaut geworden zu sein. Die hermeneutischen Verfahren der letzten 40 Jahre geben dem aktuellen (Problem-)Kontext nicht selten Vorrang vor dem (biblischen) Text. Dem gegenüber lässt aufhorchen, wenn die hessische Kultusministerin – um sie nochmals zu zitieren – schreibt: „Religionsunterricht hat glücklicherweise keine Pflicht, den Zeitgeist zu bedienen"; und: „Kinder haben ein Recht auf Orientierung".[478] Beachtlich ist auch, dass die Länder Rheinland-Pfalz und Hessen inzwischen russlanddeutschen Aussiedlergemeinden erlauben, einen eigenen freikirchlich-mennonitischen Religionsunterricht an Schulen auf Kosten des Staates anzubieten. Und diese gestalten den Unterricht dann auch bibeltreu-bekenntnisgebunden. Ihre Religionslehrer lassen sie an evangelikalen Ausbildungsstätten ausbilden. Doch das ist die Ausnahme.

Der Regelfall ist, dass evangelische (wie auch katholische) Religionslehrer an staatlichen Hochschulen ein bibelkritisches Studium durchlaufen – mit all dem Glaubensrelativismus, den das mit sich bringt. Das Gleiche gilt für Pfarrer, die Religionsunterricht erteilen. Die Kirchen verzichten – zwar nicht theoretisch, aber praktisch – darauf, ihr Grundrecht auf tatsächlicher Übereinstimmung des Religionsunterrichts mit den reformatorischen Bekenntnissen in der Ausbildung der Religionslehrer, in der Ausgestaltung der Lehrpläne und in der Durchführung des Unterrichts selbst durchzusetzen. Während die Nation im Herbst 2003 ergriffen den Luther-Film aufnimmt, traut sich in den Kirchen und auf theologischen Lehrstühlen kaum mehr jemand, mit ähnlicher Entschiedenheit für die Bindung allen Glaubens, Bekennens und Handelns an das Wort

---

struktion 'Lebensgestaltung – Ethik – Religionskunde', HSt] die Antwort nicht sein…"; *aaO.*, S.2.
[478] *Ebd.*, S.2.

Gottes einzutreten, wie es der Reformator einst tat. Luthers Schrifthaltung, die das Bekenntnis zur uneingeschränkten Inspiration und Wahrheit des Bibelwortes einschloss[479], ist damit aber nicht mehr die Schrifthaltung der sich auf ihn berufenden Protestanten; ihr Bekenntnis nicht mehr das der Reformation. Die Evangelische Kirche der Reformation ist zur protestantischen Kirche der aufgeklärten Vernunft geworden; die Kirche des Wortes zur Kirche der Wörter; die Kirche des Glaubens zur Kirche der Zweifel. Das Ergebnis ist (zwar erfreulicherweise nicht immer, aber oft): Es dürfte heute kein einziges Schulfach geben, das den Glauben bewusst christlicher Schüler so in Frage stellt, wie gerade der Religionsunterricht. Schüler, die aus überzeugt christlichen Familien

---

[479] Vgl. A. Buchholz, *Schrift Gottes im Lehrstreit: Luthers Schriftverständnis und Schriftauslegung in seinen drei großen Lehrstreitigkeiten der Jahre 1521-28*, Frankfurt u.a.: P. Lang, 1993, der am Ende seiner Untersuchung feststellt: „Zwischen Luthers und aller historisch-kritischen Theologie besteht tatsächlich ein unüberbrückbarer Widerspruch hinsichtlich des Schriftverständnisses und der Schriftauslegung" (S.248). Zuvor hatte er das Schriftverständnis des Reformators präzise u.a. so zusammengefasst: „Die Bibel ist für Luther also nicht etwa Gottes Wort nur weil und insofern sie Christum, das Evangelium bzw. die Rechtfertigungslehre treibet, oder erst dann, wenn sie mir je und je zur lebendigen Anrede und zum existentiellen Ereignis wird..., sondern alle Inhalte der Schrift sind für Luther Gottes Wort" (S.237); und: Als „Gottes eigene Schrift hat die Bibel teil an dem Charakter ihres göttlichen Autors: Weil Gott nicht lügen, nicht zweifeln, nicht irren und sich selbst nicht widersprechen kann, deshalb ist auch seine Schrift in allen ihren Aussagen wahr und gewiss, ohne Irrtümer und ohne Widersprüche... Aufgrund dessen ist die menschliche Vernunft in keiner Weise dazu berechtigt, die klaren, ihr oft als unmöglich oder anstößig erscheinenden Aussagen der Bibel zu beurteilen" (S.238). Angesichts dessen erscheint die folgende von Buchholz gesehene Diskrepanz in der Tat unausweichlich: „Will man im Blick auf unsere Gegenwart nicht eine unmittelbare Rezeption von Luthers Schriftverständnis und Schriftauslegung vertreten – was nur im radikalen Widerspruch gegen historisch-kritische Schriftauslegung möglich wäre -, so bleibt nur noch eine Möglichkeit: die Frage nach der gegenwärtigen Relevanz der Theologie Luthers im klaren Bewusstsein des besagten, unüberbrückbaren Widerspruchs zu bedenken" (S.249). Die Folge ist dann allerdings eine Theologie, die sich nicht mehr zu Recht auf das reformatorische Bekenntnis berufen kann.

kommen, sehen sich in der Oberstufe häufig mit Texten konfrontiert, die bibelkritische Positionen widerspiegeln. Wenn ihnen dann tatsächlich zugleich alternative Texte geboten würden, die sich mit der darin dokumentierten Bibelkritik metakritisch auseinandersetzten, wollte man nicht klagen. Denn natürlich sollen Oberstufenschüler ein eigenständig-argumentatives Denken und Urteilen lernen. Tatsächlich fallen solche Alternativen aber in der Regel aus: Argumente für die Zuverlässigkeit der Bibel und die Tragfähigkeit des christlichen Glaubens werden allzu oft nicht geliefert. Wer die kritischen Texte nachbetet, erhält gute Noten. Wer sich dagegen wehrt, muss sich seine Gegenargumente selbst ausdenken – und wird nicht selten vor der Klasse wegen seines `naiven´ Glaubens bloßgestellt. Junge Leute, die ihr Leben auf ein tragfähiges Fundament stellen wollen, bekommen die Zweifel ihrer Religionslehrer, die diese ihrerseits mangels Alternativen von der Universität mitgebracht haben, ebenso mit wie die daraus folgende Relativierung christlicher Lehre und Ethik. So lange diese Grundproblematik nicht gelöst ist, wird es nur bruchstückhaft weiterhelfen können, wenn (eigentlich ja: erfreulicherweise!) als Inhalt des Religionsunterrichts verstärkt die existentielle Einführung in die Erfahrung des Betens und Segnens gefordert wird.[480] Es betrübt, dass es so den Kirchen nicht gelingt, trotz der großen Chance jahrelangen Religionsunterrichts junge Leute in nennenswerter Zahl für kirchliche Angebote und eine christliche Lebensführung zu motivieren. Andere sinnstiftende Angebote – auch `religiöser´ Art in der Film- und Rockkultur – sprechen sie mehr an. Und so mancher christliche Lehrer kommt in Fächern wie Deutsch, Geschichte oder Philosophie als authentisches Individuum zu intensiveren Glaubens- und Wertediskussionen mit seinen Schülern, als wenn er im Religionsunterricht als Repräsentant einer kirchlichen Institution wahrgenommen wird.[481]

---

[480] So Chr. Grethlein, „Religionspädagogik ohne Inhalt? Oder: Was muss ein Mensch lernen, um als Christ leben zu können?", *Zeitschrift für Theologie und Kirche*, 100/2003, S.118-145.
[481] So Bernhard Bosold in: Bernhard u. Iris Bosold / Friedrich Schweitzer, „Religion wahrnehmen –Identität finden – Unterricht gestalten: Religionsdidaktische Aus- und Fortbildung. Erfahrungen und Aufgaben", in: M.

Je stärker die Entkirchlichung der Gesellschaft fortschreitet, desto fraglicher wird die Zukunft des Religionsunterrichts. Das Land Brandenburg hat nach der Wende statt eines verfassungsgemäßen Religionsunterrichts das Fach 'LER (Lebensgestaltung – Ethik – Religionskunde)' eingeführt. Christliche Eltern haben sich – bisher vergeblich – dagegen zu wehren gesucht; die Kirchen haben Kompromissbereitschaft gezeigt. Wenn allerdings wie in Berlin und einigen östlichen Bundesländern nur noch etwa ein Viertel der Bevölkerung zu einer christlichen Kirche gehört, aber hundert Prozent der Bevölkerung mit ihren Steuern evangelische und katholische Religionslehrer und der Hochschulstudium bezahlen müssen, fragt sich, wann diese Regelung wohl dem Rotstift zum Opfer fällt. Die Kirchen, die ein Interesse am konfessionellen Religionsunterricht haben, könnten ihn in Zeiten rückläufiger Kirchensteuereinnahmen wohl kaum selbst bezahlen. Und wenn künftig nicht nur evangelische und katholische, sondern auch freikirchlich-mennonitische, orthodoxe, islamische und jüdische Religionslehrer und ihre Hochschulausbildung zu finanzieren wären, könnten um einen ausgeglichenen Staatshaushalt bemühte findige Finanzminister irgendwann Einsparmöglichkeiten im kirchlichen Sektor zugunsten der Eigenfinanzierung kirchlicher Angelegenheiten (Religionsunterricht, Theologenausbildung, Militärseelsorge) entdecken. Immerhin haben drei von fünf im Bundestag vertretene Parteien (F.D.P., Bündnis90 / Die Grünen, PDS) bereits eine entsprechende Programmatik.

Natürlich hat der Staat auch seinerseits ein Interesse am Religionsunterricht. In der Präambel des Grundgesetzes ist die Rede von der „Verantwortung vor Gott und den Menschen". Religion gehört zur Kultur, stiftet Identität, vermittelt Werte innerhalb einer Gesellschaft. Durch Religionsunterricht unter staatlicher Aufsicht an Schulen kann der Staat die Gesellschaft auch vor unerwünschten Formen und Folgen von Religion schützen. So hat der Staat ein vitales Interesse daran, dass islamischer Religionsunterricht durch

---

Steinhäuser / W. Ratzmann (Hrsg.), *Didaktische Modelle Praktischer Theologie*, Leipzig: Evang. Verlagsanstalt, 2002, S.288.

staatlich ausgebildete Lehrkräfte im Rahmen staatlich genehmigter Lehrpläne an staatlichen Schulen erteilt wird – und nicht in irgendwelchen radikalen Koranschulen und Moscheen. Auf dem Weg in die Multi-Kulti-Gesellschaft könnte es dem Staat unter gesellschaftspolitischen Aspekten durchaus entgegenkommen, wenn Religion ihren kulturell trennenden Aspekt verliert und stattdessen Toleranz und religiöser Pluralismus befördert wird – obwohl auch eine freiheitliche Gesellschaft denkbar ist, in der überzeugte Anhänger ganz unterschiedlicher Religionen friedlich zusammen leben, indem sie konsequent nur mit dem Wort, nicht aber mit Gewalt, für ihren Glauben eintreten und andere zu überzeugen suchen. In der nach-christlich multikulturellen Gesellschaft geht die Tendenz zunächst in Richtung eines konfessionell-kooperativen Religionsunterrichts (kokoRU) bzw. ökumenischen Religionsunterrichts (ÖkuRU). Dabei wird im so genannten `Plus-Modell´ der Unterricht interkonfessionell vom katholischen und evangelischen Lehrer geplant und gemeinsam der gesamten Klasse erteilt. Wenn diese Tendenz zusätzlich durch den im Gesellschaftstrend liegenden Traditionsverlust, postmodernen Individualismus und allgemeine Institutionenmüdigkeit verstärkt wird, könnte solch ein konfessionsübergreifender Religionsunterricht weiter den Boden für eine frei fluktuierende Spiritualität ohne Dogma und Bekenntnis ebnen. Andere gehen weiter und sehen die Zukunft im interreligiösen Religionsunterricht (inröRU). Die Rede vom `Weltethos´ macht die Runde, das als kulturell-religiöser Kitt konsensfähige Werte aus allen Religionen zusammensucht. Wieder andere streben als Kompromiss im Blick auf die Zukunft ein so genanntes `Fächergruppenmodell´ an: Unter Verantwortung des Staates soll in Verbindung mit den verschiedenen Weltanschauungsgemeinschaften an den Schulen ein Wahlpflichtbereich `Philosophie – Ethik – Religion´ gebildet werden, aus dem die Schüler philosophische, ethische und religiöse Lehrveranstaltungen auswählen können – wobei im religiösen Sektor katholische, evangelische, orthodoxe, freikirchliche, jüdische, muslimische oder auch buddhistische Angebote gemacht werden könnten.

Vielleicht wäre mittelfristig allen Beteiligten am besten geholfen, wenn der Religionsunterricht abgeschafft würde. Christliche Eltern sind auf dieses Relikt aus der Zeit der Staatskirche und der Weimarer Reichsverfassung ohnehin nicht angewiesen. Sie können ihre Kinder von klein auf im christlichen Glauben und mit christlichen Werten erziehen. Sie werden darin unterstützt durch das katechetisch-gemeindepädagogische Angebot ihrer Gemeinden: von der Kinderstunde über Sonntagsschule, Jungschargruppe, Konfirmandenunterricht, Teen- und Jugendkreis, bis zum Kreis junger Erwachsener, usw. Dieses katechetische Engagement der Kirchen könnte gerade in einer nach-christlichen Gesellschaft noch erheblich ausgebaut werden: Warum sollte die Minderheitenkirche heute nicht von der Minderheitenkirche des Anfangs lernen, die – trotz wiederkehrender Christenverfolgung mit großem Erfolg – ein attraktives prae- und postbaptismales Katechumenat mit intensiven apologetischen, missionarischen und weiterführenden Inhalten anbot?![482] Der altkirchliche Katechumenat zeigt in überzeugender Weise, welche gesellschaftsdurchdringende Wirkung im religiösen Wettbewerb von einer Kirche ausgehen kann, die überzeugt und überzeugend für ihre Sache eintritt und wirbt. Der weltanschaulich neutrale freiheitliche Staat muss also auf das sinnstiftende Angebot der Kirchen nicht verzichten. Er bliebe offen für das gesellschaftliche Engagement von Christen und ermöglichte nach wie vor das öffentliche Eintreten für Glaube und Werte, sei es in kirchlichen Räumen oder außerhalb, sei es durch die Medien, durch Träger der freien Jugendpflege oder durch gemeinnützige religiöse Institutionen. Nicht nur die Vereinigten Staaten, sondern längst auch viele Länder der Zwei-Drittel-Welt machen deutlich, dass der Öffentlichkeitsbeitrag christlicher Kirchen im freien Wettbewerb nicht geringer ausfallen muss, als wenn er sich der Saulsrüstung unterschiedlicher Relikte aus der Zeit des Staatskirchentums bedient. – Der Staat, umgekehrt, könnte viel Geld sparen, wenn er keine theologischen und religionspädagogischen Fakultäten sowie Religionslehrergehälter zahlen müsste. Eventuell könnte er (bei gleichzeitigem Wegfall der Kirchensteuer, die ggf. von den Kirchen eigenständig erhoben werden würden) die verschiedenen religiösen und

---

[482] Vgl. J. Eber, „Die Katechese der Alten Kirche: Eine Einführung; ihre Bedeutung für die Gegenwart", *Jahrbuch für evangelikale Theologie*, 16/2002, S.75-98.

gemeinnützigen Gruppen in der Gesellschaft dadurch fördern, dass er jedem Bürger ein 'Bürgerguthaben' aus einem gewissen Anteil seiner Lohn-, Einkommens- oder Körperschaftssteuer einräumt, das der Bürger nach freiem Ermessen gemeinnützigen Einrichtungen zuwenden kann.[483] Der Staat könnte sich so vermutlich auch manchen künftigen Ärger ersparen, wenn er die wachsende Zahl entkirchlichter Bürger nicht mehr dazu zwingen würde, durch ihre allgemeinen Steuern die Theologen- und Religionslehrerausbildung sowie den Religionsunterricht der (ehemals) großen Konfessionen mit zu finanzieren, und statt dessen die Steuern senkte. – Schüler müssten nicht mehr in ungeliebten Randstunden frühmorgens oder am Ende eines langen Schultages den Religionsunterricht über sich ergehen lassen. Sie würden auch nicht mehr dadurch gegen Glauben immunisiert, dass solche Religionslehrer, die durch ihr Theologiestudium hinsichtlich der Glaubwürdigkeit und Geltung der Heiligen Schrift selbst mehr verunsichert als vergewissert wurden, ihnen in höheren Klassen ihre unbeantworteten Zweifel präsentieren und evtl. gar die Grundlagen von Glaube und Kirche in Frage stellen. Ein Religionsunterricht, jedenfalls, der den eigenen Glaubensdokumenten skeptisch begegnet und künftig möglicherweise zugleich im interreligiösen Unterricht den Supermarkt religiöser Möglichkeiten eröffnet, wird kaum der Festigung der religiösen Identität junger Menschen dienen. Er dient vielleicht der religiösen Toleranz. Aber man braucht nicht religiös indifferent zu sein, um anderen tolerant zu begegnen. Einen friedlichen Umgang der Religionen miteinander kann der freiheitliche weltanschaulich neutrale Staat im übrigen auch ohne Religionsunterricht durch seine Gesetzgebung und Ordnungsorgane gewährleisten. – Und natürlich müsste die Schule nicht auf den Beitrag christlicher Lehrer verzichten. Christen haben auf Grund ihres Menschenbildes und ihrer Werteorientierung einen wichtigen Beitrag zur Pädagogik zu leisten. Der Lehrerberuf sollte – ähnlich wie die Medienberufe – gerade in einer nachchristlichen Gesellschaft als Christenberuf er-

---

[483] Vgl. zu dieser kreativen Idee K. Martin (Hrsg.), *Abschied von der Kirchensteuer: Plädoyer für ein demokratisches Zukunftsmodell*, Oberursel: Publik-Forum, 2002; dazu die Buchbesprechung von H. Stadelmann in *JETh*, 18/2004, S.361-363.

strebenswert sein. Wenn schon nicht als Religionslehrer, können Christen doch ebenso gut in anderen Fächern als authentische Persönlichkeiten, die für christliche Werte und Überzeugungen stehen, wahrgenommen werden, ihren Schülern als (Diskussions-)Partner und identitätsstiftende Vorbilder zur Seite stehen und so einen konstruktiven Beitrag für die Zukunft der Gesellschaft leisten.
Andererseits ist realistischerweise nicht rasch mit dem Wegfall des Religionsunterrichts zu rechnen. Von daher gilt es, angesichts der gegebenen Situation Verantwortung wahrzunehmen. Warum sollten sich Christen heute nicht dafür einsetzen, hinsichtlich des Religionsunterrichts das Übel an der Wurzel zu fassen und beherzt etwas für eine (Religions-)Lehrerausbildung zu tun, die wissenschaftlich gut begründet das Vertrauen in die Bibel und die Tragfähigkeit biblischer Werte fördert? Diese Art von Engagement überlässt man besser nicht strategisch denkenden Muslimen, die weltweit mit Überzeugung Ölmilliarden in ihre Koranschulen investieren und auf die Übernahme des dekadenten und wenig glaubensüberzeugten Westens hinarbeiten – und sich dabei zum Teil noch aus der christlichen historisch-kritischen Theologie die Argumente gegen die vermeintliche Unzuverlässigkeit der Heiligen Schrift holen. Hier bedarf es eines beherzten Hochschulengagements evangelikaler Theologie mit dem Ziel der staatlichen Anerkennung bibeltreuer Hochschulen – breit getragen von weitsichtigen Christen unter den mehr als eine Million Evangelikalen im Land! Es bedarf der Entwicklung von Konzepten des Religionsunterrichts, die den Frage- und Lebenskontext der Schüler voll aufnehmen, ohne den Primat der biblischen Texte als Quellort aller Religionspädagogik in den Hintergrund zu drängen. – Bis es so weit ist, sollten christliche Studenten und Studentinnen aber nicht zögern, auf das Lehramtsstudium einschließlich Religionspädagogik zuzugehen. Für sie gibt es studienvorbereitende Angebote (etwa das theologisch-pädagogische Vorstudium im Geistlichen Rüstzentrum Krelingen) sowie Studienbegleitungsangebote (wie das Rambach-Pädagogium der FTA Gießen für Lehramtsstudierende der Giessener Universität). Solche Kombinationsangebote können helfen, Glauben und Denken durch das Studium hindurch in verantworteter Weise zusammenzuhalten. Sie helfen, als Lehrer bzw. Religionslehrer den Glauben durchdacht und authentisch zu leben und ihn ggf. auch

argumentativ zu verantworten. – Keinesfalls aber werden Christen sich in einer Art Tunnelblick die Perspektive allein auf den Religionsunterricht als den vermeintlich entscheidenden Lernort für die Grundvollzüge christlicher 'Religion' einengen lassen. Sie wissen: christliche Katechese kennt nicht nur den Lernort Schule. Sie nimmt vielmehr ebenso die Familie, die Gemeinde, die Medien sowie geistlich-diakonische Zielgruppenangebote usw. als mögliche Lernorte des Glaubens und der daraus erwachsenden Werte wahr.

4. Die Ausbildungsvision von August Hermann Francke.
Der Frühpietismus und allen voran August Hermann Francke (1663-1727) entwickelte(n) in ihrer Zeit ein Reformprogramm für Kirche und Gesellschaft, das in der Bibel wurzelte und den gesamten Bildungsbereich sehr stark mit einbezog. Diese Reformer lebten in einer Zeit, in der die Auswirkungen jahrzehntelanger Religionskriege noch spürbar waren, in denen die Kirche in den Schemata orthodoxer Streittheologie zu erstarren drohte, in der Religionsausübung staatlich verordnet war und auf der anderen Seite die Gesellschaft die Kulturblüte des Barock erlebte. Für Francke war Bildung aus dem Glauben ein wesentlicher Schlüssel, um in dieser Zeit den Einzelnen sowie Kirche und Gesellschaft zu erreichen und vom Wort Gottes her positiv zu prägen.

Etwa ab 1688 begann Francke, sich intensiv mit Pädagogik zu beschäftigen, wobei ihm auf der Basis des biblischen Menschenbildes als Erziehungsziel die Erziehung a. zur Gottseligkeit und b. zu wahrer Klugheit vor Augen stand.[484] Sein Engagement galt zum einen der Entwicklung christlicher Schulen für die unterschiedlichsten gesellschaftlichen Schichten unter bewusster Ablehnung der Standesschranken. Für Kinder aus den

---

[484] Vgl. die umfassende Sammlung *A.H. Francke's Pädagogische Schriften: Nebst der Darstellung seines Lebens und seiner Stiftungen*, hrsg. G. Kramer, 2. durchges. u. vervollst. Ausgabe, Langensalza: Hermann Beyer & Söhne, 1885; sowie speziell zu Franckes Reformvorschlägen für das Theologiestudium die Dissertation von C.W. Kang, *Frömmigkeit und Gelehrsamkeit*, Gießen 2001, S.330-424.

sozial schwachen Schichten wurde 1695 in Halle mit einem Startkapital von 4 Talern und 16 Groschen eine Armenschule gegründet, dem bald ein Internat angegliedert wurde. Weitere christliche Schulen folgten. Immer waren auch die Eltern stark einbezogen, weil Francke schulische Erziehung ohne eine gelingende häusliche Erziehung als wenig Erfolg versprechend sah. Zur Zeit von Franckes Tod zählte man an den deutschsprachigen Schulen in Halle 1725 Kinder; dazu weitere 400 Schüler an der Lateinschule. Zum andern sah er weitsichtig, dass christliche Schulen ohne christliche Lehrerausbildung wenig Zukunft haben konnten. So gründete er 1699 zusätzlich das ʽSeminarium praeceptorium' als eigene Lehrerbildungsanstalt. Darüber hinaus bildete für Franckes strategisches Denken aber eine christliche Schulbildung für Kinder allein eine Sackgasse, wenn sie nicht durch eine christliche Hochschulbildung ergänzt würde. Wollte man wirklich breite Veränderungen erreichen, genügte es nicht, junge Leute nach dem Schulabschluss an säkulare Hochschulen zu verweisen, wo sie dann mit ganz anderen als christlichen Inhalten auf Spitzenpositionen in Kirche und Gesellschaft vorbereitet würden.

So entwarf Francke bereits 1701 sein ʽ*Project: Zu einem Seminario Universali oder Anlegung eines Pflantz-Gartens, von welchem man eine reale Verbesserung in allen Ständen in und auserhalb Teutschlandes, ja in Europa und allen übrigen Theilen der Welt zugewarten*' – eine Projektskizze, die er 1704 dann in seinem so genannten ʽ*Großen Aufsatz*' noch ergänzte und vertiefte. Die wesentlichen Punkte dieses Planes waren folgende:
(1) Die Ursache gesellschaftlicher und kirchlicher Übel wird im Lehrstand gesehen: „Es ist offenbar, dass der Grund alles Verderbens in dem höchst verderbten Lehr Stande zu suchen ist".[485]
(2) In Konsequenz davon wird als „das allervornehmste Mittel zu einer gründlichen Besserung" ein „rechtes Seminarium" geplant, von dem aus dann Lehrer „an andere Orte, und in andere

---

[485] A.H. Francke, *Werke in Auswahl*, hrsg. E. Peschke, Berlin: EVA / Luther-Verlag, 1969, S.108. (Im Folgenden werden die Seitenzahlen aus diesem Werk oben im Text in Klammern genannt).

Länder, ja in alle theile der Welt, und unter alle Nationes" gehen würden (S.108/109).
(3) Die säkularen Universitäten haben als solche geistlichen Pflanzgärten versagt (S.109). Immer wieder haben sie sich als Orte erwiesen, an denen Studenten „vielmehr im Grunde verderbet, als zu Gefässen des Hauses Gottes praepariret werden" (S.112).
(4) Die in Halle bereits gut funktionierende christliche Schule könnte ein Ausgangspunkt für solch ein Seminarium Universale sein. Francke nennt vierzehn Gründe, inwiefern diese Schule auf Grund ihrer Anerkennung, ihres qualitativen und quantitativen Erfolgs, ihrer Erfahrung, ihrer Absolventen, ihres Personals und ihrer finanziellen Ausstattung Gewähr dafür bieten könnte, dass auch eine Erweiterung um eine Hochschule keine ʻres publica Platonicaʼ werden würde (S.110-112).
(5) Die verschiedenen christlichen Bildungsanstalten könnten ineinander greifen und sehr gut aufeinander aufbauen. Unterhalb der Hochschulebene könnte eine mehrzügige Schulbildung angeboten werden: von der qualifizierten Berufsausbildung („die Waysen- und armen Kinder zu Handwercks-Leuten bringen", S.113) bis zur Elite-Förderung („wenn man einen rechten Selectum ingeniorum anstellete, und so Gott einem Kinde eine sonderbare Neigung und Geschicklichkeit zu einer nützlichen Wissenschaft verliehen, dasselbige sofort dazu aussonderte und ihm alles was nur dazu nöthig wäre, an die hand gäbe", S.113).
(6) Mit der nötigen Spendenunterstützung durch weitsichtige Christen könnte in quantitativer und qualitativer Hinsicht viel geschehen: a. Es könnten die Schul- und Studiengebühren niedrig gehalten werden. b. Man könnte „die qvalificirtesten Leute" (S.112) als Lehrer und Dozenten gewinnen. c. Die christliche Schule bzw. das „Paedagogium würde leichtlich zu einer Zahl von vielen hunderten extendiret werden" können (S.112), und bei der Hochschule rechnet Francke damit, dass „das seminarium größer und weitleuffiger z.E. von tausend studiosis theologiae" ausgebaut werden könnte (S.113). d. Die qualitative Wirkung davon steht Francke lebendig vor Augen: „Welch eine unbeschreibliche Frucht wäre dann nicht davon zu hoffen, wenn jährlich eine solche Versetzung wohlgerathener und fruchttragender Bäume geschähe? Wann nun deren ein ieder nach seinem Maß dreißig, sechzig und

hundertfältige Früchte brächte, welche ausbreitung der Ehre des Herrn, wäre davon nicht in zehn oder zwantzig Jahren zu erwarten? ... Und würde dann nicht ein solches Werck gleichsam cymbalum mundi [eine Zimbel, die die Welt durchtönt, HSt] werden, als eine Stadt die auff dem Berge lieget iederman in die Augen fallen, und also dieses Exempel selbst andere zum nacheifern reitzen?" (S.113f).

(7) Maß Francke schon der christlichen Schulgründung große Bedeutung zu, schien ihm die zusätzliche Hochschulgründung noch bedeutsamer zu sein. Und so, wie das erste mit Gottes Hilfe gelungen war, erwartete er auch gutes Gelingen für den zweiten Schritt: „Alldieweil aber auch das bißherige Gute Gott durch Mittel gethan hat, so ist nicht ungereimt, sondern vielmehr Seinem bißherigen Wege gemäß, dass auch das folgende und Wichtigere durch ordentliche Mittel geschehe" (S.114).

Leider kam Franckes Gründung einer christlichen Hochschule nicht zu Stande. Es blieb bei einer ersten Vorstufe, dem im Mai 1702 gegründeten `Collegium orientale´. Aus 300 Jahren Abstand kann man vielleicht sagen: Der strategische Fehler war, dass Francke und seine Mitstreiter dem Angebot ihrer Regierung folgten, Professuren an der 1694 gegründeten staatlichen Reformuniversität in Halle zu übernehmen. So kam es vorübergehend zu pietistischem Einfluss, teils sogar zu einer durch den Pietismus bewirkten Blüte, an verschiedenen Theologischen Fakultäten staatlicher Universitäten (Rostock, Kiel, Greifswald, Tübingen, Gießen, Königsberg, Bützow). [486] Das Projekt einer eigenen pietistischen Hochschule trat angesichts dessen zurück. Der Preis, den man dafür zahlte, war hoch: Nur wenig später trat die Aufklärung als neue Reformrichtung ihren Siegeszug an den Universitäten an – auch an Franckes ehemaliger Universität in Halle. Als Johann Salomo Semler (1725-1791) nur 34 Jahre nach Franckes Tod als Hallenser Theolgieprofessor seine berühmte `Abhandlung von freier Unter-

---

[486] Vgl. E.St. Jung, *Der Beitrag des lutherischen Pietismus zur Reform des Theologiestudiums im Spiegel seiner Rezeption an deutschen protestantischen Universitäten*, unveröfftl. Diss., Leuven: Evangelische Theologische Faculteit, 1998, 224 Seiten.

suchung des Canons' (4 Bde. 1771-75) veröffentlichte mit der Bahn brechenden These, die Bibel sei nicht Gottes Wort, enthalte aber Gottes Wort – weshalb man mittels der kritischen Vernunft erst den `Kanon´ im Kanon finden müsse, wurde ausgerechnet Halle zum Entstehungs- und Quellort der neuzeitlichen Bibelkritik. Einer staatlichen Universität ist es nicht zu verdenken, dass sie sich als Impulsgeber und Spiegelbild wechselnder gesellschaftlicher Ideen immer neuen Denkrichtungen öffnet. An einer eigenen pietistischen Hochschule wäre es dagegen dauerhaft möglich gewesen, in Bindung an die Heilige Schrift als dem Offenbarungswort Gottes zu forschen und zu lehren – und von da aus immer neue Reformimpulse in Kirche und Gesellschaft zu geben. Franckes Vision aber steht noch immer im Raum. Sie wartet darauf, verwirklicht zu werden.

5. Evangelikale Ausbildungsinitiativen.

Als gegen Ende des 19. Jahrhunderts der Liberalismus seinen Siegeszug an den Theologischen Fakultäten antrat, gab es in den erweckten und konfessionellen kirchlichen Kreisen erste Überlegungen für Alternativen. So entstand an der Universität Basel – von den Kreisen der biblizistischen Erweckungsbewegung finanziert – eine theologische Stiftungsprofessur, die Männer vom Format eines J.T. Beck und K.A. Auberlen innehatten. In Bonn entwickelte man, nach dem Vorbild des Tübinger Stifts, ein Theologisches Konvikt, das gläubigen Studenten gemeinsames Leben und zusätzliche Lehrangebote bieten sollte. Bedeutsam wurden die Initiativen von Friedrich von Bodelschwingh.[487] In seiner theologischen Studienzeit hatte er folgende Erfahrungen gemacht: „Die Universitätszeit und die Examina sind an und für sich selten dazu angetan, einem jungen Menschen zu einem fröhlichen Auftun seines Mundes zu verhelfen. Wenigstens war mir die Freudigkeit zur Predigt von Christo in dieser Zeit je länger, je mehr geschwunden; ja ich ward schließlich über allem Studieren so konfus im Kopf und so unklar

---

[487] Siehe dazu den instruktiven Aufsatz von J. van der Kooi, „Die Entstehung der Theologischen Schule", in: G. Ruhbach (Hrsg.), *Kirchliche Hochschule Bethel 1905 – 1980*, Bielefeld: Kirchl. Hochschule, 1980, S.11-57.

über die Grundwahrheiten des Christentums, dass ich nicht wusste, was ich mit gutem Gewissen den Leuten predigen könnte."[488] Schon 1887 richtete v.Bodelschwingh daher das Betheler Kandidatenkonvikt ein, das ein begleitetes Praktikum für Jungvikare bot, das sie auf den Gemeinde- und Missionsdienst vorbereiten sollte. Bodelschwingh sah solch eine Ergänzungsmaßnahme aber nur als einen Tropfen auf dem heißen Stein. So forderte er am 7. Januar 1895 in einer viel beachteten Rede vor einer Bielefelder Pfarrerkonferenz die Errichtung einer bekenntnistreuen `Freien Theologischen Fakultät´: „Viel kräftiger [als nur durch eine Stiftungsprofessur; HSt] ist die Hilfe, wenn eine Anzahl entschlossener Männer an einem Punkte konzentriert werden, die sich gegenseitig ergänzen, stärken und stützen und das ganze Gebiet der Theologie umfassen!"[489] Damit war die Chance der Forschung erkannt: in allen Gebieten der Theologie könnten die Fakultätsmitglieder gemeinsam eine schrift- und gemeindegemäße Theologie entwickeln. Zugleich war die Chance der Lehre erkannt: die Studierenden könnten sich nicht nur um einen positiven Stiftungsprofessor scharen, um bei ihm Denk- und Glaubenshilfe angesichts der im übrigen liberalen Studieninhalte der anderen Fachbereiche zu erhalten. Sie müssten auch nicht das gesamte Studium in bibelkritischen Lehrveranstaltungen zubringen, mit denen sie sich im studienbegleitenden Konvikt dann in Auswahl auseinandersetzen könnten – um dann im späteren Gemeindedienst zu entdecken, dass die Saat eines überwiegend liberalen Studiums die Scheunen nur schlecht für die täglichen Aufgaben in Verkündigung, Seelsorge und Gemeindeleitung füllt! Sie könnten vielmehr auf allen Gebieten der Theologie eine gründliche und zugleich konstruktive und bibeltreue Einführung in die verschiedenen Gegenstände erfahren. – Erst im Herbst 1905 konnte v.Bodelschwingh seine Betheler Theologische Schule eröffnen. Zehn Jahre lang hatte kirchlicher und staatlicher Wider-

---

[488] Fr. v.Bodelschwingh, „Aus den Erinnerungen eines Pariser Missionspredigers" [1865], in: ders., *Ausgewählte Schriften. Bd.I*, Bethel b.Bielefeld 1955, S. 168.

[489] Zitiert bei Fr. v.Bodelschwingh, „Die Entstehung der Theologischen Hochschule", in: *Jahrbuch der Theologischen Schule Bethel*, 1/1930, S.17.

stand die Gründung verhindert. Die staatliche Hochschulanerkennung ließ auch dann noch Jahrzehnte lang auf sich warten. Der Geburtsfehler dieser Fakultät war aber wohl der, dass Bodelschwingh im Kontakt mit A. Schlatter zwar kirchlich positive und wissenschaftlich ausgewiesene Lehrkräfte berief, es aber hinnahm, dass diese die historisch-kritische Methode praktizierten, wenngleich in gemäßigter Form. Die Intention, durch die geplante Hochschule Theologen heranzubilden, „die im Glauben und Bekenntnis der Kirche stehen" und ein Bollwerk gegen die „große Diana der Epheser der heutigen Zeit, die Wissenschaft ... losgelöst vom Glauben" bilden[490], konnte so nur zum Teil und vorübergehend verwirklicht werden. Der Rektor der Kirchlichen Hochschule Bethel, Traugott Stählin, schrieb in seinem Geleitwort zum 75jährigen Bestehen der Ausbildungsstätte 1980: „Die Hochschule hat sich seitdem in den Jahrzehnten ihrer Entwicklung von den Vorstellungen ihres Gründers in gewisser Hinsicht entfernt, sie könnte sonst auch ihrem Auftrag als wissenschaftliche Hochschule nicht in vollem Sinn gerecht werden".[491] Eine nur institutionelle Alternative zu den staatlichen Theologischen Fakultäten, die nicht eine wirklich inhaltliche Alternative bietet, wird sich für Kirchen, Freikirchen oder freie Träger auf Dauer immer als allzu teurer Luxus erweisen, dessen Beitrag zur biblischen Erneuerung von Theologie und Kirche vergleichsweise bescheiden ausfällt.

1966 erschien der Bahn brechende Aufsatz des damaligen Dozenten des Theologischen Seminars St.Chrischona, Samuel

---

[490] So in seiner für die preußische Generalsynode 1894 geplanten Rede, siehe *Wort und Dienst*, NF 4/1955, S.17.

[491] Tr. Stählin, „Geleitwort des Rektors", in: G. Ruhbach (Hrsg.), *Kirchliche Hochschule Bethel*, 1980, S.8. – Zu den heute in Bethel vertretenen theologischen Positionen vgl. den Disput zwischen dem dortigen Neutestamentler Prof. A. Lindemann und dem Neutestamentler der FTA Gießen in: Th. Mayer / K.H. Vanheiden (Hrsg.), *Steht Jesus dem Glauben im Weg? Glaube und wissenschaftliche Redlichkeit*, Nürnberg: VTR, 2001.

Külling, ˋDas Übel an der Wurzel erfassen´.[492] Darin schlug er die Gründung einer bibeltreuen wissenschaftlichen Hochschule vor, die das Grundübel einer Kirchen zersetzenden Schriftkritik nicht nur am Symptom, sondern schon im Ansatz zu kurieren sucht. Hintergrund für diese Programmschrift war die in den 1950er und -60er Jahren entbrannte Diskussion um die ˋmoderne Theologie´: die radikale Bibelkritik Rudolf Bultmanns, die Klassifizierung nahezu aller übernatürlicher und wunderhafter Berichte des Neuen Testaments als ˋMythos´ sowie ihre ˋEntmythologisierung´ im Rahmen einer existentialen Interpretation – bis hin zur Gott-ist-tot-Theologie seiner Schüler. Ein neuer Bekenntniskampf war entbrannt, der dem Kampf der Bekennenden Kirche im Dritten Reich an Ernst und Intensität in nichts nachstand.[493] Im Mittelpunkt stand die Bibelfrage.[494] Am 6. März 1966 kamen in der Dortmunder Westfalenhalle 25.000 Christen zusammen, um in einer Bekenntniskundgebung gegen die Kirchen und Bibel zersetzende Kritik der ˋmodernen Theologie´ zu protestieren. Die ˋBekenntnisbewegung „Kein anderes Evangelium"´ entstand sowie andere kirchliche Sammlungen und Bekenntnisgruppen. In diese Situation hinein schrieb Külling seinen Aufruf. Er war überzeugt, Appelle an Kirchenleitungen, die mit bibelkritisch ausgebildeten Theologen besetzt sind, wird letztlich ebenso wenig Abhilfe schaffen wie die Hoffnung darauf, dass sich unter den immer neuen, durch das Universitätsstudium gegangenen Pfarrern einmal bibel- und bekenntnistreue Mehrheiten finden würden. Der Ansatzpunkt

---

[492] S. Külling, „Das Übel an der Wurzel erfassen", *Bibel und Gemeinde*, 4/1966, S.258-273 [in gekürzter Fassung wieder abgedruckt in *BuG*, 2/2004, S.11-24].
[493] Die Dokumente dieses Bekenntniskampfes finden sich in R. Bäumer / P. Beyerhaus / Fr. Grünzweig (Hrsg.), *Weg und Zeugnis: Bekennende Gemeinschaften im gegenwärtigen Kirchenkampf 1965 – 1980*, Bad Liebenzell: VLM; Bielefeld: Missionsverlag der evang.-luth. Gebetsgemeinschaften, 1980, S.98-343.
[494] Vgl. G. Bergmann, *Alarm um die Bibel: Warum die Bibelkritik der modernen Theologie falsch ist*, 5. überarb. u. erw. Aufl., Gladbeck: Schriftenmissionsverlag, 1974 [61.-75. Tausend!]. Die 1. Auflage war 1963 erschienen.

musste eine schrifttreue und zugleich gründlich wissenschaftlich arbeitende Hochschulalternative für Theologie sein. Die Initiative führte vier Jahre später zur Gründung der Freien Evangelisch-Theologischen Akademie Basel (FETA, heute Staatsunabhängige Theologische Hochschule Basel), die am 4. Oktober 1970 eröffnet wurde. Nur eine Woche später ging in Tübingen das Albrecht-Bengel-Haus als evangelikale Studienbegleitungseinrichtung für Studierende der Tübinger Theologischen Fakultät an den Start (12. Oktober 1970). Deren damaliger Studienleiter, späterer Rektor und heutiger Württembergischer Landesbischof Gerhard Maier sollte dann 1974 das Aufsehen erregende Buch veröffentlichen: *Das Ende der historisch-kritischen Methode*, in dem er die historisch-kritische Theologie als ein weitgehend subjektives und seinem Gegenstand nicht gerecht werdendes Verfahren entlarvte und ihren Anspruch auf Wissenschaftlichkeit in Frage stellte.[495] Doch zurück zur Reihenfolge der Ereignisse: 1973 eröffnete das Geistliche Rüstzentrum Krelingen das Angebot eines evangelikal geprägten theologischen Vorstudiums von ein bis zwei Jahren Dauer[496] unter der Leitung von Sven Findeisen und Heinrich Kemner, von wo aus ergänzend eine weit verzweigte Studienbegleitungsarbeit in so genannten ´Theo-Kreisen´ an Universitäten entstand.[497] Und 1974 gründete Cleon Rogers in Seeheim die ´Freie Theologische Akademie´, die 1981 in die Universitätsstadt Gießen umzog. Dreißig Jahre später verfügt diese Akademie über zwölf hauptamtliche Dozenten, 155 Studierende, eine Bibliothek mit mehr als 40.000 Bänden, ein geräumiges

---

[495] G. Maier, *Das Ende der historisch-kritischen Methode*, Wuppertal: R.Brockhaus, 1974.

[496] Vgl. M. Dreytza (Hrsg.), *Christus – die Quelle unserer Erkenntnis: Festschrift zum 25jährigen Jubiläum der Studienarbeit in Krelingen*, Krelingen: GRZ, 1998.

[497] Diese Arbeit firmiert unter der Bezeichnung ´Arbeitskreis für geistliche Orientierungshilfe / AGO´ und hat ihr Zentrum heute in dem zur Bodelschwingh-Studienstiftung gehörenden Bodelschwingh-Studienhaus in Marburg. Die Studienstiftung wiederum war ursprünglich eine Gründung der Bekenntnisbewegung „Kein anderes Evangelium".

Anwesen in unmittelbarer Nähe zur Universitätsbibliothek, und hat im Jahr 2004 die staatliche Genehmigung als Hochschule in privater Trägerschaft beantragt. Parallel zu diesen Initiativen auf Hochschulebene studieren in Bibelschulen und Seminaren Hunderte evangelikaler Männer und Frauen. Insgesamt sind innerhalb der Mitgliedsschulen der 'Konferenz bibeltreuer Ausbildungsstätten (KBA)' 1.841 Studierende eingeschrieben.[498]

Zugleich ist der FTA Gießen das so genannte 'Rambach-Pädagogium' angegliedert – eine Studienbegleitungseinrichtung für Lehramtsstudierende der Universität Gießen, an der sich ca. 25 junge Christen auf ihren Lebensberuf als Lehrerinnen und Lehrer vorbereiten. Womit auch der Lernort Schule wieder im Blickfeld ist. Bei allem Bemühen um Alternativen im theologischen Bereich ist das jahrhundertealte Interesse der Pietisten und Evangelikalen für eine christliche Pädagogik und eine werteorientierte Schulausbildung nie erloschen. Bereits 1973 wurde in Reutlingen eine erste christliche Bekenntnisschule gegründet, der 1979 in Bremen eine zweite und 1980 eine dritte in Gießen folgte. Heute sind es mehr als 50 christliche Bekenntnisschulen, die in ganz Deutschland – von der Grundschule bis zum Gymnasium – auf biblischer Grundlage ein qualitativ hochstehendes Schulangebot machen. Sie sind zusammengefasst in der Arbeitsgemeinschaft Evangelischer Bekenntnisschulen (AEBS).[499]

Bildung und Ausbildung auf bibeltreuer Grundlage bleiben ein vorrangiger Tagesordnungspunkt der Evangelikalen. Vielleicht geht August Hermann Franckes Vision ja doch noch in Erfüllung – und irgendwann erklingt auch aus dem Land der Reformation wieder das *cymbalum mundi* – die Zimbel, die die Welt durchtönt…

---

[498] In der 1964 gegründeten KBA sind mehr als 30 Mitgliedsschulen zusammengeschlossen, vgl. www.bibelschulen.de.
[499] Nähere Informationen finden sich im Internet unter www.aebs-online.de.

Zum Abschluss

14

TREU ZUR BIBEL STEHEN: WAS BIBELTREUE MEINT

Treue ist eine Tugend. Vielleicht steht sie heute nicht hoch im Kurs. Für Christen ist Treue aber ein zentraler Teil ihres Ethos. Treue ist eine Konkretion der Liebe und zugleich ein Schutz für die Liebe. Einem Menschen gegenüber treu sein heißt, unbedingt zu ihm stehen. Einen treuen Menschen zu haben, ist von unschätzbarem Wert.

Treue einem Menschen gegenüber leuchtet als Tugend ein. Aber Treue zu einem Buch? Kann man der Bibel treu sein? Was wäre denn – analog zur zwischenmenschlichen Treue – das Gegenteil von Bibeltreue? Der Bibel den Laufpass geben. Sich nicht auf sie einlassen. Sie links liegen lassen. Andere Gedanken ihren Gedanken vorziehen. Sich jedenfalls nicht an das binden, was sie sagt.

Bibeltreue hat aber nicht nur mit einem Buch zu tun. Sie ist nicht eine Variante bibliophilen Verhaltens. Sie es eher Ausdruck der Liebe zu der Person, von der dieses Buch spricht und stammt: zum dreieinen Gott. „Das ist die Liebe zu Gott", sagt Johannes, „dass wir seine Gebote [also: sein Wort] halten" (1Joh 5,3).

War Jesus bibeltreu? Ja, sicher. Jesus hat daran festgehalten, dass die Bibel aufs i-Tüpfelchen gilt (Mt 5,17ff). Er vertrat deutlich, dass die Bibel nicht für ungültig erklärt werden kann (Joh 10,35). Für ihn war Gottes Wort nicht eine Wahrheit, sondern die Wahrheit (Joh 17,17). Jesus war geradezu existentiell bibeltreu: Er hat mit seinem Leben und Sterben das erfüllt, was die Schrift von ihm gesagt hatte (Lk 24,26f). Und auch die Apostel waren bibeltreu; Paulus wollte jedenfalls nichts anderes sein (Apg 24,14). Ich meine, es stünde Christen, die sich nach Jesus Christus nennen, gut an auch bibeltreu zu sein. Denn Jesus ist für sie der absolute Orientierungspunkt. Christen sind überzeugt, dass Jesus hundertprozentig so war, wie Gott sich den Menschen vorstellt. Von daher sollte ein Christ keine andere Bibelhaltung haben, als Jesus Christus sie hatte.

Kann man heute noch bibeltreu sein? Viele gehen der Bibel von der Stange weil sie meinen, die Bibel sei durch die Bibelkritik widerlegt. Oder sie glauben nur noch an gewisse Aspekte, die ihnen in der Bibel glaubwürdig vorkommen. Es ist offenbar eine Theologenkrankheit, sich nur noch an die Aspekte der Bibel zu halten, die unwiderlegbar (weil unüberprüfbar) sind – wie etwa zentrale religiöse Aussagen -, während man rational überprüfbare Aussagen der Bibel (etwa literarische oder historische Aussagen) preisgibt. Die `Treue´ zur Bibel ist dann allenfalls noch punktuell. Man ist der Bibel eben nur manchmal treu. Solche gelegentliche Treue kann schon im zwischenmenschlichen Verhalten nicht gut gehen – wie viel weniger, wenn es um Gottes Sache geht.

Treue zur Bibel ist allerdings nicht das gleiche wie Treue zur Stichhaltigkeit der eigenen Argumente pro Bibel. Wer so denkt, bleibt allenfalls sich selber treu. Sicher, auch das vorliegende Buch hat immer wieder für die Wahrheit und Zuverlässigkeit der Heiligen Schrift argumentiert. Aber gute menschliche Argumente sind nicht der tragende Grund für echte Bibeltreue.

Die Bibeltreue des Apostels Paulus („Ich glaube allem, was ... geschrieben steht", Apg 24,14) begann mit seiner Bekehrung, als ihm der auferstandene Christus begegnete. Da hat er die Wahrheit des Evangeliums und die Wahrheit aller darauf bezüglichen Verheißungen begriffen und sich voll darauf eingelassen – Orthodoxie und Orthopraxie inklusive! Er hat diesem Wort und der dahinter stehenden Person zu vertrauen begonnen. Er hat sich an deren Offenbarung gebunden. Sein Glaube, seine Treuebindung an dieses Wort Gottes galt für ihn unbedingt, auf Leben und Tod. – Unzählige Menschen nach ihm haben dasselbe erlebt. Das Wort Gottes hat in ihnen Glauben bewirkt, sie haben dieses Wort als die Stimme des guten Hirten gehört (Joh 10,27) und sie haben sich an dieses Wort im Glaubensgehorsam gebunden. Tausende solcher Menschen waren durch die Kirchengeschichte hindurch bereit, eher ihr Leben zu lassen als dieses Wort. Wer durch dieses wirksame Wort seinen Gott kennen gelernt hat, für den ist das ʿÜbernatürlicheʾ in der Bibel kein Problem, das wegrationalisiert werden müsste. Und aus dem Grundvertrauen in dieses Wort heraus haben denkende Christen sich immer wieder auf den Weg gemacht, auch die schwierigen Aussagen dieses Buches zu verstehen und sich im Versuch solchen Verstehens auch mit all den schwierigen Anfragen auseinander zu setzen, die von außen an dieses Buch herangetragen werden. Seit den Anfängen der Kirchengeschichte ist es so, dass das Denken bibeltreuer Nachfolger von Jesus zwischen dem Wahrheitsanspruch dieses Buches und den Anfragen der Skeptiker an diesen Wahrheitsanspruch das Verstehen suchte. Und durch die ganze Kirchengeschichte hindurch bis heute sind Menschen dabei zu der Überzeugung gelangt, dass man der Bibel mit guten Gründen vertrauen kann. Bibeltreue hat sich entsprechend dann auch in Bibelbekenntnissen niedergeschlagen, die formulieren wie das aussehen kann, wenn man sich dem Selbstzeugnis der Bibel denkerisch verantwortet im Glauben stellt.

Bibeltreue ist keine Leistung. Sie ist als Aspekt des Glaubens und der Liebe zu dem Gott, der geredet hat, ein Geschenk. Sie ist Frucht des Geistes Gottes. Zugleich ist dieses vertrauensvolle Sich-Einlassen auf Gottes Wort nicht einfach irgendein Geschenk. Es ist vielmehr ein Geschenk, das dem Einzelnen wie der Kirche festen Grund unter die Füße gibt: *„Wer meine Worte hört und danach lebt, der ist klug. Man kann ihn mit einem Mann vergleichen, der sein Haus auf einen Fels baute... Wer sich meine Worte nur anhört, aber nicht danach lebt, der ist so unvernünftig wie einer, der sein Haus auf Sand baut"* (Mt 7,24+26). Jesus lädt ein, auf sein Wort zu bauen. Evangelikales Schriftverständnis versucht, im Glauben eben das zu tun.

QUELLENHINWEISE

Zu einzelnen Abschnitten dieses Buches finden sich Ausführungen in früheren Veröffentlichungen des Autors, die teilweise als Hintergrund herangezogen, teilweise übernommen, teilweise überarbeitet und ergänzt, teilweise durch neue Überlegungen ersetzt wurden. Die folgenden Hinweise wollen für Interessierte den Vergleich erleichtern.

Zu Kap. 1:
H. Stadelmann, „Die Bibel – Gottes Wort", in: F. Laubach / H. Stadelmann (Hrsg.), *Was Evangelikale glauben: Die Glaubensbasis der Evangelischen Allianz erklärt*, Wuppertal: R.Brockhaus, 1989, S.15-20.

H. Stadelmann, Rezension zu M. Ellingsen, *The Evangelical Movement*, in: *Theologische Literaturzeitung*, 115 / Nr.6, 1990, Sp.470f.

H. Stadelmann, „Auf festem Fundament: Warum das Bekenntnis zur biblischen Irrtumslosigkeit nicht von schlechten Eltern ist", in: ders. (Hrsg.), *Liebe zum Wort: Das Bekenntnis zur Biblischen Irrtumslosigkeit als Ausdruck eines bibeltreuen Schriftverständnisses. Zum Gespräch mit Heinzpeter Hempelmann*, Nürnberg: VTR, 2002, S.7-33.

Zu Kap. 2:
H. Stadelmann, *Grundlinien eines bibeltreuen Schriftverständnisses*, 3.Aufl., Wuppertal: R.Brockhaus, 1996 [1.Aufl. 1985], S.20-22.45-61.

H. Stadelmann, „'Schriftgemäßheit' in der pietistischen Hermeneutik Johann Jacob Rambachs", in: E. Hahn u.a. (Hrsg.), *Dein Wort ist die Wahrheit: Festschrift für Gerhard Maier*, Wuppertal: TVG R.Brockhaus, 1997, S.315-332.

Zu Kap. 3:
H. Stadelmann, „Bibelkritik heute: Herausforderung und Antwort", *Bibel und Gemeinde*, 94/1994, S.132-147.

Zu Kap. 4:
H. Stadelmann, *Grundlinien eines bibeltreuen Schriftverständnisses*, 3.Aufl., Wuppertal: R.Brockhaus, 1996 [1.Aufl. 1985], S.33-45.

Zu Kap. 5:
H. Stadelmann, *Grundlinien eines bibeltreuen Schriftverständnisses*, 3.Aufl., Wuppertal: R.Brockhaus 1996 [1.Aufl. 1985], S.10-13.22-32.62-75.88-134.

Zu Kap. 6:
H. Stadelmann, „Hermeneutik, Heilsgeschichte und Schöpfungszeugnis", in: G. Meskemper (Hrsg.), *Ansätze zu einem neuen Denken: Festschrift für A.E. Wilder-Smith*, Neuhausen-Stuttgart: Hänssler, 1985, S.123-142; ebenfalls abgedruckt in *idea-Dokumentation*, 32/1985, S.1-11.

Zu Kap. 7:
H. Stadelmann, „Hermeneutische Erwägungen zur Heilsgeschichte", in: ders. (Hrsg.), *Glaube und Geschichte: Heilsgeschichte als Thema der Theologie*, Gießen / Wuppertal: TVG Brunnen / Brockhaus, 1986 [= 2.Aufl. 1988], S.32-85.

H. Stadelmann, „Die Bundesschlüsse Gottes in der Heilsgeschichte", *Die Botschaft*, 127(1/1986), S.4-6.

H. Stadelmann, „Der Bundesgedanke beim `Konziliaren Prozeß´ in biblisch-heilsgeschichtlicher Betrachtung", in: P. Beyerhaus / L. v.Padberg (Hrsg.), *Der Konziliare Prozeß: Utopie und Realität*, Asslar: Schulte & Gerth, 1990, S.96-110.

H. Stadelmann, „Das Zeugnis der Johannesoffenbarung vom Tausendjährigen Königreich Christi auf Erden", in: G. Maier (Hrsg.), *Zukunftserwartung in biblischer Sicht*, Wuppertal: R.Brockhaus, 1984, S.144-160.

Zu Kap. 8:
H. Stadelmann, „Biblische Apokalyptik und heilsgeschichtliches Denken", in: ders. (Hrsg.), *Epochen der Heilsgeschichte: Beiträge zur Förderung heilsgeschichtlicher Theologie*, Wuppertal: R.Brockhaus, 1984, S.86-100.

Zu Kap. 9:
H. Stadelmann, „Grundanliegen einer bibeltreuen Auslegung: Dargestellt anhand der Versuchungsgeschichte Jesu nach Matthäus", *Jahrbuch für evangelikale Theologie*, 2/1988, S.26-48.

Zu Kap. 10:
H. Stadelmann, „Die Vorgeschichte des Galaterbriefes: Ein Testfall für die geschichtliche Zuverlässigkeit des Paulus und Lukas", *Bibel und Gemeinde*, 82/1982, S.153-165.

H. Stadelmann, „Die Entstehungsverhältnisse der paulinischen Briefe", *Bibel und Gemeinde*, 88/1988, S.354-362.

Zu Kap. 11:
H. Stadelmann, „Gemeindeaufbau nach dem Neuen Testament als Ziel der Mission", in: H. Kasdorf / Fr. Walldorf (Hrsg.), *Werdet meine Zeugen*, Stuttgart-Neuhausen: Hänssler, 1996, S.121-143.

H. Stadelmann, „Nehmt den Bibelfaktor ernster!", *praxis*, 61 (2/1995), S.9.

H. Stadelmann, „Die große Chance: Wenn sich Gemeinschaften für das neutestamentliche Gemeindebild öffnen", in: ders. (Hrsg.), *Bausteine zur Erneuerung der Kirche: Gemeindeaufbau auf der Basis einer biblisch erneuerten Ekklesiologie*, Gießen: TVG Brunnen, 1998, S.281-287.

H. Stadelmann, „The Need for Ecclesiological Prolegomena in the Pursuit of Practical Theology", *Trinity Journal*, NS 19/1998, S.219-233.

H. Stadelmann / G. Maier, „In der Evangelischen Kirche bleiben oder austreten? Ein theologischer Disput zwischen Prälat Dr. Gerhard Maier (Ulm) und Dr. Helge Stadelmann (Rektor der FTA Gießen)", *idea-Dokumentation*, 4/1999, 30 S.

H. Stadelmann, „Hauskirchen – ein Modell von gestern?", *praxis*, 78 (3/1999), S.20-21.

H. Stadelmann, „Weichenstellungen für die Zukunft der Gemeinden", in: „Die Gemeinde der Zukunft: Modelle und Überlegungen für christliche Gemeindestrukturen in der säkularisierten Industriegesellschaft des 21. Jahrhunderts u.a. von Prof. Dr. Herbst (Universität Greifswald) und Prof. Dr. Helge Stadelmann (FTA Gießen)", *idea-Dokumentation*, 10/2001, S.13-19.

Zu Kap. 12:
H. Stadelmann, „Die Frau als ʻPastorinʼ – Ja oder Nein: Was sagt das Neue Testament dazu?", in: *Die ʻPastorinʼ - Ja oder Nein: Dokumentation Giessener Studientag 20.Nov.91*, hrsg. Evang. Freikirchl. Gemeinde Gießen, 1991, S.20-28 [abgedruckt in: *Bibel und Gemeinde*, 95/1995, S.29-39].

H. Stadelmann, „Zum Dienst der Frau nach der Bibel", *Die Botschaft*, 133 (3/1992), S.7-8.

H. Stadelmann, Rezension zu Chr. Globig, *Frauenordination im Kontext Luth. Ekklesiologie*, in: *JETh*, 10/1996, S.419-421.

H. Stadelmann, Rezension zu A. Köstenberger u.a. (Hrsg.), *Women in the Church*, in: *JETh*, 10/1996, S.421-425.

H. Stadelmann, „Schrift- und bekenntnisgemäß? Ein Votum zur Frauenordination anlässlich der Einführung von Dr. Margot Käßmann als ʻLandesbischöfinʼ. Kurzvortrag bei der Notsynode Hannover 4.9.1999", *Broschüre: FTA Gießen*, 1999. [abgedruckt in *Festhalten am Wort des Lebens: Schriftenreihe der Initiative für bibeltreue Hochschulen*, Nr. 89 (X/2000); erneut abgedruckt als Sonderdruck des Bibelbundes: „Die Frau als Pastorin – Ja oder nein? + Votum zur Frauenordination", Hammerbrücke: Bibelbund Verlag, 2004, 20 S.].

Zu Kap. 13:
H. Stadelmann, „Die Tyndale-Vereinigung für biblische Forschung: Modellfall evangelikaler Forschungsinitiative", *Theologische Beiträge*, 9/1978, S.75-78.

H. Stadelmann, „Der Aufbruch in der theologischen Ausbildung geht weiter", *idea*, 34/35 (1981), S.X.

H. Stadelmann, „Plädoyer für eine bibeltreue Hochschule: Sollte in Deutschland unmöglich sein, was in Norwegen und der Schweiz gelang?", *ideaSpektrum*, 4/1984, S.15f.

H. Stadelmann, „Theologische Ausbildung, aktueller als je: Mission vor größter Herausforderung – Talfahrt der Theologischen Fakultäten", *Licht und Leben*, 106 (6/1995), S.13-14.

H. Stadelmann, „Die Freie Theologische Akademie in Gießen: Viele Gründe sprachen für ein alternatives Konzept", *Diakrisis*, 17 (1/1996), S.29-35.

H. Stadelmann, „Top-Ausbildung auf allen Ebenen: Was Evangelikale heute von A.H. Francke lernen können", in: Th. Schirrmacher u.a. (Hrsg.), *Baumeister bleibt der Herr: Festschrift für Bernd Schirrmacher*, Bonn: VKW, 2001, S.31-38.

H. Stadelmann, „Das Dilemma des Religionsunterrichts: Warum man den Religionsunterricht ändern oder abschaffen sollte", *Bibel und Gemeinde*, 2/2004, S.31-35.

Zu Kap. 14:
H. Stadelmann, „Der Bibel treu: Warum Bibeltreue wichtig ist", *dennoch*, 1/2003, S.39-41.